本书是国家社科基金重大项目
"《唐六典》疏证"（23&ZD171）的阶段性成果，
中国政法大学科研创新年度规划项目
"中国古代尚书六部体制演变研究"（24KYGH010）的最终成果，
并受"中国政法大学青年教师学术创新团队支持计划"（24CXTD03）资助。

大有

分职文昌

中国古代尚书省及六部体制研究

张雨 著

社会科学文献出版社
SOCIAL SCIENCES ACADEMIC PRESS (CHINA)

怀念我的爷爷奶奶

序 一

文书行政的发展与尚书行政体制的衍生

刘后滨

　　文字出现是人类社会进入文明的标志之一，文字记录和文书往还，则是国家诞生后赖以运行的重要依托。不同介质和制作技术导致文书承载信息多寡不同，传递途径和决策机制繁简有别。从简纸转换、印刷术运用、激光照排到互联网及人工智能，人类社会信息传播和信息处理能力不断提高，因此带来了国家行政管理体制和运行机制的阶段性变革。从这个角度来看，本书的选题意义和学术价值得到彰显。

一

　　本书的研究对象是中国古代的尚书行政体制。这套体制在某种意义上贯穿了帝制时代的始终，即使秦汉时期的行政体制不计在内，至少魏晋至清末新政，皆可统称为尚书行政体制。这套体制在不同历史时期有着不同的结构形态和运行机制，探索尚书行政体制的形成（书中称为"六部的生成"）和演变，构成了本书的主体。

如何界定中国古代国家不同时段的行政体制，是随着制度史研究的深入及历史学与政治学、行政管理学、组织社会学等学科交流之后产生的学术问题。史学界以往习用的众多概念，诸如二府三公制、三公九卿制、三省制、三省六部制、使职差遣制、一省六部制等，都是从官制史的角度对历代包括行政体制在内的中枢体制的笼统概括，不仅缺乏现代社会科学意义上的清晰界定，也未能揭示行政体制演进的完整线索。描述中国古代国家的行政制度，无疑存在社会科学概念与历史语境的适应性困境，如行政体制这个概念本身，在中国古代国家的制度结构中就难以找到确切的所指。立法、司法与行政三权分立体系中的行政概念，完全不适用于中国古代。然而，我们还是有必要借助这些概念来描述历史。本书所用"六部体制"的概念，在我看来实际上是"六部行政体制"的简称。书中将尚书省与六部分列来描述中国古代行政体制，体现了一种特别的思考。因为，在隋朝以前尚书省已经发育成熟，但还没有形成尚书省统领六部的体制，到了北宋元丰改制以后，六部实际上已经逐渐脱离尚书省（尽管在某些时期名义上还属于尚书省），成为宰相机构下属的行政系统，直到明朝废中书省而以六部为最高行政长官。六部体制就是以六部为中央政务运行主体的行政体制，本书用以概括隋朝至明朝（实际上包括继承了明制的清朝）的制度。在描述六部生成与六部体制演变的同时，还要处理六部与尚书省的关系。

不过，我还是倾向于使用"尚书行政体制"这个概念来统称魏晋至清末新政的行政体制。理由略述如下。从秦到隋朝建立之前，虽然没有形成六部的建制，但以尚书命名的官职逐渐发展成机构，形成了分工，其发展方向是建立六部体制。魏晋以后，尚书省及其统属的诸曹（包括尚书曹和郎曹两个层级）成为行政运行的主体机构。隋唐两朝是典型的尚书六部体制行用时期，尽管在安史之乱以后的唐中后期尚书省及六部之职权不断弱化，其职任随着政务内容的变化逐渐被使职所取代，但尚书省作为最高行政机构的建制以及尚书省长官左右仆射的礼仪规格一直存续。北宋建立以后，作为最高行政机构的尚书省已名存实亡，名义上有时还属于尚书省的六部，其内部的机构与官员设置也已不同于隋唐时期，六部逐渐独立且其内部分工的重心从分司下移至分案，但六部的长官依然称为"尚书"，六部之间的分工还是遵循隋朝以后的惯例。故将之统称为尚书行政体制，似可成立。

至于唐中后期至北宋元丰改制期间实际行用的使职行政体制，则可视为对尚书行政体制的调适，是在运行机制上对条块分割的重构，及与君主走向政务处理前台后形成的新中枢体制的对接。使职系统在很大程度上继承了六部对政务的分类体系，其衍生出来的政务运行新机制在元丰官制改革中被吸收进重建的尚书六部体制，并因此改造了尚书行政体制。

使用"尚书行政体制"这个概念，还有一个考虑。"尚书"一词，自其作为官职名称之时起，就与政务文书联系在一起。正如杜佑《通典·职官四》所说，"秦时，少府遣吏四人在殿中，主发书，谓之尚书。尚犹主也。汉承秦置"。而政务文书是行政体制的有机组成部分，也是行政体制演变的重要影响因素和体现形式。尚书行政体制的建立与演变，究其实质是社会经济发展和统治形势变化的结果，但这些发展变化影响到行政体制上，则需要通过文书行政来呈现。

文书行政的发展与行政体制的演进具有互相促进的关系，

承载着帝制中国自魏晋以后行政运行的尚书行政体制，正是伴随着文书行政的发展成长起来的。尚书机构经过汉魏时期在三公九卿体制下的发育成长，到两晋时期已经成为宰相机构。两晋南北朝时期，尚书台（省）下属的两个层级机构尚书曹和郎曹，在机构名称和事任职掌方面都经历着不断的分化与重组，经过西魏北周六官体制的整合，至隋朝形成了相对严整的尚书六部行政体制并在唐前期发展完善。从基层组织的户籍编制、土地管理、赋役差派、钱粮催科、治安维持等，到地方官府的官员考课、人事管理、籍帐汇编、财物转输、贡赋进献、军防屯戍、工程营缮等，再到朝廷各事务部门，包括九寺五监的具体事务，需要宰相和君主批复的，都汇总到尚书六部制为奏抄，进入中枢裁决程序。这套行政体制和运行机制，几经改造与调适，其核心的制度精神历近千载而不废。其中尤为关键之处在于，伴随着文书行政发育成长的尚书行政体制，体现了帝制中国后半期独特而成熟的行政理性和制度逻辑。正如祝总斌先生指出的，尚书系统的长官与属官是一种上下级关系，不同于汉代丞相、三公与僚佐掾属的拟君臣关系。可以说，尚书系统发展成国家行政管理主体的过程，就是权力运行从以长官个人为中心向以机构为中心演进的过程。

二

中国古代国家的政务运行，自战国时期官僚制建立开始就深度依赖一套不断完善的文书体系。尤其在秦国自秦孝公用商鞅变法以后，法令规章不断完备，行政技术日趋发达，统治效能大为增强。秦始皇建立帝制以后，将依靠文法吏以文书治国的一套行政体制推行到庞大的疆域之内。出土政务文书显示，秦（包括统一之前的秦国和秦朝）和汉初的文书行政都相当发达，各级地方官府处理大小事务都通过由法令规范起来的程式严谨的官府文书，但地方需要汇总到中央统一裁决的政务文书相对寡少，中央层面的文书处理机制尚不发达。无论是秦始皇躬亲庶务、衡石量书，还是汉初惠帝高后之时无为而治、"政不出房户"，都是中央层面文书处理机制不完善的体现。诚如大庭脩、祝总斌等先生的研究显示的那样，随着汉武帝的继位，西汉政权走出立国前六十余年的初创期和调整期，从无为走向有为，中央集权急剧加强，协助君主处理政务文书的中央官僚系统开始发育。滥觞于秦的尚书之职在汉武帝时期开始出现分工，到西汉末年形成尚书分曹即完成了机构化。

　　两汉之际尚书分曹的依据从文书上奏者的身份转变为文书处理的事务类别，本书称之为由外生性的身份属性向内生性的职能属性转变。这个变化的背后有复杂而深刻的行政体制变化背景，宰相层面从丞相和御史大夫"二府"转变为"三公"，带来了尚书曹司的重构。如西汉末年设立三公曹，主断狱，不久废罢，并入二千石曹。当东汉初年三公制度定型后，三公取代丞相和御史大夫成为奏事文书的一个主体，故重设三公曹"典三公文书"。大体与此同时，由于原本掌丞相和御史大夫进呈文书（即"主公卿事"）的常侍曹失去了对应的文书进呈主体，故光武帝时改常侍曹为吏曹，其职掌为"掌选举、斋祀"等，对应的是三公府所掌长吏迁除及选举事，且"属三公曹"。而此前三公曹并入二千石曹所带来的"断狱"类政务，继续留在二千石曹，进而使得原本"主郡国二千石事"即负责奏进郡国长官文书的二千石曹完成了根据上书者身份设立到按照政务类型设曹的转变。尚书分曹依据变化背后的逻辑，是文书行政的发展导致国家政务分类原则的变化。早期国家的政务分类是以官职为依托的，官员的职掌划分亦即政务类别的划分，这种情形一直持续到帝制初创的秦汉之际。随着法令的完备、行政技术的发展，中央集权实质性加强，国家政务日渐繁杂，并不断推动着文书体量的增长，促生以文书为依托的政务分类。原本"掌通章奏"的尚书获得了发展机遇，并在政务分类的依托由官职向文书转换的过程中，逐步走向新的分曹机制。这是尚书行政体系在两汉之际萌芽的内在制度逻辑。

魏晋时期，诸曹尚书之下出现了将尚书郎分曹署置的郎曹，尚书台（省）内部的机构设置增加了一个层级，细化了职能分工，初步形成了以尚书曹统领郎曹的格局。而且郎曹的设立逻辑并非顺着上一层级的尚书曹分工，而是对应着外朝公府政务的分工及不断细化的政务文书类别。尚书曹与郎曹之间明晰的统属关系的建立，是一个随着郎曹名称与数额不断变化而反复调整的过程。

汉唐间尚书郎曹置废及其职掌、次第的变化，不同时期诸郎曹与尚书曹的统属关系，都极其复杂，历来制度文献中多有含混甚至错误。中国古代早期的官制书，大都以官职为中心，一般不记机构的设立和发展。要全面厘清上述问题，理解隋朝尚书六部体制定型的前提，无疑艰难繁重且不可能毕其功于一役。本书重点梳理了隋唐尚书六部之中最为复杂的刑部的形成过程，对刑部所属刑部、都官、比部、司门四司的前世今生，四司职掌分工形成过程与制度背景，司法政务由分属不同尚书曹所属郎曹集并到刑部的过程，皆有较为翔实的考证与论说。

又结合制度实态对《唐六典》《通典》等典制文献的制度描述加以解构，在相互冲突和间有断裂的史料中，梳理出尚书刑部成立过程中的汉晋南朝、西魏北周和北魏北齐因素，避免将刑部的生成视作汉唐间制度演进的单一线索的必然结果，建立了一种复调的历史叙事框架，进而探讨刑部生成史上不同的政治背景和制度因素。对于如此繁难的制度演进线索，书中的描述难免还存在一些武断推测或强作解人的遗憾，但此种努力的攻坚精神和方法论意义实属难得。

尚书省统领六部，每一部等量齐观地下设四司，这样一套体制是在隋初形成并在唐前期不断完善定型的。尚书省又与门下和中书两省统称三省，故后世有所谓"三省六部制"之说。实际上，在唐代制敕和官文书中，很少有"三省"之称，而是常见尚书省与中书、门下"两省"之间的并称。所谓"三省制"，是近代新史学兴起以后使用的制度概念，即如"三省"也是元丰官制改革名义上恢复三省体制之后才常用的概念。不仅"三省六部制"是一个语义指涉不明、无法落实到实际运行中的体制机制上的概念，尚书省和六部的关系也在此概念下多被误解。本书进一步梳理了六部在唐以后的发展脉络，间接对上述误解有所纠正。正如书中总结的那样，通过揭示不同时代六部机构之间的组织差异，从而将尚书省和六部两千多年的发展史，按照内部机构设立的情况，划分为尚书曹（汉）—郎曹（魏晋南北朝）—省司（隋至辽及北宋前期）—省部（北宋后期至南宋及金元）—子部（明初）—清吏司（明清）等六个特征鲜明的阶段，并将行政体制转型中日积月累的微小改变，落实在政务文书形态的变化上。

三

　　本书在把握中国古代政治体制长时段整体性演进轨迹的前提下，探讨尚书省及六部体制的形成与发展，以及围绕尚书六部衍生过程而发生的政务运行机制的变化，涉及由三公九卿制向所谓三省六部制的转轨、尚书六部体制的形成与三省制的确立、国家政务的类别划分与政务文书体系的演变等不同层次和角度的制度史基本问题。这个选题极具挑战性，前人研究成果可谓汗牛充栋，处理不好容易陷入做表面上的综述文章甚至遭受大而无当之讥的困境。张雨在具体论证的过程中，致力于系统且具宏观视野地梳理前人相关研究，并借以提出本书的问题焦点和立论前提，借助学界已有的个案研究成果，在制度演变的一些重要关节点上，取得了突破性认识。例如，隋朝开皇三年改度支尚书为民部尚书，李锦绣先生提出这个改变与计帐书式及其背后财政运作程式的变化有关，不只是尚书曹名的改变，而且涉及一整套政务运行的体制机制问题。受此启发，本书分析了同一时期改都官尚书为刑部尚书并调整都官曹职掌的原因，及其体现的司法政务运行机制从地方到中央所发生的变化。又如，隋炀帝大业三年置殿内省，统领原来隶属门下省的司进御之职的城门、尚食、尚药、御府、殿内等五局，而于门下省置给事郎，省读奏案。吴宗国先生据此论证门下省最终摆脱了皇帝侍从、顾问机构的性质，成为在外廷独立处理政务的纯粹的国家机关，三省体制由此建立。在这个结论下，本书吸收雷闻的研究成果，进一步分析了同时在尚书省初置左右司郎，掌都省之职的背景和意义，指出这项制度标志着都省从单纯的八座丞郎议事之处向政务运行中的一个环节转变，成为整个尚书省乃至全国的行政枢纽。这样的分析是对已有研究的继承和发展，是在关键个案研究突破基础上对制度整体演进的宏观认识。

面对如此难以驾驭的重大论题，本书在章节安排和具体论证中都体现出了协调微观与宏观、兼顾综论与个案的自觉和努力。本书尽管还有许多不周延和不缜密之处，却朝着贯通讲述中国古代政治体制演进基本线索的方向迈出了可喜步伐。

张雨从上本科开始就与我多有切磋，我们之间迄今有着二十余年的共同研究和相互辩难经历。花了将近一年时间断断续续读完了这部书稿，按照个人的体会和理解，写下了我对相关问题的思考，有对书中内容的理解综述，也有持不同看法的商榷讨论，作为对我们共同关注的这样一个重大问题的小结。

是为序。

2025 年 2 月 5 日

于北京大学文研院

序　二

张耐冬

几年前，张雨发来他新著的初稿，让我写一篇序言。我向来不写制度史研究文章，但在师友们的耳濡目染之下，偶有"熟读唐诗三百首"的错觉，便一时冲动应下差事。清醒之后，自知写不出锦上添花的推介语，只能将阅读时的感受与疑惑略加陈述，给这部著作添一个不那么有趣的注脚。

官僚制是中国古代政治史上不可或缺的构件，"新史学"问世后的制度史研究也以古代官僚制研究为大宗。若要从一种制度、一个机构中发掘官僚制的诸般特色，最佳样本恐怕莫过于尚书机构（台/省）与脱胎于此的六部。

从两汉到宋金时期，皆设有作为外朝机构的尚书台（省），而肇始于隋的六部直至清代仍是朝廷建制的一部分。两千余年间，无论尚书台（省）还是六部，几乎在每个时代都是朝廷最重要的行政机构。于是，政治情势的变动、行政技术的更新、决策与行政联动机制的转变、朝廷组织结构的调整、央地关系的重组等诸般变化无一不在二者身上留下印记。或许可以不夸张地说，梳理尚书机构和六部职权与地位的历史变迁，就能厘清中国帝制时代官僚制演变的主线。然而，因为头绪繁多且零乱，这几乎是一项不可能完成的任务，学者们便只能转变策略，以共时性研究替代历时性考察。具体而言，对尚书台（省）或六部的共时性研究，重点在考察某个时代尚书机构或六部在决策与行政系统中的角色与功能，由此解析该时期制度的运行模式与结构特性。

共时性研究的典范之作，首推严耕望的名文《论唐代尚书省之职权与地位》。此文在学术史上最大的意义在于揭示了唐前期六部与朝廷多数机构在事权上的层级区别，特别是六部与寺监在事权上的主从之分。此后，以李锦绣为代表的学者对严氏的观点加以修正，提出在事权上与寺监存在联系的是尚书省二十四曹（司）而非六部。由此引发的议题是，究竟应如何界定六部在行政体系中的作用。雷闻在辨析了隋和唐前期的六部与尚书都省、六部与寺监以及各部与下辖诸司之间的关系后，对此议题做出了回应，认为六部在唐高宗之前还未成为独立的行政实体，而在此后独立于尚书都省的过程中又出现了使职化的趋势。

阅读张雨《分职文昌：中国古代尚书省及六部体制研究》时，不时会想起以上这些有关隋唐六部的论断。它们都出现在这本书的参考文献中，但和这部新著应该不只是旧说与新论的关系。上述共时性研究均对共时性系统中都省、六部、二十四司和寺监等机构的行政级差关系有所描述，而且都不同程度地意识到共时性关系实为各类机构历时性演变的结果，然而囿于篇幅与主题，它们都未能对历时性变化做展开论述。张雨的"六部体制形成史论"则意在观察尚书机构与六部的历时性演变，而他的历时性研究恰是以上述共时性研究为起点，寻找尚书机构与六部演变过程中的关键节点。例如，唐前期尚书二十四曹（司）与寺监在事权上存在关联，相比之下，作为二十四司上级机构的六部反而缺乏行政主体性，这是共时性考察的结论。至于为何会出现这种情况，则非共时性研究所能回答。张雨注意到郎曹的出现与功能日渐完备使尚书机构成为魏晋南北朝诸政权的行政中枢，从而建立起以郎曹与郎曹管理机制（即尚书分掌郎曹）为线索的解释思路，并从隋唐向下延伸，探讨由郎曹转变而成的尚书二十四司与分掌郎曹的历史产物六部在唐宋金元时期行政权的消长，借此导出六部成为行政主体的路径，即"实体化"与"独立化"。张雨这项历时性的研究，首先是从时间维度上展开以往对唐代尚书省与六部的共时性研究，而后对共时性研究遗留的"为什么"进行了解答。更重要的是，他在吸收关于宋金元明时期六部的共时性研究成果后拓宽了议题，不再简单地把六部当作尚书机构的组成部分，而将其视为一种从尚书制度中分化出来的新型行政制度的内核，这大概就是他提出"六部体制"的原因所在。

不过，我的疑惑也由此产生：分掌郎曹的历史产物六部，能否成为行政主体？在尚书分掌郎曹的魏晋南北朝时期，朝廷的行政主体是郎曹，并形成了以郎曹为中心的行政事务处理机制；尚书分掌郎曹，是从管理的角度归并、聚集有相关性或相似性的行政事务，并未改变行政机制；隋代设六部，也未触及这种行政机制的底层逻辑。因此，直至唐前期，朝廷的行政主体仍是尚书省二十四司。张雨在书中用很大的篇幅讲述了隋设六部之前刑部的生成史，详细整理了与司法、刑狱有关的各郎曹在魏晋南北朝时期的聚合过程，展示了郎曹被归类统管的各种尝试以及在不断试错中逐渐合理化的努力，而在此过程中，行政权有没有上移至这些郎曹的主管官员或机构呢？好像是没有。那么，原因何在？是没有必要，还是实现起来困难？六部初问世的隋和唐前期，又是否存在将二十四司的行政权集中到六部的关键举措呢？这些都是应重点分析的问题，书中对此的论证似乎还不充分。在阅读六部"生成史"与"实体化"的相关章节时，我最大的困惑便在于此：以六部为行政主体，究竟是不是制度创设的题中之义？六部的"实体化"，又与其诞生之初的制度环境有多大程度上的联系？如果脱离了唐高宗以降行政事务的使职化，以及宋神宗借六部之名统合使职行政系统，还会不会有六部的"实体化"？

随之而来的疑问是，既然"实体化"在使职差遣作为行政主体的制度环境中实现，那么"实体化"的六部，和以二十四司行政为基础的六部，能否被视为同一制度在不同时期的不同样态？就像何塞这个名字在《百年孤独》中多次出现，但他们并非同一个人，可能北宋中期被重新组建的六部和隋唐的六部亦属此类情况——它们之间的亲缘关系或许还不如何塞们那么密切。对于这两个"六部"，是应该置于制度史的分析框架下，还是纳入观念史的考察范围？

怎样看待宋神宗赵顼重组的六部，也关系到"六部体制"的定义。按照我的理解，"六部体制"这个概念，便于描述制度变更的整体过程，这个过程包括作为整套行政机构的六部如何从尚书机构中生成，并在与之保持长达几个世纪的"时空伴随"关系后，最终以六部为主体重塑行政组织，也包括作为整体组织的六部与朝廷及地方政权中的各类机构与官员为建立顺畅的行政运行模式的各种探索。在这个过程中，赵顼再建六部的行为极有可能是最关键的一步。当他踌躇满志地搬出六部的"亡灵"为自己效力，让它们操着《唐六典》的语言统摄使职差遣，就已经改变了基本的制度逻辑，所以，如果要为

"六部体制" 寻找一个典型模式，是以重组后的六部作为标准模型，还是以隋唐六部作为制度起点？书中并未明确地给出答案，但从 "实体化" 和 "独立化" 这一对用以概括六部主体化的概念来看，张雨应该倾向于将重组后的六部作为 "六部体制" 的典型模式，并在这个模式与隋唐六部间 "画了一条辅助线"，形成了对六部变迁史的线性叙事。

最后还有一个略显无厘头的问题：为何要将六部为主体的行政制度命名为 "体制"？张雨自己从学理上做了说明，我的理解则略有不同。窃以为，他之所以选择 "体制" 这个概念，大概与他成长于一个 "体制" 被频繁使用的时代不无关系。20 世纪八九十年代，是 "体制" 在广播中和报刊上使用频率超高的时代，它或许就是通过新闻媒介进入每个人的头脑，又在若干年后被我们应用于学术领域。媒体最初使用 "体制" 时，应该取材于严肃的学术理论，而我们在接受它时却未必经过理性的思考，在学术场合使用时，可能也未将它与制度、系统等概念做出严格区分，而是将其作为再熟悉不过的常用词信手拈来。对史学从业者而言，没有专门的学术语言是尴尬的，我们不得不从生活中的习见词汇中取材，以比附或隐喻的方式使其适配于历史情境。童年与少年时代萦绕在耳边的 "体制" 也许就是这样被张雨选中的。当然，他的部分灵感来自刘后滨老师的《唐代中书门下体制研究：公文形态、政务运行与制度变迁》，不过，刘老师同样是 20 世纪八九十年代的亲历者，也一样无法摆脱时代超高频词的影响。这种 "思想生活化" 后复将 "生活思想化" 的现象，大抵会成为将来学术史研究的话题。我关心的是，他们在使用 "体制" 时，该词与当年报刊和广播里 "体制" 指代的制度现象是何关系，描述的是历史语境中的哪类现象，又如何区分体制与制度。这种概念焦虑似乎有点过分，但每每见到制度史研究论著中出现这个词，我的忧思便增加一分。

我原本创作了一个关于"体制"的谐音梗来为这篇小序收尾，为了不破坏严肃且忧伤的氛围，只能暂时封存。如果张雨的下一部著作还是与"体制"有关，那时再来分享也不迟。

目　录

文书篇：公文形态与政务运行

图表目录

绪　言

一　选题意义与基本框架

本书是关于中国古代尚书省和六部体制的研究,[①] 但并未试图进行面面俱到式的分析,重点围绕隋唐六部的生成与独立这一线索展开论述。汉魏以后,或将六部（曹）尚书比作文昌宫六星,[②] 故唐人有"分职文昌"的说法,[③] 因以为名。本

---

① 本书将金代尚书省与元及明初中书省视作同一制度单元的延续（一省制）,因此仅以"中国古代尚书省和六部体制"涵盖本书研究对象。

② 在中国古代星图中,"斗魁戴匡六星曰文昌宫",是天府之象,"辅拂并居",可以"扬天纪"。故汉魏以下,文昌常用作尚书别称,如荀绰《晋百官表注》曰"尚书为文昌天府"。《史记》卷二七《天官书》及所附（唐）司马贞《索隐》,中华书局,2017,第1544页；（唐）徐坚等:《初学记》卷一一《职官部上·尚书令》,中华书局,2004,第259页。参见龚延明《中国历代职官别名大辞典》,"文昌"条,上海辞书出版社,2006,第155页；王育成《武昌南齐刘觊地券刻符初释》,《江汉考古》1991年第2期,第84页。

③ 武德五年（622）,刘赡"拜襄州道行台兵部尚书,仍持节山南道巡抚大使。戎事之大,分职文昌；旌节所履,载光原隰"。永徽六年（655）十一月,礼部尚书许敬宗奏:"臣既分职文昌,典司嘉礼,位陪宗伯,不敢旷官。"（唐）李百药:《荆州都督刘赡碑铭并序》,（唐）许敬宗编,罗国威整理《日藏弘仁本文馆词林校证》卷四五九,中华书局,2001,第202页；（宋）王溥:《唐会要》卷四《储君》,上海古籍出版社,2006,第46页。

书的议题，是从近代以后制度史视野下的三省六部制研究中引申而来。

在近代中国史学发展中，政治制度史研究长期是古代史研究的重点领域。政治制度史研究在近代以后的史学发展中之所以如此蔚为大观，一方面是受到重视典章制度的中国古代史学传统的影响，另一方面也是因为政治制度史的研究取向与 20 世纪初以梁启超倡导的 "新史学" 为标志的史学转型相吻合。① 梁启超关于中国专制政治和专制政体的表述，被视为中国学界探讨近代化国家转型视野下的古代政治制度的学术源头。

在此问题导向的影响下，20 世纪以后，"被认为是能够关切世用的典章制度史，此时几乎成为讲授史学的主要项目"。② 与此同时，在经世致用的目的下，近现代政治学所使用的 "政治体制" 等概念也顺理成章地进入中国古代制度史的研究中。时至今日，学界早已确立起一套系统的、基本的或约定俗成的学术概念，用以涵盖不同时段政治制度的特征。

其中，使用较多的有秦汉时期的三公制（或二府制）和三公九卿制、隋唐时期的三省制和三省六部制、宋朝的使职差遣制、金元时期的一省制（尚书省或中书省）和行省制、明

---

① 刘后滨：《汉唐政治制度史中政务运行机制研究述评》，《史学月刊》2012 年第 8 期，收入氏著《唐代中书门下体制研究：公文形态、政务运行与制度变迁》（增订版，初版 2004 年）附录三《汉唐政治制度研究反思（一）》，中国人民大学出版社，2022，第 457—458 页；侯旭东：《"制度" 如何成为了 "制度史"》，《中国社会科学评价》2019 年第 1 期，第 73—82 页。

② 刘龙心：《学术与制度：学科体制与现代中国史学的建立》，新星出版社，2007，第 47 页。

清时期的内阁制和六部制。此外，还有一些新概念被提出，如
唐代中书门下体制和宋代二府制。① 且不论这些概念是否准确
地反映了当时政治体制的基本特征，单是学者们的不懈努力，
已然大大丰富了我们对中国古代政治体制及政务运行机制的
理解。②

在上述政治体制迭相更替的演变过程中，发端于秦的尚书
及尚书机构逐渐成为其中的关键角色和主要线索，因而历来受
典章制度的记载者和研究者的重视。不过，总的看来，相关记
载和研究侧重于中枢体制或宰相制度，关心的是宰相的职能与
组成、决策的产生及落实。以三省制研究为例，学界主要关注
的是三省制确立的背景和具体环节、三省制的具体运行机制以
及三省制内部三省关系和地位的变化。③ 这样一来，虽然前辈
时贤也会对尚书省的内部结构及渊源做出阐述，但由于研究重
心不在此处，往往在面对尚书分曹（六部）和郎曹（二十四
司）废置，及其相互统属关系演变时，采用列表的形式，或
辅以简单的描述，缺乏从职掌变化和体制变迁方面的精细研

---

① 刘后滨：《唐代中书门下体制研究：公文形态、政务运行与制度变迁》
（增订版），"导论"，第1—2页；李全德：《唐宋变革期枢密院研究》，
国家图书馆出版社，2009，"导论·唐宋中枢体制的变迁：从三省到二
府"，第1—10页。

② 中国古文书学的研究为"政务运行"概念的提出奠定了史料基础。随着
大量档案文献或政务文书史料被发掘整理，政治制度史的研究逐渐形成
了一个新的研究取向，即将公文书形态及其程式与官僚制度结合起来研
究。政务运行既是一个研究论域，也是一个研究视角。刘后滨：《古文
书学与唐宋政治史研究》，《历史研究》2014年第6期，收入氏著《唐代
中书门下体制研究：公文形态、政务运行与制度变迁》（增订版）附录
三《汉唐政治制度研究反思（二）》，第483—490页。

③ 刘后滨：《唐代中书门下体制研究：公文形态、政务运行与制度变迁》
（增订版），第18页。

究，分析略显平面和简单。[1]

隋唐之际尚书省及六部体制的确立和定型，奠定了此后中央行政体制发展的基础。虽然在宋（元丰之后）金尚书省、元代中书省，以及明清六部制度方面，学界研究同样取得了相当大的进展，但不少成果通常囿于断代史的分野，缺乏必要的通代视界，因而会产生一些认知上的偏差，难免存在诸如将宋元明以降的六部与隋唐尚书省六部等量齐观的不足。[2]

针对上述不足，本书以六部体制为基点，围绕着尚书机构的源和流两个维度，从政务运行的视角切入，打破制度史研究中的朝代区隔，聚焦于如下问题。

（1）隋唐尚书省以诸司（郎曹）为中心的政务运行机制的起源。

（2）隋唐以前国家政务集并过程与尚书六部的定型。

（3）唐宋六部实体化和独立化趋势及金元六部诸司体制的消解。

（4）六部政务运行机制独立运作的成熟与明初宰相制度

---

[1] 雷闻：《隋与唐前期的尚书省》，吴宗国主编《盛唐政治制度研究》，上海辞书出版社，2003，收入氏著《官文书与唐代政务运行研究》，上海古籍出版社，2023，第158—161页；张金龙：《唐前"兵部"尚书研究》，中华书局，2018，第9—16页。

[2] 如清人认为："今之六部，其原实起于汉魏以下之尚书诸曹。唐宋迄元，则为尚书六部，隶于尚书都省。……见于《通典》及叶梦得《石林燕语》者甚详。元代废尚书省，（都省）移入中书，六部亦随之改隶。元人《析津志》载六部俱列中书外垣，则其制亦与宋宋无异。故当时六部署衔皆曰尚书某部、中书某部，以其统属于都省故也。自明太祖罢丞相，革中书省，仿古六卿之制，析其职归之六部，以尚书分掌庶政，侍郎佐之。于是六部始各为分署，事皆专达，而都省之制遂废。"（清）纪昀等：《历代职官表》卷五《吏部》，上海古籍出版社，1989，第96页。

的废止。

　　通过揭示不同时代六部机构之间的组织差异，对上述问题做出尝试性解释，从而将尚书省和六部机构两千多年的发展史划分为"尚书曹（汉）—郎曹（魏晋南北朝）—省司（隋至辽及北宋前期）—省部（北宋后期至南宋及金元）—子部（明初）—清吏司（明清）"等六个特征鲜明的阶段，并通过政务文书形态的变化，将行政体制日常运作中不易察觉的微调，经过日积月累之后形成的制度增量展现出来。

　　为此，本书的主要内容由"制度篇：六部的生成与独立"和"文书篇：公文形态与政务运行"两部分组成。

　　"制度篇：六部的生成与独立"七章，首先围绕两汉尚书曹的分置、魏晋以后郎曹的出现与尚书统郎新机制的形成展开论述，然后将尚书刑部及其四司（刑部、都官、比部、司门）体制的形成作为个案，对六部体制的确立过程进行精细化研究。最后，针对有关隋唐尚书省中"部"的独立化这一问题意识，论述唐以后六部组织的内部变化，并尝试将明清六部体制的形成纳入隋唐以后宰相制度和六部的实体化与独立化这一制度发展的内在理路加以论述。

　　"文书篇：公文形态与政务运行"两章均围绕公文形态与制度变迁之间的关系展开论述。第八章先对学者已注意到，却又未充分展开讨论的南朝宋元嘉二十六年（449）皇太子监国有司仪注重新校录，进而探讨作为过渡期的魏晋南北朝时期的公文形态（包括尚书符），并在此基础上分析汉唐之间尚书省制度转型的若干细节问题。第九章从"部"的凸显与唐宋尚书省六部实体化的研究视角，探讨唐宋奏抄（钞）和省符形态的变化，同时也接续了此前对南北朝至隋唐尚书符演变的分析，以便在更长时段内观察尚书省政务运行机制的发展脉络。

另有两篇文章作为附录。《唐胡演墓志及相关问题考释》主要通过新出墓志来探讨《唐会要》和《资治通鉴》对贞观二年（628）胡演任职的错误记载，从而通过分析北朝隋唐囚帐管理体制的演变，来解决在"制度篇"中未能完全解决的北齐三公郎曹和隋唐刑部司职掌之间的继承和因袭关系问题。《明清刑部称"比部"考》关注明清时期存在的将曾经的刑部子司——"比部"——用作刑部别称的现象，通过寻找"比部"指代刑部文例的出现时间，试图从制度演变和文坛流派两个方面来分析上述现象的成因，发掘观察中国古代司法政务运行机制及六部体制演变的一个微观视角。

应该说，对中国古代尚书省及六部政务运行机制这一宏大主题而言，本书只能视作一个初阶的研究报告。现有个别结论或分析——比如对魏晋以后尚书郎曹出现后独立性提高的原因，以及从金元六部以"科"和"曹案"分工体系到明清重建分司背后胥吏地位和作用的变化——尚停留在对表面现象的归纳，缺乏深度的分析和解释。此外，目前仅通过元嘉仪注、奏抄（钞）、省符等例子来说明尚书省及六部体制的发展演变，难免粗疏。期待在日后能弥补或部分弥补这些不足，也期盼能从学界获得对本书的批评和建议，俾便修正。

二　研究缘起与相关学术史回顾

研究六部体制，首先应该关注的问题是隋唐尚书省的生成史。近年来，学界对隋唐尚书省的内部结构及渊源的研究，基本上是围绕着隋唐制度与北周制度的关系展开的。关于隋唐制度不承北周的说法，肇始于唐初。《隋书·百官志》曰"（隋）高祖践极，百度伊始，复废周官，还依汉、魏"，又曰"高祖既受命，改周之六官，其所制名，多依前代之法"。① 到了中晚唐，杜佑更是在《通典》中明确指出，"后周依《周礼》置六官，而年代短促，人情相习已久，不能革其视听。故隋氏复废六官，多依北齐之制"，② 认为隋唐官制多承北齐而不承北周。陈寅恪亦从礼仪、职官等八个方面，总结了隋唐制度的三源（北魏北齐、南朝梁陈和西魏北周），并特别强调西魏北周之一端，其影响及于隋唐制度者，实较微末。故三源之中，"此（西）魏、周之源远不如其他二源之重要"。③

随着对北周制度的了解增多和研究深入，学者们意识到了杜佑说法的偏颇，不断深化对北周制度影响隋唐制度的认识。

阎步克指出，隋唐工部尚书之所以能与其余五部平起平坐，是由于其继承了北周冬官府职能。而隋唐尚书中"工部""民部""礼部""兵部""刑部"之名，都是直接来自北周六官。④

吴宗国也认为，杜佑之说失之未加详察，隋官并非不承北周之制。尚书省结构，吏部是因袭北齐而增周之司勋；礼部则沿袭南朝梁制；度支诸曹合为一部，也是依据南朝梁制；兵部

---

① 《隋书》卷二六《百官志上》、卷二八《百官志下》，中华书局，2019，第800、863页。
② （唐）杜佑：《通典》卷二五《职官七·总论诸卿》，王文锦等点校，中华书局，1988，第691页。
③ 陈寅恪：《隋唐制度渊源略论稿》，生活·读书·新知三联书店，2001，第3—4页。
④ 阎步克：《品位与职位——秦汉魏晋南北朝官阶制度研究》，中华书局，2002，第577—578页。

突破了原来的五兵尚书、七兵尚书的格局，形成兵部、职方、驾部、库部四曹，主要是因袭自北周夏官府，工部亦是；而尚书均分为六部二十四曹，则主要模仿南朝梁制。也就是说，隋制实际上是综合了北齐、北周和南朝梁的制度中的积极因素并加以规整而形成的。[1]

雷闻进一步讨论了隋朝尚书省二十四司的来源。他认为这二十四司大致可分为四种类型：（1）曹魏以后，历朝皆置的，如吏部、祠部、金部、仓部、驾部、库部、都官、比部、度支等九司；（2）大多数朝代有设置，但或有暂时废弃者，如考功、主客、屯田、虞曹（部）和水部；（3）将前代几个郎曹的职能加以合并的，如礼部（祠部与殿中合并）、刑部（三公曹与二千石郎合并）、兵部（五兵曹或七兵曹合并）；（4）源自北周六官的，如司勋、职方和司门三司。也就是说，隋朝的二十四司既有汉魏以后旧传统的因素，也有北朝新出现的成分。总的说来，是对此前统治经验的一次较为彻底的总结。[2]

石冬梅更看重西魏、北周制度的影响，将西魏大统十二年（546）的尚书省改革作为隋唐尚书省形成的重要环节。他认为这次改革不仅确立了隋唐六部的名称，而且还开启了北朝后期精简机构、归并尚书省郎曹的先声。[3]

应该说，上述研究较为系统地梳理了影响魏晋以降尚书省

---

[1] 吴宗国：《三省的发展与三省体制的建立》，吴宗国主编《盛唐政治制度研究》，中国人民大学出版社，2019，第19—20页。

[2] 雷闻：《官文书与唐代政务运行研究》第六章"隋与唐前期的尚书省"，第161页。其中，未被纳入分类的有主爵、膳部、民部和工部四司。

[3] 石冬梅：《论西魏尚书省的改革》，《许昌学院学报》2008年第1期，第28—31页；《西魏北周六官制度新探》，《西南大学学报》（人文社会科学版）2007年第1期，第181—185页。

发展的种种积极因素，揭示了尚书六部生成史的宏大背景，但也在一定程度上存在探讨仅停留在官司职名层面，缺乏从职掌变化和体制变迁方面深入分析的不足，因此，仍有进行精细化研究的必要。

在精细化研究的过程中，笔者选取隋唐尚书刑部及其四司作为研究对象。[①] 这样做，最初是由于博士学位论文选题的需要，[②] 并开始关注尚书六部体制在隋初定型时所发生的变化，及其背后的制度史发展理路。随着思考的深入，笔者意识到，相较于其余五部而言，刑部体制的确立，更鲜明地体现出中古国家政务集并化的特点：魏晋南北朝时期，与司法政务相关的

---

① 近年来，有三位学者的研究涉及隋唐尚书刑部的起源。其中王建峰直接引述《唐六典》、《通典》和《唐会要》的记载来概述唐代刑部的制度渊源。他还以博士论文为基础申报了国家社科基金后期资助项目"唐代刑部尚书与皇权政治研究"（20FZSB061），值得关注。陈灵海以倒叙的方式依次对隋朝改都官尚书为刑部尚书，西魏改尚书三十六曹为十二部，以及西晋和北魏尚书三十六曹进行了考察，并对都官、比部、司门等郎曹做了溯源。他认为开皇三年（583）改制，是以北周官制之美学形式，整合南朝齐梁之制度实践，杂糅而成。张春海围绕着专制体制下，皇权与官僚集团间之"委托—代理"关系因信任与控制上的矛盾，而造成之组织在设立与运作上的变迁这一视角，论述了隋唐刑部的形成过程和制度演变的基本逻辑。总的来看，上述研究对尚书省组织的演变（如尚书统郎机制）、郎曹职掌演变方面关注不够，尚书刑部生成史研究仍有拓展空间。王建峰：《唐代刑部尚书研究》，博士学位论文，山东大学，2007，第8—15页；陈灵海：《刑部渊源考》，《浙江学刊》2005年第4期，第93—100页；陈灵海：《唐代刑部研究》（原题《唐代刑部》，博士学位论文，华东政法学院，2004），法律出版社，2010，第8—43页；张春海：《从三公曹到刑部：论隋唐刑部的形成》，《南京大学法律评论》2016年春季卷，法律出版社，2016，第97—119页。

② 本书第一章至第五章，是在笔者博士学位论文《唐代司法政务运行机制研究》（中国人民大学，2011）第二章"汉唐间司法政务的集并与尚书刑部的成立"（第18—64页）的基础上修改而成。博士学位论文的其余章节已修改成书（《唐代司法政务运行机制及演变研究》，上海古籍出版社，2020）。

尚书郎曹，不仅其自身职掌会因郎曹的省并分置而不时发生变化，而且分属于不同的尚书曹（也会因为尚书曹的省并而出现改隶的情况）。隋唐刑部四司体制及其司法政务运行机制的形成，标志着新的统一的司法政务运行机制的确立。

开皇三年（583）"改度支尚书为户（民）部尚书，都官尚书为刑部尚书"，标志着户部、刑部尚书的出现。不过，这次改名在隋朝两位皇帝兴致勃勃地推行的"政制改革史"上显得并不那么耀眼。开皇三年同时进行的"罢郡，以州统县，改别驾、赞务以为长史、司马。旧周、齐州郡县职，自州都、郡县正已下，皆州郡将、县令至而调用，理时事。至是不知时事，直谓之乡官。别置品官，皆吏部除授，每岁考殿最"等改革，① 更受人关注，几乎完全掩盖了尚书省这次调整的光芒。

确实，这次尚书省机构调整，看上去只是涉及六部之内头司—子司顺序，并导致尚书之名按照惯例随头司的调整而改变。因此，即便是在尚书省发展和三省制的确立过程中，它都不算是具有里程碑意义的事件。根据吴宗国、雷闻的研究，隋炀帝大业三年（607），尚书省初置左右司郎，掌都省之职，以及置殿内省，统领原来隶属门下省的司进御之职的城门、尚食、尚药、御府、殿内等五局，而于门下省置给事郎，省读奏案。前者标志着都省从单纯的八座丞郎议事之处向政务运行中一个环节的转变，成为整个尚书省乃至全国的行政枢纽，后者标志着门下省最终摆脱了皇帝侍从、顾问机构的性质，成为在外廷独立处理政务的纯粹的国家机关，三省体制由

---

① 改尚书名之事，被系于开皇三年四月诏左、右仆射各分掌三尚书事及十二月罢天下诸郡之间。《隋书》卷二八《百官志下》，卷一《高祖纪上》，开皇三年十一（二）月甲午条，第882—883、21、31页。

此而建立。① 开皇三年的尚书省调整不那么引人注目，也在情理之中。

然而，如果不忽视这个变化，尽可能地发掘出变化背后所涵盖的各种信息，并加以分析，应该能够从中得出一些有意思的结论。

李锦绣注意到了开皇三年的这次改制，并从财政运作的角度解读了民部尚书出现的原因，突破了单纯从机构合并（北齐的左、右民郎曹在隋初合并为民部郎曹）视角分析的束缚，对笔者启发很大。她指出，"改度支尚书为户（民）部尚书"不仅仅是六部尚书官衔的改变，而且也是对尚书度支机构的调整：度支降为子司，民部升为头司。这与周隋之间计帐书式的变化有关。北周计帐租调数、丁口数悉载，而隋朝计帐则只登载丁口数。这一改变是受北齐制度影响，取消了赋税数量的繁缛申报，简化了计帐形式。在租庸调制之下，每丁所收租庸调数都是固定的。每年国家的具体征收数量则要由民部司根据计帐丁口数计算得出，所以民部事繁且重。而在隋及唐前期量入为出的财政思想指导下，度支司制订支度国用计划的基础是根据计帐计算出的租调数量。也就是说，民部统计得出的征收数量是度支确定国家预算的基础。这样，开皇三年调整度支与民部二司次序之后，确立了以民部领度支的定制，并延续到唐前期。②

---

① 吴宗国：《三省的发展与三省体制的建立》，吴宗国主编《盛唐政治制度研究》，第 22 页；雷闻：《官文书与唐代政务运行研究》第六章"隋与唐前期的尚书省"，第 157—158 页。

② 唐高宗时，曾恢复度支司的头司地位。王溥《唐会要》卷五七《尚书省诸司上·尚书省分行次第》："显庆元年（656）七月二十一日，改户部尚书为度支尚书，侍郎亦准此。遂以度支为头司，户部为子司。至龙朔二年（662）二月四日，复旧次第也。"（第 1159 页）

这也是均田制在国家财政支度程序及财政机构上打下的印记。① 可以说，她比较透彻地分析了开皇三年改度支尚书为民部尚书的背景和渊源。

然而对于改都官尚书为刑部尚书，也就是改以刑部司为头司、将都官司降为子司的这个变化，学界尚未进行较为透彻的解释。比如对于雷闻刑部四司类型的划分（如前述将都官、比部归入历代皆置类型，刑部由三公曹和二千石郎合并而成，司门来自北周六官），还应略做补充。

首先，都官郎曹虽曹魏以后历朝皆置，但其职掌不同于开皇三年之后的新都官郎曹。也就是说，隋初在改都官尚书为刑部尚书的同时，还改变了都官郎曹的职掌。② 就此而言，尚书刑部调整的背后隐藏着比尚书民部调整更多的信息（本书称之为"司法政务运行机制的集并"），应该予以关注。

其次，认为刑部郎是将三公曹与二千石郎合并的观点，则是受唐人制度史叙事误导。如《唐六典》载："汉成帝始置三公曹，主断狱事。后汉以三公曹掌天下岁尽集课事，又以二千石曹主中都官水火、盗贼、辞讼、罪法事。"又曰："后汉有二千石曹尚书，掌刑法，因立二千石郎曹。"③《唐六典》编撰者对汉代制度的强调，可能是上述误解产生的一个原因（详见第三章）。

---

① 李锦绣：《唐代财政史稿》第 1 册，社会科学文献出版社，2007，第 5—11、329—332 页。参见史卫《隋唐财政制度之北周渊源略论》，《唐都学刊》2007 年第 5 期，第 1—6 页。

② （唐）李林甫等：《唐六典》卷六《尚书刑部》都官郎中员外郎条，陈仲夫点校，中华书局，1992，第 192 页。详细分析见本书第五章。

③ （唐）李林甫等：《唐六典》卷六《尚书刑部》刑部尚书、刑部郎中员外郎条，第 179、180 页。

虽说隋文帝"复废周官，还依汉、魏"，但若认为隋制直接上承东汉尚书体制，缺乏足够的依据。经过魏晋南北朝数百年的调整，尚书机构的组织形态、机构规模，及其职能、地位都已经发生了翻天覆地的变化。唐人所揭示的汉隋之间制度的直接继承是一种简化的叙事，或者是某种有意的建构性书写。

以北齐尚书省为例。三公郎中掌五时读时令、诸曹囚帐、断罪、赦日建金鸡等事，属殿中尚书；都官郎中掌畿内非违得失事，二千石郎中掌畿外得失等事，皆属都官尚书。① 对照前述开皇三年调整之后的刑部司和都官司职掌来看，似乎两者都由北齐三公郎中职掌分化而来（这并不意味着隋朝刑部和都官两司来源于北齐之制，仅仅是从职掌上分析。具体的制度渊源，需要进一步分析后才能得出），而非刑部由三公曹与二千石郎合并。

在这个基础上，隋唐之际，随着三省的发展及三省制的确立，皇帝成为国家政务的最高负责人，依靠官吏对百姓实行直接统治，中央集权得到全面加强，② 国家（或皇权）形态发生了重大变化。与此同时，汉代郡（国）县两级制，经历了魏晋南北朝的州郡县三级制之后，又重新恢复为隋唐的州（郡）县两级制，地方州郡的司法权限也有明显的不同，这必然会对政治体制、公文形态和政务运行产生影响。开皇三年改都官尚书为刑部尚书，同样与此关系密切，背后有着复杂的各方面制

---

① 《隋书》卷二七《百官志中》，第 839 页。
② 吴宗国：《汉唐明比较——兼论中国古代秦以后的社会变迁》，荣新江主编《唐研究》第 10 卷，北京大学出版社，2004，收入氏著《中古社会变迁与隋唐史研究》，中华书局，2019，第 452—453 页。参见吴宗国《三省的发展与三省体制的确立》，吴宗国主编《盛唐政治制度研究》，第 14—22 页。

度变革的背景。

　　以上是本书的研究缘起，以及与之相关的学术史回顾。唐宋以后尚书省及六部体制的发展，研究成果同样丰富。但因所涉问题较为分散，与之相关的其他研究成果，则随文而注，不具于此。

六部的生成与独立

第一章　尚书曹的出现及发展

关于两汉尚书制度，祝总斌已有精深研究，见于其所著《两汉魏晋南北朝宰相制度研究》一书。[1] 他对尚书的起源、尚书曹的出现及分合过程，做了严谨周密的分析，澄清了史料中的很多难解、令人疑惑之处，著为不刊之论。此外，王素在所撰《三省制略论》及其与陈仲安合著的《汉唐职官制度研究》中，对上述问题也多有涉及。[2] 这些研究成果，正是本章得以展开的基础和前提。

一　尚书曹的出现与西汉尚书分曹

尚书之职，出现于秦。《汉官仪》载："秦代少府遣吏四人在殿中，主发书，故号尚书。"[3] 尚书即主管、典掌文书之

---

[1]　祝总斌：《两汉魏晋南北朝宰相制度研究》（初版 1990 年），北京大学出版社，2017。

[2]　王素：《三省制略论》（增订本，初版 1986 年），中西书局，2021；陈仲安、王素：《汉唐职官制度研究》（增订本，初版 1993 年），中西书局，2018。参见杨鸿年《汉魏制度丛考》（第 2 版），武汉大学出版社，2005，第 74—112 页；李浩《天子文书·政令·信息沟通：以两汉魏晋南北朝为中心》，复旦大学出版社，2014，第 13—144 页。

[3]　（汉）应劭：《汉官仪》卷上，（清）孙星衍等辑《汉官六种》，周天游点校，中华书局，1990，第 141 页。《战国策·秦策五》："文信侯出走，与

意，该机构本是少府下属（"职属"），其后经历"文属"少府的阶段而渐次独立，称尚书台。①

少府是秦汉九卿之一，为天子私府，属官有六尚，尚书即其一，② 其余为尚冠、尚衣、尚食、尚沐、尚席。可见，少府六尚都是为皇帝日常生活和政务活动提供服务的低下职任。秦代的尚书机构，不仅有尚书四人，还有尚书令、仆射、丞等。③

司空马之赵，赵以为守相。秦下甲而攻赵，司空马说赵王曰：'文信侯相秦，臣事之，为尚书，习秦事。今大王使守小官，习赵事。请为大王设秦、赵之战，而亲观其孰胜。'"司空马说赵王，在秦始皇十八年（前229）。孙楷以为秦尚书为丞相属官，但杨善群认为其属少府，因事皆决于丞相府，故司空马称"事之"。参见（清）孙楷《秦会要》卷一四《职官上》，杨善群校补，上海古籍出版社，2004，第253页；杨宽《战国史料编年辑证》卷二一，上海人民出版社，2016，第1233页。

① "职属""文属"，见《后汉书》志二六《百官志三》，中华书局，1965，第3600页。参见祝总斌《两汉魏晋南北朝宰相制度研究》，第108页。按，今本《后汉书》诸志，即司马彪《续汉书》诸志，后若无必要，皆不特意说明。

② 《后汉书》志二六《百官志三》注引韦昭曰："尚，奉也。"（第3597页）此外，秦汉时期，皇后所居中宫，或皇太后等所居诸宫，分别置有大长秋和少府，其属亦有尚书，"职吏皆宦者"。同书志二七《百官志四》载："中宫尚书五人，六百石。本注曰：宦者。主中文书。""宦者诛后，尚书选兼职吏一人奉引（皇后法驾）云。其中长信、长乐宫者，置少府一人，职如长秋，及余吏皆以宫名为号，员数秩次如中宫。"（第3607、3608页）女尚书及长乐尚书，见同书卷六九《窦武传》，第2242、2243页。参见周晓陆等编《秦封泥集》，三秦出版社，2000，第51页。

③ 尚书令、仆射，承秦所置，见《后汉书》志二六《百官志三》，第3596页；《汉书》卷一九上《百官公卿表上》，中华书局，1962，第728页。《唐六典》卷一《尚书都省》引司马彪《续汉书》云："尚书丞一人，秦所置，汉因之。"（第7页）《通典》卷二二《职官四·左右丞》载作"秦置尚书丞二人"（第598页）。（元）马端临《文献通考》卷五一《职官考五·左右丞》引此句则作"丞一人"（中华书局，1986，第471页）。据此，应以"一人"为是。但今本《续汉书·百官志》无此句。参见金少英《秦官考——〈秦会要订补·职官编〉补正》，田澍、李建国主编《西北师范大学文史学者论文选萃·历史学卷》，甘肃人民出版社，2012，

作为一个殿内文书收发机构，也算是比较完备了。汉兴，因之不改。

西汉前期遵行黄老之术，与民休息，国家逐渐富足起来。有这样的经济基础，又遇上雄才大略的汉武帝（前141—前87年在位），汉代国策发生了转向。"是时征伐四夷，开置边郡，军旅数发，内改制度，朝廷多事。"[①] 事情多了，对人才的渴求度也加大了，因而汉武帝"征天下举方正贤良文学材力之士，待以不次之位。四方士多上书言得失，自衒鬻者以千数"[②]。人多事多，文书自然也就多了起来。在这种情况下，无论是从学识还是精力来说，汉武帝都不可能独力处理。这样，"与闻政事"的中朝官制度和领尚书事制度便应时而生。[③] 尚书的分曹，正是在这样的背景下出现的。

武帝之后，由于昭帝（前87—前74年在位）幼年即位，领尚书事的权力因而扩大。特殊的政治环境，使得当时内外朝分界逐渐严格。由此尚书成为沟通内外朝的一座桥梁，职权也不仅限于传递文书。文书增多，事任拓展，尚书机构也需要进一步扩大规模。至成帝建始四年（前29），"初置尚书，员五人"，尚书丞置四人。[④]

祝总斌认为在建始四年之前，尚书只有大体的分工，至此

第 36 页。故疑秦时尚书丞员数不详，《唐六典》所载"丞一人"或据《汉书·百官公卿表上》少府"属官有尚书、符节、太医、太官、汤官、导官、乐府、若卢、考工室、左弋、居室、甘泉居室、左右司空、东织、西织、东园匠十（二）〔六〕官令丞"（第731页）一句而来，但误将出处标作《续汉志》。《通典》《文献通考》皆从之而删去出处。

① 　《汉书》卷六四上《严助传》，第2775页。
② 　《汉书》卷六五《东方朔传》，第2841页。
③ 　详见祝总斌《两汉魏晋南北朝宰相制度研究》，第64—85页。
④ 　《汉书》卷一九上《百官公卿表上》、卷一〇《成帝纪》，第732、308页。

才在尚书四人的基础上，加一员，分置五曹，尚书各一人，各主其事（文书）。① 这是现有史料中记载的关于尚书曹出现的标志性事件。当时的尚书分曹，据《汉旧仪》：

> 尚书四人为四曹：常侍曹尚书主丞相、御史（大夫）事，二千石曹尚书主刺史、二千石事，民曹尚书主庶民上书事，② 主客曹尚书主外国四夷事。成帝初置尚书员五人，有三公曹，主断狱事。③

不过，新设的尚书三公曹很快便被废置。至西汉末年，尚书曹又由五曹恢复为四曹。晋司马彪《续汉书·百官志》"尚书"条本注曰：

> 成帝初置尚书四人，分为四曹：常侍曹尚书主公卿事，二千石曹尚书主郡国二千石事，民曹尚书主凡吏上书事，客曹尚书主外国夷狄事。世祖承遵。④

借助前文对西汉尚书机构发展的论述可知，司马彪所注

---

① 详见祝总斌《两汉魏晋南北朝宰相制度研究》，第 77—79 页。又，"事"有"文书"之意，参阅一良《魏晋南北朝史札记》（补订本，初版 1985年）"事"条，中华书局，2015，第 465—470 页。

② "刺史、二千石事""庶民上书事"，《晋书》卷二四《职官志》分作"刺史郡国事""吏民上书事"（中华书局，1974，第 730 页）。另见后引《后汉书·百官志三》的记载。几处文本虽有差异，但大体相同。

③ （汉）卫宏：《汉旧仪》卷上，（清）孙星衍等辑《汉官六种》，第 64 页。

④ 《后汉书》志二六《百官志三》，第 3597 页。关于《续汉书》正文、"本注"和小字注的关系，见徐冲《〈续汉书·百官志〉与汉晋间的官制撰述——以"郡太守"条的辨证为中心》，《中华文史论丛》2013 年第 4期，第 201—238 页。

"成帝初置尚书四人"的记载应误，兹不赘言。不过，所载尚书四曹，既然为光武帝（世祖）所继承，可见其为西汉末年至东汉初年尚书分曹之制。

这一点也可用西汉晚期不同阶段的尚书曹职掌的变化来作为旁证。《汉旧仪》与《续汉书·百官志》所载尚书曹职掌，只有常侍曹发生了较大变化——由"主丞相、御史（大夫）事"变为"主公卿事"，其余二千石曹、民曹和主客曹职掌并无明显变化。常侍曹职掌变化的背后，恰恰反映了这一阶段宰相制度的改变（详后）。由此可知，《续汉书·百官志》所载尚书四曹的职掌，是三公制确立后形成的文本。因此，它反映的是西汉末年的尚书分曹情况，从而也印证了成帝时所置尚书三公曹最晚至此已经消失不见。

从西汉晚期尚书曹职掌看，这样的机构设置，在某种程度上，又可以视作当时朝廷对政务文书的分类及其标准。从政务文书的分类及其标准来看，西汉尚书分曹中，引人注目的正是"主断狱事"的三公曹的出现和废置。西汉三公曹的旋置旋废，原因有二。

首先，与其他尚书曹是以上书者的身份进行区分不同，三公曹是按照政务文书所处理事务的性质进行分类的。应该是尚书曹分类标准的不统一，导致了三公曹的废止。

其次，三公曹出现的时代要早于汉代三公（大司徒、大司马、大司空）制的建立。汉初，人们只是根据流行的儒家学说，将当时品秩最高的丞相（相国）、御史大夫、太尉比附为三公。而太尉又并非常设之官，所以西汉前期实际存在的是二公（或者称二府）制。为了迎合三公之说，同时为了保证统治质量，摆脱当时所面临的日益严重的治理危机，成帝绥和元年（前8）才将权力平等、鼎足而立的三公制落到实处，改变了此前丞相独大的比附的三公制。① 虽然三公制经过反复和调整，直到东汉初年才最终确立，但在西汉末年实体的三公出现后，原来主断狱事的三公曹就显得不合适了，因为断狱只是三公众多职掌中的一项，② 且远非最重要的内容。③

随着三公制的定型，与之相适应的九卿制也最终底定。④ 由此原来"主丞相、御史（大夫）事"的常侍曹职掌便被相应地改作"主公卿事"，即负责三公九卿的文书处理。这就是两汉之际常侍曹职掌变化的制度史背景。

二 东汉尚书分曹及其标准的转变

上节简单梳理了西汉尚书分曹的脉络。前文提到，尚书职能的拓展和机构的扩大，是尚书分曹出现的直接原因，而其标志是成帝以新置三公曹为契机而增置尚书为五人。然而尚书三公曹的旋置旋废，是否意味着之前出现的尚书机构规模扩大趋势产生了逆向发展呢？答案是否定的。

西汉三公曹的停废，是由于尚书机构内部及其与外朝机构

---

① 详见祝总斌《两汉魏晋南北朝宰相制度研究》，第16—20、47—52页。
② 《后汉书》志二四《百官志一》载，太尉府有辞曹主辞讼事，贼曹主盗贼事，决曹主罪法事（第3559页）。司徒府、司空府分曹，与之略同。参见周道济《汉代宰相机关》，《大陆杂志》第19卷第11期，1959年，收入《秦汉史及中古史前期研究论集》，《大陆杂志史学丛书》第1辑第4册，大陆杂志社，1960，第21—27页。
③ 参见宣帝时丞相丙吉对"三公典调和阴阳"的理解。《汉书》卷七四《丙吉传》，第3147页。
④ 孙正军：《汉代九卿制度的形成》，《历史研究》2019年第5期，第4—21页。

的关系没有理顺，并不意味着尚书机构规模扩大的趋势出现了拐点。到了东汉，尚书机构不仅规模扩大加速，而且独立性也越来越强。

尚书机构规模的扩大，主要体现在以下三方面。

第一，尚书曹的增加。光武帝（25—57 年在位）在西汉末尚书四曹的基础上，"分二千石曹，又分客曹为南主客曹、北主客曹，凡六曹"。[①] 而据《宋书·百官志》的记载，"光武分二千石曹为二"，[②] 似乎东汉初年存在 2 个二千石曹。对此，祝总斌认为应该是光武帝从二千石曹中分出了三公曹。[③]

第二，新置尚书郎，且其地位逐步提高。[④] 光武帝时，初置"尚书郎四人，一人主匈奴单于营部，一人主羌夷吏民，一人主户口垦田，一人主财帛委输"（见本章附论及表 1-2），随后又增至 36 员，分属六尚书曹，"一曹有六人，主作文书起草"。[⑤] 增置尚书郎的时间，史志未载，推测应在初置令史之

① 《后汉书》志二六《百官志三》，第 3597 页。

② 《宋书》卷三九《百官志上》，中华书局，2018，第 1339 页。

③ 祝总斌：《两汉魏晋南北朝宰相制度研究》，第 114 页。

④ 《后汉书》："尚书郎，旧典，秩满迁令长。郑弘为仆射，奏以台职任尊而赏薄，人无乐者，请使郎补二千石，自此始也。"见（宋）李昉等《太平御览》卷二一五《职官一三·总叙尚书郎》，中华书局据 1935 年商务印书馆影宋版缩印，1960，第 1025 页。《后汉书》卷三三《郑弘传》："建初〔初〕，为尚书令。旧制，尚书郎限满补县长令史丞尉。弘奏以为台职虽尊，而酬赏甚薄，至于开选，多无乐者，请使郎补千石〔令〕，令史为长。帝从其议。"（第 1155 页）两者记载虽不同，但可见尚书郎地位逐步提高的趋势。另外，参见（汉）应劭《汉官仪》卷上："尚书秩五百石，次补二千石"；"尚书左丞、右丞，秩各四百石，迁刺史"，"久次郎补也"；"能通《苍颉》《史篇》，补兰台令史；满岁，补尚书令史；满岁，为尚书郎；出，亦与郎同，宰百里。郎与令史分职受书"。（清）孙星衍等辑《汉官六种》，第 141、142 页。

⑤ 《后汉书》志二六《百官志三》，第 3597 页；《宋书》卷三九《百官志

前，甚至是在光武帝后期。

第三，新置尚书令史。明帝永平十三年（70），因楚王刘英谋反事起，置令史18人，[①] 负责将尚书郎起草的文书正式抄出，供诸曹尚书省读奏进。[②] 和帝永元三年（91），又以剧曹事繁，增置3员。[③]

不过，新分出的三公曹不再"主断狱事"。据汉末蔡质《汉官典职仪式选用》（《汉官典职仪》，亦省作《汉仪》）所

上》载作"主作文书，起立事草"（第1340页）。《后汉书》卷四一《钟离意传》载，永平三年（60）或稍后，"赐降胡子缣，尚书案事，误以十为百。帝见司农上簿，大怒，召尚书将笞之。意因入……乃解衣就格。帝意解，使复冠而赏郎"（第1409页）。此事亦见《钟离意别传》："意为尚书仆射，其年匈奴来降。诏赐缣三百匹。尚书侍郎暨酆受诏，误以三千匹赐匈奴。诏大怒，鞭酆欲死，意独排省闼入谏。"此即尚书郎掌文书起草之例。（唐）徐坚等：《初学记》卷一一《职官部上·尚书令》，第261页。

① 章帝建初年间（76—84）韦彪上疏，称"往时楚狱大起，故置令史以助郎职，而类多小人，好为奸利。今者务简，可皆停省"。《后汉书》卷二《明帝纪》、卷二六《韦彪传》，第117、919页。参见刘志伟《桓灵时代与边让事迹考论》，收入氏著《汉魏六朝文史论衡》，上海古籍出版社，2012，第142页。该文误以尚书令史初置来探讨公府令史的出现。实则令史一职，秦汉早已有之。周艳涛：《〈汉语大词典〉释义商榷四则》，"令史"，张显成等主编《简帛语言文字研究》第8辑，巴蜀书社，2016，第168—170页。

② 《太平御览》卷二一五《职官一三·总叙尚书郎》引《魏武集·选举令》："国家旧法，选尚书郎，取年未五十者，使文笔真草，有才能谨慎，典曹治事，起草立义，又以草呈示令、仆讫，乃付令史书之耳。书讫，共省读内之。事本来台郎统之，令史不行知也。书之不好，令史坐之；至于谬误，读奏者之责。"（第1028页）不过，在置令史之初，"以助郎职"的令史与尚书郎职掌差别不大，故云"郎主文案，与令史不殊"。《唐六典》卷一《尚书都省》引晋华峤《后汉书》，第10页。

③ 《后汉书》志二六《百官志三》注引晋崔豹《古今注》，第3598页。参见祝总斌《两汉魏晋南北朝宰相制度研究》，第107—108页。

载，三公曹应该是"典三公文书"。① 与之相适应，常侍曹职掌改为"主常侍黄门御史事"，② 其他各曹大体未变。这样，光武帝所置尚书六曹，仍延续西汉尚书机构以上书者身份作为分曹标准的旧制。对比西汉成帝的尚书五曹与光武帝初的尚书六曹，毫无疑问，后者尚书分曹的内在逻辑更加统一。

　　不过，东汉尚书机构很快又发生了变化。变化体现在尚书分曹标准的转换。就政务文书分类而言，以上书者身份作为分类的标准，是基于一种外生性的差异。这种外生性的分类标准，在尚书机构出现之初，就文书的传递机构而言，是合理的，也满足了机构职能的需要，但它并不适合于之后尚书制度"外朝化"发展的趋势。作为政务处理的一个环节，要对日益增加的文书进行处理，并归档、保管，尚书机构就需要根据内生性的差异来对文书进行分类管理。这种内生性，无疑应该源于政务文书所要处理事务的性质。③ 而政务文书分类标准的改变，又进一步影响了尚书分曹标准的变化。

　　从上面的分析来看，西汉末昙花一现的尚书三公曹蕴含着新的意义。虽然"主断狱事"的三公曹很快就消失了，但是这种按照职事性质，或者说以所掌政务文书处理事务的性质作

---

① 《后汉书》志二六《百官志三》注引《汉仪》作"典天下岁尽集课事。三公尚书二人，典三公文书"（第3597页）。祝总斌《两汉魏晋南北朝宰相制度研究》指出，三公尚书"典天下岁尽集课事"是东汉后期的事情（第112—115页），故按上书者身份所区分的"典三公文书"，反映的是东汉初三公尚书职掌。

② 《后汉书》志二六《百官志三》注引蔡质《汉仪》，第3597页。将三公曹尚书列为尚书首曹，是以上书者身份为依据的。这与西汉和东汉光武帝初皆以常侍曹为首曹是一致的。

③ 祝总斌：《两汉魏晋南北朝宰相制度研究》，第115页。

为尚书分曹依据的思路，在东汉初年变成了现实。

此外，如前所述，光武帝最初所置四员尚书郎中，既存在以职事为区分的尚书郎（民曹郎、谒者曹郎），也存在以上书者身份为区分的尚书郎（其名不详）。这种郎曹分置内在逻辑的不统一，与西汉成帝初置尚书五曹是相似的。不过，在增置尚书郎为 36 员后，尚书郎之间的职能区分就不再见于记载，而是变为"一曹有六人，主作文书起草"。这表明东汉尚书台最终没有形成后世的尚书郎曹，尚书郎的职掌是从属于诸尚书曹的职掌的，故而机构分曹仍以尚书曹为主。

上文提到，光武帝之初的尚书曹，依然延续西汉以上书者身份作为分曹标准的旧制，但从应劭《汉官仪》所载东汉末年情况来看，"三公尚书二人，掌天下岁尽集课；吏曹掌选举、斋祠；二千石曹掌水火、盗贼、词讼、罪法（掌中都官水火、盗贼、辞讼、罪眚）；客曹掌羌、胡朝会，法驾出，护驾（天子出猎，驾，御府曹郎属之）；民曹掌缮治、功作、盐池、苑囿（监池、苑、囿、盗贼事）"，① 尚书诸曹完全是以其所掌政务

---

① 《宋书》卷三九《百官志上》引《汉官》，第 1339 页。括号内文字，见《后汉书》志二六《百官志三》注引蔡质《汉仪》，第 3597、3598 页。成帝尚书分曹以后，民曹皆存，然而今本《艺文类聚》《初学记》引南朝梁张缵《让吏部尚书表》，皆有"汉革民曹，魏仍东掾"一句，难以理解。而且在《让吏部尚书表》中提及民曹，本身就令人疑惑。幸而宋人编《记纂渊海》引张缵表作"汉置天曹"，应是。（唐）欧阳询：《艺文类聚》卷四八《职官部四·吏部尚书》，汪绍楹校，上海古籍出版社，2015，第 858 页；（唐）徐坚等：《初学记》卷一一《职官部上·吏部尚书》，第 267 页；（宋）宋慈：《记纂渊海》卷二七《职官部·吏部》，《景印文渊阁四库全书》第 930 册，台湾商务印书馆，1986，第 604 页。四库本《记纂渊海》原题"宋潘自牧撰"，出自其底本万历刻本。然而该书原分前后集，前集为潘氏所辑，《职官部》出后集，系宋慈（字惠父，撰有《洗冤集录》）所辑，两书合并行世，但各自独立。至万历七

来划分的。也就是说，以尚书机构所掌政务文书处理事务的性质作为分曹标准，最迟在东汉末年已经变成了现实。

那么，东汉尚书分曹标准变化的转折点又在哪里呢？光武帝将常侍曹改为吏曹，[①] 很可能就是上述变化的转折点。改常侍曹为吏曹，虽然现有文献未明言其职掌承袭变动情况，但从西汉以后尚书分曹的发展和东汉末年尚书之制来看，尚书曹名由常侍曹改为吏曹，应该标志着尚书分曹标准由外生的身份属性向内生的职能属性的转变（参见表1-1）。不过，史有缺文，不得其详，聊备一说，以待新知。

三 东汉三公曹尚书职掌及其变化

上一节提到，光武帝分二千石曹为二曹，但未言新分出的尚书曹名，祝总斌认为所分出之曹为三公曹，诚为卓识。这个看法虽然合理，但毕竟是基于东汉后期尚书分曹的情况得出的结论，缺少进一步的论说。更令人感兴趣的是，为什么光武帝是从二千石曹，而不是从其他尚书曹中分出了三公曹？史无明言。尚无学者从这个角度进行分析，故试论如下。

西汉末年虽废"主断狱事"的三公曹，但其所掌事务并

年（1579），陈文燧重刻该书，将前后集打乱重新分部编次，并失载宋惠父之名。故将《记纂渊海·职官部》作者改题如前。李伟国：《〈记纂渊海〉作者、体例及版本考略》，《华东师范大学学报》1991年第1期，收入氏著《宋代财政和文献考论》，上海古籍出版社，2007，第249—260页；金菊园：《万历刻本〈记纂渊海·郡县部〉初探》，《历史地理》第30辑，上海人民出版社，2014，第380—382页。

① 《后汉书》志二六《百官志三》注引蔡质《汉仪》，常侍曹"世祖改曰吏曹"，第3597页。

未随其消失而消失，而是集并入二千石曹所掌郡国守相事务中。这就相当于将之前的三公曹合并入二千石曹中，所以到了东汉初，光武帝又从二千石曹中分出了之前"合并"进去的三公曹。但是新分的三公曹，所掌不再是断狱事务，而是如前所述，"典三公文书"。这样，与断狱相关的"盗贼、辞讼、罪眚"事，仍归"主郡国二千石事"的二千石曹负责。之后，当东汉尚书机构不再延续上书者身份的分曹标准后，新制下的二千石曹尚书就改为"掌中都官水火、盗贼、辞讼、罪眚"，保持了制度演进的延续性。

之所以产生这样的看法，是因为如下考虑。

一方面，二千石曹既"主郡国二千石事"，而断狱之事，又多从地方郡国申奏上来。如此，断狱事被集并入二千石曹，似乎也是可以理解的。

另一方面，东汉二千石曹"掌中都官水火、盗贼、辞讼、罪眚"是其旁证。虽然据此记载，二千石曹所掌似乎只是与中都官有关的"水火、盗贼、辞讼、罪眚"，并不负责地方郡国事务。不过，据《晋书·职官志》，东汉尚书"二千石曹主辞讼事，中都官曹主水火盗贼事"。[①] 虽然这是唐初编修者误据别本《续汉书·百官志》"二千石曹主辞讼。中都官主水火、盗贼"（见《初学记·职官上》《太平御览·职官十》），又增一"曹"字，才导致出现了并未存在过的中都官曹，原文应是"二千石曹主辞讼、中都官水火、盗贼"。[②] 不过，《晋书》的错误，却恰好反证了"中都官水火"是一个独立的偏

---

① 《晋书》卷二四《职官志》，第 731 页。
② 祝总斌：《两汉魏晋南北朝宰相制度研究》，第 112—113 页。

正词组，故"中都官"并不统摄"辞讼""盗贼"等词。① 也就是说，二千石曹所掌"盗贼、辞讼、罪眚"事，并不局限于中都官，而应包含郡国断狱文书。

总之，经过两汉之际与二千石曹的一番合并析置，尚书三公曹的职掌就完成了由"主断狱事"向"典三公文书"的过渡。而随着东汉初年尚书分曹标准的转换，三公曹职掌又改为"典天下岁尽集课事"，从而对应起东汉三公的共同职掌"岁尽则奏其殿最而行赏罚"。② 后者正是祝总斌界定的宰相之职所必须具备的两项职权中的一项，即"监督百官执行权"。③ 由此可知，尚书三公曹"典天下岁尽集课事"，正与东汉三公职掌是一致的。内外朝官相互配合，以集课殿最督促百官履行职责。

不过，对于东汉末年的三公曹尚书两员（见前引蔡质《汉仪》），祝总斌认为其中一人主岁尽课州郡事，一人继续主断狱事，并举两汉之际"世典刑法"陈宠、陈忠父子为例来证明。④《后汉书·陈宠传》载：

> （司徒鲍）昱高其能，转为辞曹，掌天下狱讼。其所平决，无不厌服众心。时司徒辞讼，久者数十年，事类溷

---

① 所谓"中都官"，"谓京师诸官府也"。《后汉书》卷一上《光武帝纪上》注引《前书音义》，第39页。参见本书第三章。又，民曹尚书所掌亦有"盗贼"事，应如何理解？民曹"典缮治功作，监池、苑、囿、盗贼事"，或负责池、苑、囿等"缮治功作"有关的盗贼之事，又或民曹是"监盗贼事"，与二千石曹的"掌盗贼事"是并行不悖的。
② 《后汉书》志二四《百官一》，第3557、3560、3562页。
③ 祝总斌：《两汉魏晋南北朝宰相制度研究》，第4—11页。
④ 祝总斌：《两汉魏晋南北朝宰相制度研究》，第114—115页。

错，易为轻重，不良吏得生因缘。宠为昱撰《辞讼比》七卷，决事科条，皆以事类相从。昱奏上之，其后公府奉以为法。三迁，肃宗初，为尚书。是时承永平（58—75）故事，吏政尚严切，尚书决事率近于重，宠以（章）帝新即位，宜改前世苛俗。乃上疏曰："……圣贤之政，以刑罚为首。往者断狱严明，所以威惩奸慝，奸慝既平，必宜济之以宽……而有司执事，未悉奉承，典刑用法，犹尚深刻。……宜隆先王之道，荡涤烦苛之法。……"帝敬纳宠言，每事务于宽厚。其后遂诏有司，绝钻［钳］钻诸惨酷之科，解妖恶之禁，除文致之请谳五十余事，定著于令。……及帝崩，（窦）宪等秉权，常衔宠……出为太山太守。后转广汉太守。……后和帝闻之，擢宠为大司农。……永元六年，宠代郭躬为廷尉。……数议疑狱，常亲自为奏，每附经典，务从宽恕，帝辄从之，济活者甚众。其深文刻敝，于此少衰。宠又钩校律令条法，溢于《甫刑》者除之。……未及施行，会坐诏狱吏与囚交通抵罪。诏特免刑，拜为尚书。迁大鸿胪。①

《后汉书·陈忠传》载：

永初中（107—113），辟司徒府，三迁廷尉正，以才能有声称。司徒刘恺举忠明习法律，宜备机密，于是擢拜尚书，使居三公曹。忠自以世典刑法，用心务在宽详。初，父宠在廷尉，上除汉法溢于《甫刑》者，未施行，

———————————

① 《后汉书》卷四六《陈宠传》，第1548—1555页。

及宠免后遂寝。而苛法稍繁，人不堪之。忠略依宠意，奏上二十三条，为《决事比》，以省请谳之敝。……事皆施行。①

祝总斌认为，虽然史书未载陈宠为尚书时所居为何曹，但从他屡次上书言断狱事看，应该是三公曹尚书。这是根据其子陈忠的经历及其家学背景做出的推论，② 但推论可能并不成立。

首先来看陈忠。他虽然以"明习法律"被擢为尚书，但这是因为他"宜备机密"，而不是因为他善断狱事。至于其"居三公曹"，以"苛法稍繁"而奏行《决事比》等事，也只是继续其父在廷尉职上的未竟事宜，可能与三公曹自身的职掌并不相关。

其次来看陈宠。史家更看重的是其"虽传法律，而兼通经书，奏议温粹"，故被称为"任职相"（时任司空）。③ 此前，他在章帝朝担任尚书十余年，直至章帝崩后，因受窦宪排挤，最终出为太山太守。因此并不能确知其处于尚书何曹。至于章帝初，他针对"吏政尚严切，尚书决事率近于重"而上疏，④ 实出于史家之言。细审陈宠疏文中提及的"有司执事，未悉奉承，典刑用法，犹尚深刻"，以及章帝"诏有司"之举，恐怕更多的是针对廷尉和三公府辞曹等机构，而非诸尚书

---

① 《后汉书》卷四六《陈宠传》附《陈忠传》，第1555—1556页。
② 陈宠"曾祖父咸，成、哀间以律令为尚书"，新莽时，不应征召，"乃收敛其家律令书文，皆壁藏之"。宠父陈躬，光武帝建武初年，曾任廷尉左监，早卒。参见《后汉书》卷四六《陈宠传》，第1547—1548页。
③ 《后汉书》卷四六《陈宠传》，第1555页。
④ 袁宏《后汉纪》卷一一将陈宠上疏系于建初五年（80）。（汉）荀悦、（晋）袁宏：《两汉纪》，张烈点校，中华书局，2017，第217页。

曹。所以，据两人传记而推论陈氏父子皆为三公曹尚书，"主断狱事"，稍显不足。

最后，退一步讲，即便确如前所论，陈氏父子皆以三公曹尚书"主断狱事"，这也只是反映了东汉中期的制度。与近百年之后应劭《汉官仪》、蔡质《汉仪》所记载三公曹尚书"典天下岁尽集课事"的汉末制度并不相同，也完全有可能。

需要指出的是，东汉三公还被赋予如下职权：遇到"国有大造大疑"时，要"通而论之"。[1] 这确实与断狱有关，亦可与祝总斌所论尚书三公曹职掌相合。不过，通论"大造大疑"体现的是宰相职权中的"议政权"，并非意味着三公直接参与日常司法政务的处理。对于国家常行政务中的断狱之事，三公府有辞曹"掌天下狱讼"，[2] 尚书有二千石曹掌"盗贼、辞讼、罪眚"，相互配合，进行处理，并不需要一个专主断狱事的三公曹尚书。因此，更有可能的是，三公曹尚书对应三公职掌"岁尽则奏其殿最而行赏罚"是东汉通制。

四　尚书吏曹与三公曹关系新说

上节之所以认为东汉末年三公尚书两人，并不是一主岁尽课州郡事，一主断狱事，还与笔者对东汉尚书分曹的发展有如下认识有关。

如前所述，东汉之初的尚书六曹是三公曹、常侍曹、二千石曹、民曹、南主客曹和北主客曹，每曹尚书各一员。到了东

---

① 《后汉书》志二四《百官一》，第3557、3560、3562页。
② 见前引《后汉书·陈宠传》，参见《后汉书》志二四《百官志一》，第3559页。

汉末年，尚书台形成了五曹六尚书的局面，即三公曹二人，吏曹、二千石曹、民曹、客曹各一人。其中，比较关键的是从常侍曹到吏曹的变化。这不仅因为它体现了尚书分曹机制的转型（如前），还在于它背后所隐藏的三公曹与吏曹更为复杂的关系。

根据现存史志的记载，东汉初光武帝改常侍曹为吏曹后，吏曹就与三公曹等其他尚书曹一样，独立为曹，分置尚书。但实际并非必然如此。据蔡质《汉仪》所载，三公曹尚书：

> 典天下岁尽集课事。三公尚书二人，典三公文书。吏曹尚书典选举斋祀，属三公曹。灵帝末，梁鹄为选部尚书。①

《晋书》也有类似的记载：

> 尚书虽有曹名，不以为号。灵帝以侍中梁鹄为选部尚书，于此始见曹名。及魏改选部为吏部，主选部事。②

《汉仪》保留了一个很有意思的记载，即吏曹尚书"属三公曹"。可见，光武帝在改常侍曹为吏曹的时候，不仅将原来"主公卿事"的职掌改为"典选举斋祀"，同时还确立了吏曹"属"三公曹的关系。也就是说，虽然尚书有"吏曹"之名，但是与他曹不同，吏曹并非完全独立的尚书曹，而是从属于三公曹。这也就是《晋书》所谓"灵帝以侍中梁鹄为选部尚书，于此始见曹名"的原因。为什么会出现这种情况？可以从两

---

① 《后汉书》志二六《百官志三》注引蔡质《汉仪》，第 3597 页。
② 《晋书》卷二四《职官志》，第 731 页。

汉尚书曹的次第与职掌来考虑。

首先，西汉诸尚书曹是以常侍曹为首曹，这与常侍曹最初负责丞相和御史大夫所奏文书有关。但是随着三公制的真正建立和"典三公文书"的三公曹的出现，东汉尚书台便以三公曹为首，常侍曹次之。三公曹地位的上升，为吏曹从属于三公曹提供了可能。

其次，当东汉尚书分曹改以政务性质划分时，三公曹"典天下岁尽集课事"，吏曹则"典选举斋祀"。而从太尉府东曹"主二千石长吏迁除及军吏"，① 以及司徒府东曹掌一般郡国二千石长吏迁除、司空府东曹典选举来看，② "典选举斋祀"的吏曹尚书从属于三公曹，③ 是有可能的，也是合理的。

由于东汉尚书台虽然分曹治事，但很长时间内尚书并不以曹名为号，所以才有《后汉书·陈忠传》"擢拜尚书，使居三公曹"的记载。这样，在东汉前期吏曹"属三公曹"的情况下，三公曹便出现了尚书两人的局面。④

此后，由于吏曹"典选举斋祀"，它最终从三公曹中独立出来。汉代尚书典选举，始于西汉后期（昭帝以降）。卫宏《汉旧仪》载："旧制，令六百石以上，尚书调、拜、迁；四百石长、相至二百石，丞相调、除。"据其中无五百石吏秩级

---

① 《后汉书》志二四《百官志一》，第 3559 页。

② 三公府东曹皆掌朝廷官吏任用之事，区别于主府内之吏任用的西曹。参见祝总斌《两汉魏晋南北朝宰相制度研究》，第 40—41 页。

③ 祠祀之事，由三公府户曹负责，见《后汉书》志二四《百官志一》，第 3559 页。

④ 李柏杨：《以曹名为号：汉唐间尚书制度演进过程之一面》，肖永明等主编《岳麓史学——湖南大学岳麓书院本科生优秀论文集》第 2 辑，湖南大学出版社，2020，第 117—128 页。

而有丞相之名可知，旧制施行于成帝阳朔二年至哀帝元寿二年（前23—前1）。① 既在尚书分曹之后，故当时由常侍曹（即后之吏曹）协助皇帝完成。

东汉尚书选举之权渐渐扩大。由于人事权在国家权力架构中的实际作用和影响更为突出，所以至中后期，便出现了"吏曹任要，多得超迁"的情况。② 这种经常性的任要超迁，自然导致吏曹地位的上升。吏曹及其尚书的独立性也在逐渐加强。

与此同时，阳嘉元年（132）闰十二月，顺帝刚"以选举不实，官非其人，是以天心未得"为由，将"刺史、二千石之选，归任三司"，次年正月，郎顗便发出"尚书职在机衡，宫禁严密……选举之任，不如还在机密"的呼吁（阳嘉二年对台诘的回复）。③ 这显示出东汉末年，选举若在外朝，常为权幸干预，故需要由身处禁中的尚书来协助皇帝完成。

尽管针对桓帝封赏内宠逾制，陈蕃上疏仍在强调"尺一选举，委尚书三公，使褒责诛赏，各有所归"的旧制，④ 但选举政务最终还是朝着由尚书、皇帝主导的方向发展。

灵帝时，吕强上疏称："旧典选举委任三府，三府有选，参议掾属，咨其行状，度其器能，受试任用，责以成功。若无可察，然后付之尚书。尚书举劾，请下廷尉，覆案虚实，行其诛罚。今但任尚书，或复敕用。如是，三公得免选举之负，尚书亦复不坐，责赏无归，岂肯空自苦劳乎！"⑤ 如此看来，顺

① 张欣：《〈汉旧仪〉大鸿胪、郡国二千石调百石条考辨》，《中国史研究》2019年第1期，第199—201页。
② 《宋书》卷三九《百官志上》引应劭《汉官》，第1339页。
③ 《后汉书》卷六《顺帝纪》、卷三〇下《郎顗传》，第261、1067页。
④ 《后汉书》卷六六《陈蕃传》，第2162页。
⑤ 《后汉书》卷七八《宦者列传》，第2532页。

帝时选举尚委任三府的局面，至灵帝朝已成旧典。①

"灵帝末，梁鹄为选部尚书"的说法，正源于上述"但任尚书，或复敕用"的新制。这种变化，一方面反映了尚书以曹名为号的开始，另一方面则反映了吏曹及选部尚书（吏曹尚书）已从三公曹中独立出来。曹魏以降，吏曹（部）尚书冠诸尚书，也渊源自此。

除了选部尚书之外，灵帝时还出现了"典选举"的尚书郎："颍川刘翊为汝南太守，乃举（许）靖计吏，察孝廉，除尚书郎，典选举。灵帝崩，董卓秉政，以汉阳周毖为吏部尚书，与靖共谋议，进退天下之士，沙汰秽浊，显拔幽滞。"②不过，以尚书郎而典选举，说明此时尚未有郎曹之名。此外，桓帝永寿二年（156）《礼器碑》题名中有"尚书侍郎鲁孔彪元上"，③亦可作为汉末尚书郎未分曹之证。

随着吏曹及吏曹尚书的独立，以及南、北主客曹的重新合为客曹，同时为了保持尚书体制的稳定，原来三公曹有尚书两人的传统被延续了下来。只是此时不再是吏曹从属于三公曹，而是增三公曹尚书为二员。以上是东汉末五曹六尚书局面出现的原因及过程。既然东汉末年三公尚书二人的出现，最初是由吏曹"属三公曹"所造成的，那么也就不应该存在所谓三公尚书二人，一主岁尽课州郡事，一主断狱事的分工。

---

① 参见张泽咸《汉魏六朝时期的吏部运作述略》，《文史》2007 年第 1 辑，中华书局，2007，第 77—94 页。

② 《三国志》卷三八《蜀书·许靖传》，中华书局，1982，第 963 页。不过，《后汉书》卷八一《独行列传》虽载有刘翊事迹，但言其为颍川功曹、陈留太守，未言其尝为汝南太守（第 2695—2696 页）。

③ （清）冯云鹏、（清）冯云鹓同辑《金石索》第 3 册《石索二》，电子科技大学出版社，2017，第 224 页。

小　结

总之，通过本章对两汉尚书分曹情况的梳理，大体可将其发展分为五曹五尚书、四曹四尚书、六曹六尚书和五曹六尚书等几个阶段，详见表 1-1。

表 1-1　两汉尚书分曹及置员沿革

建始四年	西汉末	东汉初	东汉前期	东汉末
常侍曹一人	常侍曹一人	三公曹一人	三公曹二人（含吏曹一人）	三公曹二人
三公曹一人	二千石曹一人	常侍曹一人		
二千石曹一人	民曹一人	二千石曹一人	二千石曹一人	吏曹一人
民曹一人	客曹一人	民曹一人	民曹一人	二千石曹一人
客曹一人	—	南主客曹一人	南主客曹一人	客曹一人
—		北主客曹一人	北主客曹一人	民曹一人
据上书者身份分曹			据政务性质分曹	

注：限于史料阙如，笔者此前未考虑成帝初置"主断狱事"的三公曹在五尚书曹中的位次问题，仅以其新设而权置诸末席。王冠则从其职掌（掌丞相、御史府断狱文书，主要来自司直、御史中丞等职）与常侍曹（主丞相御史大夫事）关系入手，推定新置三公曹位次在常侍曹和二千石曹之间。这一看法，同时还着眼于解释后来随着司直、御史中丞独立性加强，断狱文书向二千石曹集中，以及东汉常侍曹改称吏曹而从属于三公曹的历史渊源等问题。此说具有一定合理性，故从之。见王冠《西汉三公曹"主断狱事"探微》，《中国古代法律文献研究》第12辑，社会科学文献出版社，2018，第227—243页。

此背后反映出作为单纯文书收发和保管者的尚书逐步参与到政务裁决的过程，尚书省在隋唐之际成为全国日常政务的汇总和最高裁决机构的演变由此开启。其标志就是发生于东汉初的尚书分曹标准由文书外生的身份（上书者）属性向内生的职能（政务）属性的转折，推动这一转折的却是西汉晚期昙花一现的"主断狱事"的三公曹。

至东汉末年，尚书台形成了分曹为五而置六尚书的局面，体现了适应八座体制的灵活性。但东汉中期，尚书令、仆射及尚书尚未固定为八人。如延熹二年（159），桓帝诛梁冀后，尚书令尹勋封乡侯，仆射霍谞，尚书张敬、欧阳参、李伟、虞放、周永并封亭侯，合计七人。①

"八座"概念，应该是汉末建安四年初置左、右仆射后，②才逐渐形成的，见诸应劭《汉官仪》，但只是台内习语，在政治上作用不大，因而未见于《后汉书》《三国志》。但至南朝，遂作为魏晋故事而被人所称："秦汉之世，委政公卿。尚书之职，掌封奏。令赞文书，仆射主开闭。令不在，则仆射奏下其事。魏氏重内职，八座尚书，任同六卿。舜举八元八凯，以隆唐朝，今号八座为元凯，谓以贤能用事，义如昔也。"③

东汉末年尚书台五曹六尚书的局面，适应了仆射一人或二人的制度，成为魏晋尚书曹分置或五或六的渊源，因而成为魏晋南北朝以后，尚书组织及其体制演变的新起点。此外，东汉前期吏曹从属于三公曹的渊源，也成为理解西晋出现"省三公尚书，以吏部尚书兼领刑狱"现象的关键（详见第三章）。④关于这些问题，详后讨论。

---

① 《后汉书》卷三四《梁统传》附《梁冀传》、卷五七《刘瑜传》附《尹勋传》，第1186、1858页。

② 《后汉书》卷九《献帝纪》，第381页。

③ （宋）李昉等：《太平御览》卷二一〇《职官部八·尚书令》引（南朝齐）王珪之《齐职仪》，第1009页。参见祝总斌《两汉魏晋南北朝宰相制度研究》，第156—157页；王素《三省制略论》，第9页。

④ （唐）李林甫等：《唐六典》卷六《尚书刑部》刑部尚书条，第179页。

附论：三署郎给事尚书与尚书郎的出现

汉代尚书郎初置四人，见载于"述西京旧事"的今本卫宏《汉旧仪》中，[①] 唐人著述亦以为西汉初置尚书郎。[②] 《宋书》虽引《汉仪》类似记载（见表1-2第13例），但却指出"汉成帝之置四尚书也，无置郎之文"，因此又据"匈奴单于，宣帝之世，保塞内附，成帝世，单于还北庭矣"，主张"一郎主匈奴单于营部，则置郎疑是光武时，所主匈奴，是南单于也"。[③] 祝总斌认同此说，并力证今本《汉旧仪》所记尚书郎诸事，是后人将应劭《汉官仪》所载东汉制度误入其中的结果，故主张尚书郎置于东汉初。[④]

尚书郎置于东汉初的判断是准确的。今可补论者，《宋书·百官志》在前引《汉仪》后，复引"《汉官》云，置郎三十

---

① （清）纪昀等《汉官旧仪提要》，及（汉）卫宏《汉旧仪》卷上，"尚书郎四人：其一郎主匈奴单于营部，一郎主羌夷吏民，民曹一郎主天下户口垦田功作，谒者曹一郎主天下见钱贡献委输"，见（清）孙星衍等辑《汉官六种》，第29、64页。孙星衍校书所用底本为四库馆臣辑《永乐大典》本卫宏《汉官旧仪》聚珍本。

② 《晋书》卷二四《职官志》，"尚书郎，西汉旧置四人，以分掌尚书"（第731页）；《初学记》卷一一《职官部上·侍郎郎中员外郎》，"初，西汉置尚书郎四人"（第268页）；《唐六典》卷一《尚书都省》左右司郎中条，"尚书郎，汉初置四人"（第6页）；《通典》卷二二《职官四·历代郎官》，"尚书郎，汉置四人，分掌尚书事"（第603页）。四书皆直叙其事，而未引其所据文献名或作者名。

③ 《宋书》卷三九《百官志上》，第1340页。东汉建武二十四年（48），南北匈奴分裂，南单于在五原款塞称藩。据此，则尚书郎四人初置应在此事之后。

④ 祝总斌：《两汉魏晋南北朝宰相制度研究》，第116—118页。

六人"。① 祝总斌以卫宏《汉旧仪》初尚书郎四人之后所载尚书郎"宿留台中"诸事，亦见于蔡质《汉官典职仪》与应劭《汉官仪》为据，来说明今本《汉旧仪》所载尚书郎故事皆为误入的东汉制度。又以《北堂书钞》《太平御览》所引初置尚书郎及其职掌文字出处俱被注作应劭《汉官仪》（文字个别有出入）为由，指出上述文字肯定出自应劭之书，而被后人羼入《汉旧仪》中。

实际上，如果不考虑出处，仅从文本而言，现存汉置尚书郎四人故事，大致可分为两个系统：其一，即《宋书》《晋书》《唐六典》《通典》等，属于职官政书系统，系统内文字均相同；其二，即《北堂书钞》（"尚书郎四人，一主匈奴单于营部，一主羌戎吏民，一主天下户口土田垦作，一主钱帛贡献委输"）、②《初学记》（"一人主匈奴单于营部，一人主羌夷吏人，一人主户口垦田，一人主钱帛贡献委输"）、③《太平御览》（"一主匈奴单于营部，一主羌夷吏民，一主天下户口土田垦作，一主钱帛贡献委输"）和《职官分纪》（文字同《太平御览》，唯"一"皆作"一郎"），④ 属于类书系统，系

---

① 此志前文叙太常，已引"应劭曰：'欲令国家盛大常存，故称太常。'"（第1332页）。故此处《汉官》所指明确为《汉官仪》。但此句不见于清人辑本《汉官仪》。

② （唐）虞世南：《北堂书钞》卷六〇《设官部一二·尚书郎总》，（清）孔广陶校注，《续修四库全书》第1212册，上海古籍出版社，2002，第286页。

③ （唐）徐坚等：《初学记》卷一一《职官部上·侍郎郎中员外郎》，第268页。

④ （宋）李昉等：《太平御览》卷二一五《职官一三·总叙尚书郎》，第1026页；（宋）孙逢吉：《职官分纪》卷八《尚书郎》，中华书局，1988，第215页。

统内文字也略有歧异。

显而易见的是，就此条故事而言，类书系统对后世影响更
大，因此清人辑《汉官六种》并未采纳《宋书》引《汉仪》。
无独有偶，《宋书》点校本修订本整理者也据《太平御览》所
引《汉官仪》来校正《宋书》底本中的衍字。① 这说明，近代
以后的研究者大多深受类书的影响。

然而，正如孙星衍所言，他在辑校诸书所引应劭书时，
"亦有彼此互舛，不可分别"而"并录"者，② 因此更需要注
意区分《汉仪》与《汉旧仪》、《汉官仪》可能存在的不同。

"汉仪"见诸《宋书》，凡 14 处，③ 其中，点校本视作书

① 表 1-2 第 12 例中，"营部"前，《宋书》底本原衍"也"字。1974 年点
校本《宋书》校记径删衍字，未引《汉官仪》为据，应系本校而改，
第 1236、1241 页。参见王仲荦《宋书校勘记长编》，中华书局，2009，
第 990 页。点校本修订本增补校勘记："按《御览》卷二一五引《汉官
仪》无此字，今删去。"《宋书》卷三九《百官志上》，第 1348 页。《太
平御览》所引《汉官仪》，据其卷首《经史图书纲目》（即引书目），应
指"应劭《汉官仪》"，而非"《汉旧仪》"（第 6 页）。之所以校记引
之，或是整理者取诸他校之例。

② 《汉官仪》前所载孙星衍叙录，见（清）孙星衍等辑《汉官六种》，第
119 页。

③ 列于表 1-2 者凡 13 处，另有 1 处，宋孝武帝大明六年（462），有司奏：
"《汉仪注》：'大驾卤簿，公卿奉引，大将军参乘，太仆卿御。法驾，侍
中参乘，奉车郎御。'"整理者指出，"汉仪注"原作"汉注仪"。因卫
宏《汉旧仪》原有注，魏晋人引之，亦称"《汉仪注》"，故校改如前。
《宋书》卷一八《礼志五》，第 570、578 页。不过，整理者的依据实出
清人孙星衍撰《汉旧仪·叙录》："魏晋唐人引《汉仪注》，悉是此书。"
但此句卤簿故事并未被孙氏辑录于《汉旧仪》中，而是以《汉制度》为
名，附于其所辑（汉）王隆撰，（汉）胡广注《汉官解诂》后，并按
称："《汉制度》之名，不见于《隋书·经籍志》。《续汉志·补注》引
谢沈《书》曰：'太傅胡广博综旧仪，立汉制度，蔡邕因以为志。'今群
书所引，附于《解诂》之后。"所辑汉卤簿制度，出《后汉书》卷七九
上《儒林列传》注引"胡广《汉制度》"（第 2546 页），内容较《宋书》

名者，仅 7 处，且原文皆未标明作者。这为判断此书的性质带来了困难。因为在《宋书》成书过程中，编修者能见到的《汉仪》，有两部：一为前揭汉卫尉蔡质"缀识时事"所著，一为吴太史令丁孚"拾遗汉事"而撰。①

蔡质、丁孚著书虽皆见于《南齐书》，但是否为当时目录书所载，今已不详。两书命运也颇有不同。蔡书至隋代仍存，见于《隋书·经籍志》，"《汉官典职仪式选用》二卷（汉卫尉蔡质撰）"。② 丁书亡佚于南北朝后期，故未被前志及《旧唐书·经籍志》著录，赖南朝梁刘昭为范晔《后汉书》及司马彪《续汉书》诸志作注时，与蔡质书并见征引，知其书名亦省作《汉仪》，或作《汉仪式》，已为孙星衍所辑。③

直至欧阳修撰《新唐书·艺文志》，丁孚之书始见于目录，但书名已与蔡质《汉仪》相混，分作"蔡质《汉官典仪》一卷"，"丁孚《汉官仪式选用》一卷"。④ 这应是宋人据史籍所见蔡、丁二书，将《隋书·经籍志》所存"《汉官典职仪式

所见更为详细，故知两者史源相同。见（清）孙星衍等辑《汉官六种》，第 61、23 页。因此，这条记载出处明确，与卫宏书无关，本节未将此条列入表 1-2。

① 《南齐书》卷九《礼志上》："及至东京，太尉胡广撰《旧仪》，左中郎蔡邕造《独断》，应劭、蔡质咸缀识时事，而司马彪之书不取。……吴则太史令丁孚拾遗汉事。"（中华书局，2017，第 127 页）。其中"旧仪"被视作书名，但如前注所引，应指"胡广博综旧仪，立汉制度"一事。而唐人引应劭书，亦偶作《汉仪》，见（唐）欧阳询《艺文类聚》卷七一《舟车部·车》，第 1236 页。

② 《隋书》卷三三《经籍志二》，第 1096 页。

③ 孙星衍校辑丁孚《汉仪》时，已据刘昭《补注》及《通典》辑录，凡 12 条。见（清）孙星衍等辑《汉官六种》，第 217—220 页。参见该书"点校说明"，第 3 页。

④ 《新唐书》卷五八《艺文志二》，中华书局，1975，第 1476 页。

选用》二卷”析为二书的结果。

马楠详细考证了《新唐书·艺文志》增补修订《旧唐书·经籍志》的文献来源，并指出蔡质书“旧志无，据《崇文总目》补入”，而丁孚书来源则注曰“未详”。[①] 然而四库馆臣所辑《崇文总目》著录了“《汉官典职仪式选用》一卷”，注曰“阙”。[②] 别本《崇文总目》著录作“《汉官典则仪式选用》一卷　蔡质撰”。钱绎按曰：“《隋志》二卷。”[③] 两个版本书名略异，且均未著录丁孚之书。

与之类似，《新唐书·艺文志》增修旧志的一个文献来源，即史传文献所载唐时所当有书，但错漏颇多。[④] 因此，一个合理的推测是，来源不详而被欧阳修最早著录的“丁孚《汉官仪式选用》一卷”，其实是他据史籍所见蔡、丁二书，参照自己所参与撰修的《崇文总目》所载，而将《隋书·经籍志》著录的《汉官典职仪式选用》卷数及书名皆一分为二的结果。

因此，《新唐书·艺文志》不足为据，只能回到《宋书》的记载来探讨《汉仪》。不过，《宋书》所引《汉仪》并未出现在孙星衍校辑的蔡质与丁孚《汉仪》之中，需要先确定其所指。

加之，《宋书》虽是沈约撰定，却成于众人之手，前后历时

---

① 马楠：《唐宋官私目录研究》所附《两唐书经籍艺文志合编》，中西书局，2020，第 240 页。
② （宋）王尧臣等撰，四库馆臣辑《崇文总目》卷三，《景印文渊阁四库全书》第 674 册，台湾商务印书馆，1986，第 40 页。
③ （宋）王尧臣等编次，（清）钱东垣等辑释《崇文总目（附补遗）》卷二，中华书局，1985，第 58 页。
④ 马楠：《唐宋官私目录研究》，第 65—78 页；张固也：《论〈新唐书·艺文志〉的史料来源》，氏著《古典目录学研究》，华中师范大学出版社，2014，第 118—125 页。

50 余年，因此存在一定的问题。① 另外，该书叙秦汉魏晋礼制、官制虽文字颇详，但往往未指明所据文献出处。即便如《汉仪》这样指出依据的地方，也往往因未指明作者而需要加以判定。

以表 1-2 中被视为书籍专名的 7 处"汉仪"为例，据现存文献可知，其中明确出自蔡质《汉仪》者仅 1 处（第 4 例）。② 其余出自司马彪《续汉书·百官志》者 1 处（第 1 例），兼取司马彪书及卫宏书者 1 处（第 10 例），③ 出自荀悦《汉纪》者 1 处（第 9 例）。因此，这 3 处与其他"汉仪"文例相同，均可不加书名号（第 11 例虽出处不详，亦应同例视之）。

剩余 2 处"汉仪"出现于《宋书·百官志》所叙尚书官部分，且与《汉官》同时出现，故将其视作书名是可以的。但该书是否与第 4 例一样同指蔡质之书，令人疑惑。④ 比如，

---

① 《宋书》纪传及《百官志》等八志，是沈约在何承天等人所修宋国史基础上修成的。苏晋仁：《论沈约〈宋书〉八志》，白化文等编《周绍良先生欣开九秩庆寿文集》，中华书局，1997，第 31—46 页；姚乐：《略说〈宋书〉八志的编修与得失》，《澎湃新闻·上海书评》2018 年 8 月 14 日，网址：https://www.thepaper.cn/newsDetail_forward_2327854，访问时间：2021 年 5 月 27 日；黄桢：《〈宋书〉"百官志"、"礼志"的编纂及特质——从中古正史相关志书的演变说起》，《首都师范大学学报》（社会科学版）2018 年第 6 期，第 35—46 页。

② 该例出于沈约所撰"史臣按"，且与《汉旧仪》并列，则知两者有别。

③ 前引《南齐书·礼志》称"应劭、蔡质咸缀识时事，而司马彪之书不取"，故可知这几条均不出于蔡质书。

④ 以《宋书·百官志》为例，沈约称何书"证引该博者，即而因之"，自己只是对"其有漏阙，及何氏后事，备加搜采，随就补缀焉"。沈氏补缀的主要是何氏、徐氏所修书未及的"刘宋最后十五年的历史"（姚乐语），而对于漏缺部分，往往加"史臣案（按）"以别之，如"博士，班固云，秦官。史臣案，六国时往往有博士，掌通古今"（《宋书》卷一一《志序》、卷三九《百官志上》，第 228、1332 页）。因此可知，第 12、13 例《汉仪》系何承天或他人所引，故与沈约所引的第 4 例所指不同是可能的。

为补注《续汉书·百官志》少府部分（尚书所属），刘昭引用蔡质《汉仪》达 16 处,[①] 且包含有"尚书郎初从三署诣台试，初上台称守尚书郎，中岁满称尚书郎，三年称侍郎。客曹郎主治羌胡事，剧迁二千石或刺史，其公迁为县令，秩满自占县去，诏书赐钱三万与三台祖饯，余官则否"的记载,[②] 但却未曾提及置尚书郎 4 人之事。因此，有理由怀疑，《宋书·百官志》所引《汉仪》，系何承天等人初修时所引的丁孚《汉仪》。

表 1-2　《宋书》所见"汉仪"文例资料

序号	引文	引者	引文出处	对应资料	资料出处
1	旧时岁旦，常设苇茭桃梗，磔鸡于宫及百寺门，以禳恶气。《汉仪》，则仲夏之月设之，有桃卵，无磔鸡	何承天或他人	卷一四《礼志一》，第370页	仲夏之月……以桃印长六寸，方三寸，五色书文如法，以施门户	《续汉书·礼仪志中》，第3122页
2	汉仪，立秋日，郊礼毕，始扬威武，斩牲于郊，以荐陵庙，名曰貙刘。其仪，乘舆御戎路，白马朱鬣，躬执弩	何承天或他人	卷一四《礼志一》，第397页	立秋之日，白郊礼毕，始扬威武，斩牲于郊东门，以荐陵庙。其仪：乘舆御戎路……兵、官	《续汉书·礼仪志中》，第3123页

---

① 刘昭补注《续汉书·百官志》5 卷，引用蔡质《汉仪》多达 40 条，而引丁孚《汉仪》仅 3 条，且全部出现于大长秋所属官部分。

② 《后汉书》志二六《百官志三》，第 3598 页。"客曹郎主治羌胡事"一句，虽与表 1-2 第 12 例相关，却与上下文语意不衔接，颇疑此句为错简乱者。即便此句无误，据本章第二节所引应劭《汉官仪》可知，"主治羌胡事"源出于东汉末年客曹尚书之职"掌羌、胡朝会"。故此"客曹郎"，应指客曹尚书所统尚书郎，如前引蔡质《汉仪》所提及的南主客曹、北主客曹职掌"天子出猎，驾，御府曹郎属之"，并非尚书郎曹之谓。而从蔡质所载东汉后期尚书郎"剧迁二千石或刺史""公迁为县令"的情况来看，前引谢承《后汉书》称"郎补二千石"始于郑弘为仆射的章帝初年，应误。

续表

序号	引文	引者	引文出处	对应资料	资料出处
2	射牲。太宰令以获车送陵庙。于是乘舆还宫，遣使以束帛赐武官，肄孙、吴兵法战陈之仪，率以为常			皆肄孙、吴兵法六十四阵，名曰乘之	
3	汉仪，五供毕则上陵，岁岁以为常。魏则无定礼	何承天或他人	卷一五《礼志二》，第439页	五供毕，以次上陵	《续汉书·礼仪志上》，第3102页
4	汉世朝臣见三公，并拜。丞、郎见八座，皆持板揖，事在《汉仪》及《汉旧仪》，然则并有敬也	沈约	卷一五《礼志二》末"史臣按"，第445页	丞、郎见尚书，执板对揖，称曰明时。见令、仆射，执板拜，朝贺对揖	《续汉书·百官志三》刘昭注引蔡质《汉仪》，第3598页*
5—6	今宗庙太尉亚献，光禄三献，则汉仪也。……古礼虽由宗伯，然世有因革，上司亚献，汉仪所行	朱膺之	卷一六《礼志三》，第466页	袁山松《汉·百官志》云："郊祀之事，太尉掌亚献，光禄掌三献。"	《宋书》卷一六《礼志三》，第466页
7	魏氏三祖皆亲耕籍，此则先农无废享也。其礼无异闻，宜从汉仪。执事告祠以太牢	何承天或他人	卷一七《礼志四》，第524页	—	《续汉书·祭祀志下》"县邑常以乙未日祠先农于乙地……用羊豕"（第3204页），或与此有关
8	汉仪，皇后亲桑神郊苑中。蚕室祭蚕神曰苑窳妇人、寓氏公主。祠用少牢	何承天或他人	卷一七《礼志四》，第524页	是月，皇后帅公卿诸侯夫人蚕。祠先蚕，礼以少牢（《汉旧仪》）曰："春桑生而皇后亲桑于菀中。……祠以中牢	《续汉书·礼仪志上》及刘昭注引卫宏《汉旧仪》，第3110页

续表

序号	引文	引者	引文出处	对应资料	资料出处
8				羊豕，祭蚕神曰菀窳妇人、寓氏公主，凡二神")	
9	《汉仪》曰："出称警，入称跸。"	何承天或他人	卷一八《礼志五》，第547页	初（淮南王）长居国骄恣，不用汉法，出称警，入称跸，自作法令	（汉）荀悦：《汉纪》卷七，第102页
				（梁王武）得赐天子旌旗，千乘万骑，出称警，入言跸，拟于天子	（汉）荀悦：《汉纪》卷九，第141页
10	《汉仪》，立秋日猎服细帻。晋哀帝初，博士曹弘之等仪："立秋御读令，不应细帻，求改用素。"诏从之	曹弘之等	卷一八《礼志五》，第549页	帻者，赜也，……迎气五郊，各如其色，从章服也（《汉旧仪》曰："凡斋绀帻；耕，青帻；秋豶刘，服细帻")	《续汉书·舆服志下》及刘昭注引卫宏《汉旧仪》，第3671页
11	史臣按……漆床亦当是汉代旧仪，而《汉仪》不载	沈约	卷一八《礼志五》，第565页	—	—
12	《汉仪》，尚书郎四人，一人主匈奴单于营部，一人主羌夷吏民，一人主户口垦田，一人主财帛委输	何承天或他人	卷三九《百官志上》，第1340页	—	—
13	《汉仪》有丞相令史。令史，盖前汉官也	何承天或他人	卷三九《百官志上》，第1342页	—	—

　　＊此条亦见（唐）李林甫等《唐六典》卷一《尚书都省》左右司郎中条所引《汉官仪》，第9页。《唐六典》所引书名应为《汉官典仪》（即蔡质《汉仪》）之讹。见《北堂书钞》卷八五《礼仪部六·拜揖》，"对揖无敬"条，《续修四库全书》第1212册，第401页。

由于丁书久佚，唐人虽偶有征引，名作《汉官》，[①] 但应已不详其内容。如前所述，汉置尚书郎 4 人的故事，唐人颇为熟悉，但在引用时多未详注其出处。唯《北堂书钞》将其载于《汉官仪》书之下，但却不无可疑之处。

《北堂书钞》是虞世南在隋朝任秘书郎时编撰，但入宋之后流传已不广。直至明万历年间始有陈禹谟校刻本问世，流传转广，但校刻者多有随意增删改动原书之处。故至清光绪中，孔广陶据孙星衍等校勘过的明人影宋钞本重加校订，是为目前通行的南海孔氏三十有三万卷堂本。《续修四库全书》所收即此本。[②]

据此本"满岁为侍郎五选太尉"条："《汉官仪》云：尚书郎四人，一主匈奴单于营部，一主羌戎吏民，一主天下户口土田垦作，一主钱帛贡献委输。初上为郎中，满岁为侍郎，五岁迁太尉。"孔注曰："今案：平津辑本《汉官仪》谓《书钞〔·设官部〕》《御览·职官部》引'戎'作'夷'，又注谓'吏民'二字，当在'天下'二字之上，说见《通典》。又谓'初上'三句，另为一条。今本篇上亦已另引矣。然考《初学记》十一引'一'下皆有'人'字，'戎'作'夷'，'民'作'人'，无'天下'二字，'土田〔垦作〕'四字作'垦

---

① 《汉书》卷八《宣帝纪》，颜师古注引《汉书·百官公卿表》、《续汉书·百官志》及"丁孚《汉官》"三书"内者"条，以释正文内谒者（第236页）。然而《续汉书·百官志》载内者令秩六百石，刘昭注亦引应劭《汉官仪》所载内者令下属从事及属吏的设置情况。这与颜注所引丁孚《汉官》载内者令秩千石不同，也说明他是有意列出异文。不过，颜师古从何处征引丁孚书，是否转引自其他类书，目前不得而知。
② 王铚：《山简乡品考——以〈北堂书钞〉版本异文为线索》，《中国史研究》2005年第3期，第47—55页。

田'，是又一说也。陈本'委输'上照《初学记》，末三句照本钞。"①

　　经清人校正后，此条仍存明显误字。如事目中"五选"应为"五迁"之讹，而事目及注文中"太尉"，皆应作"大县令"。② 而从孔氏按语来看，他校正的重点在分析异文，并将陈禹谟据《初学记》所径改《北堂书钞》的文字回改。修改后的文本与《太平御览》引文基本相同，唯"羌夷"从原《北堂书钞》作"羌戎"。

　　更重要的是，清人注意到，该条文字在《太平御览》中实分为两条，皆出《汉官仪》，但"陈本'委输'上照《初学记》，末三句照本钞"。因此，"委输"以上文字，可能并非虞氏本钞，而是陈禹谟据《初学记》擅增之文（书名又据《太平御览》）。当然，也不能排除虞世南已受当时将丁孚书名省作《汉官》的影响，而误将此条系于《汉官仪》之下。无论如何，最终呈现的文本中，前半段即"尚书令四人"一句，其实与事目"满岁为侍郎五迁大县令"毫无关系，恐不足为据。

　　因此，可以明确的是，至迟宋初编《太平御览》时，主事者便将东汉尚书郎故事全部系于"《汉官仪》"之下，视为皆出自应劭之书。明清以降，人们又将此数条混入卫宏《汉

----

①　《北堂书钞》卷六〇《设官部一二·尚书郎总》，《续修四库全书》第1212册，第286页。〔〕内文字，系引者所补。孔氏提及的平津辑本，即孙星衍校辑之《汉官仪》，"今本篇上"即是书上卷，见（清）孙星衍等辑《汉官六种》，第142页。
②　（唐）李林甫等：《唐六典》卷一《尚书都省》，左右司郎中条所引《汉官》，第9页。

旧仪》辑本中，① 从而造成更多误解。

现在看来，置尚书郎 4 人的故事，目前最早的记载出于《宋书》，而其所据的"《汉仪》"，更大的可能是指丁孚《汉仪》。因此，需要将前述后人把应劭《汉官仪》所载东汉制度误入卫宏《汉旧仪》的看法，更订为将丁孚《汉仪》误为《汉旧仪》。

接下来要讨论的是尚书郎初置时间。尽管祝总斌关于东汉初置的考证已颇具说服力，但仍有一些学者主张尚书郎初置于西汉。如王素认为"主匈奴单于营部"的尚书郎不待匈奴单于永久内附而后置，故主张尚书郎的初置时间为宣帝甘露三年（前 51）呼韩邪单于初内附之后，进而推定尚书分曹亦在宣帝世。② 其后，他与陈仲安又提出，尚书分曹及增置尚书郎，均在汉武帝时。③ 其依据之一是，张安世"少以父任为郎。用善书给事尚书，精力于职。……上（武帝）奇其材，擢为尚书令"。④ 然而既谓"给事尚书"，则其所任之郎，非尚书郎，应为三署郎（属光禄勋）。

---

① 祝总斌认为唐人著述多以为西汉初置尚书郎，是依从错简后的卫宏《汉旧仪》之故，此说可从。另参拙文《〈唐六典〉职官沿革注校勘举隅——兼论中古官制知识的传播与承继》，《齐鲁学刊》2023 年第 5 期，第 55—56 页。因此，明清人重辑卫宏《汉旧仪》时，将相应文字视作西汉制度，进而收入辑本之中，是受唐人影响。

② 王素：《三省制略论》，第 3—5 页。

③ 陈仲安、王素：《汉唐职官制度研究》，第 25—27 页。徐复观亦有此看法，但其依据为卫宏与应劭之书，见氏著《汉代一人专制政治下的官制演变》，《两汉思想史》（初版名《周秦汉政治社会结构之研究》，1972）第 1 卷，九州出版社，2014，第 210—211 页。

④ 《汉书》卷五九《张汤传》附《张安世传》，第 2647 页。参见祝总斌《两汉魏晋南北朝宰相制度研究》，第 116 页。

　　类似情况亦见于东汉冯勤、樊梵。冯勤"除为郎中，给事尚书。以图议军粮，在事精勤，遂见亲识。……由是使典诸侯封事。……帝（光武帝）益以为能，尚书众事，皆令总录之"。① 樊梵"为郎。每尝直事，驻车待漏；虽在闲署，冠剑不解于身。……为郎二十三岁，未尝被奏，三署服其慎重"。② 冯勤任给事尚书，在建武二年正月前，应早于初置尚书郎的时间。故其先所任郎中，与张安世一样，皆为三署郎。樊梵之时，虽然尚书郎早已存在，但其身份为三署郎，与尚书郎无关，可无疑问。故《太平御览》将樊、冯两人之事皆叙于尚书郎之下，皆误。为了弥合这一错误，四库本《太平御览》进而将樊梵"为郎"改作"为吏部郎"，错上加错。③

　　与樊梵直事待漏类似，《后汉书》载，元和中，章帝诏诸尚书通议"尽封钱，一取布帛为租"。尚书仆射朱晖"因称病笃，不肯复署议"，"诸尚书不知所为，乃共劾奏晖。帝意解，寝其事。后数日，诏使直事郎问晖起居（注曰：直事郎谓署郎当次直者），太医视疾，太官赐食。晖乃起谢"。④ 皇帝诏使直事郎问尚书仆射起居，可见此人与冯勤、樊梵皆为三署郎。

---

① 《后汉书》卷二六《冯勤传》，第909—910页。参见（宋）李昉等《太平御览》卷二一五《职官部一三·总叙尚书郎》，第1025页。按，司马光将冯勤典封事系于建武二年（26）正月庚辰条后，见《资治通鉴》卷四〇，中华书局，1976，第1294页。

② （宋）李昉等：《太平御览》卷二一五《职官部一三·总叙尚书郎》引《东观汉记》，第1025页。参见《后汉书》卷三二《樊宏传》附《樊梵传》，第1124页。据此，樊梵为郎，始于明帝永平十年（67）其父去世之后。

③ （宋）李昉等：《太平御览》卷二一五引《东观汉记》，《景印文渊阁四库全书》第895册，第125页。

④ 《后汉书》卷四三《朱晖传》，第1460—1461页。

唐人注曰"署郎"，应得其实。故关于尚书郎初置时间，前文不从陈、王之说。

不过，上述记载的意义在于揭示了制度发展的路径，即东汉初增置尚书郎，是在西汉以三署郎给事尚书的基础上发展而来的。① 故至西汉末年，已经出现"直事尚书郎"。平帝元始四年（4），王莽任宰衡后，出行仪从包括"直事尚书郎、侍御史、谒者"等。② 此处的"直事尚书郎"，恐不应视作后来的尚书郎，而应参照张安世、冯勤例，理解为给事于尚书的三署郎而又当次直事者，即直事于尚书之郎。

光武帝初置尚书郎是在三署郎给事尚书制度下发展而来的，这一判断也与东汉尚书郎的选任方式相符。《初学记》引应劭"《汉官》云：'尚书郎，初从三署郎选诣尚书台试，每一郎缺则试五人。先试笺奏，初入台称郎中，满岁称侍郎。'故郎中、侍郎之名，犹因三署本号也"。③

其实，不仅尚书"郎中、侍郎之名，犹因三署本号"，④ 而且尚书郎与三署郎之间亦可相互迁转，故有自孝廉先为郎中

---

① 严耕望已指出两汉三署郎由给事诸署而形成定职，最终各自为官，不属三署的过程，尚书郎即其一例。见氏著《秦汉郎吏制度考》，《"中央研究院"历史语言研究所集刊》第 23 本《傅斯年先生纪念论文集》上册，1951，收入《严耕望史学论文集》，上海古籍出版社，2009，第 39—41 页。

② 《汉书》卷九九上《王莽传上》，第 4068 页。

③ （唐）徐坚等：《初学记》卷一一《职官部上·侍郎郎中员外郎》引，第 269 页。参见前据《后汉书·百官志三》注所引蔡质《汉仪》。

④ 中平二年（185）《刘宽碑阴门生名》中，大尚书张祗（祇）、尚书郎皮乔、尚书令史李弘（弘）与其他衔为羽林郎中和郎中者均分别题名，可反映出郎中的区别与联系。（宋）洪适：《隶续》卷一二，《隶释 隶续》，中华书局，1985，第 401—403 页。

（即三署郎），再入尚书为侍郎者。见东汉建宁四年（171）《博陵太守孔彪碑》："举孝廉，除郎中，博昌长。……遭大君忧……服竟还署，试拜尚书侍郎，无偏无党，遵王之素，荐可黜否，出□□度，日恪位仁，所在祗肃。"及光和四年（181）《凉州刺史魏元丕碑》："（前缺）孝廉，除郎中，尚书侍郎、右丞。遭泰夫人忧，服阕还台，拜尚书侍郎。秉总（中缺）廷科（科）绩，特拜左丞。"①

这一复杂情况也造成后世常混淆尚书郎、三署郎。唐人编《初学记》，在引用《汉官》后，特意说明："西汉言郎者多，非尚书郎……至东汉犹难分，有尚书及曹名冠首者即尚书郎，直言为郎亦三署郎。"②杜佑在《通典》中也有按语："自近代，皆谓郎官上应列宿，出宰百里，为尚书郎故事。……征其失也，盖自梁陶藻《职官要录》，以汉三署郎故事通为尚书郎，循名失实，疑误后代。"③

不过，即便有此说明，包括《初学记》《太平御览》在内的唐宋类书，仍将三署郎与尚书郎典故混在一起，从而引起现代学者的误解。

《太平御览》自身舛误造成学者结论偏差的情况不止于此，其另一条引《后汉书》曰："何远，少有美望。公府中十辟，一无所就，由是名重华夏。起家为尚书主客郎。"④黎虎

---

① （宋）洪适：《隶释》卷八、卷一〇，《隶释　隶续》，第 97、119 页。孔彪，亦见前引《礼器碑》题名，其所任尚书侍郎，与选举有关。
② （唐）徐坚等：《初学记》卷一一《职官部上·侍郎郎中员外郎》，第 269 页。
③ （唐）杜佑：《通典》卷二九《职官一一·三署郎官叙》，第 806 页。
④ （宋）李昉等：《太平御览》卷二一八《职官部一六·主客郎中主客员外郎》，第 1038 页。

据此认为尚书郎曹出现于西汉，并引何远为例来讨论东汉主客曹的职掌。[①] 这较据今本卫宏《汉旧仪》而认为尚书郎出现于西汉更进一步，因此亦需加以说明。

东汉何远仅见于《太平御览》，他书未载。南朝亦有何远，萧齐时"释褐江夏王国侍郎"，后颇有令名，故其事迹得入《梁书·良吏传》，[②] 但与《太平御览》所载何远事迹不同，显系两人。幸运的是，前引《后汉书》"何远"条，亦见引于清人所纂类书之中，但"远"字作"邃"，[③] 抵牾之处，迎刃而解。

何邃，庐江人，仕晋至吴国内史，为宰相何充伯父，其女为温峤之妻，事迹略见于《晋中兴书》（《中兴书》）：

> 何邃，字彦伟，少有美名。太傅东海王越请为主簿……王演、刘望咸称欢之，以为有公辅之量。[④]

> 何充，字次道。年在童龀，伯父邃谓之曰："我为儿时，亡伯车骑谓我：'汝后当与伯父争名。'汝今器宇宏深，亦当名出我右。"由是少有名望。[⑤]

---

① 黎虎：《汉唐外交制度史》（增订本，初版 1998 年），中国社会科学出版社，2019，第 82 页。

② 《梁书》卷五三《良吏传》，中华书局，2020，第 859—861 页。

③ （清）张英等：《御定渊鉴类函》卷七九《设官部一九·主客郎中（员外郎附）》引《后汉书》，《景印文渊阁四库全书》第 984 册，第 128 页。

④ 《职官分纪》卷五《总三师三公宰相官属·主簿》，有公辅之量条引《中兴书》，第 124 页。"欢"，或作"难"。

⑤ （宋）李昉等：《太平御览》卷四四三《人事部八四·知人中》引《晋中兴书》，第 2038 页。此二条的异文，亦见《永乐大典》卷一四六○八《军府主簿（丞相主簿附）》，第 7 册，中华书局，1986，第 6498 页。参见陈爽《出土墓志所见中古谱牒研究》，学林出版社，2015，第 278—280、282—284 页。

唯史称"中兴"者，非只典午一朝。前引"何远（邃）"条，本出于《晋中兴书》，不知何人误此中兴书为"汉中兴书""汉中兴史"，进而改其名为《后汉书》，《太平御览》等类书编修者不察，相沿而误。故不可据之说明汉代尚书已有主客郎曹。①

主客之事，西汉后期由"使主客"执掌。此职见于《汉书·金岑传》（事在成帝时），②及宣、元、平诸帝时的简牍文献中，担任者可以是郎（郎中、侍郎）、散骑光禄大夫、谏大夫等。使主客既可以制诏御史出给传信，也可以将外国使者的诉讼状移书地方郡守。黎虎认为，这是一种在中朝特设的负责外交政令的专职官员，地位远高于成帝以后的客曹尚书。它随着汉代外交收缩和中朝官制度的淡出而逐渐消失。③需要说明的是，使主客的地位取决于其本官，未必一定高于客曹尚书，但据此可知，光武帝初年所置主匈奴单于营部与主羌夷吏民的尚书郎，与此前以三署郎等担任使主客的制度实践也有一定

---

① 此外，东汉尚书郎有"兼理两曹"者，事在安帝元初四年（117），所指应为尚书曹。见（唐）徐坚等《初学记》卷一一《职官部上·侍郎郎中员外郎》引司马彪《续汉书》，胡广"举孝廉，试为天下第一"，"旬月拜尚书郎，兼理两曹，转左丞"（第 270 页）。此未见于今本《后汉书》卷四四《胡广传》及引《续汉书》。参见陆侃如《中古文学系年》上册，袁世硕等主编《陆侃如冯沅君合集》第 10 卷，安徽教育出版社，2011，第 124—125 页。

② 《汉书》卷六八《金日磾传》附《金岑传》，第 2963 页。

③ 黎虎：《汉唐外交制度史》，第 88—94 页。参见张德芳《悬泉汉简中的"传信简"考述》，中国文物研究所编《出土文献研究》第 7 辑，上海古籍出版社，2005，第 65—81 页；张俊民：《悬泉汉简所见人名综述（二）——以少数民族人名为中心的考察》，氏著《简牍学论稿——聚沙篇》，甘肃教育出版社，2014，第 356—357 页。

渊源。

补记：在本书编校时，李淋栋提示，除《汉官仪》外，应劭也曾"删定律令为《汉仪》。建安元年乃奏之"，其中有《尚书旧事》一篇（《后汉书》卷四八《应奉传》附《应劭传》，第1612—1613页）。所以，一时难以定谳《宋书·百官志》所引置尚书郎四人故事的《汉仪》究竟是哪本书。此说也有一定道理，笔者之前曾留意此书，但因其与律令关系密切而未加论述。今略记于此。

第二章　郎曹的出现与尚书统郎新机制的形成

随着东汉尚书机构的职权与规模的扩大，原来作为少府附属机构的尚书，成为独立的机构——尚书台。置有令、仆射（或分左右）、诸曹尚书，是为"八座"，又有左右丞、郎，及令史，分工明确，各司其职。从职能上看，尚书台仍是皇帝身边的具体办事机构，负责接收、保管、传递文书。尽管由于处在皇帝身边和信息传递的枢机位置上，尚书获得了一些不成文的权力，但终汉之世，未真正出现仲长统所云"虽置三公，事归台阁。自此以来，三公之职，备员而已"的情况。[1]

不过，尚书台向宰相机构演变却自此启动，经过魏晋南北朝的过渡，三公由东汉时的宰相，发展成隋唐时完全不与政事的尊崇之位，而尚书台（省）则从典掌文书的卑官，[2] 发展成

---

[1] 《后汉书》卷四九《仲长统传》，第 1657 页。对仲长统等人对尚书和三公关系表述夸大性的辨正，以及对东汉尚书与三公在政务处理中的配合作用的分析，详见祝总斌《两汉魏晋南北朝宰相制度研究》，第 101—107 页。

[2] 关于尚书机构称"台"或"省"的问题，唐人虽有"后汉尚书称台，魏晋以来为省"的说法，但也保留了《齐职仪》"魏晋宋齐并曰尚书台"，

从实际到名义都具有宰相职权的机构。这个过程，祝总斌同样已做精辟梳理，兹不赘述。

本章则将进一步揭示，在逐步成为宰相机构的过程中，尚书台（省）内部组织架构所产生的一系列适应性变化——分工的细化和政务的集并。尽管在一开始，这样的变化并不带有明确的指向性，但在经历了魏晋南北朝的制度探索和实践过程后，隋唐之际的制度创设者们最终确立起尚书省六部二十四司的架构，并使之成为当时及之后相当长的一个阶段各王朝处理国家政务的稳定的主体机构。

一　分置郎曹与曹魏尚书台分工重心下移

通过第一章讨论可知，两汉时期尚书机构分曹通常针对尚书，而非尚书郎。虽然东汉在尚书郎设置之初，曾将其分曹，但这一因素很快便消失不见。分置郎曹并没有伴随着之后尚书郎和尚书令史的大量增置而成为东汉尚书制度发展的主线。因此，东汉尚书台的 36 员尚书郎是从属于本曹尚书的，以尚书所掌为自己的职掌。

进入曹魏之后，尚书机构的发展又呈现出新面貌。《宋书·

《五代史志》"梁陈后魏北齐隋则曰尚书省"的记载。祝总斌据此认为魏晋宋齐当是"台""省"混用而基本仍称"台"的时期。从"台"到"省"，反映了尚书机构在这一阶段性质的巨大变化。（唐）李林甫等：《唐六典》卷一《尚书都省》尚书令条，第 6 页；（唐）徐坚等：《初学记》卷一一《职官部上·尚书令》，第 259 页；祝总斌：《两汉魏晋南北朝宰相制度研究》，第 178 页。笔者赞同此说，并在此基础上有所申说，详见下文。故本书行文中，南朝齐以前尚书机构统一作尚书台，南朝梁陈和北魏以后称尚书省。若统而言之，则称尚书机构或尚书台（省）。

百官志》载："魏世有吏部、左民、客曹、五兵、度支五曹尚书。"① 可见，曹魏尚书虽与东汉末同分为五曹，但其职其名，已经与汉末有很大的不同：五曹尚书之中，仅剩下客曹尚书与汉末完全一致。其他尚书曹之名及其所对应的政务都去了哪里，新出现的尚书曹，其职、名又是从何而来，这些问题的答案，涉及汉魏之际尚书台发生的重要变化——尚书郎曹的形成。

尚书郎曹出现于曹魏之世，是尚书机构在外朝化过程中的产物。《宋书·百官志》载：

> 魏世有殿中、吏部、驾部、金部、虞曹、比部、南主客、祠部、度支、库部、农部、水部、仪曹、三公、仓部、民曹、二千石、中兵、外兵、别兵、都兵、考功、定科，凡二十三郎。青龙二年有军事，尚书令陈矫奏置都官、骑兵二曹郎，合为二十五曹。晋西朝则直事②、殿中、祠部、仪曹、吏部、三公、比部、金部、仓部、度支、都官、二千石、左民、右民、虞曹、屯田、起部、水

---

① 《宋书》卷三九《百官志上》，第1339页。度支尚书是魏文帝所设，与当时屯田管理体制，以及史籍中最早出现于汉延康元年（220）的度支中郎将关系密切。学界对此研究颇多，可参陈明光《论曹魏财政管理的专职化演变》，《厦门大学学报》（哲学社会科学版）2005年第2期，第52—53页。

② 西晋尚书郎曹之首的直事曹，应该与第一章所述汉代存在的直事郎、直事尚书郎有关。可见，三署郎或尚书郎直事之制度，汉、魏皆有之，但直到晋初才用作尚书郎曹之号。雷闻将此直事郎曹与历代之考功（功论）曹对应起来，今不取其说。见氏著《官文书与唐代政务运行研究》第六章"隋与唐前期的尚书省"表6-1"魏—隋郎曹变化表"，第159页。又，西晋侍御史9人亦分曹治事，有吏曹、课第曹、直事曹等13曹，参见本书第八章。

部、左主客、右主客、驾部、车部、库部、左中兵、右中兵、左外兵、右外兵、别兵、都兵、骑兵、左士、右士、北主客、南主客为三十四曹郎；后又置运曹，凡三十五曹。晋江左初，无直事、右民、屯田、车部、别兵、都兵、骑兵、左士、右士、运曹十曹郎，而主客、中外兵各置一郎而已，所余十七曹也。康、穆以来，又无虞曹、二千石二郎，犹有殿中、祠部、吏部、仪曹、三公、比部、金部、仓部、度支、都官、左民、起部、水部、主客、驾部、库部、中兵、外兵十八曹郎。后又省主客、起部、水部，余十五曹。宋高祖初，加置骑兵、主客、起部、水部四曹郎，合为十九曹。太祖元嘉十年，又省仪曹、主客、比部、骑兵四曹郎。十一年，又并置。十八年，增删定曹郎①，次在左民曹上，盖魏世之定科郎也。三十年，又置功论郎②，次都官之下，在删定之上。太宗世，省骑兵。今凡二十曹郎。③

---

① 增置删定郎，以撰治尚书条制。《宋书》卷五三《张茂度传》附《张永传》，第1649页。此后，南齐删定郎王植之尝"集注张、杜旧律，合为一书"，基于此，南朝梁武帝令"齐时旧郎"、时任义兴太守蔡法度"兼尚书删定郎"，以修《梁律》。《隋书》卷二五《刑法志》、卷三三《经籍志二》，《梁律》条，第773、1101页。不过，据沈约《授蔡法度廷尉制》，蔡氏是自删定左曹郎中迁廷尉卿，不知孰是，见（宋）李昉等编《文苑英华》卷三九七，中华书局，1966，第2015页。
② 增置功论郎，应与孝武帝即位之后，以诛灭元凶、克定京城而"诏有司论功班赏"有关。《宋书》卷六《孝武帝纪》，元嘉三十年六月庚申条，第122页。
③ 《宋书》卷三九《百官志上》，第1341页。关于西晋尚书郎曹的数量，《晋书》载，"及晋受命，武帝罢农部、定课（科），置直事"等三十四曹郎。"后又置运曹，凡三十五曹，置郎二十三人，更相统摄"。晋初三十四曹郎，加上所省之农部、定科，恰为三十六曹。这与泰始七年（271），

对于尚书台早期郎曹的分置变动情况，上述文本是现存最早的，也是相对更完整的记载，但却并未留下任何有关郎曹出现的具体时间点及背景的信息。不过，仅从魏世二十三曹郎有南主客而无北主客即知，这并非曹魏郎曹最初之面貌，而是经历调整省并而成。

揆诸史籍，出现最早的郎曹应是吏部郎。黄初中，胡质自丞相属"徙吏部郎，为常山太守"，[1] 而诸葛诞"初以尚书郎为荥阳令，入为吏部郎"。前者时间不详，后者据《魏氏春秋》，诸葛诞为尚书郎，"与仆射杜畿试船陶河，遭风覆没，诞亦俱溺"。[2] 方韬推定沉船事在黄初五年（224），[3] 则诸葛诞为吏部郎应在黄初末或太和初。

此外还有定科和度支、考课（功）之名。如贾充起家"拜尚书郎，典定科令，兼度支考课。辩章节度，事皆施用"。[4] 陆侃如将此事系在魏正始九年（248）贾充累迁黄门侍郎前的两年。[5] 但贾充起家在其"居丧以孝闻"和"袭父爵为侯"之

司空裴秀提及的"尚书三十六曹统事准例不明"相符。《晋书》卷二四《职官志》、卷三五《裴秀传》，第 732、1041 页。王素认为西晋同于东汉，以三十四曹，并左、右二丞为三十六曹。见氏著《三省制略论》，第 13 页；陈仲安、王素《汉唐职官制度研究》，第 62 页。然而东汉尚书台置三十四郎的记载并不准确，见拙文《〈唐六典〉职官沿革注校勘举隅——兼论中古官制知识的传播与承继》，《齐鲁学刊》2023 年第 5 期，第 51—53 页。

[1]　《三国志》卷二七《魏书·胡质传》，第 742 页。
[2]　《三国志》卷二八《魏书·诸葛诞传》及裴注，第 769 页。
[3]　方韬：《杜预年谱》，上海交通大学经学文献研究中心编《经学文献研究集刊》第 16 辑，上海书店出版社，2016，第 77 页。
[4]　《晋书》卷四〇《贾充传》，第 1165 页。
[5]　陆侃如：《中古文学系年》上册，第 480—481、484 页。

后，距离太和二年（228）贾逵去世不久。① 因此，贾充拜尚
书郎当与魏明帝命刘劭等定科令同时，在太和四年至青龙元年
（230—233），所修即《新律》及《尚书官令》等。②

贾充以尚书郎而"典定科令"，王素以为此尚书郎即定科
郎。③ 但这是受后来裴楷任定科郎与贾充共定科令的影响，④
可能并不准确。而且，从前章讨论来看，"拜尚书郎，典定
科令"一类的表述，在汉魏之际并不意味着郎曹的出现。贾
充所兼考课便与前文所载考功郎之名不符，此类政务名称尚
未固定为郎曹机构专名。故度支虽与前述魏文帝置度支尚
书，以及《魏略》"司农度支校尉，黄初四年置……掌诸军
兵田"的记载相合，⑤ 但恐怕也不足以证明魏初已有专职的度
支郎。

综上推测，建安十八年（213）魏国初置尚书时，⑥ 应依
汉制未设置郎曹。但在汉末尚书郎"典选举"的基础上，魏
黄初中，首先出现吏部郎之名，也开始有尚书郎专门负责度
支、考课等事。此后，遂逐渐并置郎曹，最终形成《宋书》

---

① 陆侃如：《中古文学系年》上册，第 422 页。
② 陆侃如：《中古文学系年》上册，第 427、441 页。
③ 王素：《三省制略论》，第 10 页。
④ 《晋书》卷三五《裴秀传》附《裴楷传》，裴楷先自相国掾，迁尚书郎。
  咸熙元年（264），"贾充改定律令，以楷为定科郎。事毕，诏楷于御前
  执读，平议当否"（第 1047 页）；（南朝宋）刘义庆撰，（南朝梁）刘孝
  标注，朱铸禹汇校集注《世说新语汇校集注》卷上《政事》，"贾充初定
  律令"条引《晋诸公赞》，上海古籍出版社，2002，第 149—150 页；
  《资治通鉴》卷七八，咸熙元年七月，第 2487 页。
⑤ （宋）李昉等：《太平御览》卷二四二《职官部四〇·诸校尉》，第
  1147 页。
⑥ 《三国志》卷一《魏书·武帝纪》，第 42 页。

所载二十三郎之制。此制出现早于青龙二年（234），或在刘邵、贾充等修《尚书官令》期间才确定二十三郎之名。

为了更清楚地体现隋唐之前尚书郎曹的设置及其变动情况，可根据《宋书》上述记载，并参照《隋书》《唐六典》等书对南朝梁与北齐制度的记载，① 制成表 2-1。

应该如何认识魏晋以后尚书分置郎曹及其发展情况？如祝总斌所述，东汉尚书机构改以职务性质作为分曹标准，是一个进步，标志着尚书机构专业化和分工细化的加强。② 但是随着魏晋以降尚书台职权的进一步扩大，五曹或六曹尚书就越来越显得粗疏。即便只是出于文书收发的需要，尚书诸曹在面对三公府、郡国官司公文时，也会显得不够专业。

东汉三公府分曹，大略以《续汉书·百官志》所载太尉府

---

① 《隋书》载，南朝梁尚书省置"吏部、删定、三公、比部、祠部、仪曹、虞曹、主客、度支、殿中、金部、仓部、左户、驾部、起部、屯田、都官、水部、库部、功论、中兵、外兵、骑兵等郎二十三人"。北齐尚书郎曹由尚书左右丞分统，左丞"掌吏部、考功、主爵、殿中、仪曹、三公、祠部、主客、左右中兵、左右外兵、都官、二千石、度支、左右户十七曹"，右丞"掌驾部、虞曹、屯田、起部、都兵、比部、水部、膳部、仓部、金部、库部十一曹"，并详载诸尚书统郎次第，而未载郎曹自身次第。北齐同一尚书所辖郎曹虽分辖于左右丞，但左右丞所统郎曹，都是以尚书次第及本曹尚书统郎次第为序，这就证明《唐六典》所载"北齐有吏部、考功、主爵、殿中、仪曹、三公、驾部、祠部、主客、虞曹、屯田、起部、左中兵、左外兵、右中兵、右外兵、都兵、都官、二千石、比部、水部、膳部、度支、仓部、左民、右民、金部、库部二十八曹郎"次序的准确性。《隋书》卷二六《百官志上》、卷二七《百官志中》，第 801、839 页；（唐）李林甫等：《唐六典》卷一《尚书都省》，第 8 页；（唐）杜佑：《通典》卷二二《职官四·历代郎官》，第 606 页。

② 祝总斌：《两汉魏晋南北朝宰相制度研究》，第 115—116 页。

表2-1 魏晋南北朝尚书郎曹变动

序号	魏 A	魏 B	西晋 C	西晋 D	东晋 E	东晋 F	东晋 G	刘宋 H	刘宋 I	刘宋 J	刘宋 K	刘宋 L	刘宋 M	萧梁	北齐
1	殿中	殿中	直事	直事	殿中	殿中	殿中	殿中	殿中	殿中	殿中	殿中	殿中	吏部	吏部
2	吏部	吏部	殿中	殿中	祠部	祠部	祠部	祠部	祠部	祠部	祠部	祠部	祠部	删定	考功
3	驾部	驾部	祠部	祠部	仪曹	吏部	吏部	吏部	吏部	吏部	吏部	吏部	吏部	三公	主爵
4	金部	金部	仪曹	仪曹	吏部	仪曹	仪曹	仪曹	三公	仪曹	仪曹	仪曹	仪曹	比部	殿中
5	虞曹	虞曹	吏部	吏部	三公	三公	三公	三公	金部	主客	主客	主客	主客	祠部	仪曹
6	比部	比部	三公	三公	比部	比部	比部	比部	仓部	三公	三公	三公	三公	仪曹	三公
7	南主客	南主客	比部	比部	金部	金部	金部	金部	度支	比部	比部	比部	比部	虞曹	驾部
8	祠部	祠部	金部	金部	仓部	仓部	仓部	仓部	都官	金部	金部	金部	金部	主客	祠部
9	度支	度支	仓部	仓部	度支	度支	度支	度支	左民	仓部	仓部	仓部	仓部	度支	主客
10	库部	库部	度支	度支	都官	都官	都官	都官	起部	度支	度支	度支	度支	殿中	虞曹
11	农部	农部	都官	都官	二千石	左民	左民	左民	水部	都官	都官	都官	都官	金部	屯田
12	水部	水部	二千石	二千石	左民	起部	驾部	主客	驾部	左民	删定	功论	功论	仓部	起部
13	仪曹	仪曹	左民	左民	虞曹	水部	库部	起部	库部	起部	左民	删定	删定	左民	左中兵
14	三公	三公	右民	右民	起部	主客	中兵	水部	中兵	水部	起部	左民	左民	驾部	右中兵
15	仓部	仓部	虞曹	虞曹	水部	驾部	外兵	驾部	外兵	驾部	水部	起部	起部	起部	左外兵

续表

序号	魏 A	魏曹 B	西晋 C	西晋 D	东晋 E	东晋 F	东晋 G	刘宋 H	刘宋 I	刘宋 J	刘宋 K	刘宋 L	刘宋 M	萧梁	北齐
16	民曹	民曹	屯田	屯田	主客	库部		库部		库部	驾部	水部	水部	屯田	右外兵*
17	二千石	都官	起部	起部	驾部	中兵		中兵		中兵	库部	驾部	驾部	都官	都兵
18	中兵	二千石	水部	水部	库部	外兵		外兵		外兵	中兵	库部	库部	水部	都官
19	外兵	中兵	左主客	左主客	中兵			骑兵		骑兵	外兵	中兵	中兵	库部	二千石
20	别兵	外兵	右主客	右主客	外兵						骑兵	外兵	外兵	功论	比部
21	都兵	别兵	驾部	驾部								骑兵		中兵	水部
22	考功	都兵	车部	车部										外兵	膳部
23	定科	骑兵	库部	库部										骑兵	度支
24		考功	左中兵	左中兵											仓部
25		定科	右中兵	右中兵											左民
26			左外兵	左外兵											右民
27			右外兵	右外兵											金部
28			别兵	别兵											库部
29			都兵	都兵											
30			骑兵	骑兵											

续表

序号	魏 A	魏 B	西晋 C	西晋 D	东晋 E	东晋 F	东晋 G	刘宋 H	刘宋 I	刘宋 J	刘宋 K	刘宋 L	刘宋 M	萧梁	北齐
31			左士	左士											
32			右士	右士											
33			北主客	北主客											
34			南主客	南主客											
35				运曹											
合计	二十三曹	二十五曹	三十四曹	三十五曹	二十曹**	十八曹	十五曹	十九曹	十五曹	十九曹	二十曹	二十一曹	二十曹	二十三曹	二十八曹

注：魏 A=魏二十三郎制；魏 B=青龙二年制，都曹、骑兵次序据"西晋 C"酌定；西晋 C=晋受命之初制；西晋 D=加置运曹之制，东晋即所省十曹，运曹即居最后，位置据此酌定；东晋 E=晋江左初制；东晋 F=康、穆制；东晋 G=东晋后期制；刘宋 H=宋高祖初制；刘宋 I=元嘉十年（433）制；刘宋 J=元嘉十一年制；刘宋 K=元嘉三十年制；刘宋 L=元嘉初诸曹改，系唐初史臣追改；刘宋 M=太宗世后改制；萧梁=天监二年（503）制；北齐=河清三年（564）制。《隋书》中"户"字，系唐初史臣讳改，作"民"，故本表径改。

* 以上四曹顺序据《唐六典》卷一《尚书都省》载作"左中兵、左外兵、右中兵、右外兵、右直事，晋江左初，无直事，右民、屯田、车部、别兵、都兵、骑兵、左士、右士、运曹、中外兵各一郎而已，所余十七曹郎"。按，《宋书·百官志》在西晋三十五曹基础上，所余十七曹也。《宋书》校勘记已指出"所余十七曹"疑误，"下云东晋康帝、穆帝以后，又无虞曹，二千石二郎，而此云十八曹郎，疑曹数有误"（第8页），应误。

** 据前引《宋书》顺序，而主客、运曹十七曹郎，中外兵各曹，穆帝以后，犹有十八曹郎，若依文而减并，又无虞曹，二千石二郎，而此云二十曹郎，疑曹数有误（第1348页）。

诸曹为准，郡国及诸县分曹，亦与之相近。①魏晋公府与郡县
机构，基本沿袭汉制。这样的分工，显然比尚书曹所体现的政
务分工更为细化。提高尚书台内部分工的精细度，依靠增加尚
书的数量是不现实的。因为在东汉一曹六郎的格局下，那将意
味着尚书台成倍地膨胀，所以曹魏尚书台便转折性地改以尚书
郎所掌事务来区分郎曹，分工重心下移。②

　　尚书郎曹出现的原因，史无明言，今略举晋制以说明。西
晋之初，"罢农部、定课（科）"郎曹。③除此之外，当时所
省还有考功曹，但《晋书》失载（见表 2-1 西晋 C 列）。对
此，王素认为西晋郎曹中"车部"必是"考功"之误。原因
有二：其一，史籍未言考功之省，且见于后代（如北魏）；其
二，车部与驾部职掌抵牾，且不见于晋及前后各朝史籍。④

　　然而，此说有待重加审视。尚书车部曹虽然不见于现有史
籍，但并不排除晋制有之的可能。恰好在魏晋之际的公府中，
出现过与尚书车部对应的车曹。《宋书·百官志》载：

①　《后汉书》志二四《百官志一》、志二八《百官志五》载，太尉府"西
　　曹主府史署用，东曹主二千石长吏迁除及军吏，户曹主民户、祠祀、农
　　桑，奏曹主奏议事，辞曹主辞讼事，法曹主邮驿科程事，尉曹主卒徒转
　　运事，贼曹主盗贼事，决曹主罪法事，兵曹主兵事，金曹主货币、盐、
　　铁事，仓曹主仓谷事，黄阁主簿录省众事"，郡国"诸曹略如公府曹，
　　无东西曹"，县"诸曹略如郡员"（第 3559、3621、3623 页）。
②　蜀、吴尚书台也同样设置有郎曹。据杨晨统计，蜀郎中有吏部（罗宪）、
　　选曹（陈祗）、左选（邓良）、右选（杨戏）、度支（柳伸）诸曹，吴郎
　　中有选曹（虞汜）、户曹（殷礼）。余皆无考。不过，周广业认为蜀汉选
　　曹等郎曹继承自东汉，且称"知尚书吏部之名不始于魏也"。此说并无
　　实据，而蜀汉选曹出现于后主朝，晚于曹魏，今不从前说。（清）杨晨：
　　《三国会要》卷九《职官上》，中华书局，1956，第 158 页；（清）周广
　　业：《季汉官爵考》卷二，《续修四库全书》第 747 册，第 24—25 页。
③　《晋书》卷二四《职官志》，第 732 页。
④　王素：《三省制略论》，第 13 页。

　　魏初公府职寮，史不备书。及晋景帝（即司马师）为大将军，置掾十人，西曹、东曹、户曹、仓曹、贼曹、金曹、水曹、兵曹、骑兵各一人，则无属矣。魏元帝咸熙中，晋文帝（即司马昭）为相国，相国府置……掾、属三十三人。东曹掾、属各一人，西曹属一人，户曹掾一人、属二人，贼曹掾一人、属二人，金曹掾、属各一人，兵曹掾、属各一人，骑兵掾二人、属一人，车曹掾、属各一人，铠曹掾、属各一人，水曹掾、属各一人，集曹掾、属各一人，法曹掾、属各一人，奏曹掾、属各一人，仓曹属二人，戎曹属一人，马曹属一人，媒曹属一人，合为三十三人。散属九人，凡四十二人。①

　　由此可知，以司马师大将军府为例，曹魏前期公府并无车曹，故其时尚书郎曹亦无车部。至咸熙中，司马昭任相国后，其相国府分曹增至十七曹，新置诸曹中，恰好包括了车曹。晋初所置尚书车部曹郎正可与之对应起来，② 而且公府车曹至东晋、南朝仍然存在。与车曹类似，尚书运曹（见表2-1西晋D列）也可以与西晋末年司马睿（晋元帝）镇东大将军及丞相

---

①　《宋书》卷三九《百官志上》，第1325—1326页。
②　张军注意到了尚书车部与公府车曹之间的关系，但他认为这是司马睿军府诸曹仿尚书郎曹而设置，并使军府具有了尚书分曹处理政务的功能。这一结论忽视两者出现的时间关系。作者其实也已指出，车曹在司马昭霸府中已经出现，早于尚书车部的出现。见氏著《晋元帝军府机构设置特点考论》，《史学月刊》2005年第7期，第34—35页；《曹魏时期司马氏霸府的形成与机构设置考论》，《兰州大学学报》2004年第4期，第44—46页。

府所置运曹参军,① 以及都水运部对应起来。②

因此,虽然尚书郎曹设置初期的分合情况,史载不详,难以确言,但据上述分析,有理由相信,尚书郎曹的出现,与尚书台在对接外朝公府文书时产生的机构分工细化的需求有关。③ 将尚书台所要处理的事务,按照尚书郎的分工区分为郎曹,这就使尚书台的职能分工细化度提高了数倍。

与此同时,再设置相应的尚书曹,将职能相近郎曹统归合并在某曹尚书之下,既有分工,又有合作;既有细化,又有整合。曹魏以后,尚书机构的发展主要表现在郎曹频繁的分置与

---

① 《宋书》卷三九《百官志上》载:晋初杨骏太傅府,左右兵曹至"车、马十曹"皆置掾、属,凡二十人。"江左初,晋元帝镇东丞相府有录事、记室、东曹、西曹、度支、户曹、法曹、金曹、仓曹、理曹、中兵、外兵、骑兵、典兵、兵曹、贼曹、运曹、禁防、典宾、铠曹、田曹、士曹、骑士、车曹参军",凡二十四曹参军。其后,省"东曹、西曹、度支、金曹、理曹、典兵、兵曹、贼曹、运曹、禁防、典宾、骑士、车曹"等十三曹,余十一曹(原文为"所余十二曹",疑误)。后又增"直兵、长流、刑狱、城局、水曹、右户、墨曹七曹",至刘裕为相,"合中兵、直兵置一参军,曹则犹二也"。故"今(指刘宋)诸曹则有录事、记室、户曹、仓曹、中直兵、外兵、骑兵、长流贼曹、刑狱贼曹、城局贼曹、法曹、田曹、水曹、铠曹、车曹、士曹、集、右户、墨曹,凡十八曹参军"。据校勘记,"集"为衍字。则十八曹参军中,恰多出"车曹",应系刘宋复置者。
② 晋武帝置都水使者,"掌舟航及运部"。至南朝,都水之下仍置运部,常遣以赈恤地方。《宋书》卷四〇《百官志下》、卷五《文帝纪》,元嘉三十年(453)二月壬子条,第1358、109页;(宋)王钦若等编《册府元龟》卷一九五《闰位部·惠民》,宋孝武帝大明四年(460)八月甲寅条,明崇祯十五年(1642)黄国琦刻本,中华书局,1960,第2346页。按,大明四年"运部",《宋书》卷六《孝武帝纪》作"军部"(第137页),《宋本册府元龟》卷一九五作"军郡"(中华书局,1989,第545页),应皆误。
③ 自汉代起,公府皆置兵曹掾属。而上引镇东丞相府,则在兵曹参军之外,别置中兵、外兵等参军,如所记不误,则说明当时不仅存在尚书台仿照公府增置郎曹的情况,也存在公府仿照尚书郎曹而增置参军的情况。当然,魏晋尚书郎曹与公府分曹之间如何相互影响,有待进一步研究。

省并中。新的、稳定的尚书曹与尚书郎曹之间的统属关系，正是在这种变动中逐步形成的。

二 晋至南朝尚书统郎新机制的形成

东汉时尚书一员统六尚书郎，所掌事务以尚书职掌为准（即以尚书曹为机构设置的中心），结构清晰，职能统一。由于制度发展的需要，曹魏时尚书机构新增以尚书郎所掌去划分尚书郎曹，尚书机构划分被转折性地改为以郎曹分置为中心。尚书郎曹的独立性大为加强。于是，尚书郎曹与尚书曹之间的统属关系，一时之间还不能理顺。所以魏晋之时，不仅明确的尚书统郎情况没有在史志中被记载下来，而且现存文献中所反映出来的尚书郎曹与尚书曹之间统属关系的歧异冲突，也还较为明显。

如前引曹魏五尚书之中，有左民、客曹，而郎曹名民曹、南主客，两者并不统一。且尚书曹左民、客曹、五兵、度支的顺序，也与郎曹次第不吻合（参见表 2-1 魏 A、魏 B 列）。这种情况到西晋仍存在。① 如晋初分五兵郎曹为七兵郎曹（参见

---

① 《宋书》卷三九《百官志上》："晋初有吏部、三公、客曹、驾部、屯田、度支六曹尚书。武帝咸宁二年，省驾部尚书，四年又置。太康中，有吏部、殿中、五兵、田曹、度支、左民六尚书。惠帝世，又有右民尚书。尚书止于六曹，不知此时省何曹也。"（第 1339 页）参见《晋书》卷二四《职官志》，"及晋置吏部、三公、客曹、驾部、屯田、度支六曹，而无五兵。咸宁二年，省驾部尚书。四年，省一仆射，又置驾部尚书。太康中，有吏部、殿中及五兵、田曹、度支、左民为六曹尚书，又无驾部、三公、客曹。惠帝世又有右民，尚书止于六曹，不知此时省何曹也"（第 731 页）。《晋书·职官志》虽较《宋书·百官志》为详，但诸如"省一仆射""又无驾部、三公、客曹"之语，显系在《宋书·百官志》基础上总结而来，非别有史源者。

表 2-1 西晋 C、西晋 D 列），而不详其所统（尚书曹中无五兵
尚书）。太康中虽复置五兵尚书，[1] 但当时尚书有田曹，而郎
曹作屯田，与晋初设屯田尚书相比，反而是一种倒退。

　　不过，与冲突相比，可能更为重要的是，西晋尚书台组织
架构中已出现新变化，即尚书郎曹次第的调整。

　　魏晋尚书曹与尚书郎曹的统属关系，虽史无明言，但仔细
比对魏晋之间尚书郎曹次第的变化后，可以发现其中存在某些
郎曹是被故意调整在一起的可能性。由于魏、晋两朝都有新增
郎曹的情况，今仅据西晋三十四曹与曹魏二十三曹（表 2-1
西晋 C、魏 A 列）比较以说明之，见表 2-2。

表 2-2　西晋尚书三十四郎曹分组

组别	郎曹升降情况
1	新置直事居第 1，殿中降为第 2，祠部由第 8 升为第 3，仪曹由第 13 升为第 4
2	吏部由第 2 降为第 5，三公由第 14 升为第 6，比部由第 6 降为第 7
3	金部由第 4 降为第 8，仓部由第 15 升为第 9，度支由第 9 降为第 10
4	都官位置变化不详，二千石曹由第 17 升为第 12，次于都官后
5	兼置左右民，由第 16（民曹）升为第 13、14，虞曹由第 5 降为第 15，新置屯田、起部居第 16、17，水部由第 12 降为第 18
6	新置左右主客，居第 19、20
7	驾部由第 3 降为第 21，库部由第 10 降为第 23
8	中兵、外兵兼置左右，与别兵、都兵、骑兵，居第 24 至第 30
9	新置左右士，居第 31、32

---

[1]　西晋尚书郎曹已将魏五兵尚书下之中兵、外兵郎曹各分作左右，故郎曹
　　合置有七，但太康中尚书，仍名五兵尚书。参见（唐）李林甫等《唐
　　六典》卷五《尚书兵部》兵部尚书条及校勘记，第 150、165 页。

续表

组别	郎曹升降情况
10	新置北主客居第 33，南主客由第 7 降为第 34

上述分组，虽然只是从郎曹次第变化臆测的结果，但是从尚书机构的发展来看，这些分组并非毫无意义，而是与当时正在形成的"仆射、尚书，分领诸曹"密切相关。①

与尚书郎曹次第同时变化的是，尚书曹的名称及次第。到了东晋置五曹尚书后，郎曹与尚书曹之间名称歧异的现象就消失了。尤其是新置祠部尚书位于吏部尚书之前，② 这其实并不符合此前（曹魏以后）与之后（南北朝以降）均以吏部尚书为首曹的格局，但却恰恰与当时郎曹次第保持一致（见表 2-1 东晋 E 列）。度支尚书位于五兵之前，也是如此。以上情况说明，魏晋尚书郎曹之间的次第，并不同于尚书曹次第。这也从一个侧面体现出郎曹在设置之初，是独立于尚书曹的。

鉴于曹魏尚书改以郎曹分置为中心以后所造成的尚书统郎机制的混乱，从西晋开始，设计者便在逐步调整尚书郎曹的次第，并在这个过程中探索着新的尚书统郎机制。伴随着新的尚书统郎机制发展的，是尚书机构内部分工的合理化。总之，到了南朝宋，当尚书郎曹稳定在 20 个左右的时候，新的尚书统郎机制便初步形成了，并被记载于《宋书》之中，据此制为表 2-3。

---

① 《宋书》卷三九《百官志上》，第 1340 页。王素参照东汉尚书职掌与宋八座二十郎及其统属关系，尝试对两晋尚书统郎情况做了分析，亦可参看。见氏著《三省制略论》，第 14—15 页。

② 《宋书》卷三九《百官志上》，"江左则有祠部、吏部、左民、度支、五兵，合为五曹尚书"（第 1339 页）。

表 2-3 南朝宋仆射、尚书统郎曹

仆射、尚书次第	郎曹次第
左仆射	领殿中、主客
吏部尚书	领吏部、删定、三公、比部
祠部尚书	领祠部、仪曹
度支尚书	领度支、金部、仓部、起部
左民尚书	领左民、驾部
都官尚书	领都官、水部、库部、功论
五兵尚书	领中兵、外兵

注：祠部尚书与右仆射不并置，故曰"五尚书、二仆射、一令，谓之八坐"。此外，"若营宗庙宫室，则置起部尚书，事毕省"。

资料来源：《宋书》卷三九《百官志上》，第 1340 页。

  与表 2-1 刘宋 M 列的尚书郎曹次第相比，表 2-3 中统郎的左仆射、诸曹尚书的次序已经与郎曹次第中的相对位置保持着一致。这是沿袭东晋以后的趋势形成的。

  不过，新的变化也日益凸显。当不置右仆射而置祠部尚书时，其位置便降在吏部尚书之下，尽管祠部郎曹此时仍在吏部郎曹之前。更重要的是，随着尚书统郎新制的形成，郎曹次第明显表现出两种不同的结构层次：一是沿袭旧制而来的郎曹次第；二是在尚书所统郎曹之内，出现了新的顺序。比如，在郎曹次第中位于三公、比部之后的删定郎，在吏部尚书所统四曹之中，却在两者之前。同样的，在水部、库部之前的功论郎，在都官尚书所统四曹之中，反倒在两者之后。与之相适应的是，除左仆射及五兵尚书之外，其余五曹尚书所统诸郎曹之中的首曹皆与尚书曹名一致。应该说，第二种尚书统郎机制可以被视为隋唐尚书省"头司—子司"体制的前身。

由于《宋书》所载之制，实际上是顺帝昇明元年（477）以后的尚书体制，[①] 而此时距南齐的建立仅有两年的时间，所以南齐仆射、尚书统郎，一同于宋末之制。[②] 但是，到了南朝梁，原有尚书郎曹次第发生了明显的变化。

虽然《隋书》只记载了梁尚书省二十三郎的次第（引文详见本章第一节及表 2-1），并没有记载其尚书统郎的情况，但是如果将南朝梁的尚书郎次第，与南朝宋的尚书统郎情况做一比较，就会发现，南朝梁尚书郎曹的次第不再沿袭旧制自成一系，而大体上是按照吏部、祠部、度支、左民、都官、五兵尚书次第将尚书所统之郎曹依次排列而成的（见表 2-4）。这种值得重视的变化，正是从南朝宋制中第二种尚书所统郎曹次第发展而来的。

表 2-4　南朝梁尚书统郎曹（推定）

尚书次第	郎曹次第
吏部尚书	领吏部、删定、三公、比部
祠部尚书	领祠部、仪曹、虞曹、主客
度支尚书	领度支、殿中、金部、仓部
左民尚书	领左民、驾部、起部、屯田

---

① 黄惠贤：《中国政治制度通史》（修订版，白钢主编）第 4 卷《魏晋南北朝》，社会科学文献出版社，2011，第 125—126 页。该书对宋、齐之前尚书曹与尚书郎曹关系的分析，对本节启发甚大。

② 《南齐书》卷一六《百官志》载，尚书令总领二十曹，左仆射领殿中、主客二曹，吏部尚书领吏部、删定、三公、比部四曹，度支尚书领度支、金部、仓部、起部四曹，左民尚书领左民、驾部二曹，都官尚书领都官、水部、库部、功论四曹，五兵尚书领中兵、外兵二曹。祠部尚书与右仆射通职，不俱置，领曹不详，应同表 2-3。起部尚书，兴立宫庙权置，事毕省（第 355—357 页）。

尚书次第	郎曹次第
都官尚书	领都官、水部、库部、功论
五兵尚书	领中兵、外兵、骑兵

　　与之类似，南朝职官制度，自梁开始发生了一系列重要的变化。如史志和政书中记载梁职官制度，不再以官职为中心，而改以官府机构为中心（尚书、门下、中书正式有省名，以及系于长官之下的职掌）。同时还改变了原来将三公九卿作为基本制度置于卷首详细记载的传统，在简要叙述虚衔诸公之后，便载尚书、门下诸省及御史诸台，详细程度也超过其他机构。诸卿则被置于其后。尤其是"出纳王命、敷奏万机"不再仅仅作为尚书令个人的职掌，而是作为尚书省机构的职掌，并且确立了令的总统地位和仆射副令的地位。这就使得尚书省成为一个职权明晰、机构完善的政治组织了。① 由此可见，前文提及尚书机构由称"台"到称"省"的改变始于南朝梁，并非偶然。②

---

①　吴宗国：《三省的发展和三省制的确立》，荣新江主编《唐研究》第3卷，北京大学出版社，1997，收入氏著《中古社会变迁与隋唐史研究》，第179—181页；吴宗国主编《盛唐政治制度研究》第一章"三省的发展与三省体制的建立"，第14—15页。

②　楼劲也从法令体系（《职员令》的出现）和行政体制一体化（长官与佐官之间的牵制与协调逐渐明确，下级官员之间协同行事加强，各级官员成为机构行政过程中的必要一环）演变的视角，分析了汉、唐正史《百官志》官制记载体例的变化。他指出，南齐法令已存在突出台省等机构地位的新现象，开启从"以官存司"向"以司存官"过渡之先声，北魏太和、正始《职员令》和萧梁天监定令都继承和发展了上述趋势。见氏著《从"以官存司"到"以司存官"——〈百官志〉体例与汉唐行政体制变迁研究》，《历史研究》2021年第1期，第61—83页。

同时，南朝梁武帝在天监七年（508）官制改革时，将尚书令、仆的官品由原来的三品，分别提高到十六班（正二品）和十五班（从二品）。① 天监九年，为改变"今之尚书，上异公侯，下非卿士，止有朝衣，本无冕服"的窘境，又允许尚书如"预斋祭"，"依太常及博士诸斋官例，着皂衣，绛襈，中单，竹叶冠"。②

后来，陈朝又把尚书令提升至一品（但班序不详），还将令、仆由铜印墨绶改为金章紫绶，与三公相同。③ 这样解决了长期存在的尚书令"秩轻于衮司（三公），而任隆于百辟"的矛盾，④ 使得宰相的权力、责任与它的品位基本统一起来了。⑤

这些变化中，与上述郎曹次第变化相适应的是，尚书仆射作为尚书省副长官地位的确定。虽然《梁令》中仍沿袭着尚书仆射"与尚书分领诸曹"的旧文，⑥ 但是原来与左右仆射统曹相适应的，以殿中、祠部曹为首的尚书郎曹次第，完全被以吏部尚书所统诸曹为首的新次第取代了。

《隋书·百官志》对南朝陈尚书省之制记载甚略，大约其

① 《隋书》卷二六《百官志上》，第810页。
② 《隋书》卷一一《礼仪志六》，第238页。
③ 《隋书》卷二六《百官志上》、卷一一《礼仪志六》，第823、240页。
④ （南朝齐）王俭：《储渊碑文》，（南朝梁）萧统选编，（唐）吕延济等注《日本足利学校藏宋刊明州本六臣注文选》卷五八，叶3541，人民文学出版社，2014，第886页。
⑤ 祝总斌：《两汉魏晋南北朝宰相制度研究》，第184页。
⑥ 《隋书》卷二六《百官志上》，第801页。此表述目前最早见载于（南朝宋）荀钦明《宋百官阶次》："尚书仆射，胜右减左，望在二者之间。仆射职为执法，置二则曰左、右执法。又与列曹尚书分领诸曹郎。令阙，则左仆射为省主。自东晋以来，祠部尚书多不置，以右仆射主之。若左、右仆射并阙，则置尚书仆射以掌左事，置祠部尚书以掌右事。"（唐）李林甫等：《唐六典》卷一《尚书都省》，第7页。

与南朝梁制相似。① 不过，《陈书》载武帝永定元年（557）
"立删定郎，治定律令"。此即《隋书·刑法志》所载，陈武
帝即位后，"稍求得梁时明法吏，令与尚书删定郎范泉参定律
令。又敕尚书仆射沈钦、吏部尚书徐陵、兼尚书左丞宗元饶、
兼尚书左丞贺朗参知其事，制《律》三十卷，《令律》四十
卷"。② 如表 2-3、表 2-4 所示，置删定曹为南朝通制，为何
陈初又重立删定郎？

胡三省注《资治通鉴》，围绕中书、尚书省政务关系，对
此事做出解释："齐梁亦皆置之，以删定律令。陈受梁禅，政
事皆由中书省，置二十一局，各当尚书诸曹，总国机要，尚书
惟听受而已，特置删定郎以治律令。"③ 但此说未能释惑。

首先，陈尚书置"郎二十一员"，虽与中书省"置二十一
局，各当尚书诸曹"相吻合，但实际可能两者并非一一对应。
如《南史·沈客卿传》载，中书舍人兼掌金帛局，总督尚书金
部、仓部郎曹。④ 既然郎曹与中书局并非对应，"特置"就无
从谈起。

其次，梁制尚书郎员额与郎曹一一对应，明著于史文。但
陈朝尚书郎曹与尚书郎之间，是否有曹存而郎无的情况，不得
而知。从陈初"立删定郎"与前引宋元嘉"增删定曹郎"之

---

① 《隋书》卷二六《百官志上》载，"陈承梁，皆循其制官……定《令》，
　尚书置五员，郎二十一员，其余并遵守梁制"（第 822 页），未载其尚书
　郎职名及其分曹情况。
② 《陈书》卷二《高祖纪下》，永定元年十月癸未条，中华书局，2021，第
　38 页；《隋书》卷二五《刑法志》，第 778 页。
③ （元）胡三省：《通鉴释文辩误》卷七，《资治通鉴》附录，第 103 页。
④ 《南史》卷七七《恩幸·沈客卿传》，中华书局，2023，第 2095 页。参见
　陈琳国《魏晋南北朝政治制度研究》，文津出版社，1994，第 56—57 页。

间文字的细微差别来看，这种可能性是存在的，并且是对西晋
尚书郎少于郎曹数，"更相统摄"制度的承袭。

最后，范泉于永定元年以删定郎而参定律令，但修成时间
不详。学者通常据《隋书·刑法志》将陈律令颁布时间定为
陈武帝朝，① 这是错误的。

《陈书·沈洙传》载，"梁代旧律，测囚之法，日一上，
起自晡鼓，尽于二更。及比部郎范泉删定律令，以旧法测立时
久，非人所堪，分其刻数，日再上。廷尉以为新制过轻，请集
八座丞郎"等"会尚书省详议。时高宗（即宣帝）录尚书，
集众议之"。议定之后，左丞宗元饶"牒请写还删定曹详改前
制"。② 此事发生时，范泉职衔已是比部郎，但仍负责删定律
令，故知集议在颁律之前。据陈宣帝经历，可知集议发生在废
帝天康元年（566）五月至光大二年（568）正月。这与《隋
书·刑法志》中沈钦、徐陵的官职，任命于天康元年五月废帝
即位之后，③ 以及两条记载中宗元饶的职衔是相符的。④ 可知
《隋书·刑法志》"又敕"的主语实为废帝，史志或许是有意
省略之，从而模糊了陈朝律令的颁行时间。

与此同时，由"删定曹详改前制"可知，律令删改本是
删定曹职掌，但却由"比部郎范泉"负责。其中隐藏着废帝

① 乔伟：《中国法制通史》第 3 卷《魏晋南北朝》，中国法制出版社，
2021，第 395 页；周建渝：《徐陵年谱汇考》，范子烨编《中古作家年谱
汇考辑要》卷 3，世界图书出版公司，2014，第 325 页。
② 《陈书》卷三三《儒林·沈洙传》，第 494—496 页。
③ 《陈书》卷四《废帝纪》，天康元年五月庚寅、丁酉条，光大二年正月己
亥条，第 73—74、76 页。参见顾吉辰《〈隋书·刑法志〉考异》，《历史
文献研究》北京新 3 辑，北京燕山出版社，1992，第 233 页。
④ 《陈书》卷二九《宗元饶传》，第 433 页。

时删定曹未置郎的可能，亦是前论"更相统摄"之证。可见，南朝虽常置删定曹，却不常置删定郎，故有陈初重立删定郎之说。

综括言之，本节所论梁、陈尚书省机构的变化，与南朝尚书上、下省分置以后，上省地位的上升有关。仆射作为上省副贰与郎曹的关系渐渐疏远，而同处下省的尚书，作为统郎长官，与郎曹的关系渐渐密切，[1] 以至于尚书郎曹次第不再考虑仆射的因素，而径自以尚书次第及其所统郎曹的次第为准。[2]

魏晋南朝尚书体制发展的上述新变化，首先伴随着王肃北奔而使"南朝前期发展之文物制度转输于北朝以开太和时代之新文化"。[3] 稍后，南朝后期的新因素也几乎同步影响着北朝太和以降的制度发展。如梁中书监为十五班，位在尚书右仆

---

[1]　祝总斌认为，尚书台（省）分为上、下两个机构，是在其成为宰相机构后，事务逐渐繁杂、人员往来频繁的情况下出现的。尚书上省由尚书都坐（都堂）及其附属机构组成，人员有尚书令、仆射、左右丞等，是宰相机构的主体部分。下省（晋称尚书下舍，南朝以后称下省，又出现"尚书上省"之名）包括尚书曹及尚书郎以下，具体执行各项政务，亦可径称尚书省。他还注意到晋以后尚书令、仆射与诸尚书、丞、郎的关系，和汉代宰相与其府属僚佐之间的"君臣"关系很不相同。这说明诸曹尚书并不是令、仆的掾属，虽受其监督，但与其乃同僚，故他们可以共同构成"八座"。而且在处理日常政务时，尚书也具有很强独立性。参见氏著《两汉魏晋南北朝宰相制度研究》，第191—196、209—212、154—155页。

[2]　如前所述，南朝梁尚书郎曹已不再沿袭旧制自成一系，而是按照尚书次第而将尚书所统之郎曹依次排列。故删定在比部之前（表2-4）。但范泉在南朝陈却是先任删定郎，后为比部郎，或许沿袭旧制而来的郎曹次第（表2-1）对郎官迁转的影响力，至陈仍存在。唐宋以六尚书次第作为郎官迁转顺序的前中后行体制，可能并非源于南朝。当然，这一看法有待于更细致的研究来验证。

[3]　陈寅恪：《隋唐制度渊源略论稿》，第15页。

射之后，中书令、侍中虽分列十三班（列曹尚书亦在此班而靠后）和十二班之首，但低于吏部尚书（十四班）。陈朝除提升尚书令官品以及令、仆印绶级别外，还将中书监（二品）、中书令和侍中（三品）班位升至本品之首，分别位于尚书左右仆射（二品）和吏部及列曹尚书（三品）之前，并将监、令印绶由铜印墨绶改为银章青绶。至北齐河清中，三省官品仍从南朝梁制，尚书令降至正二品，中书监令和侍中在吏部尚书之下、列曹尚书之上，均为第三品。不过，北齐还是吸纳了陈新因素，如保留了尚书令、仆射金印紫绶和中书监令银印青绶之制。①

南北制度的持续交融，② 为隋唐尚书体制的调整和稳定积累了经验，最终奠定了唐代尚书省内诸司以头司与子司相区分的"故事，以兵、吏及左右司为前行，刑、户为中行，工、礼为后行。每行各管四司，而以本行名为头司，余为子司"。③

---

① 《隋书》卷二六《百官志上》、卷二七《百官志中》、卷一一《礼仪志六》，第 810、823、851—852、241、261 页。有关北魏北齐尚书省机构的其他变化，见第五章。

② 受陈寅恪的影响，南朝制度文化影响北朝早已成为学界通行的叙述模式，但也有学者注意到制度反向影响的现象。梁天监官制的颁行晚于魏太和二十三年官制，两者之间存在相似的制度因子，但这些因子如何相互影响，或者在各自制度理路下独立发展的结果，目前学界尚无定论，但确实是值得关注的方向。参见牟发松《南、北朝在制度文化上的相互影响略论》，郑州大学历史学院编《高敏先生八十华诞纪念文集》，线装书局，2006，收入氏著《汉唐历史变迁中的社会与国家》，上海人民出版社，2011，第 508—519 页；牟发松《从南北朝到隋唐——唐代的南朝化倾向再论》，《南京晓庄学院学报》2007 年第 4 期，第 17—24 页；张旭华《再论梁官品不分正、从、上、下——阎步克〈品位与职位〉读后》，氏著《魏晋南北朝官制论集》，大象出版社，2011，第 17—42 页。

③ （宋）王溥：《唐会要》卷五七《尚书省诸司上·尚书省分行次第》，第1159 页。

小　结

通过本章的论述可知，魏晋南北朝时期，尚书机构的发展主要表现在郎曹的分置与省并中。新的、稳定的尚书曹与尚书郎曹之间的统属关系，正是在这种变动中逐步形成的。当然，上述变化的着眼点主要在尚书组织内部，是尚书台（省）在朝着成为外朝宰相机构发展的过程中，不断调整自身结构的结果。

尚书郎曹次第的变化、新尚书统郎机制的确立，以及吏户礼兵刑工六部格局的定型，是尚书省内部分工走向合理化的标志，也是中古国家政务分类标准整合完成的标志。[1]

因此，对尚书郎曹次第调整的解读，不能仅停留在机构排名顺序的先后上，而且要看到其背后所蕴含的国家政务重心的转移。这正是中古国家行政体制转型的核心内容，也是尚书省六部二十四司体制确立的基础。

最后，笔者想指出的是，南朝后期改制虽然凸显了机构色彩，但尚未完成从职官印向官署印的过渡，[2] 因此当时三省皆无官署印（如尚书省印），而仅有部分职官得以用职官印行事。

据南朝通行印绶制度，尚书机构中，尚书令、仆射与左右丞有印绶，而尚书、尚书郎皆无印绶。中书、门下两省官中，仅中书监、令有印。[3] 如齐梁、梁陈禅代之际，萧衍、陈霸先

---

① 　拙著《唐代司法政务运行机制及演变研究》，第 19—27 页。

② 　孙慰祖：《隋唐官印体制的形成及主要表现》，《东方艺术》2015 年第 4 期，第 8—47 页。

③ 　《宋书》卷一八《礼志五》，第 554、556—557 页；《隋书》卷一一《礼仪志六》，第 240—241、243、244 页。参孙正军《也说〈隋书〉所记梁代印绶冠服制度的史源问题》，《中华文史论丛》2011 年第 1 期，第 152 页。

以相国总百揆，诏书皆有"上所假节、侍中貂蝉、中书监印（或'印章'）"等语，① 可为证。宋元嘉大蒐礼，"正直侍郎负玺，通事令史带龟印中书之印"，② 亦与此相符。

虽然《通典》在两晋尚书分曹后注曰："皆铜印墨绶，进贤两梁冠，纳言帻，绛朝服，佩水苍玉。"③ 但这一记载既与《宋书》《隋书》所载不同，又不见于《晋书》。《唐六典》引"《晋令》：'吏部尚书五时朝服，纳言帻，进贤两梁冠，佩水苍玉，乘轺车皂轮'"，④ 与《通典》略同，但并未载印绶制度。故知《通典》尚书"皆铜印墨绶"，应源自杜佑汇抄史志时的误植，不足为据。

承袭自北魏的北齐印绶制度，以官品为准，二品以上金章紫绶，三品银章青绶，但"三品已上，凡是五省官及中侍中省，皆为印，不为章"。以上即包括尚书令、仆及诸尚书，中书监、令和侍中。四品以下，则以应"得印者"始有之，如"佐官唯公府长史、尚书二丞，给印绶"。"六品已下，九品已上，唯当曹为官长者给印。余自非长官，虽位尊，并不给。"⑤

可见，北朝三省同样没有官署印，而官员给印范围，较南朝有所扩大，包括了诸曹尚书和侍中。至于"不为官长"的尚书郎，虽然不在北朝给印范围，但当时已经有郎中在工作中使用印记，以与尚书印记相配合的记载。如北魏孝明帝正光四

---

① 《梁书》卷一《武帝纪上》，第 20 页；《陈书》卷一《高祖纪上》，第 21 页。晋宋之际，刘裕以相国总百揆时，所上假节、印绶等物中，仅有"侍中貂蝉"，亦可为证。《宋书》卷二《武帝纪中》，第 42、53 页。
② 《宋书》卷一四《礼志一》，第 399 页。
③ （唐）杜佑：《通典》卷二二《职官四·历代尚书（八座附）》，第 602 页。
④ （唐）李林甫等：《唐六典》卷二《尚书吏部》，第 26 页。
⑤ 《隋书》卷一一《礼仪志六》，第 261—262 页。

年（523），萧宝夤建议百官考课"经奏之后，考功曹别书于黄纸、油帛。一通则本曹尚书与令、仆印署，留于门下；一通则以侍中、黄门印署，掌在尚书"。诏付外博议而"竟无所定"。大体同时，卢同也表"请遣一都令史与令、仆省事各一人，总集吏部、中兵二局勋簿，对勾奏按。若名级相应者，即于黄素楷书大字，具件阶级数，令本曹尚书以朱印印之。明造两通，一关吏部，一留兵局，与奏按对掌"。他还主张改变"吏部加阶之后，簿不注记"造成的混乱局面，建议"自今叙阶之后，名簿具注加补日月，尚书印记，然后付曹。郎中别作抄目，印记一如尚书，郎中自掌，递代相付"。诏从之。①

　　由于印制落后于官制发展，所以尽管"门下型诏书"始于东晋，并在南朝得到制度化，② 但迟至北齐，常行诏敕犹用"皇帝行玺"。③ 至隋开皇定令，始改"常行诏敕，则用内史、门下印"，④ 说明三省机构置印，应始于隋初。至此，官署印最终取代职官印，完成了中古官印体制的转型。

---

① 《魏书》卷五九《萧宝夤传》、卷七六《卢同传》，中华书局，2017，第1442、1818—1819 页；《北史》卷二九《萧宝夤传》、卷三〇《卢同传》，中华书局，1974，第 1054、1095—1096 页。

② 祝总斌：《两汉魏晋南北朝宰相制度研究》，第 250—255 页；王策：《金鸡梁所出木牍、封检及相关问题研究》，博士学位论文，兰州大学，2011，第 116—143 页。

③ 皇帝行玺也用于对任命高级官吏的封板进行玺封，见周文俊《信物、凭证与文书：试释两晋南朝的朝廷授官用"板"》，《中国文化》2020 年第 1 期，第 249—250 页。参见本书第八章对拜官板的讨论。

④ 《隋书》卷一一《礼仪志六》、卷一二《礼仪志七》，第 259、279 页。唐代敕书钤"中书省印"，见雷闻《从 S.11287 看唐代论事敕书的成立过程》，荣新江主编《唐研究》第 1 卷，北京大学出版社，1995，收入氏著《官文书与唐代政务运行研究》，第 29—40 页。

第三章　六部生成史的个案研究（上）：
尚书刑部成立的早期因素

魏晋以后，尚书机构的发展主要表现在郎曹的分置与省并中。在分分合合的混乱表象之下，隐藏的是尚书郎曹次第的变化、新尚书统郎机制的确立，以及吏户礼兵刑工六部格局的出现与定型，是尚书省内部分工走向合理化的制度内在发展理路。

尚书省六部体制，基本确立于隋朝，但并非制度自然演变的结果。众所周知，在西魏、北周政治精英集团的努力下，仿照《周礼》而建立的六官体制维持了 20 余年。其间，又因北齐灭亡，以尚书省为代表的中枢体制在中古中国北方政权内部的制度发展历程，被彻底中断了数年之久。

隋朝建立之初，便改北周六官，恢复前代台省之名，并于开皇二年（582）颁布新令（《开皇令》），[①] 正式确立尚书省六尚书二十四司体制。尽管这一制度被标榜为汉制，[②] 但实际上，其中仅有分置三十六尚书侍郎（即尚书郎）或可称为是对汉制的模仿。至于隋初尚书郎曹之制，其实是将北周末年六

---

① （宋）王应麟：《玉海》卷六五《诏令·律令上》，开皇"二年七月甲午，行新令"，清光绪九年浙江书局本，广陵书社，2016，第 1275 页。

② 尚书省"凡三十六侍郎，分司曹务，直宿禁省，如汉之制"。《隋书》卷二八《百官志下》，第 864 页。

官体制中六府二十四司的新组织架构，加诸北魏、北齐尚书省的制度实践之上而形成的。此后不久，隋文帝于开皇三年（583）"改度支尚书为户（民）部尚书，都官尚书为刑部尚书"，并将尚书诸曹侍郎由正六品"加为从五品"，开皇六年，二十四司各置员外郎一人，① 由此奠定隋唐尚书省的基本结构。

尚书省六部体制的确立，是中古时期政务运行机制演变的重要节点。一方面，它是魏晋南北朝以后尚书台（省）在成为宰相机构以后种种制度创新和实践的集大成者；另一方面，它又推动着三省制的确立。这一制度转型，根源于中国古代简纸更替所带来的国家形态、权力结构和政务信息传递模式等方面的变革。②

如绪言所论，尽管学界围绕尚书省的发展和六部的产生，已取得较为丰富的研究成果，但在一些关键问题上，仍有待进一步揭示。开皇三年改都官尚书为刑部尚书的背景，以及刑部四司（刑部、都官、比部、司门）体制演变的过程，③ 就是其中比较重要和有意思的问题。

为了回应唐玄宗"听政之暇，错综古今。法以周官，作为

---

① 至大业三年，尚书六曹各置侍郎一人，"以贰尚书之职"。此前的二十四曹侍郎并改为郎。《隋书》卷二八《百官志下》，第 882—884 页。

② 〔日〕富谷至：《木简竹简述说的古代中国——书写材料的文化史》（增补新版）第六章"由汉到晋——由简版到纸"，刘恒武译，中西书局，2021，第 178—182 页；张荣强：《简纸更替与中国古代基层统治重心的上移》，《中国社会科学》2019 年第 9 期，第 180—203 页。

③ 《通典》卷二三《职官五·户部尚书》载："开皇三年，改度支为民部，统度支、民部、金部、仓部四曹，国家修《隋志》，谓之户部，盖以庙讳故也。"又载："开皇三年，改都官为刑部尚书，统都官、刑部、比部、司门四曹。"（第 636、644 页）这与早就形成的头司与本曹尚书名一致的体制是不符合的，应误。

唐典。览其本末，千载一朝"的要求，①《唐六典》的编纂者较早注意到上述问题，并做出了回答。该书叙刑部尚书渊源曰：

> 周之秋官卿也。汉成帝始置三公曹，主断狱事。后汉以三公曹掌天下岁尽集课事，又以二千石曹主中都官水火、盗贼、辞讼、罪法事。晋初，依汉置三公尚书，掌刑狱；太康中，省三公尚书，以吏部尚书兼领刑狱。宋始置都官尚书，掌京师非违得失事，兼掌刑狱。齐、梁、陈、后魏、北齐皆置都官尚书。后周依《周官》，置大司寇卿一人。隋初曰都官尚书，开皇三年改为刑部，皇朝因之。②

复叙刑部郎中渊源曰：

> 《周礼》大司寇属官有士师下大夫，盖郎中之任也。后汉有二千石曹尚书，掌刑法，因立二千石郎曹。魏、晋、宋、齐并以三公郎曹掌刑狱，置郎中各一人；梁、陈因为侍郎。后魏、北齐三公郎中各置二人。后周秋官府有小刑部下大夫一人。隋初省三公曹，置刑部郎曹，掌刑法，置侍郎一人；炀帝除"侍"，又改为宪部郎，皇朝因之。武德三年改曰刑部郎中。③

---

① 会昌六年（846），太常博士顾德章奏议引玄宗《定〈开元六典〉敕》，《旧唐书》卷二六《礼仪志六》，中华书局，1975，第988页。参见刘后滨《〈唐六典〉的性质与制度描述方式》，《中国社会科学报》2020年4月13日，第6版，收入氏著《唐代中书门下体制研究：公文形态、政务运行与制度变迁》（增订版），"代序"，第1—9页。
② （唐）李林甫等：《唐六典》卷六《尚书刑部》，第179页。参见（唐）杜佑《通典》卷二三《职官五·刑部尚书》，第644页。
③ （唐）李林甫等：《唐六典》卷六《尚书刑部》，第180页。

　　唐人从尚书曹和郎曹两个层面大致勾勒出"三公曹尚书/吏部尚书（汉晋）—都官尚书（南朝宋齐梁陈及北魏北齐、隋）—刑部尚书（隋唐）"和"二千石郎曹（汉）—三公郎曹（魏晋、南朝宋齐梁陈及北魏、北齐）—刑部郎曹（隋唐）"的尚书刑部生成史的线索。上述制度史线索，影响较大，[①] 但问题不少。其中比较明显的不足在于，《唐六典》的编纂者未能打通郎曹职能与尚书曹统郎两个层面的发展变化，并做出详细论证。

　　如前所论，尚书郎曹出现在魏青龙二年之前。新置郎曹突破了东汉一尚书曹有六郎、分工以尚书为中心的机制，由此造成郎曹独立性加强，自成系统，未能与尚书曹之间形成稳定的统属关系。这一状况一直到南朝宋末年才得以改变，并被《宋书·百官志》所记载。然而该书只是留下了当时尚书郎分曹情况，并未详述其职掌，仅简单提及："以三公、比部主法制，度支主筭……都官主军事、刑狱。其余曹所掌，各如其名。"[②]

　　应该说，把刘宋"主法制"的三公、比部郎曹和"主军事、刑狱"的都官郎曹，视作隋唐刑部郎曹的早期渊源是没有问题的。但是，这些记载形成于何时？简单的"法制""刑狱"词语背后，又对应着什么样的政务内容？从都官郎曹出现的 3 世纪前期到都官尚书出现的 5 世纪初，其间发生了哪些变化？对于这些问题，目前研究并不充分。以下试述之。

---

① 　如张春海指出，《通典》《文献通考》等书，近现代学者陈顾远、陈灵海等均承《唐六典》之说。见氏著《从三公到刑部：论隋唐刑部的形成》，《南京大学法律评论》2016 年春季卷，第 97 页。

② 　《宋书》卷三九《百官志上》，第 1341 页。

一 汉晋间三公尚书的兴废与兼领刑狱的吏部尚书

如唐人所注意到的，西汉时曾短暂设置"主断狱事"的三公曹尚书。其职掌不久即并入二千石曹尚书。东汉初年，光武帝又从尚书二千石曹中重新分出三公曹，使之"典三公文书"。此后不久，随着常侍曹改名为吏曹（"典选举斋祀"），尚书机构分曹标准也从文书的外部属性（上书者身份分类）转换为内生属性（政务信息分类）：三公曹改"典天下岁尽集课事"（吏曹初从属于三公曹，对应三公府东曹，灵帝后始独立为曹），而"掌中都官水火、盗贼、辞讼、罪眚"的二千石曹仍主掌断狱事（其职掌对应于三公府"主辞讼"的辞曹、"主盗贼事"的贼曹、"主罪法事"的决曹）。①

魏晋以后，尚书曹的分置与新出现的尚书郎曹一样，频繁变化。现存史志诸书所载，亦非当时尚书曹设置之全貌。魏晋之时尚书曹与郎曹之间的歧异，已见前章。本章则关注汉晋之间三公尚书废置省并的影响。若从尚书机构分工重心转移来看，东汉"典天下岁尽集课事"的三公曹尚书消失后，曹魏以降，相应文书一般由尚书考功郎（功论郎）负责。故《唐

---

① 汉三公府有法曹"主邮驿科程事"，郡亦有法曹，职掌同于公府法曹。这与隋唐府州法曹或司法参军事所掌不同。参见俞鹿年《中国官制大辞典》，黑龙江人民出版社，1992，第691—692页。汉代法曹之名当自"科、程"而来。姜亮夫解"程"字曰：因禾有秒（禾芒），律数十二秒为一分，十分为寸。故诸程品皆从"禾"。《荀子·致士》："程者物之准也。"注曰："度量之总名也。"引申为法，如《诗·小旻》："匪先民是程。"见《姜亮夫全集》第2册《楚辞通故》第2辑，云南人民出版社，2002，第416页。

六典》叙考功郎中来历，则曰："《汉官仪》：'曹郎（引者按：应是三公曹尚书）二人，掌天下岁尽集课。'魏尚书郎曹有考功郎中一人。宋、齐并置功论郎中，梁有功论侍郎，并考功郎中之任也。"①

---

① （唐）李林甫等：《唐六典》卷二《尚书吏部》，第 41、59 页。按，"梁有功论侍郎"，点校本"功"作"秩"，校勘记称"秩"字南宋本作"扶"，据正德本改。其实，此字不可据明本改。广池千九郎已指出，此字《职官分纪》引《六典》作"功"，其说可从。（唐）李隆基撰，（唐）李林甫注《大唐六典》，〔日〕广池千九郎校注，〔日〕内田智雄补订，三秦出版社据横山印刷株式会社 1973 年版影印，1991，第 44 页。"功""扶"互讹源于"工""扌"与"力""夫（失）"皆字形相近。前者如"巧"的异体字"扝"，后者例见司马光《乞改郊礼札子》"亦恐力所不支"，绍兴本"力"即作"失"，《司马光奏议》卷一九《校勘记》，王根林点校，山西人民出版社，1986，第 215 页。因此可知，唐人写本有作"梁有扶论侍郎"者，南宋本因之。至明人翻刻宋本，遂将"扶"改为"秩"，自以为文意可通。又，功论郎亦可能误作"工部郎"，见《梁书》卷四九《文学上·庾於陵传》载其"天监初，为建康狱平，迁尚书工部郎，待诏文德殿"（第 765 页），以及《周书》卷四二《柳霞传》载萧梁时，柳霞（遐）"起家平西邵陵王纶府法曹参军，仍转外兵，除尚书工部郎"（中华书局，2022，第 834 页）。参见彭丽华《唐代营缮事务管理体制研究》，博士学位论文，中国人民大学，2010，第 60 页。然而，据《南史》卷五〇《庾易传》附《庾於陵传》（第 1358 页）及《北史》卷七〇《柳遐传》（第 2441 页），两处皆应为"功论郎"。中华书局点校本《梁书》修订本卷四九《校勘记》（第 776 页）、《周书》修订本卷四二《校勘记》（第 842 页）已据前书指出，"工部郎"疑有讹误，应是"功论郎"。盖中古时期确实存在"功"和"工"混用不分的现象，如高虬隋任"工部侍郎"，而墓志刻作"功部侍郎"，又如敦煌写本《观心论》"智慧为功匠"，别本有作"工匠"者。而《宋书》百衲本载都官尚书领曹，"功论"即讹作"功部"，点校本已校改。故推测《梁书》《周书》与此相同，"功论"先讹作"功部"，手民遂又作"工部"。《高虬墓志》（仁寿元年，601），北京图书馆金石组编《北京图书馆藏中国历代石刻拓本汇编》第 9 册，中州古籍出版社，1997，第 137 页；拙文《法藏 P.4745V〈观心论〉写本残卷录校及研究》，《法音》2022 年第 6 期，第 27—31 页；《宋书》卷三九《百官志上》，第 1340、1348 页。

与此同时，魏晋南北朝尚书机构依然沿置三公郎曹。其职掌如何？略引晋以后史书的零散记载以说明之。

《晋书·礼志》载：

> 汉仪，太史每岁上其年历，先立春、立夏、大暑、立秋、立冬，常读五时令，皇帝所服，各随五时之色。帝升御坐，尚书令以下就席位，尚书三公郎以令置案上，奉以入，就席伏读讫，赐酒一卮。

> 魏氏常行其礼。魏明帝景初元年，通事白曰："前后但见读春夏秋冬四时令，至于服黄之时，独阙不读，今不解其故。"散骑常侍领太史令高堂隆以为"黄于五行，中央土也，王四季各十八日。土生于火，故于火用事之末服黄，三季则否。其令则随四时，不以五行为令也，是以服黄无令"。斯则魏氏不读大暑令也。

> 及晋受命，亦有其制。傅咸云："立秋一日，白路光于紫庭，白旂陈于玉阶。"然则其日旂路皆白也。成帝咸和五年六月丁未，有司奏读秋令。兼侍中散骑常侍荀奕、兼黄门侍郎散骑侍郎曹宇驳曰："尚书三公曹奏读秋令仪注，旧典未备。臣等参议光禄大夫臣华恒议，武皇帝以秋夏盛暑，常阙不读令，在春冬不废也。夫先王所以顺时读令者，盖后天而奉天时，正服尊严之所重。今服章多阙，加比热隆荼，臣等谓可如恒议，依故事阙如不读。"诏可。六年三月，有司奏："今月十六日立夏。今正服渐备……宜读夏令。"奏可。①

---

① 《晋书》卷一九《礼志上》，第 587—588 页。参见（唐）杜佑《通典》卷七〇《礼三〇·读时令》，第 1922—1923 页。

类似的文字也出现在更早之前成书的《宋书》中：

太史每岁上其年历。先立春、立夏、大暑、立秋、立冬，常读五时令。皇帝所服，各随五时之色。帝升御坐，尚书令以下就席位，尚书三公郎以令著录案上，奉以入，就席伏读讫，赐酒一卮。官有其注。傅咸曰："立秋一日，白路光于紫庭，白旂陈于玉阶。"然则其日旂、路皆白也。

晋成帝咸和五年六月丁未，有司奏读秋令。兼侍中散骑侍郎荀弈、兼黄门侍郎散骑侍郎曹宇驳曰："尚书三公曹奏读秋令仪注。新荒以来，旧典未备。臣等参议，光禄大夫臣华恒议，武皇帝以秋夏盛暑，常阙不读令，在春冬不废也。夫先王所以从时读令者，盖后天而奉天时。正服，尊严之所重，今服章多阙如。比热隆赫，臣等谓可如恒议，依故事阙而不读。"诏可。六年三月，有司奏："今月十六日立夏。案五年六月三十日门下驳，依武皇夏阙读令。今正服渐备，四时读令，是祗述天和隆赫之道。谓今故宜读夏令。"奏可。

宋文帝元嘉六年六月辛酉朔，驸马都尉奉朝请徐道娱上表曰："谨案晋博士曹弘之议，立秋御读令，上应着缃帻，遂改用素，相承至今。臣浅学管见，窃有惟疑。伏寻《礼记·月令》……无白冠则某履某舄也。且帻又非古服，出自后代。上附于冠，下不属衣。冠固不革，而帻岂容异色。愚谓应恒与冠同色，不宜随节变彩。土令在近，谨以上闻。如或可采，乞付外详议。"太学博士荀万秋议："伏寻帻非古者冠冕之服……汉元始用，众臣率从。故司马彪《舆服志》曰：'尚书帻名曰纳言。迎气五郊，各如其色，从章服也。'自兹相承，迄于有晋。大宋受命，礼制因循。斯既历代成准，谓宜仍旧。"有司奏："谨案道娱启事，以土令在近，谓帻不宜变。万秋虽云帻宜仍旧，而不明无读土令之文。今书旧事于左。《魏台杂访》曰：前后但见读春夏秋冬四时令，至于服黄之时，独阙不读。今不解其故。魏明帝景初元年十二月二十一日，散骑常侍领太史令高堂隆上言曰：'黄于五行，中央土也。王四季各十八日。土生于火，故于火用事之末服黄，三季则否。其令则随四时，不以五行为分也。是以服黄无令。'"其后，太祖（引者按：即文帝）常谓土令。①

自魏晋始，读五时令仪变动不常。如魏黄初元年（220）诏"每四时之季月，服黄十八日"，但"郊祀天地朝会四时之服，宜如汉制"。② 不过，虽有服黄之制，却在景初之前久已"服黄无令"，并"不读大暑令"。晋初虽然确立读五时令之制，但从晋武帝开始，便已从简，只于春冬读令，见华恒之

---

① 《宋书》卷一五《礼志二》，第 416—417 页。
② 《宋书》卷一四《礼志一》，第 356 页。据此，魏四时朝服以春青、夏朱、秋白、冬黑衣袍相区别。至晋代有朝服、四时朝服和五时朝服之别。朝服是以绛绯袍和皂缘中单衣为中心的一套冠服制度，四时朝服是在朝服基础上，增加绛绢、黄绯、青绯、皂绯的袍、单衣各一领，而五时朝服则是再增加白绢的袍、单衣各一领，从而搭配形成五种不同颜色的礼服套装。杨懿：《"五时朝服"、"绛朝服"与晋宋齐官制度——〈唐六典〉校勘记补正一则》，《中国典籍与文化》2014 年第 3 期，第 149—150 页。

议。东晋以降，人们对读秋令之仪已经不熟悉，常加讨论，[①]
因此留下了上述记载。

对比可知，《晋书·职官志》所载汉晋读时令仪变化，文
字多与《宋书·百官志》相同而有所删减，[②] 唯解释"魏氏不
读大暑令"一段，与宋人所引《魏台杂访》有所不同，显然
是别有史源而加"通事白曰"四字。

此外，在调整叙事顺序的同时，唐人又在"太史每岁上
其年历"之前，明确加上了"汉仪"（《通典》则改为"后汉
制"），以建立时代坐标。同理，"晋受命，亦有其制"一句，
也是唐人据傅咸之语而转述，用以标明时间，但皆未必准确。

《宋书·百官志》虽然将太史上年历系于"晋成帝咸和五
年六月丁未""宋文帝元嘉六年六月辛酉朔"纪事之前，但并未
标明其出处。所谓"官有其注"，只能表明《宋书》编纂者是据
当时礼仪事务机构所藏前代仪注而撰写此制，但不详其时代性。[③]

---

① 至于梁、陈、隋，史籍失载读时令之仪。北齐虽有读五时令制度，但具
体实施情况不详。唐初复修四时读令，至武周每月于明堂行告朔之礼，
后废。玄宗虽重修读五时令之礼（分为皇帝于明堂读时令、皇帝于太极
殿读五时令两目），但依礼文，明堂所读为十二月令（其中读季夏令仪
后附载读土令仪），太极殿所读为四时令，皆为刑部郎中之职。但这不
过是具文，实际自开元二十六年（738）起，每孟月于宣政殿行其礼时，
例由太常卿（或少卿）读之，岁余即罢。《隋书》卷九《礼仪志四》，
第 205 页；（唐）薛嵩等：《大唐开元礼》卷九九至一〇三，周佳等点
校，《总制之属》第 1 册，《中华礼藏·礼制卷》，浙江大学出版社，
2016，第 650—692 页；（宋）王溥：《唐会要》卷二六《读时令》，第 572
页；（唐）杜佑：《通典》卷七〇《礼三〇·读时令》，第 1923、1926 页。
② 闫宁：《中华书局本〈晋书·礼志〉〈宋书·礼志〉校勘献疑》，《古代
礼学礼制文献研究丛稿》，商务印书馆，2018，第 221 页。
③ 聂溦萌：《礼的运作：魏晋南北朝的仪注文书与礼典编纂》，《北京大学
学报》（哲学社会科学版）2023 年第 4 期，第 75 页。

黄桢指出，包括"读时令"在内的诸多条目，《宋书·百官志》并未过多言及这些礼制在东晋、刘宋的开展方式，而是以"官有其注"一笔带过，源于沈约等人认为这些材料见于当时常见的晋宋仪注。① 因此，也有学者认为此段文字来源于宋制或晋制，但亦无确证。②

在比较了《续汉书·百官志》与《宋书·百官志》编纂体例后，闫宁指出，《宋书·百官志》读时令相当于《续汉书·百官志》开篇合朔读令行政，但两志读时令位置迥异，显然与魏晋以后行礼实践有关。③ 不仅如此，东汉合朔读令是依月令而制仪："礼威仪，每月朔旦，太史上其月历，有司、侍郎、尚书见读其令，奉行其政。"④ 这与《晋书·职官志》所标"汉仪"明显不同。

为了弥合这一不同，清人黄山认为汉制初为按月读时令，"浸久递减……乃改为每岁上其年历"。但得出此结论的前提是，作者所引《宋书·礼志》载有"汉制，太史每岁上其年历"。⑤

---

① 黄桢：《〈宋书〉"百官志"、"礼志"的编纂及特质——从中古正史相关志书的演变说起》，《首都师范大学学报》（社会科学版）2018 年第 6 期，第 40、44 页。

② 清人汪士铎在叙述汉代以后读时令仪时，明确将太史上年历视作宋制。见氏著《南北史补志》卷一一，《二十五史补编》第 5 册，开明书店，1937，第 6376 页。张鹤泉将《宋书·百官志》所载读时令仪视作晋制，认为西晋将颁时令（在太极殿）与对五帝祭祀分离开来。这是接受王肃礼学的结果。但他又据"汉仪"将《晋书·职官志》所载仪制视为东汉制度，因此怀疑东汉已出现读时令与神事活动分离的趋势。见氏著《两晋南朝迎气祭祀礼考》，《南京晓庄学院学报》2017 年第 2 期，第 20 页。

③ 闫宁：《〈宋书·礼志〉编纂体例初探》，《古代礼学礼制文献研究丛稿》，第 174 页。

④ 《后汉书》志四《礼仪志上》，第 3101 页。

⑤ （清）王先谦撰，（清）黄山等校补《续汉志集解》卷四，《续修四库全书》第 273 册，第 515 页。

若非黄氏所据《宋书》之误，则应是他受《晋书·礼志》《通典》影响而加"汉制"，导致结论有偏差。无独有偶，宋人也有类似错误，如王应麟引《宋书·百官志》而加"汉仪"之语。①

回到《宋书·百官志》的记载，沈约引用晋人傅咸之语以揭示立秋"其日旗、路皆白"，恐怕不是为了解释南朝宋史家所熟悉的晋制，② 而应是引据晋初人的追述来解释魏制。因此，这句话之前的仪注，也应来源于魏制。这与前文推断明确的郎曹分置出现于曹魏的结论是一致的，也符合武周时，崔融认为读五时令始创于魏晋以后的看法。③ 由此可以推断，所谓"汉仪"，是初唐史家据己意增损史文的结果，不足为据。

魏晋之时，尚书三公郎中掌读时令，大概与东汉尚书三公曹的职能有关。三公曹尚书及所属尚书郎需要对全国的集课文书进行初步整理，因此必然要熟悉当时的律令规定。再者，汉代三公曹是尚书首曹，正在形成的律、令体系，④ 其文本也应集中保存在尚书三公曹。最后，汉人有"三公典调和阴阳"的思想，所以东汉颁布时令，⑤ 应有三公曹尚书所属的尚书郎参与其中。这样，曹魏初置郎曹，负责读时令的尚书郎便被称

---

① （宋）王应麟：《玉海》卷一二《律历·时令》，第 265 页。

② 尽管后来晋朝"止给四时朝服，阙秋服"，但晋以金德，色尚白，故沈约等人不应对前朝立秋旗、路之制完全不了解。《晋书》卷二五《舆服志》，第 772 页。

③ （宋）王溥：《唐会要》卷二六《读时令》，长安四年（704），司礼少卿崔融上表奏停元日读时令礼，第 571—572 页。

④ 孟彦弘：《秦汉法典体系的演变》，《历史研究》2005 年第 3 期，第 19—36 页。

⑤ 东汉"每春下宽大之诏，奉四时之令"，始于建武四年（28）侯霸为尚书令后的建议。至明帝永平二年（59），宗祀光武皇帝于明堂，以配五帝，并"班时令，敕群后"，以为故事。参见《后汉书》卷二六《侯霸传》、卷二《明帝纪》，永平二年正月辛未条，第 902、100 页。

为三公郎，这也被作为郎曹之名。但三公郎曹已非首曹，排位靠后（相对位置第 61 位）。[1]

如前所述，掌读五时令，是魏晋尚书三公郎的礼仪性职务。[2] 那么，究竟尚书三公郎曹如何参与国家日常政务的处理，仍需进一步探究。晋朝三公郎掌断狱，见于《石尠墓志》[刻于永嘉二年（308）]：

> 晋故尚书，征虏将军、幽州刺史，城阳简侯，乐陵厌次都乡清明里石尠，字处约，侍中、太尉、昌安元公第二子也。明识清远，有伦理刑断。少受赐官大中大夫、关中侯，除南阳王文学，太子洗马，尚书三公侍郎，情断大狱卅余条，于时内外，莫不归当。迁南阳王友，廷尉正，中书侍郎。时正直内省，值杨骏作逆，诏引尠式乾殿，在事正色，使诛伐不滥。拜大将军秦王长史，计勋酬功，进爵城阳乡侯。入补尚书吏部郎，疾病去职。[3]

石尠（246—307）官至诸卿、征虏将军（廷尉卿、征虏

---

① 从位置上看，曹魏三公郎曹次于仪曹，或许也是当时三公郎曹主要负责礼仪性事务的体现。按，相对位置=自身位置序数/总郎曹数×100。参见本书表 2-1 魏 A 列。

② 《宋书》卷一五《礼志二》，"三公郎每读时令，皇帝临轩，百僚备位，多震悚失常仪。宋唯世祖（孝武帝）世刘勰、太宗（明帝）世谢纬为三公郎，善于其事，人主及公卿并属目称叹"（第 417—418 页）。

③ 拓片见《北京图书馆藏中国历代石刻拓本汇编》第 2 册，第 73 页。录文见赵超《汉魏南北朝墓志汇编》（修订本），中华书局，2021，第 22—23 页。该书指出，志主即《晋书·怀帝纪》"前幽州刺史石尟"（第 117 页）。参王玉来《故宫博物院藏西晋石尠、石定墓志的出土时地与流传》，《中国国家博物馆馆刊》2015 年第 10 期，第 72—85 页。

皆三品），而墓志所重为其所任三公侍郎、[1] 吏部郎（六品），[2] 故首标"尚书"，[3] 以重内官。[4] 从"杨骏作逆"可知，石尠任职三公郎曹在晋武帝之世。而从其始任官"南阳王文学"，及后任官"南阳王友"，[5] 可将其任三公侍郎的时间确定为咸宁、太康年间。

---

[1]　徐坚等《初学记》卷一一《职官部·侍郎郎中员外郎》载："自汉以来，尚书诸曹郎中、侍郎，或不两置（或唯置郎中，或唯置侍郎，然二者亦通为尚书郎）。汉世两置，有郎中、侍郎。魏、晋、宋、齐、后魏、北齐唯有郎中。梁、陈两置，有郎中、侍郎（《五代史志》云：'梁尚书郎，初入台称郎中，功高者转为侍郎。陈氏依梁制。'按，前代郎中、侍郎两置者，侍郎，今郎中之任；郎中，即今员外郎之任。若唯置郎中，亦今郎中之任）。"（第 269 页）唐人说法不确，魏及西晋尚书台亦两置侍郎、郎中。如锺会"正始中，以为秘书郎，迁尚书、中书侍郎"。晋石尠先后任三公侍郎、吏部郎及"酒泉太守张镇潜引秦州刺史贾彧以代（张）轨，密使诣京师，请尚书侍郎曹祛为西平太守"，皆是其例。此外，南齐建元中，王志"征拜黄门侍郎，寻迁吏部侍郎"，胡鸿以为孤证，恐非是。《三国志》卷二八《魏志·锺会传》，第 784 页；《晋书》卷八六《张轨传》，第 2223 页；《梁书》卷二一《王志传》，第 357 页；胡鸿：《尚书侍郎复置与梁代政治文化》，赵世瑜主编《北大史学》第 25 辑，社会科学文献出版社，2023，第 139—168 页。

[2]　（唐）杜佑：《通典》卷三七《职官一九·秩品二》，第 1003—1004 页。

[3]　石尠生前未曾任尚书，且墓志仅载天子遣使护丧，未及赠官一事。可见，在下葬时并无赠官之事。故可排除志首"尚书"是赠官的可能。

[4]　尚书台官有"内官之重"，见宋元徽四年（476）司徒右长史王俭议，相关讨论见第八章。先标"尚书"记载方式先已见于今四川渠县冯焕阙铭"故尚书侍郎、河南京令、豫州幽州刺史冯使君神道"。此阙建于东汉安帝建光中（121—122）。不过，据其残碑所载经历，冯焕举孝"廉，除郎中，尚书侍（中缺）迁豫州刺史"。故神道阙应是据其历官而述，并非有意突出尚书之重。（宋）洪适：《隶释》卷一三《幽州刺史冯焕神道》《冯焕残碑》，《隶释　隶续》，第 145 页。

[5]　司马柬受封南阳王的时间为咸宁三年至太康十年（277—289）。参汪华龙《石尠墓志所见西晋政局与门第》，《澎湃新闻·上海书评》2020 年 7 月 22 日，https:∥www.thepaper.cn/newsDetail_forward_8365404，访问时间：2020 年 7 月 22 日。

在石勘之前任职三公郎曹的还有刘颂。《晋书·刘颂传》载其魏末因公事而被除名，"武帝践阼，拜尚书三公郎，典科律，申冤讼"。① 武帝即位之初，任命刘颂为三公郎时，② 特意强调由其"典科律，申冤讼"。史文的背后，可能隐含着魏晋之际三公郎职掌的变化。

变化的原因就在于，与曹魏相比，晋初依汉制设立三公尚书。且其所模仿者，并非东汉"典天下岁尽集课事"的三公曹尚书，而是西汉昙花一现的"主断狱事"的三公曹尚书。刘颂后来在平定杨骏之变时，屯卫殿中。其夜，受诏为三公尚书。不久，贾后借口楚王司马玮矫诏专杀大臣，将其下廷尉处斩时，刘颂又担任监刑尚书。③ 在三公尚书任上，除了上述临时性职务，刘颂也曾"上疏论律令事，为时论所美"，并且在上疏时自称"臣今备掌刑断"。④ 这些均可证明断狱是西晋三公尚书的日常职掌。

而且刘颂此次上疏，针对的是"近世以来，法渐多门，令甚不一"，以及惠帝初政以后，"上求尽善，则诸下牵文就

---

① 《晋书》卷四六《刘颂传》，第1293页。

② 泰始元年（265）十二月丙寅，晋武受禅，故刘颂被任命为三公郎的时间，更可能是在泰始二年（266）初或之后不久。《晋书》卷三《武帝纪》，第50页。

③ 《晋书》卷四六《刘颂传》："元康初，从淮南王允入朝。会诛杨骏，颂屯卫殿中，其夜，诏以颂为三公尚书。"（第1308页）《资治通鉴》卷八二，元康元年（291）三月辛卯、六月乙丑条，第2604、2611页。

④ 《晋书》卷四六《刘颂传》、卷三〇《刑法志》，第1308、935页。按，《刑法志》将刘颂上疏系于裴𬱟元康九年上表论刑法不定之后，故《资治通鉴》卷八三将此事追书于元康九年八月尚书裴𬱟迁尚书仆射之后（第2630—2631页）。实际上，刘颂上疏在元康元年汝南王司马亮辅政时（此人即为楚王司马玮矫诏所杀者之一），远早于裴𬱟上表。司马光撰《考异》已指出《晋书·刑法志》之误。

意，以赴主之所许，是以法不得全"的弊端。他提出的建议是，"宜立格为限，使主者守文，死生以之，不敢错思于成制之外"，"今限法曹郎令史，意有不同为驳，唯得论释法律，以正所断，不得援求诸外，论随时之宜，以明法官守局之分"，以此来减少法吏借"法律之内，所见不同，乃得为异议"而造成"事同议异，狱犴不平，有伤于法"的情况。

经过集议，汝南王司马亮奏以为"宜如（刘）颂所启，为永久之制"。于是门下属三公曰："既以立法，诚不宜复求法外小善也。若常以善夺法，则人逐善而不忌法，其害甚于无法也。案启事，欲令法令断一，事无二门，郎令史已下，应复出法驳案，随事以闻也"。①

这里提到的"法曹郎令史""郎令史"，即三公郎及其令史。他们负责在断案时拟出初步的判案意见，从而成为三公尚书"掌刑断"的基础。若其驳案出于法律之外，即便出于善意，也存在"不忌法"的弊端。

西晋三公尚书虽废置不常，② 但其"掌刑断"的职能应无

---

① 《晋书》卷三〇《刑法志》，第 935—938 页。

② 魏晋尚书曹废置情况，已详前引《宋书·百官志》《晋书·职官志》。太康以后，已不见三公尚书之名，但揆诸史传，仍有任职者，如刘颂，以及高光："元康中，拜尚书，典三公曹。时（永康二年，301）赵王伦篡逆，光于其际，守道全贞。及伦赐死，齐王冏辅政，复以光为廷尉，迁尚书。"《晋书》卷四一《高光传》、卷四《惠帝纪》，第 1198、97—98 页。而下引《华谭集·尚书二曹论》（吏部尚书、三公尚书）的发生时间也在太康中，说明当时亦有任职者。王素认为是《宋书·百官志》《晋书·职官志》失考三公尚书，并推测太康以后，并置左右仆射，以屯田为田曹，旋又改左民，仅省去客曹尚书，其他不变。见氏著《三省制略论》，第 12—13 页。但《宋书·百官志》《晋书·职官志》并未明言"太康中，省三公尚书"。此句出自《唐六典》（引文见前），但这是唐人在《宋书·百官志》《晋书·职官志》基础上形成的叙事文本，并

变化。故惠帝在决意除掉杨骏的当晚，让刘颂屯卫殿中，却任命其为三公尚书，而非殿中尚书，可能意在复置三公尚书，以应对即将到来的狱案繁多的局面。当然，这是后话。那么，究竟晋初新置三公尚书，对三公郎曹有何影响？

其影响体现在三公郎曹位次显著提前上。对照表 2-1 魏 A 列和西晋 C 列可知，晋初三公郎曹顺序由曹魏时第 14 位提升至第 6 位（相对位置由第 61 位提升至第 18 位），位于吏部郎曹之下。虽然尚无确证，但郎曹次第的变化，或许与当时尚书台政务的重心或郎曹职务繁简的调整有关。

以第二章所述晋初废"农部、定课（科）"郎曹为例，前者的消失与魏晋之际典农部（屯田官典农中郎将、都尉所领）废为郡县有关。① 而魏之定科郎曹，掌"典定科令"，恰好对应西晋之初"典科律"的三公郎曹。

考虑到汉晋之际尚书机构的发展，可推知晋初三公郎曹"典科律，申冤讼"的职掌并不是直接从曹魏继承而来，而是源于西晋将定科郎曹之职并入三公郎曹，② 并增加"掌刑断"

不准确。《宋书·百官志》所谓太康中六尚书之制，亦是一时权制，或行于武帝末至惠帝初。因此，至惠帝诛杨骏时，便复置三公尚书。大概到增设右民尚书之时，所省之曹才是三公尚书。虽然不详其时间，但此后未见复置。

① 唐长孺：《西晋田制试释》，氏著《魏晋南北朝史论丛》（初版 1955 年），中华书局，2011，第 34—40 页；〔日〕西嶋定生：《中国经济史研究》（日文版 1966 年），冯佐哲等合译，农业出版社，1984，第 227—243 页。

② 王素注意到，西晋除罢农部、定科之外，所省郎曹还有考功。但他主张史籍既不载考功之废，故西晋郎曹之中的车部必然是考功之误。对此，第二章已予以辨析。在此，或可进一步推测，考功郎曹的废止，可能也与三公郎曹的职掌变化有关，即随着晋初复置三公尚书，东汉三公曹尚书所掌"集课"之职，也开始由三公郎曹兼掌，从而导致考功郎被省。

或"申冤讼"的职能。职掌的增加，是三公郎曹位次提前的原因（也可能是反因为果，即位次提前，必须使它为增加职能而兼并他曹）。

虽然吏部、三公郎曹位次相邻，但由于当时并置吏部、三公尚书，所以可以肯定的是，吏部、三公郎曹必然分属于本曹尚书。之所以吏部和三公曹（包括尚书曹及郎曹）被调整在一起，很可能与东汉吏曹尚书一度从属于三公曹尚书的渊源有关。

不过，随着东汉中后期选官政务重要性的提升，从曹魏起，吏部尚书成为尚书首曹。西晋虽然重设三公尚书，却未动摇吏部作为尚书首曹的地位。但这仍引发时人对于两曹重要性的争论。《华谭集·尚书二曹论》载：

> 刘道真问薛令长在吴何作，[①] 答曰："为吏部尚书。"
> 问曰："吴待吏部，何如余曹？"答曰："并通高选，吏部特一时之俊。"刘曰："晋魏以来俱尔。独谓汉氏重贼曹为是，吴晋重吏部为非。"薛君曰："八座秩同班等，其选并清，宜同一揆。若人才或多或少，[②] 选例难精。如不得已，吏部职掌人物，人物难明，谓吴晋为得。而君何是古而非今？"刘难曰："今吏部非为能刊虚名、举沈朴者，故录以成人，位处三署，听曹探乡论而用之耳，无烦乎聪明。贼曹职典刑狱，刑狱难精，是以欲重

---

① 此句《北堂书钞》作："刘道真弘阳开举，才识高妙，一代名俊。昔与梁相薛令长往见之，问曰：'薛君在吴何官？'"
② "其选并清"以下，《北堂书钞》作："选望宜同。百揆以先，廊庙不足。偏有所重，盖人才或多或少。"语意稍胜。

之。"①答曰："今之贼曹，不能听声观色以别真伪，县不能断谳之尚书也。夫在狱者率小人，在朝者率君子。小人易检，君子难精。俱不得已，吏部宜重，贼曹宜轻也。"②

薛令长，名兼，丹杨人，史载其"清素有器宇，少与同郡纪瞻、广陵闵鸿、吴郡顾荣、会稽贺循齐名，号为'五俊'。初入洛，司空张华见而奇之，曰：'皆南金也。'察河南孝廉，辟公府，除比阳相，莅任有能名。历太子洗马、散骑常侍、怀令。司空、东海王越引为参军"。③

对照《北堂书钞》可知，《通典》所载为删减后的文本，且误以为"薛君"指薛令长本人。实则薛兼未尝仕吴，所谓"薛君""为吏部尚书"之语，指其父薛莹为孙皓选曹尚书。④

《尚书二曹论》所载故事发生时，薛兼所任官为国相（有梁相、比阳相之不同），但具体任职时间不详，顾江龙以为在

---

① "举沈朴"至"而用之耳"，《北堂书钞》作："举沈朴，部盎石而名未齿也。故录已成之人，位处三曹，署所（应作'听曹'）采乡誉而用之者也。""故录以成人"以下，同书又作："故录成人耳。然人有精粗，而事有难易，在于朝野者率君子难精择，吏部实为宜重者也。"与《通典》文本相比，各有优劣。

② （唐）杜佑：《通典》卷二三《职官五·吏部尚书》，第643—644页。参校以（唐）虞世南《北堂书钞》卷六〇《设官部一二·吏部尚书》掌人物、位处三曹、吏部宜重、刊虚名举沈朴、一时之俊条，《续修四库全书》第1212册，第282—284页。

③ 《晋书》卷六八《薛兼传》，第1832页。参见（唐）许嵩《建康实录》卷六，太宁元年（323）十月条，孟昭庚等点校，上海古籍出版社，1987，第113页。

④ 《三国志》卷五三《吴书·薛综传》附《薛莹传》，第1254—1256页。

晋惠帝世。[1] 这个推论的依据是同为"五俊"的纪瞻于惠帝时入洛，且历任公国相，以及张华称誉五人"皆南金"时的官衔。

不过，史传中涉及"司空张华"的叙事，多系追书。而"五俊"之中，顾荣和陆机兄弟于太康十年（289）同入洛，纪瞻元康七年（297）始举秀才入洛，并非同时。[2] 张华对五人的评价，若发生在元康七年或稍后某一次六人皆在场的聚会上，确与他元康六年始任司空相符，但却与薛兼经历不甚吻合。

因为从这时起，到薛兼担任司马越司空参军（永康至太安年间，300—303），[3] 不过数年，难以涵盖他举孝廉以后的经历。因此，被系于薛兼初入洛的"皆南金也"一句，与"司空"一样，是史家追书。

综上，需要重新推断薛兼入洛时间。考虑薛莹在吴平之后随即仕晋，太康三年去世，故薛兼入洛及"察河南孝廉"均应在其父去世之前。由此推知，他任职国相也应在太康年间，而不会晚至惠帝世。

此时，晋置梁王国（治今河南商丘）和比阳公国（治今河南泌阳，时属南阳王国），国皆设相。[4] 由于太康末始"改诸王国相为内史"，[5] 以别于公国相，时在薛兼任相之后，所以无法据此判断。不过，依常理推断，薛兼不应先任郡官（梁

---

①　顾江龙：《晋武帝"罢五等之制"解》，《魏晋南北朝隋唐史资料》第35辑，上海古籍出版社，2017，第64页。

②　刘雅莉、曹旭：《张华年谱汇考》，范子烨编《中古作家年谱汇考辑要》卷1，第582页；刘运好：《二陆年谱汇考》，范子烨编《中古作家年谱汇考辑要》卷2，第47—48、81—82页。

③　《晋书》卷五九《东海孝献王越传》，第1623页。

④　《晋书》卷一四《地理志上》、卷一五《地理志下》，第421、455页。

⑤　《晋书》卷三《武帝纪》，太康十年十一月甲申条，第79页。

相），再为县官（怀令），故应以《晋书》《建康实录》作"比阳相"为是。

刘道真，名宝，高平人，永康二年正月葬于今山东邹城郭里镇。①《晋书》无传，事迹散见于史。②刘宝出身高平刘氏，但尝犯罪为徒，为司马骏所赎，后担任其从事中郎，时间不早于咸宁二年（276）。③后入朝，历官至吏部郎。太康六年（285），张华推荐刘宝接替自己担任安北将军、领护乌丸校尉、都督幽并诸军事。太康十年，陆机、陆云初入洛，向张华请教"所宜诣，刘道真是其一。陆既往，刘尚在哀制中"。④可见，刘宝此前已经返回洛阳服丧。

刘宝（道真）、薛兼（令长）皆受知于张华，这是上述对话的背景之一，但时间不详。若在太康末刘宝返回洛阳后，则薛兼已久居中朝，不应再与刘宝发生类似初识的对话。故两人的上述讨论，应该在刘宝赴幽州任职之前，即其在吏部郎任上（太康六年前）时。⑤

---

① 《刘宝墓志》及其研究，见罗新、叶炜《新出魏晋南北朝墓志疏证》（修订本，初版 2005 年），中华书局，2016，第 7—9 页。

② 杜志强：《西晋名士刘宝生平发微》，《中国典籍与文化》2015 年第 2 期，第 4—8 页。

③ 魏晋之制，诸将军为刺史，"但云都督不仪同三司者，不置从事中郎，置功曹一人"。而咸宁二年十月，雍凉等州都督、汝阴王司马骏由镇西大将军"进位征西大将军，开府辟召，仪同三司"，得置从事中郎。《宋书》卷三九《百官志上》，第 1331—1332 页；《晋书》卷三《武帝纪》、卷三八《宣五王·扶风王骏传》，第 67、1125 页。

④ （南朝宋）刘义庆撰，（南朝梁）刘孝标注，朱铸禹汇校集注《世说新语汇校集注》卷下《简傲》，第 642 页；刘雅莉、曹旭：《张华年谱汇考》，范子烨编《中古作家年谱汇考辑要》卷 1，第 596—597、600 页。

⑤ 从刘宝对吏部尚书的评价来看，他"吴晋重吏部为非"的看法，应源于九品官人法造成的选官权力分散。〔日〕宫崎市定：《九品官人法研究：科举前史》，韩昇等译，生活·读书·新知三联书店，2020，第 105—110 页。

　　讨论汉晋吏部尚书和三公尚书关系，还需注意当时的"大尚书"一词，见前引东汉刘宽碑以及祝睦碑等。① 洪适以祝睦碑"拜大尚书、尚书仆射"中的"大尚书"，在祝睦后碑中即作"尚书"，故曰"尚书六人分为六曹，初无大尚书，及观祝睦后碑，则但云'拜尚书、尚书仆射'，乃知大尚书者，以其长于诸曹，故加大以别之"，② 但并未指明"大尚书"为何曹尚书。

　　胡三省以为吏部尚书位在诸曹尚书之上，故称大尚书。③ 钱大昕、李慈铭已指出胡注不确，大尚书为尚书仆射、尚书别称，非专指吏部尚书。④ 如鲁芝为荆州刺史，魏甘露三年（258）助讨诸葛诞有功，"迁大尚书，掌刑理"，⑤ 所指应该就是被称作贼曹的二千石曹尚书。⑥

---

① （宋）洪适：《隶释》卷七延熹七年（164）《山阳太守祝睦碑》、延熹九年《山阳太守祝睦后碑》，《隶续》卷一二《刘宽碑阴门生名》，《隶释　隶续》，第81、84、401页；《隋书》卷三四《经籍志三》，第1147页；《三国志》卷四五《蜀书·杨戏传》，陈寿注引《益部耆旧杂记·卫继传》，第1091页；《晋诸公别传辑本·王乂传》，（清）汤球：《九家旧晋书辑本》，《二十五别史》第10册，齐鲁书社，2000，第502页。

② （宋）洪适：《隶续》卷一二，《隶释　隶续》，第406页。

③ 《资治通鉴》卷一一九，宋景平元年（423）正月己未条胡注，第3752页。

④ （清）钱大昕：《十驾斋养新录》卷一〇，孙显军、陈文和点校，陈文和主编《嘉定钱大昕全集》（增订本）第7册，凤凰出版社，2016，第278页；（清）李慈铭著，由云龙辑《越缦堂读书记》，上海书店出版社，2000，第224—225页；龚延明：《中国历代职官别名大辞典》，第48页。

⑤ 《晋书》卷九〇《良吏·鲁芝传》、卷二《文帝纪》，第2329、35页。

⑥ 《通典》卷二二《职官四·历代尚书》，于东汉尚书二千石曹下注曰："掌中都官水火、盗贼、辞讼、罪法，亦谓之贼曹。"（第601—602页）吴亦置贼曹尚书，见《三国志》卷五三《吴书·薛综传》："黄龙三年（231），建昌侯虑为镇军大将军，屯半州，以综为长史……虑卒，入守贼曹尚书，迁尚书仆射。……赤乌三年（240），徙选曹尚书。"（第1253—1254页）考虑到东汉以后尚书机构的发展，东吴贼曹尚书也应指二千石曹尚书。

因此，当时虽有诸曹尚书"并通高选，吏部特一时之俊"的说法（或制度实践），但在官品上，诸尚书皆三品官，并无不同。吏部尚书班位高于诸曹尚书的制度规定，直到南北朝后期才出现。[①] 这也是理解刘、薛二人争论需要了解的制度背景。

刘宝"独谓汉氏重贼曹为是"中的贼曹，当指二千石曹尚书，而称当世"贼曹职典刑狱"中的贼曹，[②] 对应的是西晋的三公尚书。[③] 如前所述，自成帝初分尚书为五曹始，二千石曹从未作为尚书首曹，且次于常侍曹（后来的吏曹）。那么，晋、吴士人口中"汉氏重贼曹"（薛兼并没有反对这一说法）的现象，正可参照前引蔡质《汉仪》中吏曹"属三公曹"的记载去理解。虽然东汉末年吏曹尚书已经独立成曹，且位于二千

① 唐人也有"魏代又为吏部曹，专掌选职，右于诸曹尚书"的观点，或是受薛兼表述的影响。见（唐）徐坚等《初学记》卷一一《职官部上·吏部尚书》，第 266 页。《唐六典》将此表述指明为品级差异（"班序常尊"），而且时代也由曹魏一朝扩展为"历代"，并不准确。参见拙文《〈唐六典〉职官沿革注校勘举隅——兼论中古官制知识的传播与承继》，《齐鲁学刊》2023 年第 5 期，第 56—58 页。李柏杨虽然也注意到了吏部尚书官品高于列曹尚书出现于梁朝，但仍以《通典》所载魏、晋、宋官品不能反映三朝官制实际情况为由，认为吏部尚书单列非梁代新制，而是魏晋以后逐步形成的制度，见氏著《以曹名为号：汉唐间尚书制度演进过程之一面》，肖永明等主编《岳麓史学——湖南大学岳麓书院本科生优秀论文集》第 2 辑，第 123 页。

② 张春海认为刘、薛所说的"贼曹"即都官曹，并引桓玄改都官郎为贼曹为证，见氏著《从三公曹到刑部：论隋唐刑部的形成》，《南京大学法律评论》2016 年春季卷，第 106 页。关于尚书都官郎曹的职能变化，详见第三章第二节。此处需指出的是，《尚书二曹论》中所指应为尚书曹，而非都曹。这从薛兼任职及其所言"并通高选，吏部特一时之俊"（尚书郎为六品官，不可称之高选）、"县不能断谳之尚书也"可知。这也是《通典》引《华谭集》来说明汉代尚书二千石曹"重于诸曹"的原因。

③ 魏晋以后，随着郎官分曹治事，尚书二千石曹大概仅保留东汉二千石曹尚书所掌之盗贼事，其他文书划归别曹处理。西晋置三公尚书时，或许即以之领二千石郎曹，故其得兼贼曹之名。

石曹尚书之前，但其之前长期从属于三公曹的历史，反而使得直到魏晋时，人们还保留着汉代二千石曹尚书势重于吏曹尚书的印象。这从侧面印证了蔡质《汉仪》上述记载的可靠。

随着西晋末三公尚书的停省，尚书机构又有了新的变化。这个变化，用《唐六典》的说法是："省三公尚书，以吏部尚书兼领刑狱。"也即以吏部尚书兼领负责刑狱（用晋人的话说是"申冤讼"）的郎曹。① 这些郎曹包括《宋书·百官志》所载"主法制"的三公、比部郎曹。② 从南朝吏部尚书统吏部、删定、三公、比部四郎曹来看，三公、比部属吏部尚书，应该是对晋制的沿袭（唐人"以吏部尚书兼领刑狱"的说法也可能出于其对晋宋制度的比较）。

陈朝"常以三月，侍中、吏部尚书、尚书三公郎、部都令史、三公录冤局令史、御史中丞、侍御史、兰台令史，亲行京师诸狱及冶署，理察囚徒冤枉"。③ 如果不了解汉晋之际吏

---

① 随着南朝复置删定郎，西晋时以"典科律，申冤讼"为主要职掌的三公郎曹，只剩下"申冤讼"一项主要职责。

② 有关魏晋南朝三公郎曹职掌的变化，已见前述。那么，与之同"主法制"的比部曹，具体所掌为何？天监元年（502），梁武帝下诏删定《梁律》时，提到："留尚书比部，悉使备文，若班下州郡，止撮机要。"可见，"主法制"侧重在保管全部的颁行律令。《隋书》卷二五《刑法志》，第773页。

③ 《隋书》卷二五《刑法志》，第779页。"侍中"至"兰台令史"，《通典》作"侍中、吏部尚书、三公郎、部都令史、三公录冤屈；御史中丞、侍御史、兰台令史"。梁制三品蕴位、勋位下，有"尚书度支、三公正令史""尚书都官、左降（按，或当作'左民'）正令史""尚书正令史""尚书监籍正令史""都令史"之别，故"部都令史"可能是"都令史"之讹，也可能是陈制所改名者。"三公录冤局令史"或即梁三公正令史，至陈已别立为局者。（唐）杜佑：《通典》卷一六四《刑法二·刑制中》、卷三七《职官一九·秩品二》，第4225、1017页。另，梁制"丹阳尹月一诣建康县，令三官参共录狱，察断枉直。其尚书当录

部尚书与三公尚书（郎曹）的这一层渊源，恐怕很难全面理解为何掌选举的吏部尚书会参与建康狱的录囚事务。

二 "都官"的由来与两晋都官郎曹职掌的演变

魏晋南北朝尚书都官郎曹职掌的变化，学者已有所论述。①这是基于《宋书·百官志》对曹魏都官郎曹出现背景（"有军事"）和刘宋都官曹"主军事、刑狱"职掌的记载得出的结论。不过，魏晋都官曹职掌仍存在进一步讨论的空间。

《唐六典》载：

> 都官者，本因汉置司隶校尉，其属官有都官从事一人，掌中都官不法事，因以名官。都官者，义取掌中都官。中都官者，京师官也。至魏明帝青龙二年，尚书陈矫奏置都官郎曹郎中。晋、宋、齐都官郎中二人，后魏、北齐一人，梁、陈为侍郎，并掌京师非违得失事，非今都官之任。
>
> 宋始置都官尚书，掌京师非违得失事，兼掌刑狱。齐、

人之月者，与尚书参共录之"，并未强调是吏部尚书参与都下录囚。《隋书》卷二五《刑法志》，第776页。

① 张春海：《从三公曹到刑部：论隋唐刑部的形成》，《南京大学法律评论》2016年春季卷，第105—108页。该文主张都官事务曹魏时以军事为主，到西晋已逐渐转为司法。但此主张的前提有问题，本章第一节已辨析。此后，张春海又撰文从长时段视角对"都官"含义进行了梳理，试图以此为线索，展示"观念的力量"与制度变迁的互动关系。见氏著《"天下观"的移转与秦隋间"都官"的变迁》，《史林》2018年第4期，第26—40页。该文视野宏大，但其对魏晋南北朝都官职掌的论述，仍是在前文基础上展开的。

梁、陈、后魏、北齐皆置都官尚书。[①]

　　唐人虽正确指出魏晋南北朝都官郎曹"非今都官之任"，但将"掌京师非违得失事"视为隋唐之前通制的看法，很可能是错误的。因为前者仅是北齐都官郎中之职掌。[②] 故知都官尚书"掌京师非违得失事，兼掌刑狱"的表述，也只能是唐人混合南朝宋和北齐都官郎曹职掌而建构的制度叙事。除此之外，"晋、宋、齐都官郎中二人"的记载，同样别无史料依据（或系一时之制），与西晋尚书台"凡三十五曹，置郎二十三人，更相统摄"（见前引《晋书·职官志》），及其后尚书郎与郎曹省并的趋势不符（见表2-1）。

　　在将都官郎中职掌表述为"掌京师非违得失事"的基础上，《唐六典》又将其渊源与司隶校尉下属"掌中都官不法事"的都官从事联系了起来。将都官郎曹与都官从事之名联系起来，有其合理性，但是若将两者职掌也直接联系起来，恐难成立。

　　所谓的"都官从事一人"，是东汉司隶校尉所隶"从事史十二人"之一。《续汉书·百官志》载：

　　　　司隶校尉一人，比二千石。[③] ……掌察举百官以下，

---

① （唐）李林甫等：《唐六典》卷六《尚书刑部》都官郎中员外郎、刑部尚书条，第 192、179 页。

② 《隋书》卷二七《百官志中》，第 839 页。杜佑也犯了类似的错误，叙刑部郎中渊源曰："汉尚书有三公曹，后汉有二千石曹，魏有都官曹，皆掌刑法、狱讼之事。"（唐）杜佑：《通典》卷二三《职官五·刑部尚书》，第 645 页。

③ 注引蔡质《汉仪》曰："职在典京师，外部诸郡，无所不纠。封侯、外戚、三公以下，无尊卑。入宫，开中道称使者。每会，后到先去。"又，"掌察举"以下，《续汉书·百官志》将其系于武帝初置司隶校尉、持节

及京师近郡犯法者。

都官从事，主察举百官犯法者。[1] 功曹从事，主州选署及众事。别驾从事，校尉行部则奉引，录众事。簿曹从事，主财谷簿书。其有军事，则置兵曹从事，主兵事。其余部郡国从事，每郡国各一人，主督促文书，察举非法，皆州自辟除，故通为百石云。

从事史之下，则置假佐（即书佐）若干：

功曹书佐主选用。……簿曹书佐主簿书。其余都官书佐及每郡国，各有典郡书佐一人，各主一郡文书，以郡吏补，岁满一更。司隶所部郡七。[2]

"都官从事史"中的"都官"之名，袭自西汉司隶校尉初所从之"中都官徒千二百人"。司隶校尉所统兵，原系中都官刑徒。故颜师古曰："以掌徒隶而巡察，故云司隶。"后来，司隶校尉罢兵去节而专监察，所察为京师及三辅、三河、弘农七郡。成帝中省。[3]

这里的中都官徒，与睡虎地秦简中多次出现，且常与"县"

之后，元帝去节之前。但据所述职掌，应是东汉之制，故可与蔡质《汉仪》所载相参照。

[1] 注引蔡质《汉仪》曰："都官主雒阳百官朝会，与三府掾同。""朝会"二字朱绍侯以为下属，断作"朝会与三府掾同"，见朱绍侯《浅议司隶校尉在东汉的特殊地位——司隶校尉研究之三》，《南都学坛》1997年第1期，收入《朱绍侯文集》，河南大学出版社，2005，第75页。

[2] 《后汉书》志二七《百官志四》，第3613—3614页。

[3] 《汉书》卷一九上《百官公卿表上》，第737页。参见熊伟《秦汉监察制度史研究》，天津人民出版社，2011，第88—106页。

并称的"都官"一词关系密切，见诸《金布律》："县、都官以
七月粪公器不可缮者，有久识者靡蚩（磨彻）之。其金及铁器
入以为铜。都官输大内，内受买（卖）之，尽七月而籴（毕）。
都官远大内者输县，县受买（卖）之。"《内史杂》："县各告都
官在其县者，写其官之用律。"① 秦律的出土，引发了中日学者
对秦汉时期"都官"性质的持续解读。② 简言之，在汉代，
"都"主要指中央（包括诸侯国都），并可引申为中央官府
之意。③ 故"都官"既指中央京师诸官府（主要是经营性或
事务性机构），也指上述官府向地方派出的机构。诸侯国亦
有"群卿大夫都官如汉朝"。④ 这些经营性或事务性机构自
然拥有大量服役的刑徒。东汉以后，地方所在的都官大多被
并入地方行政系统，盐铁等机构亦逐渐不被称为"都官"。⑤

　　东汉虽然仍有"中都官徒"，⑥ 但光武帝时重新设立的司
隶校尉及都官从事所掌，除去"京师"这一地理范围外，其
实已与"中都官"关系不大。如《汉仪》称司隶校尉"职在

---

①　睡虎地秦墓竹简整理小组编《睡虎地秦墓竹简》，文物出版社，1990，
释文注释部分，第40、61页。
②　相关研究综述，见〔日〕工藤元男《睡虎地秦简所见秦代国家与社会》
（初版1998年）第二章"秦的都官和封建制度"，〔日〕广濑熏雄、曹峰
译，上海古籍出版社，2018，第51—55页；陈松长等《秦代官制考论》
第四章"秦代都官制度研究"，中西书局，2018，第138—143页。
③　此外，"都"还有主管、总管之意，《汉书·百官表》中的都水、都船、
都内等官名中的"都"均如此。裘锡圭：《啬夫初探》，氏著《古代文史
研究新探》，江苏古籍出版社，1992，第437页。
④　《汉书》卷一九上《百官公卿表》，第741页。
⑤　参见张春海《"天下观"的移转与秦隋间"都官"的变迁》，《史林》
2018年第4期，第26—29页。
⑥　永元三年（91）正月，郡国中都官系因死罪赎缣，至司寇及亡命，各有
差。六年七月，诏中都官徒各除半刑，谪其未竟，五月已下皆免遣。
《后汉书》卷四《和帝纪》，第171、179页。

典京师，外部诸郡"，"都官主雒阳百官朝会"。这一表述，应基于前引《续汉书·百官志》的记载，司隶校尉"掌察举百官以下，及京师近郡犯法者"，都官"主察举百官犯法者"。其中，"京师近郡犯法者"对应的是"司隶所部郡七"的部郡国从事和典郡书佐，而非都官从事及都官书佐。都官从事具体负责的正是东汉司隶校尉"掌察举百官以下"犯法者的职掌，并且其察举范围，并非限定为京师官或"雒阳百官"，而应是百官在京师犯法者。[①] 这与西汉成帝司隶校尉"以督察公卿以下为职"的记载一致。[②]

因此，尽管时人仍以"中都官"、"中都官从事"（"都官吏"）指代司隶校尉和都官从事及书佐，[③] 但"都官"的含义在逐渐向"百官"转换。在这里，"都"字延续其在汉代通用的主管、总管义项，而非中央之义。[④]

[①] 关于此，另有两例可证。（1）东汉桓帝巡幸南阳，荆州部南阳从事胡腾以"天子无外，乘舆所在，即为京师"为由，上表"请荆州刺史比司隶，臣比都官从事"，从之。"于是，大将军亡马，西曹掾召腾。腾乃作都官从事鹄头（或作'都官鹄头板召'）召掾，掾乃觉，膝行辞谢，由是不敢辄有呼召。"（2）西晋惠帝时，愍怀太子废徙许昌，宫臣江统等违命追送至伊水，被都官从事悉收付河南、洛阳狱。（唐）杜佑：《通典》卷三二《职官一四·州郡上》，第 882 页；（宋）李昉等：《太平御览》卷六〇六《文部二二·板》引（吴）张胜《桂阳先贤画赞》，第 2727 页；《晋书》卷五六《江统传》，第 1537 页。

[②] 《汉书》卷八四《翟方进传》，第 3413 页。

[③] 《后汉书》卷三四《梁统传》附《梁冀传》、卷七七《酷吏列传·阳球传》、卷六八《符融传》，第 1184、2500、2232 页。

[④] 张春海也指出"督察公卿"即是"都官"（督察官员），"督"与"都"相通。因此，行使督察公卿权力的司隶校尉及其下属都官从事被分别称为"中都官"与"都官"。但在东汉中期以前还是综合名词的"中都官"与"都官"，此后词义逐渐狭窄化、专门化，变成司隶校尉及都官从事的简称（专有名词）。见氏著《"天下观"的移转与秦隋间"都官"的变迁》，《史林》2018 年第 4 期，第 33—34 页。

魏晋时期，"都官"的含义延续了上述转化，且已超出"中都官"或"京师"的范围。在曹魏设置都官郎曹后不久，景初中（237—239），明帝命散骑常侍刘劭作都官考课，遂成《都官考课》七十二条及《说略》一篇。① 考课法本来只是考察官吏，但刘劭却将选举法（州郡考士和察举辟召）包含在内。最终此法因过于烦琐，遭到杜恕、傅嘏等多数官员的反对，未能实施。② 虽然《都官考课》的内容已不存，③ 但从"时又大议考课之制，以考内外众官。（散骑黄门侍郎杜）恕以为……所存非所务，所务非世要"，及刘劭奏疏（"百官考课，王政之大较"）来看，④ 都官考课即百官（众官）考课，且并非都官郎曹之职，而由考功郎曹所掌，范围上至公卿、内职大臣，下及郡守等亲民长吏。⑤

到了西晋，随着京师所在地区管理由司隶体制向司州体制

① 《三国志》卷二一《魏书·刘劭传》，第 619 页。
② 唐长孺：《九品中正制度试释》，氏著《魏晋南北朝史论丛》，第 93—94 页。
③ 嘉平元年（249），高平陵之变后，司马懿复使王昶撰百官考课事，其制今犹存，或可资参考。《三国志》卷二七《魏书·王昶传》，第 749 页。祝总斌曾引用其中尚书侍中考课内容，以说明曹魏尚书职权变化。详见第八章。
④ 《三国志》卷一六《魏书·杜畿传》附《杜恕传》、卷二一《魏书·刘劭传》，第 500、619 页。
⑤ 杜恕疏："今奏考功者，陈周、汉之法为，缀京房之本旨，可谓明考课之要矣。于以崇揖让之风，兴济济之治，臣以为未尽善也。其欲使州郡考士，必由四科，皆有事效，然后察举，试辟公府，为亲民长吏，转以功次补郡守者，或就增秩赐爵，此最考课之急务也。臣以为便当显其身，用其言，使具为课州郡之法，法具施行，立必信之赏，施必行之罚。至于公卿及内职大臣，亦当俱以其职考课之也。"《三国志》卷一六《魏书·杜恕传》，第 500—501 页。参见（唐）杜佑《通典》卷一五《选举三·考绩》，第 367 页。

过渡，都官从事也改名为都部从事，[①] 切断了和"中都官"最后的联系。此后，南北皆承晋制，设置此职。[②] 直至北魏孝文帝重建司州后，才恢复都官从事之名。[③]

当然，尚书都官郎曹最初得名，是否在"总管百官"含义上使用"都官"一词，还有待进一步探讨，甚至不能排除魏晋人使用"中都官"的旧概念来给尚书都官郎曹命名（如将其与二千石郎曹排列在一起）的可能。[④] 但至少可以明确，《唐六典》在将其职掌界定为"掌中都官不法事"或"京师非违得失事"的前提下，将东汉都官从事（都部从事的前身）视为晋以后都官郎曹渊源的看法是不准确的。

---

① 晋中朝大驾卤簿，有"司隶部河南从事，中道。都部从事居左，别驾从事居右，并驾一"。《晋书》卷二五《舆服志》，第757页。

② 东晋"京邑二岸，扬州旧置都部从事，分掌二县非违，永初以后罢省，孝建三年，复置其职"。北方也有类似制度。晋大兴二年（319），石勒称赵王后，置署都部从事各一部一州，秩二千石，职准丞相司直（《资治通鉴》作："罢并、朔、司三州，通置部司以监之。"）。《晋书》卷一〇五《石勒载记下》，第2737页；《宋书》卷七四《沈攸之传》，第2107页；《资治通鉴》卷九一，太兴二年十一月戊寅条，第2871页。

③ 《魏书》卷五五《游明根传》附《游肇传》、卷一一三《官氏志》，第1330、3243页。参见陈仲安《汉唐间中央行政监察权力的分合》，《魏晋南北朝隋唐史资料》第11期，武汉大学出版社，1991，第2—3页；王谨《魏晋南北朝州制度研究》，天津古籍出版社，2012，第185—186页；熊伟《魏晋隋唐政治制度史研究——以监察制与府兵制为中心》，郑州大学出版社，2015，第85页。

④ 承期刊名专家指出，本节以魏晋时发展出的"都官"新语义来解释西晋掌军事的都官郎之名，不妥。相反，从晋尚书曹中都官和二千石是排列在一起的来看，这其实和蔡质《汉仪》二千石曹"掌中都官水火、盗贼、辞讼、罪眚"的说法一致，佐证了魏晋都官郎之"都官"二字本意应当是"中都官"。因而认为本节对《唐六典》所述都官从事、都官郎制度流变的反驳，尚难成为定论。其说有合理之处，故酌情予以吸收，特此说明以致谢。

那么，魏晋都官郎曹职掌究竟如何？如前文所述，魏尚书令陈矫奏置都官、骑兵二郎曹的背景是军事原因。史载，青龙二年（234）三月，汉献帝去世。四月，诸葛亮自斜谷出屯渭南，司马懿率军拒战。五月，孙权亦出兵向合肥新城。魏明帝东征，孙权遂退。八月，诸葛亮卒，蜀军亦退。①

值得注意的是，当吴围合肥时，发生了魏都督扬州的征东将军满宠"表请中军兵"一事。如何应对，明帝付诸朝议。刘劭提出"可先遣步兵五千，精骑三千，军前发……骑到合肥……曜兵城下，引出贼后，拟其归路，要其粮道。贼闻大军来，骑断其后，必震怖遁走，不战自破贼矣"的建议，得到了明帝许可，并产生"兵比至合肥，贼果退还"的效果。② 由此可见骑兵在此役中的作用。这应是尚书台新设骑兵郎曹的背景。

满宠所提到的"中军"，亦称为"中外军"，因屯守宫城内外而得名，是直属皇帝的禁卫军，故也被视为天子六军。魏晋时由都督中外诸军事统领，以别于在外各都督所领的军队。③青龙二年之前，尚书台设中兵、外兵郎曹，所掌即与中军（中外军）和外军（地方都督）有关的事务。别兵、都兵

---

① 《三国志》卷三《魏书·明帝纪》，第101—104页。此次吴蜀北伐是曹魏建立以后遭遇的一次重大政治军事事件。在安然度过危机后，曹魏官制也开始进入新常态阶段。此前即如傅嘏所言"大魏继百王之末，承秦、汉之烈，制度之流，靡所修采。自建安以来，至于青龙，神武拨乱，肇基皇祚，扫除凶逆，芟夷遗寇，旌旗卷舒，日不暇给。及经邦治戎，权法并用，百官群司，军国通任，随时之宜，以应政机"。此后，如前文提及，魏明帝和司马懿逐步建立起考课法。参见赵立新《〈南齐书·百官志·序〉所见中古职官文献与官制史的意义》，《台大历史学报》第62期，2018年，第64—65页；《三国志》卷二一《魏书·傅嘏传》，第623页。
② 《三国志》卷二一《魏书·刘劭传》，第618—619页。
③ 祝总斌：《都督中外诸军事及其性质、作用》，氏著《材不材斋史学丛稿》，中华书局，2009，第117—132页。

郎曹所掌不详，[1] 但应属中、外军之外的军事系统，故在骑兵郎曹设置后，它们共同构成五兵尚书的下属机构。

新出现的都官郎曹所掌不详，但它并不统属于五兵尚书。这从侧面反映出，虽然与"有军事（务）"关系密切，但都官职掌并不同于五兵诸曹。唐人将都官郎曹的职掌表述为"佐督军事"，[2]《宋书》则载作"主军事、刑狱"。故张春海将上述"佐""督"的含义解读为曹魏都官辅佐皇帝对军法案件进行监督与复核。[3]

唐人"佐督军事"的表述，源于八王之乱时"尚书郎旦出督战"一事。太安二年（303），成都王司马颖与河间王司马颙部将张方围攻洛阳，"颖军转盛，尚书郎旦出督战，夜还

---

[1] 李文澜认为魏别兵掌胡骑、越骑等，都兵掌都城内之兵，见中国历史大辞典·魏晋南北朝史卷编纂委员会编《中国历史大辞典·魏晋南北朝史卷》，"别兵郎""都兵郎"条，上海辞书出版社，2000，第 360、566 页。这一解释应源自《辞源》"别兵""都兵"条（商务印书馆，2015，第 469、4091 页），引据资料为《宋书·百官志上》、《通典》卷二二、《隋书·百官志中》、《历代职官表》卷一二。但上述四书均无可印证的记载。以越骑为例，魏时属五校营，而五校又属于曹操所置领军将军，为魏中军，故在当时不应由尚书别兵郎曹所掌。《宋书》卷四〇《百官志下》，"魏武为丞相，相府自置领军，非汉官也。文帝即魏王位，魏始置领军，主五校、中垒、武卫三营。晋武帝初省"，第 1353 页；张金龙：《魏晋南北朝禁卫武官制度研究》（修订本），中国社会科学出版社，2020，第 110—115、219—220 页。

[2] （唐）杜佑：《通典》卷二三《职官五·刑部尚书》，第 645 页。

[3] 张春海：《"天下观"的移转与秦隋间"都官"的变迁》，《史林》2018 年第 4 期，第 35 页。该文还认为魏晋时期，尚书省中长期不存在专门负责司法的机构，故可将掌军事的都官顺势转化为兼掌司法的机构，从而当南朝宋置都官尚书后，将其主要职掌设定为司法。由于尚书省系统中自汉代以后掌司法的三公曹仍存，继续主管地方提交疑难案件的监督与考核，故都官所掌司法事务便大致承袭了前代都官从事的职权范围，以京畿地区为主，与三公曹形成了一定的分工关系。

理事。（尚书郎嵇）含言于（太尉、都督中外诸军事、长沙王司马）义曰：'昔魏武每有军事，增置掾属。青龙二年，尚书令陈矫以有军务，亦奏增郎。今……倒悬之急，不复过此。但居曹理事，尚须增郎，况今都官、中、骑三曹昼出督战，夜还理事，一人两役，内外废乏。……推毂授绥，委付大将，不宜复令台僚杂与其间。'义从之，乃增郎及令史"。① 由于战事紧张，所以尚书郎需要外出督战，这虽然是临时性事务，但恰好由都官、中兵、骑兵三曹尚书郎"旦出督战"，应该不是偶然，说明都官郎曹职掌确实与军事直接相关。

虽然都官战时所督之兵，② 以及其"居曹理事"的日常政务内容，仍不得其详，但据南朝宋末江淹所撰都官符，③ 以及后来陈文帝征讨周迪、陈宝应时用来指挥公事的都官符，④ 可知其并非用于军法案件的监督、复核。

---

① 《晋书》卷八九《忠义·嵇绍传》附《嵇含传》，卷四《惠帝纪》，太安元年（302）十二月至二年十一月，第2302、100—101页。

② 被司马颖困在洛阳城内的司马义最后被迫"发王公奴婢手春给兵廪，一品已下不从征者、男子十三以上皆从役。又发奴助兵，号为四部司马"。所谓"四部司马"，是指在作为晋朝中军的左右卫将军所统前驱、由基、强弩三部司马（负责殿内宿卫）之外的奴兵。《晋书》卷四《惠帝纪》，太安二年十一月辛巳条，第101页。参见何兹全《魏晋的中军》，氏著《读史集》，上海人民出版社，1982，第248—255页；张金龙：《魏晋南北朝禁卫武官制度研究》（修订本），第185—192页。当时都官郎曹并非如西汉司隶校尉统刑徒那样率奴兵督战。清代学者将以奴为兵的时间系于太安二年八月，应是据司马颖起兵之时情境推论。发奴助兵发生在双方交战后期，张方已攻入城中，此时洛阳困顿已甚，似应在嵇含提及的尚书郎督战之后。（清）钱仪吉：《补晋兵志》，《二十五史补编》第3册，第3650页。

③ 此外，宋文帝讨谢晦时尚书下符荆州、宋明帝初尚书为讨"东贼"所下符，或皆是都官符。《宋书》卷四四《谢晦传》、卷八四《邓琬传》，第1468—1469、2343—2345页。

④ 《陈书》卷三〇《陆琼传》载，天嘉中（560—566），陆琼以文学转任殿中郎，"及讨周迪、陈宝应等，都官符及诸大手笔，并中敕付琼"（第447页）。

以江淹都官符为例，宋昇明元年（477）十二月，荆州刺史沈攸之起兵讨辅政的竟陵郡公（后封齐王）、骠骑大将军萧道成。① 尚书驾部郎、骠骑参军事江淹时掌"军书表记"，② 受命撰《尚书符》，见诸《江文通集》。③ 据集本题注"起都官军局符兰台"，知此符为都官符（关于尚书符"起某曹"，见第八章）。《宋书·沈攸之传》亦以"尚书符征西府"的方式全载此符（以下称"沈本"），④ 但文字略异集本。

此外，《南齐书·柳世隆传》也有此"尚书符"部分文字（以下称"柳本"），内容涉及率军出师将领相关部署，⑤ 但这部分文字被夹杂在齐王檄书之中，⑥ 盖修史者所为。⑦

集本整理者认为，都官为都官尚书，兰台为符节御史（属御史台），并称沈本与集本文字不同，"大约是经过兰台官吏增删润色后转发征西府的正式文件"。这一说法并不准确。"符兰台"之说（别本作"其都宫车军局兰台"，无"符"字），⑧ 当源于集本首句"侍御史大夫"，故兰台被当作受符对象。实则

---

① 《南齐书》卷一《高帝上》，第 11—13 页；《宋书》卷一〇《顺帝纪》，昇明元年十二月丁巳、二年正月丙子条，第 215—216 页。

② 《梁书》卷一四《江淹传》，第 277—278 页。参见《南齐书》卷四八《孔稚珪传》"与江淹对掌辞笔"，第 925 页。

③ （南朝梁）江淹著，丁福林等校注《江文通集校注》卷七，上海古籍出版社，2017，第 1167—1170 页。以下称"集本"。

④ 《宋书》卷七四《沈攸之传》，第 2114—2116 页。

⑤ 《南齐书》卷二四《柳世隆传》，第 499—502 页。张金龙详细比对了沈本和柳本尚书符所列将领名单及其官爵，并指出其中错讹之处，见氏著《治乱兴亡——军权与南朝政权演进》，商务印书馆，2016，第 377—385 页。

⑥ 完整檄书载《宋书》卷七四《沈攸之传》，第 2116—2119 页。

⑦ （清）李慈铭《越缦堂读书记》载："尚书符征西府一檄……《南齐书·柳世隆传》亦载此檄而去其首数行。"（第 277 页）

⑧ （清）纪昀：《四库全书总目提要》卷一四八，魏小虎编撰《四库全书总目汇订》第 8 册，上海古籍出版社，2012，第 4737 页。

这一起首语，当源于当时侍御史承诏事之制（亦见第八章）。江淹所撰尚书符的受文机构，应从沈本作"符征西府"。

不过，"征西府"或误。沈攸之此前虽为征西大将军，但昇明元年（477）七月已进号车骑大将军、开府仪同三司，尚书符不得用其旧号。"征西"或系"安西"之误。沈攸之起兵后，萧道成旋即以前将军、郢州刺史武陵王刘赞为安西将军、荆州刺史。考虑到刘赞此时年仅 8 岁，实际执政郢州、荆州的是其长史柳世隆。[1] "军局"或即指柳世隆，故集本题注或原作"起都官符安西军局"。"军局"不详，或是"军司"之讹。无论何者为是，厘清其与都官曹之关系（如集本整理者认为军局是都官尚书的下属机构），仍有待于新资料的发现。

至于江淹都官符正文的差别，主要体现在集本不仅删去了沈、柳本诸将领的官爵职衔，仅留其名，而且删去了排在最前面的黄回[2]、王敬则、王宜兴三人，径称"今遣陈承叔、彭文之"云云。可见，沈本与集本文字不同，并非经由兰台润色，而主要是江淹手自删定文集的结果。删定的原因是王宜兴、黄回皆因与沈攸之通谋而先后被诛，王敬则最终也在齐明帝时谋反而死。[3] 集本删去名字者还有梁武帝父萧顺之等，兹不赘。

综合来看，当时真正的军事部署，应在都官符之前，已由

---

[1]　《宋书》卷一〇《顺帝纪》，昇明元年七月丙申、十二月己巳条，卷八〇《孝武十四王·武陵王赞传》，第 214、215、2271 页；《南齐书》卷二四《柳世隆传》，第 498 页。按，刘赞是南朝宋明帝第九子、顺帝之弟。

[2]　《宋书》卷一〇《顺帝纪》载，昇明元年十二月己巳，"右卫将军黄回为平西将军、郢州刺史，督诸军前锋南讨"（第 215 页），可以印证沈本尚书符此内容无误。

[3]　《资治通鉴》卷一三四，宋昇明元年十二月庚午后、闰十二月辛巳、昇明二年四月辛卯条，卷一四一，齐永泰元年（498）五月壬午、乙酉条，第 4204、4209、4216、4428—4429 页。

其他文书（诏敕）以合适的方式传达给前线将领。江淹都官符所提到的军事部署，更像是攻心之术，目的不过是自张声势而已。都官符的实际作用，是针对荆州军民宣布朝廷的宽大政策及购募之科："符到之日，幸加三省。其锋陈营壁之主，驱逼寇手之人，若有投命军门，一无所问。或能因罪立绩，终不尔欺，斩裾射抉，唯功是与。能斩送攸之首，封三千户县公，赐布绢各五千匹。"（沈本）①

除都官符外，《晋书·舆服志》载"中朝大驾卤簿"仪仗中，鸾旗车后有"护驾尚书郎三人，都官郎中道，驾部在左，中兵在右，并骑。又有护驾尚书一人，骑，督摄前后无常"。在御药车之后，"尚书令在左，尚书仆射在右，又尚书郎六人，分次左右，并驾"跟随。在标志卤簿结束的豹尾车之后仍有一系列车马队伍，其中金钺车两边有"左右护驾尚书郎并令史，并骑，各一人"。②

大驾仪仗凡需尚书郎十一人，然而只在作为皇帝所乘金根车"先辂"之一的鸾旗车后，③ 明确点出尚书郎之名，其中又恰好有都官、中兵。由此益见魏晋时都官郎曹与军事的关系密切，④

---

① 集本作："符至之日，幸加三省，其驱逼寝手之人，锋阵坞壁之主，若有投命军门，一无所问。或能因罪立绩，赏不示私。斩祛射抉，唯功是与。购募之科，具列如上。"可见，集本删去了购募之科的具体内容。
② 《晋书》卷二五《舆服志》，第758—760页。
③ 《晋书》卷二五《舆服志》，第755页。参见张金龙《魏晋南北朝禁卫武官制度研究》（修订本），第229页。
④ 元嘉二十五年（448）大蒐校猎之仪，有"尚书仆射、都官尚书、五兵尚书、左右丞、都官诸曹郎、都令史、都官诸曹令史干、兰台治书侍御史令史、诸曹令史干，督摄纠司，校猎非违"。都官尚书及都官诸曹郎，与五兵尚书等并列，大概也与"都官主军事"之职有关。《宋书》卷一一四《礼志一》，第399页。

而与检校"中都官不法""京师非违得失"等事无关。

因此，西晋都官、二千石郎曹位次相邻，虽然与两者后来在北齐尚书省郎曹中的次第相同，但如第二章所述，前者为郎曹的独立顺序，后者为尚书统郎的顺序，两者内部逻辑并不相同，因此在北齐都官郎曹"掌畿内非违得失事"、二千石郎曹"掌畿外得失等事"的基础上，[①] 对前代同名官曹职掌进行逆向比附并不适当。

如前所述，随着汉魏之际二千石曹尚书的消失，其职掌中仅有"盗贼"一事仍由二千石郎曹承担。故青龙二年（234）之前，二千石郎曹与中兵等四郎曹位次相连，或与二千石郎曹因职务关系而掌握一定军事力量有关。[②] 但随着都官郎曹的出现，西晋都官郎曹虽然仍与二千石郎曹前后相连，但两者与五兵诸郎曹的位置已变得相去甚远（参见表2-1魏A及西晋C列）。这或许反映出晋人意识到两者职能与直接管理军队事务的五兵诸郎曹有所区别，而对其加以调整。不过位置的调整，似乎并未使都官郎曹、二千石郎曹职掌发生变化。直至西晋末年，兼掌刑狱仍然不是都官郎曹的职掌。

标志着都官郎曹职掌发生变化的事件出现在晋安帝元兴二年（403）。是年十二月，桓玄受禅称帝，国号为"楚"，改元永始，"自以水德，壬辰，腊于祖。改尚书都官郎为贼

---

① 《隋书》卷二七《百官志中》，第839页。

② 青龙二年新设都官、骑兵诸曹，其位次不详。之所以此前据西晋C列都官与二千石郎曹相邻，而骑兵位于五兵诸郎曹之末的位次，酌定两者在魏B列中的位次（即以都官、二千石、中兵、外兵、别兵、都兵、骑兵为序），也是考虑到了都官掌军事这一因素。

曹"。^① 至桓玄败，刘裕入建康，^② 都官郎曹名复旧。

汉晋以后，贼曹便是二千石曹尚书或统领二千石郎曹的三公尚书的别称。魏以后，主盗贼事也一直是二千石郎曹的职掌。那么，为何桓玄称帝要将都官郎改称贼曹郎呢？

首先，这一变化与西晋末三公尚书的废止，以及二千石郎曹自东晋康帝、穆帝以后被停省有关（参见表 2-1 东晋 F 列）。

其次，因军事增置的都官郎曹，在和平时期恐怕难免事务疏简，因而隐含着机构合并的可能。这与五兵诸郎曹在东晋以后被减省是一致的。^③

最后，桓玄将都官郎改名，意味着在此前的机构合并中，贼曹（二千石郎曹）之事，已归并入与军事相关的都官郎曹，这既与中国传统思想中刑出于兵的认知一致，^④ 也符合桓楚以水德为运的现实需要。^⑤

---

① 《晋书》卷九九《桓玄传》，第 2596 页；《资治通鉴》卷一一三，元兴二年十二月庚寅朔条，第 3555 页。壬辰，为十二月三日。参见汉制，"汉兴八年，有言周兴而邑立后稷之祀，于是高帝令天下立灵星祠。言祠后稷而谓之灵星者，以后稷又配食星也。旧说，星谓天田星也。一曰，龙左角为天田官，主谷。祀用壬辰位祠之。壬为水，辰为龙，就其类也"。《后汉书》志九《祭祀志下》，第 3204 页。参见冯时《中国古代物质文化史·天文历法》，开明出版社，2013，第 93—96 页。

② 《资治通鉴》卷一一三，元兴三年（404）三月庚申条，第 3565 页。

③ 《宋书》卷三九《百官志上》："五兵尚书领中兵、外兵二曹。昔有骑兵、别兵、都兵，故谓之五兵也。"（第 1340 页）参见表 2-1 东晋 E 列至刘宋 M 列。

④ 《汉书》卷二三《刑法志》："大刑用甲兵，其次用斧钺；中刑用刀锯，其次用钻凿；薄刑用鞭扑。大者陈诸原野，小者致之市朝，其所繇来者上矣。"（第 1079—1080 页）

⑤ 狱曹、贼曹、仓部曹，皆为水官。见（清）孙星衍校《黄帝龙首经》卷上《占人君欲拜署五官法》，《续修四库全书》第 1054 册，第 262 页。《黄帝龙首经》之名，最早见于晋葛洪《抱朴子内篇》卷四《遐览》。该书现存最早刊本为《正统道藏》本，清嘉庆十二年（1807），孙星衍

　　总之，《宋书·百官志》所载"都官主军事、刑狱"，是在东晋之后逐渐形成的。宋孝武帝大明元年（457），都官尚书谢庄奏改定刑狱："臣近兼讯，见重囚八人，旋观其初，死有余罪，详察其理，实并无辜。恐此等不少，诚可怵惕也。旧官长竟囚毕，郡遣督邮案验，仍就施刑。督邮贱吏，非能异于官长，有案验之名，而无研究之实。愚谓此制宜革。自今入重之囚，县考正毕，以事言郡，并送囚身，委二千石亲临核辩，必收声吞衅，然后就戮。若二千石不能决，乃度廷尉。神州统外，移之刺史，刺史有疑，亦归台狱。"① 谢庄身为都官尚书而奏改刑狱，正是都官郎曹兼掌刑狱而重在"讯囚"的证明，也是中古前期形成的三公、都官、比部诸郎曹分掌司法政务运行机制的体现。

三　南朝初置的都官尚书及其北方渊源

　　南北朝时期都官尚书一经产生便稳定下来，是隋唐尚书刑部成立的早期因素。都官郎曹的出现及其职能演变，为都官尚书的产生提供了可能性。但都官尚书出现的背景如何，详情无从得知。对于都官尚书的设置，自古以来的学者多据《宋书》而将其视为南朝制度。不过，仔细探究都官尚书的

　　　从《道藏》中辑出校正并刊印，收入《平津馆丛书》第 1 集《黄帝五
　　　书》。续修四库全书总目提要编撰委员会编《续修四库全书总目提要·
　　　子部》，上海古籍出版社，2015，第 346 页。
①　《宋书》卷八五《谢庄传》，第 2384—2385 页。又，隋平陈之时，后主
　　　命将率军拒守，其中忠武将军、都官尚书孔范屯宝田寺。这也与都官尚
　　　书主军事有关。《陈书》卷六《后主纪》，祯明三年（589）正月辛未
　　　条，卷三一《萧摩诃传》，第 129、464 页。

始置时间，还是不难发现其中南朝模仿北方十六国制度的可能。这一反差恰好也可以促使我们去思考，魏晋南北朝政治分裂、朝局纷扰的情况究竟为制度的实践和发展提供了怎样的试验场①。

据《宋书·武帝纪》，刘裕即位的 3 个月后，永初元年（420）九月"壬申，置都官尚书"。故《百官志》复曰："宋高祖初，又增都官尚书。"② 这是后来的史志和政书，毫无例外地都明确记载都官尚书初置于宋武帝朝的原因。③

然而事实并非如此。据《晋书》，赫连勃勃趁着刘裕北伐灭后秦姚泓，占领长安后，即以谋臣王买德"往日之言，一周而果效，可谓算无遗策"为由，任命其为都官尚书，加冠军将军，④ 封河阳侯。王买德本是姚兴镇北参军，归附赫连勃勃后，任军师中郎将，并在攻取长安之役中，担任勃勃之子赫连璝（都督前锋诸军事、领抚军大将军）的抚军右长史，率军南断青泥（峣关，在今陕西蓝田），遂败晋军于青

---

① 试验场的表述，来源于李全德对五代十国重要性的思考：赵宋承后周，重视北方是自然之理。然而，南方同样蕴藏着历史发展的多种可能性。正视南方，才能放宽历史的视界。见氏著《唐宋变革期枢密院研究》，第 24 页。

② 《宋书》卷三《武帝纪下》、卷三九《百官志上》，第 60、1339 页。

③ 参见前引《唐六典》，及（清）纪昀等《历代职官表》卷一三《刑部》，第 250 页。

④ 西安碑林博物馆藏有夏真兴六年（424）所刻石马，铭文有"□□将军造兹石马"一语。余嘉锡为柯昌泗所得石马拓本作跋，指出"将军上一字残画似军字"，推测石马是冠军将军王买德所刻。罗宏才也认同这一看法。（清）叶昌炽撰，柯昌泗评《语石 语石异同评》（考古学专刊丙种第 4 号），陈公柔、张明善点校，中华书局，1994，第 19 页；罗宏才：《大夏石马的若干问题》，氏著《西部美术考古史》，上海大学出版社，2015，第 402—404 页。

泥北。①

　　赫连勃勃占领长安及任命王买德为都官尚书的时间，据
《晋书·安帝纪》和《资治通鉴》，可知为东晋义熙十四年
（夏昌武元年，北魏明元帝泰常三年，418）十一月。② 也就是
说，早于南朝宋新置都官尚书的两年前，北方十六国之一的匈
奴夏就已出现都官尚书。③ 王买德若非首任都官尚书，那么很
有可能早在义熙三年（夏龙昇元年，407），赫连勃勃称天王、
大单于，署置百官时，④ 就已存在都官尚书。

　　毫无疑问的是，都官尚书第一次见诸史籍时，正是刘裕因
为北伐与赫连夏政权密切接触的时期，他应该能及时了解到王
买德担任都官尚书的信息。因此，一个合理的推测是，刘裕所
置都官尚书，其实是南朝因袭北方政权制度实践的产物。但因
未被宋国史及沈约《宋书》所提及，后世遂踵前史而成通说。

　　值得注意的是，都官尚书并非南朝、隋唐因袭北方制度的

---

①　《晋书》卷一三〇《赫连勃勃载记》、卷一〇《安帝纪》，第 3205—
　　3209、267 页。

②　《资治通鉴》卷一一八，义熙十四年十一月，第 3721 页；缪荃孙：《夏
　　百官表》，《二十五史补编》第 3 册，第 4078 页。北魏崔鸿《十六国春
　　秋·夏录》将刘裕入长安及南返的时间系于凤翔四年（晋义熙十二年），
　　因而将赫连勃勃入长安系于次年八月进据咸阳之后。清人辑录《夏录》，
　　据此将王买德为都官尚书系于丁巳凤翔五年（晋义熙十三年），均不足
　　为据。（宋）李昉等：《太平御览》卷一二七《偏霸部十一》，第 615 页；
　　（清）汤球：《十六国春秋辑补》卷六五《夏录二》，《二十五别史》第
　　11 册，第 472 页。

③　石冬梅较早注意到王买德为都官尚书早于南朝宋置都官尚书一事，见氏
　　著《北魏太和新官制并未模仿南朝》，《天府新论》2007 年第 3 期，第
　　119 页；《论西魏尚书省的改革》，《许昌学院学报》2008 年第 1 期，第
　　28 页。

④　所置官有丞相、大将军、御史大夫、司隶校尉、尚书令、左右仆射等。
　　《晋书》卷一三〇《赫连勃勃载记》，第 3202 页。

个案。隋朝尚书省民部尚书（民部郎）[①]、兵部尚书[②]，也都最早出现于北方政权。这是在讨论隋唐尚书省制度渊源时必须注意的一个问题。

随着北魏兴起，渐次削平诸国，统一北方，南北方尚书制度实践中的不同因素开始集结于北魏，使北魏所置尚书省在一开始就表现出独特性来。正如严耕望所论："北魏偏起朔漠，汉化以渐，新旧竞替，制杂胡华，敷汉名于旧制，因事宜而立官，尚书制度又其特也。"[③] 然而史籍湮灭，致使北魏尚书制度渺然莫晓。严氏搜详旧史，撰成雄文，材料巨富，殆无遗漏，使得我们终于可以对北魏尚书制度有一个全景式的了解。[④] 据

---

① 《魏书》载封懿仕后燕"慕容宝（396—398 年在位），位至中书令、民部尚书（或作'左民尚书'）。宝败，归阙"，又载程骏祖父程肇，任后凉"吕光民部尚书"。《魏书》卷三二《封懿传》、卷六〇《程骏传》，第 846、1467 页；《封魔奴墓志》，赵超：《汉魏南北朝墓志汇编》（修订本），第 168 页。《张略墓志》载其在凉任"尚书郎、民部"。"民部"即指民部郎，应为张略仕北凉时所任官。罗新、叶炜：《新出魏晋南北朝墓志疏证》（修订本），第 49 页。

② 张金龙：《唐前"兵部"尚书研究》，第 78—79 页。

③ 严耕望：《北魏尚书制度》，"中华学术院"编《史学论集》，台湾中国文化大学出版部，1977，收入《严耕望史学论文选集》，中华书局，2006，第 339 页。

④ 严耕望：《北魏尚书制度考》，《中央研究院历史语言研究所集刊》第 18 本，1948 年，收入《严耕望史学论文集》，第 85—201 页。参见窪添庆文《北魏前期の尚書省について》，《史學雜誌》第 87 編第 7 號，1978 年，中译文《关于北魏前期的尚书省》，收入刘俊文主编《日本中青年学者论中国史·六朝隋唐卷》，上海古籍出版社，1995，此据〔日〕窪添庆文《魏晋南北朝官僚制研究》第一章，赵立新译，复旦大学出版社，2017，第 32—55 页；陈琳国《北魏前期中央官制述略》，《中华文史论丛》1985 年第 2 辑，收入《魏晋南北朝政治制度研究》，第 95—144 页；严耀中《二重奏——北魏前期政治制度》，中西书局，2019，第 69—72 页；陈仲安、王素《汉唐职官制度研究》，第 75—91 页。

此，本节拟进一步讨论北魏都官尚书的渊源及职掌。

北魏皇始元年（晋太元二十一年，396），道武帝从后燕夺取并州后，"初建台省（或作'曹省'），置百官"，"尚书郎已下悉用文人"。当时，东晋尚书仅分郎曹十五，北魏则为三十六曹，且自郎以下，皆用士人，如后燕汉人官僚。因知北魏尚书省分曹非仿自东晋，而是近承北方十六国，远绍西晋初年制度。如天兴元年（398）十一月诏："尚书吏部郎中邓渊典官制，立爵品，定律吕，协音乐；仪曹郎中董谧撰郊庙、社稷、朝觐、飨宴之仪；三公郎中王德定律令，申科禁；太史令晁崇造浑仪，考天象；吏部尚书崔玄伯总而裁之。"其中，三公郎中"定律令，申科禁"，即与前文所论西晋初以三公郎"典科律，申冤讼"的表述相近。

但这一体制维持时间甚短，至天兴元年十二月，置八部大夫，比拟尚书八座，即取代了令、仆射和诸尚书，而由崔玄伯"通署三十六曹，如令仆统事"。三个月后，复"分尚书三十六曹及诸外署，凡置三百六十曹，令大夫主之。大夫各有属官，其有文簿，当曹敷奏，欲以省弹驳之烦"，彻底废止尚书内台体制，但仍保留地方行台（邺行台）。

随着大夫体制的出现［包括明元帝神瑞元年（414）置八大人官、泰常二年（417）置六部大人官］，相应职位已不专用士人。此后尚书三十六曹旋复旋废（不排除存在尚书郎、大夫双轨并存制的可能），[1] 官吏亦杂用代人等，反映出道武

---

[1]　以上分见《魏书》卷二《太祖纪》、卷一一三《官氏志》、卷一一一《刑罚志》、卷二四《崔玄伯传》，第 31、37、3232、3129、695—696 页。

帝仿效汉制、任用汉族士人、建立集权体制的企图宣告失败。

直至太武帝始光、神䴥年间（424—431），北魏尚书省组织才得到较大发展。① 据严耕望统计，孝文帝改制前史籍中所见的北魏尚书分部，有殿中尚书、太官（宰官）尚书、南部尚书、北部尚书、西部尚书、吏部（选部）尚书、右民尚书、仪曹尚书、祠部（神部）尚书、礼部尚书、乐部尚书、主客尚书、驾部尚书、库部尚书、都牧（牧曹）尚书、虞曹尚书、右士尚书、都官尚书、太仓尚书、金部尚书。②

其中，既有沿用晋制者（吏部、驾部尚书等），又有沿用十六国制者（主客、七兵尚书），更有北魏新创者（包括以郎

---

① 《魏书》卷一一三《官氏志》，始光元年正月，置右民尚书。神䴥元年（428）三月，置左右仆射、左右丞、诸曹尚书十余人，各居别寺（第3235页）。

② 严耕望《北魏尚书制度考》认为，北魏前期还有都曹尚书和中曹侍御尚书。都曹尚书常由殿中尚书迁转，地位较诸部尚书为高，故列于尚书都省下。又据《魏书·抱嶷传》"累迁为中常侍、安西将军、中曹侍御、尚书。……自总纳言……奏议……抗直。高祖、文明太后嘉之，以为殿中侍御尚书领中曹如故，以统宿卫，俄加散骑常侍。……太和十二年，迁都曹，加侍中祭酒尚书领中曹侍御"，抱嶷即从殿中侍御尚书迁都曹尚书，而"侍中祭酒尚书领中曹侍御"应看作加侍中祭酒，领中曹侍御尚书。《严耕望史学论文集》，第101—103、113—115页。陈琳国认为中曹侍御尚书系严氏误读而致，实则"中曹侍御"是中曹属官之一，与尚书不同。另有侍御曹（即前引《抱嶷传》"殿中侍御"），与中曹均为内侍诸曹，与魏晋门下省相类。见氏著《魏晋南北朝政治制度研究》，第111—112页。此说得到俞鹿年及中华书局点校本整理者的认同。后者将前文断作："以为殿中侍御，尚书领中曹如故……太和十二年，迁都曹，加侍中、祭酒，尚书领中曹侍御。"《魏书》卷九四《阉官·抱嶷传》，第2192—2193页；俞鹿年：《北魏职官制度考》，社会科学文献出版社，2008，第64页。另外，参见周兆望对都曹尚书的辨析，见氏著《北魏"三都大官"若干问题考辨》，文史哲编辑部编《门阀、庄园与政治：中古社会变迁研究》，商务印书馆，2011，第323—324页。

曹为尚书曹者，如仪曹、祠部尚书等，改诸部或其他机构为尚书曹者，如南部、太官尚书等，以及殿中尚书这样名称仍旧，而职掌与地位明显区别者）。

严耕望指出，殿中尚书因典殿内禁卫兵马、宿卫左右是其最为重要的职守，[①] 故可以拥立君主。在北魏前期几次皇权过渡阶段，均有殿中尚书的身影。这与西晋置殿中尚书次于吏部，以及南朝殿中郎为礼乐所出，且用文学之士的情况，迥然不同。[②]

加之，北魏前期尚书部曹增损不常，而殿中尚书分部任职，规模最大，他部职掌之余皆归殿中。如有殿中右曹尚书、殿中侍御尚书、殿中都官尚书等。非但员额不限一人，并且分数曹职任。关于殿中侍御尚书，已见前注。以下重点来看殿中都官尚书。

严耕望据史传中所见北魏都官尚书最早出现在世祖太武帝朝（424—452），晚于《宋书·百官志》所载宋武帝初置都官

---

① 《南齐书》卷五七《魏虏传》载，太武帝时尚书职掌为"殿中尚书知殿内兵马仓库，乐部尚书知伎乐及角史伍伯，驾部尚书知牛马驴骡，南部尚书知南边州郡，北部尚书知北边州郡"（第1091页）。参见严耕望《北魏尚书制度考》，《严耕望史学论文集》，第114—115页。

② 《宋书》卷六二《羊欣传》载，羊欣为楚台殿中郎，桓玄谓之曰："尚书政事之本，殿中礼乐所出。"（第1818页）《梁书》卷三四《张缅传》载，殿中郎缺，梁武帝称"此曹旧用文学，且居鹓行之首，宜详择其人"（第545—546页）。北魏后期，殿中郎职掌已同南朝，掌诸州贺正使及上表，并负责斋会，此即所谓礼乐之事。庄帝时，宋世良"不欲亲庖厨"，故庄帝将斋会改付右郎。见《北史》卷二六《宋隐传》附《宋世良传》，"世良奏殿中主斋会之事，请改付余曹。帝曰：'卿意不欲亲庖厨邪？宜付右兵，以为永式。'河州刺史梁景叡，枹罕羌首，恃远不敬，其贺正使人，频年称疾。秦州刺史侯莫陈悦受其赠遗，常为送表。世良并奏科其罪。帝嘉之"（第941页）。

尚书（"似为见于记载之最早者"）。永初元年即北魏明元帝泰常五年（420），在太武帝即位前四年，时代极接近，故推断系北魏仿南朝宋制。文成帝之前，都官尚书常冠"殿中"为称。这是因为殿中卫士有羽林、虎贲等称，兵精且众，不仅宿卫左右，且四方有变，常诏殿中尚书率军出讨，故与都官尚书职能相近。所引史料，见诸《魏书》《北史》：

《窦瑾传》："转西部尚书。初定三秦（始光三年，426），人犹去就，拜使持节、散骑常侍、都督秦雍二州诸军事、宁西将军、长安镇将、毗陵公。在镇八年，甚著威惠。征为殿中、都官尚书，仍散骑常侍。……从征盖吴，……盖吴平（太平真君七年，446），瑾留镇长安。还京，复为殿中、都官，典左右、执法。……恭宗薨于东宫（正平元年，451），瑾兼司徒，奉诏册谥。"

《李惠传》："父盖，少知名，历位殿中、都官二尚书，左将军，南郡公。初，世祖妹武威长公主，故凉王沮渠牧犍之妻。世祖平凉州（太延五年，439），颇以公主通密计助之，故宠遇差隆。诏盖尚焉。……是后，盖加侍中，驸马都尉，殿中、都官尚书，左仆射，卒官。"

《韩茂传》："从平凉州……录前后功，拜散骑常侍、殿中尚书。……从破薛永宗，伐盖吴（太平真君六年）。转都官尚书。从征悬瓠，频破贼军。车驾南征（太平真君十一年），分为六道，茂与高凉王那出青州。……拜茂徐州刺史以抚之。车驾还，以茂为侍中、尚书左仆射。"

《车伊洛传》："延和中，授平西将军，封前部王。……正平二年，伊洛朝京师，拜都官尚书，将军、王如故。

卒，谥康王。"①

严氏以为，太武帝一代任都官尚书可考者四人六任，其中二人四任（窦瑾、李盖）皆云"殿中都官尚书"，观其行文，足知为殿中之都官尚书，非由殿中尚书迁任都官尚书。所以，李盖"历位殿中都官二尚书"（两处皆据严文）中"二"为衍字。②

不过，笔者更倾向于陈琳国的观点：殿中置左右曹尚书各一员，③ 并不存在殿中之都官尚书。因为，无论上文中"二"是否为衍字，但从"历位"看，"殿中、都官"也应依点校本断开为宜。

同理，窦瑾先后两次出任的"殿中都官尚书"，史文虽无"历任"，但也应视为一人兼任二尚书，而不宜将其视为殿中之都官尚书。当然，无论是由一人兼任殿中、都官二尚书，还是一人自殿中尚书转为都官尚书，或许都反映出北魏前期两者职能相近。

这是东晋后期都官"掌军事、刑狱"职能在北魏前期尚书省制中的体现。只不过在探讨殿中、都官尚书关系时，严耕望更倾向于其中的"军事"职能。但实际上，北朝都官尚书的职能，与南朝都官尚书一样，更倾向于"刑狱"。比如《窦

---

① 《魏书》卷四六《窦瑾传》、卷八三上《外戚上·李惠传》、卷五一《韩茂传》，第1141—1142、1970、1242页；《北史》卷二五《车伊洛传》，第913页。按，《魏书》卷三〇《车伊洛传》未载其为都官尚书，第806页。又，括号内之时间，据《魏书》卷四上下《世祖纪上下》，第84—124页。
② 严耕望：《北魏尚书制度考》，《严耕望史学论文集》，第137—138页。俞鹿年同意严耕望的观点，认为殿中都官尚书与殿中左曹尚书、右曹尚书性质相同。见氏著《北魏职官制度考》，第69页。
③ 陈琳国：《魏晋南北朝政治制度研究》，第107页。

瑾传》"典左右、执法"的记载，就应理解为殿中尚书、都官尚书职掌的并列表述。

北魏初设都官尚书，应在太武帝即位后增置尚书的神䴥元年（428）或稍后。目前所见最早的都官尚书就是窦瑾。他自始光三年（426）为秦雍都督、长安镇将凡八年，故其第一次受征任殿中、都官尚书，当在延和二年（433）。^① 值得注意的是，此前不久的神䴥四年十月，太武帝曾诏司徒崔浩改定律令。^② 不妨推测，太武帝以窦瑾为都官尚书"典执法"，恰在律令修成前后，或与当时司法体制转型有关。^③

北魏都官尚书出现于太武帝平统万城、消灭赫连夏残余势力之际。且太武帝又尝立赫连氏为皇后，^④ 对赫连氏政权组织形式应颇为熟悉。因此，都官尚书是因夏所设，还是仿宋而置，暂难断言。不过，从北魏前期尚书省制度的总体特征来看，将其视为延续北方政权制度的实践，似乎更为合理。

北魏前期这一独特的尚书制度，终因孝文帝倾慕华制，渐次而废。经过太和十七年（493）《职员令》与二十三年《职令》调整的北魏官制，^⑤ 呈现出如《南齐书》所载"官品百司，皆如中国（南朝）"的面貌。^⑥ 严耕望注意到，自太和十

① 《魏书》卷四上《世祖纪上》，延和二年正月，乐安王拓跋范出镇长安，是窦瑾的继任者，第96页。
② 《魏书》卷四上《世祖纪上》，第93页。
③ 《魏书》卷一一一《刑罚志》："神䴥中，诏司徒浩定律令。……论刑者，部主具状，公车鞫辞，而三都决之。当死者，部案奏闻。……帝亲临问，无异辞怨言乃绝之。诸州国之大辟，皆先谳报乃施行。"（第3130页）
④ 《魏书》卷四上《世祖纪上》，始光四年六月乙巳、神䴥四年六月、延和元年正月丙午条，第85、92、93页。
⑤ 《魏书》卷七下《高祖纪下》、卷一一三《官氏志》，第204、3253页。
⑥ 《南齐书》卷五七《魏虏传》，第1105页。

七年《职员令》颁布后，北魏吏部尚书职位不崇，较之殿中、南部二尚书相逊颇远的情况得到改变，接续此前及南朝吏部尚书超然诸曹的做法。与此同时，前期最有特色的南、北部尚书也不见于史，而史籍新见七兵、度支二尚书。[①]

当然，《南齐书》"皆如中国"的表述，也有夸大之处。如北魏后期有七兵尚书，不同于魏晋、南朝置五兵尚书，[②] 而见于后秦、后燕和赫连夏。史载，薛辩父薛强曾任姚兴七兵尚书，后秦亦有兵部郎，[③] 但两者关系不详。不过，唐人确实称晋太康中又置七兵尚书，严耕望、石冬梅据之认为后秦或北魏后期沿用晋制而设七兵尚书，[④] 但却忽视了《通典》"今诸家著述或谓晋太康中置七兵尚书，误矣"的考辨。[⑤] 今不从。

至于北魏后期都官尚书及都官郎曹等机构的职掌情况，及此后向隋唐刑部尚书体制的过渡，详见第五章。

小　结

通过本章的论述可知，在系统撰写八史（尤其是《晋书·

---

① 严耕望：《北魏尚书制度考》，《严耕望史学论文集》，第 119—122、125—126、135—136、139—140 页。

② 梁天正元年（551），侯景受禅，"改梁律为汉律，改左民尚书为殿中尚书，五兵尚书为七兵尚书"。《梁书》卷五六《侯景传》，第 956 页。梁朝殿中郎曹属度支尚书，而非左民尚书，故知侯景是根据北魏后期制度对南朝尚书省体制进行了大幅改变，涉及尚书所统郎曹内部次第或数量的变化。

③ 张金龙：《唐前"兵部"尚书研究》，第 62—64、78—79 页。

④ 石冬梅：《论西魏尚书省的改革》，《许昌学院学报》2008 年第 1 期，第 28 页。

⑤ （唐）李林甫等：《唐六典》卷六《尚书兵部》，第 150、165 页；（唐）杜佑：《通典》卷二三《职官五·兵部尚书》，第 641 页。

职官志》《隋书·百官志》），① 和编纂《唐六典》《通典》的过程中，唐朝人有意无意地构建起中古官制史宏大叙事的架构。在这一叙事架构中，唐人赋予了"断狱""刑狱""都官""中都官不法事""京师非违得失事"等制度特殊的概念以制度一般的属性，② 从而建立起"三公曹尚书—吏部尚书—都官尚书—刑部尚书"和"司隶校尉都官从事—都官郎曹—都官尚书"两条不同层面的制度史发展线索，对后世影响深远，但问题不少。因此，探讨尚书刑部及刑部四司体制的产生，切不可囿于上述唐人成说，更要弥合史志文本与制度实态之间的断裂，去思考"刑狱""法制"背后的制度内容。

西晋初年，模仿西汉重新设立了"掌刑断"的三公尚书，从而使其获得了"贼曹尚书"之名。这是唐人构建起从三公尚书到都官尚书演变脉络的前提之一。然而此别称，原属于东汉和孙吴二千石曹尚书，也就意味着西晋二千石郎曹是三公尚书的下属机构。新设的三公尚书虽然存废不常，但仍对原有郎曹职掌及其位次产生了一定的影响。三公郎曹在负责掌读时令的同时，又增加了"典科律""申冤讼"（部分源于定科郎、考功郎曹的停废）两项职掌。两者大致对应"辞讼、罪法

---

① 瞿林东：《论唐初史家群体及其正史撰述》，《瞿林东文集》第 7 卷《唐代史学论稿》（增订本），北京师范大学出版社，2017，第 244—260 页。
② 制度一般、制度特殊概念，借用自张闻天提出的生产关系一般、生产关系特殊的概念。为解决政治经济学研究中割裂生产力和生产关系的倾向，张闻天借助马克思"生产一般"的思想，提出了上述概念，指出生产关系包含有两个对立的方面：直接表现生产力的生产关系方面（生产关系一般）和所有关系方面（生产关系特殊）。前者具有永久性（或连续性）和易变性特点，后者具有暂时性（历史性）和相对稳定性特点。见氏著《关于生产关系的两重性问题》，《经济研究》1979 年第 10 期，第 32—42 页。

事"，这或许可以让人确信，魏晋二千石郎曹仅保留东汉二千石曹尚书所掌之盗贼事，其他文书已划归别曹处理。至西晋末，三公尚书停省后，出现了所谓"以吏部尚书兼领刑狱"的分工新制。最后，随着元嘉中复置删定郎，南朝形成了以吏部统领吏部、删定、三公、比部四郎曹的体制。其中，删定郎典定律令，三公郎主刑断，比部郎掌律令，形成相应的司法政务分工机制。

　　贯通中央地方的"都官"系统起于战国末年，西汉司隶校尉下属的都官从事，确实与之联系紧密（"中都官"是区别于地方都官系统的概念）。但汉魏之际，"都官"的含义在逐渐向"百官"转换，且已超出"中都官"或"京师"的范围。都官郎曹的出现应与此有关，且其职掌明显区别于都官从事（晋以后改称都部从事），因而不应认为两者有直接的因袭关系。军事色彩强烈的都官郎曹，在出现后不久，便与掌盗贼事的二千石郎曹关系密切（体现在两者位次的相邻）。因此东晋康帝、穆帝以后，随着后者的消失，都官郎曹便具备了兼掌军事、刑狱的职能，并为南朝所继承。但与三公、比部诸曹不同，都官郎曹所掌刑狱，侧重于刑讯罪因方面。

　　南朝宋初置的都官尚书，应该仿自北方政权赫连夏的制度实践。这一并存于南北方的新制度因素，随后被北魏吸收。这是研究隋唐尚书刑部体制渊源必须注意的一个问题。尽管有新因素的出现，但魏晋以后，与司法政务相关的尚书郎曹分属于不同尚书的状况，即呈现着零散态势的司法政务运行机制并未在南朝得到改变，因而探讨都官尚书向刑部尚书的转变，还需要从北朝制度发展中寻找新的线索。

第四章　六部生成史的个案研究（中）：
尚书刑部成立的西魏、北周因素

如绪言所述，尚书刑部的成立，是魏晋南北朝隋唐尚书体制发展的重要一环。近代以后，有关隋唐尚书省内部结构及渊源的研究，基本上是围绕着隋唐制度与北周制度的关系展开的。受唐人制度史叙事的影响，以陈寅恪为代表的近现代学者，特别强调西魏、北周制度对隋唐制度的影响微弱。随着研究的推进，近年来学者们意识到了唐人说法偏颇，开始强调北周六官体制对隋唐尚书省亦有深刻影响，其中即涉及唐代刑部的制度渊源。但已有研究多停留在从"刑部"等专名的渊源上来分析刑部尚书形成的北周因素上。

此后，陈灵海对隋改都官为刑部、西魏改三十六曹为十二部、西晋与北魏三十六曹的关系做了较为详细的考察，并探讨了都官、比部、司门三曹的来源，最后指出开皇三年（583）改都官尚书曰"刑部"，是以北周官制之美学形式，整合齐梁之制度实践，杂糅而成的结果。[①] 但其对"北周官制之美学形式"的认知，仍停留在西魏尚书十二部与北周六官的通说层面。

应该说，同样脱胎于北魏的西魏、北周政权，在制度发展

---

① 　陈灵海：《唐代刑部研究》，第 8—43 页；张春海：《从三公曹到刑部：论隋唐刑部的形成》，《南京大学法律评论》2016 年春季卷，第 111 页。

过程中，主要是在对中央职官制度进行探索时，走上了与东魏、北齐不同的道路。因此，虽然北魏、北齐尚书省的发展为隋朝尚书省的定型，也为尚书刑部的出现做了组织上与职能上的准备（见第五章），但西魏、北周的制度创新却为尚书省体制的改革与发展提供了新的思路和可能性。尚书六部二十四司体制的确立与后者密切相关。因此，本章先就此展开论述。

一 西魏大统六尚书十二部体制

西魏之初，尚书省仍沿袭北魏六尚书三十六郎曹的格局。魏文帝即位，吕思礼"领著作郎，除安东将军、都官尚书，兼七兵、殿中二曹事"。[①] 据其历官可知，西魏六尚书迁转当仍同北魏后期，以吏部、殿中、仪曹、七兵、都官、度支为序，[②] 职掌亦应仍旧。

但北魏后期尚书省郎曹的设置确实有弊端。西晋尚书郎曹虽分置为三十六曹，后增损为三十五曹，却仅置尚书郎二十三人，以统摄诸曹。其后，南朝尚书郎员额皆未超过此数，且郎曹亦经大幅省并（见表 2-1）。北魏太和中，则仿晋初三十六曹之规模，[③] 并置三十六郎，使得尚书省显得较为冗杂。对于

---

① 《周书》卷三八《吕思礼传》，第 744 页。《吕思礼墓志》仅载志主自都官尚书转七兵尚书，未见兼殿中尚书事。王其祎、周晓薇编著《隋代墓志铭汇考》第 2 册，线装书局，2007，第 57—58 页。

② 严耕望：《北魏尚书制度考》，《严耕望史学论文集》，第 108 页。

③ 北魏初年尚书省置废情况，已见前述。当时尚书虽分三十六郎曹，各置郎中、令史，但曹名可考者，仅有吏部、仪曹、三公和右中兵等曹郎中。孝文帝以后所置三十六郎曹，可考者有三十四曹，皆有郎中，所谓"近复太祖之法，远绍西晋之绪"。严耕望：《北魏尚书制度考》，《严耕望史学论文集》，第 145—149、153—157、90 页。此外，严氏以为北魏前后期

这一弊端，孝文帝在迁都之后不久，就向仆射李冲等解释了自己的想法："本所以多置官者，虑有令、仆暗弱，百事稽壅。若明，则听断独专，聪，则权势大并。今朕虽不得为聪明，又不为劣暗，卿等不为大贤，亦不为大恶，且可一两年许，少置官司。"①不过终其一生，孝文帝都没能实现自己"少置官司"的计划。推测其原因，大概与他对权臣"听断独专""权势大并"的局面有着现实忧虑的心态相关。② 所以尚书三十六郎曹，各置郎中，就成为北魏后期的通制。

随着北魏的分裂，宇文泰在控制西魏大权之后，便提出了"汉魏官繁，思革前弊"的思路，③ 形成一套与东魏、北齐不同的政制改革方案：首先是大统十二年（546）改尚书三十六曹为十二部，又于其上置六尚书；④ 其次是仿照《周官》建立六官，并于恭帝三年颁行。⑤ 北周建立，沿袭未改。

由于西魏尚书省改制史料缺乏，再加上随后建立的六官体制尤为受人瞩目，学界历来对这次尚书省体制的变化关注不

皆置七兵郎中，与左右中兵郎中等并属七兵尚书。然而，他是据行台七兵郎中反推内台官制，恐误。

①　（宋）王钦若等编《册府元龟》卷四六《帝王部·智识》，第 522 页。内 "若明，则听断独专，聪，则权势大并"，《魏书》卷五三《李冲传》作 "若明独聪专，则权势大并"，第 1299 页。

②　参见祝总斌《两汉魏晋南北朝宰相制度研究》对孝文帝顾命宰辅安排的分析（第 197—204 页）。

③　《周书》卷二《文帝纪下》，西魏恭帝三年正月丁丑条，第 36 页。

④　大统"十二年，改三十六曹为十二部"，诏以都兵郎中、雍州别驾柳庆 "为计部郎中，别驾如故"，左民郎中李彦"改授民部郎中"。又，唐瑾迁民部尚书，转吏部尚书。"时六尚书皆一时之秀，周文自谓得人，号为六俊"。事在西魏恭帝元年（554）于谨伐江陵前，故知此六尚书即大统十二年改制后尚书分曹情况。《周书》卷二二《柳庆传》、卷三七《李彦传》、卷三二《唐瑾传》，第 406—407、727、616 页。

⑤　《周书》卷二《文帝纪下》，第 36 页。

够。即便在探讨隋唐制度渊源之时，学者也往往重视北周六官制的影响，而很少谈及大统十二年尚书省改革。因此，石冬梅对西魏尚书省改革的研究，颇有新意，值得重视。[①]

西魏大统十二年六尚书，据《周书》所载，仅存吏部、民部（见前引《周书·唐瑾传》）、兵部、工部四尚书之名，[②]而十二部中，仅存吏部、民部（见前引《周书·李彦传》）、虞部、兵部、蕃部、计部（见前引《周书·柳庆传》）、礼部七部之名。[③] 石冬梅根据之后北周六官中存在的工部中大夫、刑部中大夫，及膳部、驾部、宾部等名，认为西魏改革之后的尚书省，形成了吏、民、礼、兵、刑、工六部尚书，[④] 和吏、

[①]　石冬梅：《论西魏尚书省的改革》，《许昌学院学报》2008 年第 1 期，第 28—31 页。王素也注意到了西魏大统十二年尚书省改革，认为十二部应为吏、户（民）、礼、兵、刑、工、计、膳、驾、蕃、宾、虞，但并未详细给出考证依据。此后叙隋唐尚书省渊源时，他直接拿北齐制度做比较，并未给予西魏尚书省改革足够的关注。王素所考十二部，除民部依唐人作户部外，其他均与石冬梅的结论相同，唯后五部次第不同。不过，未见石氏引证王素的结论。王素：《三省制略论》，第 21 页。

[②]　《周书》卷三七《李彦传》、《裴文举传》附《尞（本姓牛）允传》，第 728、733 页。参王其祎、周晓薇编著《隋代墓志铭汇考》第 5 册《牛方大墓志》，第 381—383 页。石冬梅所列西魏工部尚书有杜杲，然而据其传记，任职时间是开皇元年（《周书》卷三九《杜杲传》，第 768 页），见氏著《论西魏尚书省的改革》，《许昌学院学报》2008 年第 1 期，第 30 页。

[③]　礼部、蕃部、兵部、虞部、吏部郎中，见《周书》卷三二《柳敏传》、卷三九《皇甫璠传》，第 613、760 页。

[④]　大统六尚书之名，在此前北方政权中均曾出现。对于六尚书之名，石冬梅曾据《周书》卷三七《张轨传》"魏恭帝二年征拜度支尚书"的记载（第 727 页），提出了当时存在的是度支尚书、都官尚书，而非民部尚书和刑部尚书，以及十二部中有度支部的可能。不过，在后来的文章中，他又径自称之为吏、民、礼、兵、刑、工六部尚书，并认为其中民、礼、兵、刑四部由度支、祠部、七兵和都官改称，而工部来源于起部。但这一看法，是根据六官官制推测，并无实据。见氏著《西魏北周六官制度新探》，《西南大学学报》（人文社会科学版）2007 年第 1 期，第 183—184

民、礼、兵、刑、工、计、蕃、虞、膳、驾、宾十二部郎曹的格局。至于改革之后，尚书统郎的情况，即是否整齐划一地由每部尚书领二部郎中，则限于史料，无法确知。由此，他认为无论是北周六官中的民部、礼部、吏部、兵部、刑部、工部中大夫，还是隋朝开皇三年的吏、民、礼、兵、刑、工六部尚书，都是对西魏尚书省改革的继承。隋朝只是废除了北周六官中大夫之名，恢复西魏大统新制而已。同时，隋初二十四司的建立，也只不过是对西魏尚书机构精简过甚的弊病进行的纠正。基于此，石冬梅指出，隋唐尚书省最重要的渊源是西魏，特别是大统十二年改革后的尚书省。那些认为隋唐官制主要源自北齐或北周的看法并不妥当。[①]

上述研究，加深了学界对"西魏、北周→隋唐"这一脉络制度演变的了解。不过，相关结论也有需要再做斟酌之处。

首先，大统十二年六尚书完全按照唐光宅元年（684）之后已经完全定型的尚书次第排序，[②] 恐怕是有问题的。当然，

页；《论西魏尚书省的改革》，《许昌学院学报》2008 年第 1 期，第 30 页。

[①] 石冬梅：《北周六官源流考》，《保定学院学报》2008 年第 1 期，第 32—36 页。在《北魏太和新官制并未模仿南朝》中，他又进一步向前追溯，认为北魏太和新官制，基本上被西魏以及东魏、北齐所继承，而隋朝官制又主要源自西魏以及六官制度，所以，太和新官制是隋唐官制的主要渊源。石冬梅：《北魏太和新官制并未模仿南朝》，《天府新论》2007 年第 3 期，第 118—122 页。

[②] （宋）王溥《唐会要》卷五七《尚书省诸司上·尚书省分行次第》有"《武德令》：吏、礼、兵、民、刑、工等部。《贞观令》：吏、礼、民、兵、刑、工等部。光宅元年九月五日，改为六官，准《周礼》分，即今之次第乃是也"（第 1159 页）。参见《旧唐书》卷四二《职官志一》注曰："《武德令》，礼部次吏部，兵部次之，民部次之。贞观年改以民部次礼部，兵部次之。则天初又改以户部次吏部，礼部次之，兵部次之。"（第 1792 页）

由于史料不足，目前暂无法窥知大统尚书次第，因而石氏的做法是可以理解的，但不可视为定论。更何况，工部、刑部尚书之名据六官体制中的工部中大夫、刑部中大夫推定，尚无确凿证据。

其次，将开皇三年六部尚书与大统六尚书直接对应起来，也稍显武断。西魏恭帝三年（556）所设六官中的礼部中大夫，确有可能是继承大统新制的礼部尚书而来，隋朝礼部尚书也确实是因北周六官的礼部而来。但问题是处在六官体制前端和末端的两个"礼部"，实际上并非同一个"礼部"。自西魏恭帝三年至北周静帝大定元年（581），六官体制虽然只沿用了 25 年，但其间同样经历着不断的调整。礼部正是其中的一例：保定四年（564）五月丁亥，周武帝改礼部为司宗、大司礼为礼部。① 那么，究竟隋唐礼部尚书是缘何而来呢？《通典》载："后周置春官卿，又有礼部，而不言职事。后改礼部为宗伯（引者按：此为汉晋南北朝太常卿别称，故杜佑用以指'司宗'）。又春官之属有典命（掌内外九族之差及玉器衣服之令，沙门道士之法），后改典命为大司礼，俄改大司礼复为礼部，谓之礼部大夫。至隋，置礼部尚书，统礼部、祠部、主客、膳部四曹，盖因后周礼部之名，兼前代祠部、仪曹之职。"② 由此不难看出，隋初尚书省所直接承袭的"礼部"之

---

① 《周书》卷五《武帝纪上》，第 74 页。王仲荦认为，司宗之职是仿《周礼》春官之考肆师一职而立，"掌立国祀之礼"与"兆中庙中之禁令"，见氏著《北周六典》，中华书局，1979，第 163—164 页。据此可知，北周司宗之职，相当于此前与此后的太常卿。见（唐）李林甫等《唐六典》卷一四《太常寺》，太常卿"掌邦国礼乐、郊庙、社稷之事"（第 394 页）。

② （唐）杜佑：《通典》卷二三《职官五·礼部尚书》，第 639 页。

名，当是从典命（大司礼）所改而来的礼部大夫（中大夫），故礼部尚书职掌亦因袭典命所掌"衣服之令""沙门道士之法"，① 而非六官初建之时"不言职事"的礼部（后之司宗，即太常卿）。

对于西魏六尚书十二部体制的讨论，目前只能到此为止。接下来，仍要进一步分析六官体制对尚书体制的影响。

二 北周六官府及"府置四司"体制

如本章开篇所述，目前对于西魏北周六官制度如何影响隋唐尚书省制度，还停留在六官府对六部体制的塑造，尤其是冬官府对工役之曹地位的提升上。但六官体制对隋唐尚书省的影响，应不仅限于此。

所谓六官，即天、地、春、夏、秋、冬六官府，分"置六卿，以分司庶务"。② 《周书》载大统中，宇文泰"命苏绰、卢辩依周制改创其事，寻亦置六卿官，然为撰次未成，众务犹归台阁。至是（恭帝三年正月）始毕，乃命行之"。③ 所以学者们更强调六官对尚书省（台阁）的模仿比拟。④ 这是从宰相职权方面考察而得出的结论。

---

① 可对应唐代礼部郎中"掌礼乐、学校、仪式、制度、衣冠"，以及祠部郎中掌"僧尼簿籍"等事。见（唐）杜佑《通典》卷二三《职官五·礼部尚书》，第639—640页。
② 《隋书》卷二七《百官志中》，第857页。
③ 《周书》卷二《文帝纪下》，第36页。唐人即称"后周依《周礼》置六官，尚书之任"，（唐）徐坚等：《初学记》卷一一《职官上·诸曹尚书》，第263页。
④ 王仲荦：《北周六典》，"前言"，第4页；陈仲安、王素：《汉唐职官制度研究》，第92页。

　　如果从机构分合的角度来看，北周六官明显是将当时朝廷之上的公卿、台省各类机构打乱之后，比附《周礼》重新组合而成的。前文提到的司宗、礼部中大夫分别对应太常卿、礼部尚书之职，便是其证。当然，这种比附绝不是照搬《周礼》，而是"利用其名号"，以暗合西魏北周实际的灵活处理。① 更不用说，当时统治者也并未机械地全盘照搬《周礼》，而仅将其比附于庙堂之机构，至于军事体制、地方体制则一仍其旧。②

　　正如陈寅恪指出的，北周官制"阳傅周礼经典制度之文，阴适关陇胡汉现状之实"，以及"或阴为六镇鲜卑之野俗，或远承魏、（西）晋之遗风"。③ 严耕望对北魏前期尚书省制度也有如下总结：太武帝至孝文帝末改制以前时代，尚书名目繁多，分职甚细，大抵因事立名，不具常格，甚至内廷之职，亦以尚书为名。尚书机构，略仿秦汉卿署令长之制，上混宗周大夫之名，与前代及南朝之制绝不相类。所谓略仿秦汉，上混宗周，是指这一时期尚书机构内存在尚书郎、令史与大夫、长、署令等并存的情况。④ 据此可推测，北周六官与北魏前期尚书制度应该渊源甚深。如北魏太和前期仍存在之司宗下大夫、典命中（下）大夫、主爵下大夫等名，⑤ 亦见于北周六官之中。可见苏绰、卢辩等人在参照《周礼》而创制北周六官时，也应参考了北魏前期尚书省旧制。

　　那么，北周六官在制度发展上对隋唐尚书省的形成有何影

①　陈寅恪：《隋唐制度渊源略论稿》，第102页。
②　《周书》卷二四《卢辩传》载，"于时虽行《周礼》，其内外众职，又兼用秦汉等官"（第442页）；王仲荦：《北周六典》，"前言"，第3页。
③　陈寅恪：《隋唐制度渊源略论稿》，第101、4页。
④　严耕望：《北魏尚书制度考》，《严耕望史学论文集》，第87—88页。
⑤　详见俞鹿年《北魏职官制度考》，第64—78页。

响呢？

学者们通常是从六官与尚书省官（六部或八座）的对应来分析的。然而就《北周六典》的勾稽来看，六官府之下的机构，已经超过三百六十个。若再加上"六官余录"中未知所属的机构，则总数在四百个以上。可以说，分曹之繁复，已然甚于北魏前期分置的尚书曹及诸外署。不过，与北魏早期三百六十曹皆以大夫为长，各曹是平行机构不同，[①] 六官之下的四百余曹，形成了以卿、上大夫、中大夫、下大夫、上士、中士、下士为级别的科层体系。其中，以大夫为长官的机构，在九十个以上。这种混并了公卿、台省、寺监而成的六官，虽然也是解决魏晋以后三公制向三省制过渡过程中，尚书机构与九卿系统二者并存重叠所造成的混乱体制的一种办法，但必须注意到，由于两类官仍存在平行的状况，[②] 这种将台省、寺监官纳入六官的做法表明，六官体制还没有为严耕望所谓隋唐以尚书省为政务机关、寺监官为事务机关的行政架构找到出路。

在谈到六官与隋唐三省六部制的渊源时，陈仲安、王素指出，"就其职事观察，主要亦系模拟尚书省之制度。如：天官大冢宰总司百官之政，实际相当尚书令、仆射等职。大司徒、大宗伯、大司马、大司寇、大司空五官，则相当吏、礼、兵、刑、工五部尚书。天官司会相当户部首长。御正、御伯相当侍中、黄门等内侍官员，春官内史相当中书监、令"。[③]

上述看法应该是受到《唐六典》在追溯六部尚书渊源时

① 严耕望：《北魏尚书制度考》，《严耕望史学论文集》，第171—173页。
② 参见吴宗国《三省的发展与三省体制的建立》，吴宗国主编《盛唐政治制度研究》，第18页；陈仲安、王素《汉唐职官制度研究》，第70—73页。
③ 陈仲安、王素：《汉唐职官制度研究》，第92页。

大多以之与《周礼》六卿对应的影响，并因而将其与北周六卿建立了直接对应关系。① 应该说，《唐六典》追述，是建立在光宅元年（684）以六部尚书班次对应天、地、春、夏、秋、冬六卿的制度改革事实之上。因而编纂者将六部尚书对应《周礼》六卿是合适的，但进一步将其与和《周礼》实际上有很大不同的北周六卿直接对应，则是有问题的。比如，吏部中大夫为夏官大司马下属，而陈仲安、王素却以地官大司徒对应吏部尚书，② 而地官府首曹（即王仲荦所谓的地官之考）却是民部中大夫。

　　其实，唐人杜佑早就注意到了两者的不同，认为"大唐武太后遂以吏部为天官，户部为地官，礼部为春官，兵部为夏官，刑部为秋官，工部为冬官，以承周六官之制。若参详古今，征考职任，则天官太宰当为尚书令，非吏部之任。今吏部之始，宜出于夏官之司士云"。③ 据此，分析北周六官对隋唐制度的影响，不能仅仅停留在六官与尚书八座名称的对应上。

---

① 《唐六典》以礼部尚书、兵部尚书、刑部尚书、工部尚书分别对应周与北周之春官大宗伯卿、夏官大司马卿、秋官大司寇卿、冬官大司空卿，与陈仲安、王素《汉唐职官制度研究》所论一致，唯以吏部尚书、户部尚书对应周与北周之天官大冢宰卿、地官大司徒卿，与陈、王二氏所论不同。（唐）李林甫等：《唐六典》卷二至卷七，第26、63、108、150、179、215页。参见李淋栋《光宅改易官名的知识背景及历史影响——以六部尚书改用〈周礼〉六官命名为中心》，包伟民、刘后滨主编《唐宋历史评论》第13辑，社会科学文献出版社，2024，第110—131页。

② 陈仲安、王素《汉唐职官制度研究》以地官大司徒对应吏部尚书，大概是为了突出"五府总于天官"时大冢宰之地位，故参照《通典》将其对应尚书令、仆射的一种变通处理。

③ （唐）杜佑：《通典》卷二三《职官五·吏部尚书》，第629页。此处"司士"指的是《周礼·夏官》司士下大夫。不过，北周于吏部中大夫之外，别置司士中大夫，与吏部分职。王仲荦：《北周六典》，第355、367—368页。

一个值得注意的变化出现于周宣帝内禅于静帝而自称
"天元皇帝"后。天元皇帝"所居称天台，冕有二十四旒，车
服旗鼓，皆以二十四为节。内史、御正皆置上大夫。皇帝衍
（静帝）称正阳宫，置纳言、御正、诸卫等官，皆准天台"。①
其中，内史大夫、御正大夫、纳言大夫，相当于中书、门下两
省长官。北周末年，在天台和正阳宫所置官中特意强调内史、
御正、纳言等上大夫，有何特殊意义呢？

北周六官皆以卿为长官，又置上大夫的小冢宰、小司徒等
为副贰官，其下有中大夫以下诸职。其中，内史中大夫为春官
之属，御正中大夫、御伯（后改纳言）中大夫是天官之属。②
可是到了宣帝禅位之后，天台与正阳宫内史、御正、纳言皆为
上大夫，虽然仍在六官体制之内，然而其地位已经上升为六卿
之次，高于由尚书机构和寺监系统混合而成的六官其他机构。③

《唐六典》载，"后周天官府置给事中士六十人，掌理六经
及诸文志，给事于帝左右；其后，六官之外又别置给事中，曰
四命"。又载，"后周天官府置御伯中大夫二人，天子出入则侍
于左右，大祭祀盥洗则授巾。武帝改御伯为纳言，盖侍中之职

---

① 《周书》卷七《宣帝纪》，大象元年（579）二月辛巳条，第 127 页。
② 《周书》卷五《武帝纪上》载，保定四年（564）六月庚寅，改御伯为纳
　言（第 74 页）。
③ 刘后滨认为六官体制将中书、门下两省从禁中（内朝）移到了禁外（外
　朝），使之成为六官系统下的外朝机构，为三省制的形成创造了条件。
　但实际上，北魏时中书省应该已经从禁中移出至太极殿前朝附近，以靠
　近在外朝的尚书上省，同时在金墉城置有中书外省。北魏门下省亦有内
　省、外省之别，但其位置不详。由此可见，两省移出至外朝的过程并不
　始于北周之时。《魏书》卷八二《常景传》、卷九一《术艺·张渊传》、
　卷一一《前废帝纪》，第 1945、2118、328 页。参见刘后滨《唐代中书
　门下体制研究：公文形态、政务运行与制度变迁》（增订版），第 53 页；
　祝总斌《两汉魏晋南北朝宰相制度研究》，第 209—212、317 页。

也。宣帝末，又别置侍中，为加官"。① 可见，到了北周末年，六官体制已逐渐被突破。② 因此宣帝提升内史、御正、纳言级别，实际上为即将到来的隋朝官号复旧做了必要的准备。③ 而且，这个准备并非始于宣帝。早在武成元年（559）八月，周明帝在改天王称皇帝之后，便已将御正的品秩提升为上大夫，增置四人。④

　　与上述调整相比，更值得注意的变化是周武帝时六官体制的一次组织结构变动。建德二年（573）三月，武帝"省六府诸司中大夫以下官，府置四司，以下大夫为之官长，上士贰之"。⑤ 虽然这次调整之后，仍有一些微调，⑥ 但每府四司的格局，大概一直沿用到宣帝末年。《北史》载，"宣帝嗣位，事不师古，官员班品，随情变革。至如初置四辅官，及六府诸司

---

① （唐）李林甫等：《唐六典》卷八《门下省》，第 244、241 页。

② 陈寅恪《隋唐制度渊源略论稿》指出，北周六官"以出于一时之权宜，故创制未久，子孙已不能奉行，逐渐改移，还依汉魏之旧，如周宣帝露门元旦受朝贺时，君臣皆服汉魏衣冠，即可以证明"（第 102—103 页）。

③ 王仲荦也认为，六官处理的是日常性的政务工作，但大事决策则要由和皇帝很接近的官僚来承担，因此用六官来比拟尚书八座，用御正、纳言来比拟中书、门下。可见，北周后期中央政府组织形式，表面上是六官，实际上却还是依着魏晋以后所形成的三省在发挥作用。见氏著《北周六典》，"前言"，第 4 页。

④ 《周书》卷四《明帝纪》，武成元年八月癸丑条，卷三二《申徽传》，"明帝以御正任总丝纶，更崇其秩为上大夫，员四人，号大御正"（第 60、609 页）。

⑤ 《周书》卷五《武帝纪上》，第 86 页。《北史》卷三〇《卢同传》附《卢辩传》略同（第 1101 页）。

⑥ 《周书》卷五《武帝纪上》，建德二年"六月庚子，省六府员外诸官，皆为丞"，卷六《武帝纪下》，建德四年"十一月己亥，改置司内官员"，第 86、100 页。

复置中大夫，并御正、内史增置上大夫等，则今载于外史"。①
可见直到宣帝内禅前后，才又恢复中大夫一级，② 但不知是否
放弃二十四司的新制。若从其内禅后，建"冕有二十四旒，
车服旗鼓，皆以二十四为节"之制来看，仍保持了二十四司
的架构，故前文曰"六府诸司复置中大夫"。

可以明确的是，六府二十四司的体制至少存在了六年
（占六官体制行用期的 24%）。然而由于史书对于这次制度更
替的记载不多，仅有的记载也往往被淹没在六官体制的大框架
内，所以尽管学者注意到了这次调整，③ 但并未论及其对尚书
省二十四司的影响。

史籍既言"省六府诸司中大夫以下官"，则说明对六府长
官及次官一级（卿、上大夫）没有影响，所以每府所置四司亦
当不包括相当于中书、门下两省的御正、纳言、内史等官员。

虽然每府设置了以下大夫为长的四司，且具体情况不知其
详，同时又存在不利的反证。④ 但是这种六府二十四司的新六
官体制，从组织形态来看，与隋唐尚书省六部二十四司的格局
高度相似，两者之间隐然存在某种关联。

① 《北史》卷三〇《卢同传》附《卢辩传》，第 1101 页。置四辅官，见《周书》卷七《宣帝纪》，大成元年（579）正月癸巳条，第 125 页。
② 六府诸司复置中大夫，在置四辅官事后，或与御正、内史增置上大夫同时。
③ 王仲荦：《北周六典》，第 3、5 页。
④ 王仲荦《北周六典·凡例》指出，"建德二年三月癸巳之前，中大夫为司之长，下大夫是司之副贰，建德二年三月癸巳之后至宣帝嗣位，下大夫为司之长，上士是司之副贰。……又时虽府置四司，以下大夫为官之长，而据《周书》《隋书》《北史》诸帝纪列传，如司会、左右宫伯、纳言、民部、司宗、内史之属，仍置中大夫，故亦不可一概例之，以为时不置中大夫，此又读史之难也"（第 8—9 页）。

　　诚然，这时的六府二十四司，限于六官体制，还不可将其与隋唐之六部二十四司等同起来。以吏部中大夫为例，《通典》载，"后周有吏部中大夫一人（掌群臣及诸子之簿，辨其贵贱与其年岁，岁登下其损益之数。依六勋之赏，颁禄之差），小吏部下大夫一人（掌贰吏部之事），领司勋上士等官，属大司马"。① 虽然这里记载的是北周前期六官中吏部中大夫统小吏部下大夫、司勋上士等官，② 但对于理解建德二年（573）后六府二十四司的六官新体制有所帮助。另外，正如王仲荦所指出的，北周后期的司勋亦置中大夫（此前仅置上士，隶吏部），成为与吏部中大夫平行的官职。③ 这对随后隋朝吏部四司（吏部、主爵、司勋、考功）的形成是有影响的。

　　至于北周之所以一改魏晋以后吏部为尚书首曹的传统，而将其置于夏官府军司马和职方中大夫之下，除了因为它是仿照《周礼》司士一职而来外，更与后周地方佐官中"刺史僚佐，州吏则自署，府官则命于朝廷"的选举制度有关。④ 正是由于朝廷掌握着军府佐官的任命权，所以便将吏部中大夫置于掌军事的夏官府，以符合《周礼》之制。

---

① （唐）杜佑：《通典》卷二三《职官五·吏部尚书》，第630—631页。
② （唐）杜佑：《通典》卷三九《职官二一·秩品四》载后周官品，春官府正下正五命（中大夫）有礼部，正四命（下大夫）有典命，第1066—1067页。这说明《通典》所载后周官品，不仅在保定四年改礼部为司宗之前，而且在改典命为大司礼之前。据此可知，该书所载吏部统司勋上士亦为六官之初的情况。
③ 王仲荦：《北周六典》，第368—369页。
④ （唐）杜佑：《通典》卷一四《选举二·历代制中》，第342页。参见《周书》卷二三《苏绰传》，"刺史府官则命于天朝，其州吏以下，并牧守自置"（第424页）。

小　结

通过本章的论述可知，西魏大统六尚书十二部和北周六官体制，是隋唐尚书省制度的直接来源之一。除了司勋、礼部、兵部、职方、刑部、司门、民部、工部诸名及职掌皆直接来自西魏尚书省、北周六官制外，北周末年六府二十四司的新组织形式则进一步为隋唐尚书六部二十四司体制的出现提供了借鉴。因此，西魏、北周制度影响及于隋唐者，绝非微末。

但同时也应该注意到，北周六官毕竟在组织结构上，与之前的三公九卿制和之后的三省六部制截然不同。然而当隋文帝决定废止六官，还依汉魏，重建省台、寺监机构之时，短时间内便搭建起完备的尚书省。如此速度，应该是在比较成熟的参照系下完成的。这一比较成熟的参照系，自然是北齐尚书省旧制。这也与陈寅恪"隋唐礼制与北齐人士有密切关系"的观点相合。[1] 有关隋初尚书刑部成立中的魏齐因素，及这一阶段司法政务集并化过程，见第五章。

---

① 　陈寅恪：《隋唐制度渊源略论稿》，第 53 页。

第五章　六部生成史的个案研究（下）：
尚书刑部成立的魏齐因素

如前所述，东晋以后，随着尚书郎曹的析置、省并，南朝尚书台（省）形成了以吏部尚书兼领吏部、删定、三公、比部四郎曹的体制。其中，删定郎典定律令，三公郎主刑断，比部郎掌律令，与都官郎曹兼掌刑狱（侧重于刑讯罪因，属都官尚书），共同构成当时司法政务运行机制中必不可少的主要环节。

源于十六国制度实践，而为南朝宋仿效设置的都官尚书，代表了尚书省发展的新因素，但这并未改变上述呈分散态势的司法政务运行机制。因此，探讨都官尚书向刑部尚书的转变，还要在北朝制度发展中去寻找新的线索。

一　北魏后期都官、三公郎曹分掌司法政务的延续

北魏前期和后期的尚书省在组织形态上差异明显，但都官、三公郎曹分掌司法政务的体制基本延续。

当然，无论是前期还是后期，史籍都未记载北魏都官郎曹的具体职掌。以前期而言，仅见太武帝时，窦瑾任殿中、都官尚书，"典左右、执法"。前文已指出，这一记载宜理解为对

殿中尚书、都官尚书职掌的并列表述，因此"执法"与都官郎曹职掌有关（见第三章），但其实际内容难以详知，或许与南朝宋都官郎曹兼掌刑狱而重在讯囚相类似。

到了北魏后期至东魏，史传中涉及都官郎曹职掌的记载有所增加。如灵太后初临朝时（515—520），封回以都官尚书而建议"肃刑书，以惩未犯"，应与都官郎曹掌刑狱有关。① 此职掌所涵盖的内容，则可通过以下两案来分析。《魏书·尔朱世隆传》载：

> 此年（中兴二年，532）正月晦日，令、仆并不上省，西门不开。忽有河内太守田怗家奴告省门亭长云："今旦为令王借车牛一乘……请为记识。"时世隆封王，故呼为令王。亭长以令、仆不上，西门不开，无车入省，兼无车迹。此奴固陈不已，公文列诉。尚书都令史谢远疑谓妄有假借，白世隆付曹推检。时都官郎穆子容穷究之，奴言："初来时至司空府，西欲向省，令王嫌迟，遣二防阁捉仪刀催车。车入，到省西门，王嫌牛小，系于阙下槐树，更将一青牛驾车。令王……遣一吏将奴送入省中听[厅]事东阁内东厢第一屋中。"其屋先常闭篃。子容以"西门不开，忽言从入；此屋常闭，奴言在中"诘其虚罔。奴云："此屋若闭，求得开看，屋中有一板床，床上无席，大有尘土，兼有一瓮米。奴拂床而坐，兼画地戏弄，瓮中之米亦握看之。定其闭者，应无事验。"子容与谢远自入看之，户闭极久，全无开迹。及入，拂床画地，

踪绪历然，米亦符同，方知不谬。具以此对。世隆怅然，意以为恶。未几（四月甲子）见诛。①

《北齐书·宋游道传》载：

魏安平王坐事亡，章武二王及诸王妃、太妃是其近亲者皆被征责。都官郎中毕义云主其事，有奏而禁，有不奏辄禁者。（左丞）游道判下廷尉科罪，（尚书令）高隆之不同，于是反诬游道厉色挫辱己，遂枉考群令史证成之，与左仆射襄城王旭、尚书郑述祖等上言曰："……谨案：尚书左丞宋游道……毁誉由己，憎恶任情。比因安平王事，遂肆其祸心，因公报隙，与郎中毕义云递相纠举。又左外兵郎中魏叔道牒云：'局内降人左泽等为京畿送省，令取保放出。'大将军（即齐文襄王高澄）在省日，判'听'。游道发怒曰：'往日官府何物官府，将此为例！'又云：'乘前旨格，成何物旨格！'依事请问，游道并皆承引。……今依礼据律处游道死罪。"是时朝士皆分为游道不济。……文襄闻其与隆之相抗之言……诏付廷尉，游道坐除名。②

---

① 《魏书》卷七五《尔朱彦伯传》附《尔朱世隆传》，第1806—1807页。
② 《北齐书》卷四七《酷吏·宋游道传》，中华书局，2024，第720—721页。参见《北史》卷三四《宋繇传》附《宋游道传》，第1273—1274页。安平王元黄头为后废帝子，传附于《魏书》卷一九下《景穆十二王·章武王太洛传》，第587页。此事应发生在武定四年（546）十一月高欢病重，高澄"驰赴军所，侍卫还晋阳"之后，次年五月元旭由尚书右仆射迁为太尉之前。《资治通鉴》将此事系于武定二年宋游道劾免尚书令司马子如等人之后，不准确。《北史》卷六《齐本纪上·文襄纪》，第233页；《魏书》卷一二《孝静帝纪》，第361页；《资治通鉴》卷一五八，梁大同十年（544）八月癸酉、九月甲申条后，第4923—4924页。

穆子容审理田怙家奴论告一案，发生在都令史请示尚书令"付曹推检"之后。由此可知，穆子容是由于担任都官郎，职掌所在，[①] 故而负责此案。从"穷究""诘其虚罔"不难看出，所指正是拷掠鞫狱之事。这与安平王坐事逃亡后，都官郎中毕义云"主其事"的内容相符，即将被征责诸人经奏或不奏收禁，并非断狱。因为后者是三公郎曹之职。

北魏建立尚书省之初，三公郎沿袭晋制掌律令、断罪之事，参与"定律令，申科禁"。但所属尚书曹不详，或即如晋制为吏部尚书所统（见第三章）。虽然北魏太武帝之前尚书省存废不常，此后又经历了孝文帝改制的重大变动，但与都官郎曹掌刑狱一样，三公曹掌断罪、修律的职能，[②] 也延续了下来，见《崔鸿墓志》："寻除尚书三公郎中。大小以情，片言无爽。五流三就，各尽其宜。"[③] 更详细的情况，见于以下两案：

---

① 所谓职掌所在，指并非因为特殊命令而出现的临时差遣。如东魏毕义云为都官郎中，"性严酷，事多干了。齐文襄作相，以为称职，令普勾伪官，专以车辐考掠，所获甚多"。至北齐河清二年（563），毕义云累迁都官尚书后，"时武成酣饮终日，朝事专委侍中高元海，凡庸不堪大任。以……毕义云长于断割，乃虚心倚仗"。两事皆非都官曹职掌，而是任职者的差遣。《北史》卷三九《毕众敬传》附《毕义云传》，第 1427 页；《北齐书》卷四七《酷吏·毕义云传》，第 724 页；《北史》卷五六《魏收传》，第 2034 页。

② 北魏后期三公郎中掌修订法律，见《北齐书》卷四三《封述传》，"太昌中，除尚书三公郎中，以平干称。天平中，增损旧事为《麟趾新格》，其名法科条，皆述删定"（第 633 页）。参严耕望《北魏尚书制度考》，《严耕望史学论文集》，第 153—154 页。

③ 赵超：《汉魏南北朝墓志汇编》（修订本），第 244 页。永平元年（508）镇南将军邢峦讨平豫州，都兵郎中崔鸿"为行台镇南长史。徙三公郎中，加轻车将军"。后以他官领郎，至延昌四年（515），迁司徒长史。《魏书》卷六七《崔光传》附《崔鸿传》，第 1631—1632 页。

延昌二年春，偏将军乙龙虎丧父，给假二十七月，而虎并数闰月，诣府求上。领军元珍上言："案《违制律》，居三年之丧而冒哀求仕，五岁刑。龙虎未尽二十七月而请宿卫，依律结刑五岁。"三公郎中崔鸿驳曰："三年之丧，二十五月大祥。……或言二十七月，各有其义……龙虎居丧已二十六月，若依王、杜之义，便是过禫即吉之月。如其依郑玄二十七月，禫中复可以从御职事。……既可以从御职事，求上何为不可？若如府判……理实未允。"下更详辨。珍又上言："……王、杜之义见败者，晋武知其不可行故也。而上省……赞王，欲亏郑之成轨，窃所未宁。更无异义，还从前处。"鸿又驳曰："……丧事尚远日，诚如郑义。龙虎未尽二十七月而请宿卫，实为匆匆，于威之理，合在情责。……龙虎具列居丧日月，无所隐冒，府应告之以礼，遣还终月。……正如郑义，龙虎罪亦不合刑，匆匆之失，宜科鞭五十。"①

神龟中，② 兰陵公主驸马都尉刘辉，坐与河阴县民张智寿妹容妃、陈庆和妹慧猛，奸乱耽惑，欧（殴）主伤胎。辉惧罪逃亡。门下处奏："各入死刑，智寿、庆和并

---

① 《魏书》卷一〇八之四《礼志四》，第 3048—3051 页；（宋）王钦若等编《册府元龟》卷五八一《掌礼部·奏议九》，第 6965—6967 页。

② 此案最终由"裁门下之事"的清河王元怿"决其事，二家女髡笞付宫，兄弟皆坐鞭刑，徙配敦煌为兵"。故此案发生在神龟三年（520）七月元叉、刘腾幽灵太后，杀清河王元怿，改元正光之前。所以或系于"正光初"，或作"神龟中"。《魏书》卷二二《孝文五王·清河王怿传》、卷五九《刘昶传》附《刘辉传》、卷九《肃宗纪》，第 666、1434、275—276 页。

以知情不加防限，处以流坐。"诏曰："容妃、慧猛恕死，髡鞭付宫，余如奏。"尚书三公郎中崔纂执曰："伏见旨募……刘辉者……案辉无叛逆之罪，赏同反人刘宣明之格。又寻门下处奏（案），以'容妃、慧猛与辉私奸，两情耽惑，令辉侠（挟）忿，殴主伤胎。虽律无正条，罪合极法，并处入死。其智寿等二家，配敦煌为兵'。天慈广被，不即依决，虽恕其命，窃谓未可。……事必因本以求支，狱若以辉逃避，便应悬处，未有舍其首罪而成其末愆。流死参差，或时未允。门下中禁大臣，职在敷奏。昔邴吉为相，不存斗毙，而问牛喘，岂不以司别故也。……案《律》，奸罪无相缘之坐。不可借辉之忿，加兄弟之刑。……既有诏旨，依即行下，非律之案，理宜更请。"尚书元修义以为："……妇人外成，犯礼之愆，无关本属。况出适之妹，衅及兄弟乎？"右仆射游肇奏言："臣等谬参枢辖，献替是司，门下出纳，谟明常则。至于无良犯法，职有司存，劾罪结案，本非其事。容妃等奸状，罪止于刑，并处极法，准律未当。出适之女，坐及其兄，推据典宪，理实为猛。又辉虽逃刑，罪非孥戮，募同大逆，亦谓加重。乖律之案，理宜陈请。乞付有司，重更详议。"诏曰："辉悖法乱理，罪不可纵。厚赏悬募，必望擒获。容妃、慧猛与辉私乱，因此耽惑，主致（致至）非常。此而不诛，将何惩肃！且已醮之女，不应坐及昆弟，但智寿、庆和知妹奸情，初不防御（禁），招引刘辉，共成淫丑，败风秽化，理深其罚，特敕门下结狱，不拘恒司，岂得一同常例，以为通准。……崔纂可免郎，都坐尚书，悉夺禄一时。"①

　　以上两案中的礼律歧义，兹从略。本节关注于案件的申报与裁决程序。将军乙龙虎冒哀求仕一案，由领军元珍依律处以五岁刑后申上请裁，而被三公郎中崔鸿驳下。可见，领军府对于本府军官有审断之权，但府判还需要经尚书省详检是否与法令相应。② 元珍的判案被崔鸿以未允经律为由驳回详辨后，本府仍坚称"更无异义，还从前处"。崔鸿认为乙龙虎并非冒哀求仕，领军府若据礼认为其有错，"告之以礼，遣还终月"即可。再者，即便接受郑玄解释，龙虎之罪也只适用鞭刑，不应重处五岁刑，故再次将府判驳回。虽然《魏书·礼志》并没有明载最后的判决，但应是以三公郎中驳下的意见为断。③ 这体现出尚书三公郎曹对上报案件具有断决权。

　　而驸马刘辉殴主伤胎一案，因受害人身份特殊，所以皇帝"特敕门下结狱，不拘恒司"。但在门下处奏、皇帝恩减之后，诏书行下，三公郎中崔纂却认为案件处理有违律令，"非律之

---

①　《魏书》卷一一一《刑罚志》、卷五七《崔挺传》附《崔纂传》，第3142—3144、1393页；《宋本册府元龟》卷六一五《刑法部·议谳二》，第1930—1931页。异文以（ ）标识。关于此案，可参李贞德《公主之死——你所不知道的中国法律史》，商务印书馆，2017；周东平主编《〈魏书·刑罚志〉译注》附录二，人民出版社，2023，第239—255页。

②　据第八章，南朝宋公文黄案式（关事仪）、符仪中有九卿以下官府上言尚书省请求"告报如所称"，而尚书省或奏（关）于皇帝（监国太子）称"主者详检相应，请听如所上"，或直接下符称"详检相应，今听如所上处"者。北魏后期政务的申报裁决机制应与之类似。参见张金龙《领军将军与北魏政治》，氏著《北魏政治与制度论稿》，甘肃教育出版社，2003，第352—353页。

③　杨华：《论〈开元礼〉对郑玄和王肃礼学的择从》，罗家祥主编《华中国学》第1卷，华中科技大学出版社，2013，第23页。

案，理宜更请"，因而执奏。尚书省众官据此而集议。在综合崔纂和尚书元修义的意见后，右仆射游肇将集议结论上奏皇帝，但所述三点意见（劾罪结案，非门下之职，且处罪准律未当；出适之女，坐及其兄，乖律；募格加重）遭到诏书一一反驳，并导致崔纂被免官，在都坐（都省）集议的尚书皆"夺禄"一季。从中不难看出，诏旨要经过尚书省，尤其是三公郎曹行下，反映了其所具有的执行（包括执奏）之权。①

　　总之，以上两案正是北魏后期尚书省作为宰相机构，处在司法政务运行的枢纽地位的体现，而三公郎曹的主要职掌，正是断罪。除此之外，东魏末年所颁《麟趾格》中《三公曹》第 66 条曰："母杀其父，子不得告，告者死。"② 从中亦可以看出，北魏后期三公曹"掌断罪"是有格令依据的。③

　　那么，在当时的尚书省中，三公郎曹属于哪一个尚书曹呢？在刘辉一案中，因尚书参与的是集议，故无须也无法对尚书元修义的身份做出判断。④ 不过，《魏书·刑罚志》载：

---

① 另如御史中尉元匡，为尚书令元澄奏"罪状三十余条，廷尉处以死刑"，"诏免死，削除官爵。""三公郎中辛雄奏理匡……未几，复除匡平州刺史。"《资治通鉴》卷一四九，梁天监十八年（魏神龟二年，519）八月己未条，第 4654 页；《魏书》卷七七《辛雄传》，第 1827—1828 页。

② 《魏书》卷八八《良吏·窦瑗传》，第 2066 页。

③ 神龟中，辛雄为尚书三公郎，集议时称："雄久执按牍，数见疑讼，职掌三千，愿言者六。"《魏书》卷七七《辛雄传》，第 1828 页。《书·吕刑》："五刑之属三千。"故"久执案牍""职掌三千"，均是三公郎曹掌刑断之证。

④ 元修义，名寿安，汝阴王天赐第五子，肃宗（孝明帝）初为秦州刺史，后征为太常卿，迁都官尚书、殿中尚书、吏部尚书，正光五年（524）七月，兼尚书仆射行秦州事，为西道行台，率诸将西讨。因此在集议刘辉一案时，元修义究竟是都官尚书还是殿中尚书，尚无法确定。《元寿安墓志》，赵超：《汉魏南北朝墓志汇编》（修订本），第 250 页；《魏书》卷一九上《景穆十二王·汝阴王传》附《元修义传》、卷九《肃宗纪》，第 519、282 页。

《法例律》："五等列爵及在《官品令》从第五以〔上〕，阶（皆）当刑二岁；免官者，三载之后听仕，降先阶一等。"延昌二年春，尚书邢峦奏："窃详王公已下，或析体宸极，或著勋当时……至于五等之爵，亦以功锡……得之至难，失之永坠。刑典既同，名复殊绝，请议所宜，附为永制。"诏议律之制，与八坐门下参论。皆以为："……自王公以下，有封邑，罪除名，三年之后，宜各降本爵一等……其乡男无可降授者，三年之后，听依其本品之资出身。"诏从之。

其年秋，符玺郎中高□贤、弟员外散骑侍郎仲贤、叔司徒府主簿六珍等，坐弟季贤同元愉逆，除名为民，会赦之后，被旨勿论。尚书邢峦奏："案季贤……罪当孥戮……赖蒙大宥，身命获全，除名还民，于其为幸。然反逆坐重，故支属相及。体既相及，事同一科……请依律处，除名为民。"诏曰："死者既在赦前，又员外非在正侍之限，便可悉听复仕。"①

延昌二年（513），尚书邢峦先奏改《法例律》，允许五等列爵除名三年之后降等听叙，后又执奏将"坐弟季贤同元愉逆"的高仲贤兄弟等人"依律处，除名为民"。邢峦的尚书身

---

① 《魏书》卷一一一《刑罚志》，第3135—3136页；《宋本册府元龟》卷六一一《刑法部·定律令三》，第1893页。脱字、异文分别以〔〕（）标识。"高□贤"中的缺字，崔超以为应是"伯"，可从，见周东平主编《〈魏书·刑罚志〉译注》注释389，第150页。

份，据其本传可知为殿中尚书。[1] 以殿中尚书奏改律文、对皇帝诏旨执奏，以及对廷尉断案进行覆审，[2] 是其参与司法政务运行的主要内容（方式），此正源于北魏后期掌断罪的三公郎曹是殿中尚书下属。这一统属关系不同于南朝（属吏部尚书，见表2-3、表2-4），而为北齐所继承（见表5-1）。

表 5-1　北齐《河清令》尚书统郎曹

尚书次第	郎曹次第
吏部尚书	统吏部（2）、考功、主爵
殿中尚书	统殿中、仪曹、三公（2）、驾部
祠部尚书	统祠部、主客、虞曹、屯田、起部
五兵尚书	统左中兵、右中兵、左外兵、右外兵、都兵
都官尚书	统都官、二千石、比部、水部、膳部
度支尚书	统度支、仓部、左民、右民、金部、库部

注：括号内为郎曹所置郎中员额。其余郎曹各置郎中一人，兹从略。
资料来源：《隋书》卷二七《百官志中》，第838—839页。

---

[1]　正始三年（506）六月，邢峦以度支尚书出讨徐兖。永平元年（508）十月，以尚书行豫州事；十二月，"克悬瓠，斩白早生，擒齐苟仁等"。迁殿中尚书，至延昌三年（514）卒。故知延昌二年时，邢峦在殿中尚书任上。《魏书》卷八《世宗纪》、卷六五《邢峦传》，第242—247、1569—1574页。参见周东平主编《〈魏书·刑罚志〉译注》注释332，第132页。

[2]　朔州刺史杨椿"在州，为廷尉奏椿前为太仆卿日，招引细人，盗种牧田三百四十顷，依律处刑五岁。尚书邢峦据《正始别格》，奏椿罪应除名为庶人，注籍盗门，同籍合门不仕。世宗以新律既班，不宜杂用旧制，诏依寺断，听以赎论"。杨椿任朔州刺史，在他永平元年十一月率军攻宿豫之后，原文为"久之"，故可知应在延昌年间。因此，邢峦同样是以殿中尚书的身份参与杨椿盗种牧田案的裁决。《魏书》卷五八《杨播传》附《杨椿传》、卷八《世宗纪》，第1407、247页。

二 北齐《河清令》所见司法政务运行机制的集并

北齐制度"多循后魏"。① 严耕望指出，北魏后期尚书迁转，大体都是以度支、都官、七兵、殿中、吏部为序，依次而升的，这与北齐尚书次第（见表5-1）恰好相符。至于仪曹尚书，因为与仆射通职，故而少见任命，论其次第，当亦如北齐祠部尚书。②

如北魏熙平元年（516），灵太后临朝称制，朝臣集议太后辂车之制，其中，尚书省官员有"司空领尚书令任城王澄、尚书左仆射元晖、尚书右仆射李平、尚书齐王萧宝夤、尚书元钦、尚书元昭、尚书左丞卢同、右丞元洪超、考功郎中刘懋、北主客郎中源子恭、南主客郎中游思进、三公郎中崔鸿、长兼驾部郎中薛悦、起部郎中杜遇、左主客郎中元铧、骑兵郎中房景先、〔左〕外兵郎中石士基、长兼右外兵郎中郑幼儒、都官郎中李秀之、兼尚书左士郎中朱元旭、度支郎中谷颖、左民郎中张均、金部郎中李仲东、库部郎中贾思同"。③

参与的三尚书，分别是殿中尚书萧宝夤、④ 七兵尚书元钦、度支尚书元昭，⑤ 次序正与严耕望推论一致。此外，还可

---

① 《隋书》卷二七《百官志中》，第837页。
② 严耕望：《北魏尚书制度考》，《严耕望史学论文集》，第144—145页。
③ 《魏书》卷一〇八之四《礼志四》，第3068页。
④ 熙平元年二月，"镇东萧宝夤大破（萧）衍将于淮北"，九月，复破淮堰后，还京师，为殿中尚书。至神龟中，出为徐州刺史。《魏书》卷九《肃宗纪》、卷五九《萧宝夤传》，第268—269、1438—1440页。
⑤ 《元钦墓志》《元昭墓志》，赵超：《汉魏南北朝墓志汇编》（修订本），第321、194页。

据以窥见当时尚书统郎关系之一斑：吏部尚书统考功、北主客、南主客，殿中尚书统三公、驾部，仪曹尚书（为右仆射通职）统起部、左主客，七兵尚书统骑兵、左右外兵，都官尚书统都官、左士，度支尚书统度支、左民、金部、库部。这与北齐尚书统郎曹的次第重合度更高（见表5-1），而不同于南朝（见表2-3、表2-4），由此不难看出齐承魏制。

需要注意的是，《隋书·百官志》所载北齐制度，主要依据的是《河清令》。而以河清三年（564）颁令为标志，北齐制度实际上可分为前后两期。因为《河清令》在继承北魏制度的基础上，也有很多调整和变化。[1] 总体而言，新变化主要体现在以下三个方面。

首先，尚书省上、下省之间区分更加明确。北齐尚书省郎曹次第与尚书统郎顺序一致（见表2-1、表5-1），并且与南朝一样，保留着祠部尚书与右仆射不并置的传统，但在具体做法上却与南朝有细微差异：北齐改变了此前"祠部尚书多不置，以右仆射主之"，也就是置右仆射直接统领原属于祠部尚书的郎曹的做法，而是采取"祠部，无尚书则右仆射摄"，[2] 即右仆射摄祠部尚书事的间接方式，从而也就无须再保留南朝仆射"与尚书分领诸曹"的制度（参见第二章）。

也就是说，梁朝所确立的郎曹次第新原则（以尚书曹顺序将各曹尚书所统郎曹依次排列），在北齐尚书省中贯彻得更

---

① 不过，这并不意味着北齐前期对所继承的北魏制度一无所改。如表5-1中以祠部尚书取代仪曹尚书的变化，其实发生在北齐之初，故天保年间有银青光禄大夫、判祠部尚书事王昕。《北齐书》卷三一《王昕传》，第460页。王昕，天保十年（559）卒。

② 《隋书》卷二七《百官志中》，第839页。

加彻底。① 这一调整是对南朝梁以尚书令为省主，"总统之"，"仆射副令，又与尚书分领诸曹"，左右丞"佐令、仆射知省事"体制的吸收和发展，② 从而更加明确地形成了"录、令、仆射，总理六尚书事，谓之都省"，"六尚书，分统列曹"的组织结构，以及同时以左、右丞分掌尚书郎曹的新尚书体制。

第二章所谓南朝后期的新发展也几乎同步影响着北朝，正体现于此。除此之外，《河清令》还延续了南朝后期法令突出机构色彩的新变化。如前所述，梁朝已经出现了包括尚书省在内的诸省成为职权明晰、机构完善的政治组织的新因素，③ 但这些因素并没有扩展至御史台和诸卿的层面。④ 而《隋书·百官志》对北齐机构职掌的描述，已扩展至所有六省三台诸寺

---

① 《隋书》卷二七《百官志中》，第838页。北齐《河清令》尚书省郎曹次第完全以尚书曹顺序将各曹尚书所统郎曹依次排列，这一原则或直接承继自北魏后期尚书省制度。但因北魏太和《职员令》原文已佚，故只能比较齐、梁制度。

② 《隋书》卷二六《百官志上》，第801页。

③ 除尚书省外，"中书省置监、令各一人，掌出内帝命"也具有突出的机构色彩。相较而言，门下省"置侍中、给事黄门侍郎各四人，掌侍从左右，摈相威仪，尽规献纳，纠正违阙。监合尝御药，封玺书"，集书省置散骑常侍、通直散骑常侍、散骑侍郎、通直郎等各有差，"常侍、侍郎，掌侍从左右，献纳得失，省诸奏闻文书。意异者，随事为驳"等，仍具有明显以职官为中心的色彩，仅以侍中（常侍）、侍郎高功者一人，对掌禁令。《隋书》卷二六《百官志中》，第802—803页。

④ 如"御史台，梁国初建，置大夫，天监元年，复曰中丞。置一人，掌督司百寮。皇太子已下，其在宫门行马内违法者，皆纠弹之。虽在行马外，而监司不纠，亦得奏之"和十二卿如"太常〔卿〕位视金紫光禄大夫，统明堂、二庙、太史、太祝、廪牺、太乐、鼓吹、乘黄、北馆、典客馆等令丞，及陵监、国学等"，"宗正卿，位视曹尚书，主皇室外戚之籍"，"司农卿，位视散骑常侍，主农功仓廪"明显不同，后者系针对职官而言。《隋书》卷二六《百官志中》，第803—806页。

（也包括尚书郎曹和其他下属局署等机构），① 而不是只作为机构长官职掌来描述。这一变化，应该源自《河清令》，也是对南朝新制的发展。

其次，对尚书郎曹统属方案有新的探索。这主要体现在北魏、北齐尚书诸主客郎曹的合并和改属。《唐六典》"主客郎中员外郎"条引"后魏《职品令》，太和中，吏部管南主客、北主客，祠部管左主客、右主客。北齐《河清令》，改左主客为主爵，南主客为主客，掌诸蕃杂客事"。② 严耕望认为《职品令》中"祠部"当是仪曹之误，③ 其说可从。

更值得关注的是，唐人所引《河清令》重在记载郎曹名称的改变，但令文在改名的同时，还对郎曹统属关系加以调

---

① 北齐"门下省，掌献纳谏正，及司进御之职"，"中书省，管司王言，及司进御之音乐。……又领舍人省（掌署敕行下，宣旨劳问）"，"集书省，掌讽议左右，从容献纳"，"御史台，掌察纠弹劾"，"太常〔寺〕，掌陵庙群祀、礼乐仪制，天文术数衣冠之属"，"大宗正寺，掌宗室属籍"，"司农寺，掌仓市薪菜，园池果实"，《隋书》卷二七《百官志中》，第 839—844 页。

② （唐）李林甫等：《唐六典》卷四《尚书礼部》，第 129、148 页。据校勘记，"祠部管左主"及"客为主客，掌"十字，底本（正德本）原残缺，整理者据近卫本校语及《通典》"后魏吏部管南主客，祠部管左主客。北齐改左主客为主爵，南主客为主客"补。（唐）杜佑：《通典》卷二三《职官五·礼部尚书》，第 640 页。按，《唐六典》所引北魏《职品令》虽然以"南主客、北主客"为序，而据前引熙平元年集议署名所见郎曹次第来看，令文应是以北主客、南主客为序，正与西晋郎曹次第相同。而且北南主客、左右主客分属于不同尚书，也与西晋将北南、左右主客分在两组的调整一致，参见表 2-1。

③ 严耕望《北魏尚书制度考》，《严耕望史学论文集》，第 151 页。不过，也不排除如下可能：《唐六典》所引《职品令》并非北魏原始文本，而是北齐初年改仪曹尚书为祠部尚书后加以修订的文本，唐人仍冠以"后魏"字样。

整，"改左主客为主爵"，① 并从左主客属仪曹尚书改为主爵属吏部尚书，同时改"南主客为主客"，并相应地由南主客属吏部尚书改主客属祠部尚书（见表5-1）。

不过，上述郎曹名虽改，各自职掌应未发生大的变化。因此，从北齐主客郎"掌诸蕃杂客等事"、主爵郎"掌封爵等事"可推知，② 北魏后期所置四曹主客郎形成了如下分工：北南主客郎负责与北族、南朝聘使礼仪等相关政务，③ 而左右主客郎负责与五等爵封赠、王国使者礼仪等相关政务。④ 北齐继承了这一制度，只是在政务集并的原则下，省去右主客及北主客郎曹，并对主爵（左主客）、主客（南主客）郎曹的归属，

---

① 北齐置尚书主爵郎虽然晚于北周六官主爵下大夫，但应非仿自后者，而是沿用北魏前期官制中"主爵"之名。俞鹿年：《北魏职官制度考》，第65页。

② 《隋书》卷二七《百官志中》，第839、838页。

③ 严耕望指出，北魏主客分为四曹，始于太和末。其中，南主客接待南朝聘使，故高选其才，于四曹中最为剧要。北主客则职在接待北方诸族之聘使，而左右主客不知所掌，要皆不及南曹剧要。自太和至魏末，皆见有任职者，至北齐又合而为一。他还推测，至魏末将亡时，史籍所见主客郎极少，且颇有不冠南北左右为称者，故省四曹为一，可能魏末已见其端。黎虎已指出《河清令》既然是改左主客为主爵，南主客为主客，可见此前并非仅置一曹，而是史家省文之故。但他主张北魏远效西晋制度分设四曹主客郎，是出于与东西南北四方发展外交关系的需要，恐不甚准确。此外，还要注意北魏并置四主客曹除了是模仿晋制外，也应是对北方政权制度实践的继承，如前秦主客亦分作四曹，苻坚时有尚书右主客郎李先，见《魏书》卷三三《李先传》，第875页。参见严耕望《北魏尚书制度考》，《严耕望史学论文集》，第150—152页；黎虎《汉唐外交制度史》，第203—204页。

④ 宋人已注意到晋左右主客郎与北齐主爵郎之间的关系："晋谓之左右主客曹，北齐河清中改主爵，四直郎中，属吏部。"所谓"四直"，或是"置"之讹。（宋）叶赏辑《圣宋名贤四六丛珠》卷二九，明嘉靖十一年（1532）王宠家抄本，《续修四库全书》第1213册，第378页。

做出了名实相副的调整。

就尚书曹之名而言，七兵尚书易名五兵尚书，正是《河清令》所改，因此迟至河清三年（564）初，仍有七兵尚书封子绘。① 而崔昂先后出任七兵尚书、五兵尚书的经历，② 更反映了北齐前后期制度的相承与变化。这一变化可视为对魏晋南朝尚书曹旧名的回归。

对于七兵尚书易名五兵尚书变化，史籍中确实存在反例。不过，这些早于《河清令》的五兵尚书，或晚于《河清令》的七兵尚书的记载，均有可疑之处或不足为据。如《北齐书》载，东魏末袁聿修"兼尚书度支郎，仍历五兵、左民郎中"。③ 但后半句不见于《魏书》《北史》，④ 故前书中"五兵"较为可疑。与之类似的还有《周书》载文宣帝时，王士良"还为侍中，又摄度支、五兵二曹尚书"一句，不见于《王士良墓志》及《北史》，⑤ 亦属可疑。受此影响，张金龙引《赫连子

① 《封子绘墓志》载："河清二年，除仪同三司。三年，暂行怀州事。寻转七兵尚书，仍换祠部。其年闰九月二十日遘疾终。"赵超：《汉魏南北朝墓志汇编》（修订本），第534页；《北齐书》卷二一《封隆之传》附《封子绘传》，第332页。
② 崔昂任七兵尚书，已见下引《崔昂墓志》，其后载作："寻（皇建元年，560）徙太常卿，假仪同三司，复除仪同三司，又兼御史中丞（河清元年），以公事除名。径年（河清三年），授五兵尚书，复转祠部。"天统元年（565）六月，卒于任。赵超：《汉魏南北朝墓志汇编》（修订本），第544—545页；《北史》卷三二《崔挺传》附《崔昂传》，第1182页。
③ 《北齐书》卷四二《袁聿修传》，第623页。
④ 《魏书》卷八五《文苑·袁跃传》附《袁聿修传》，第2022页；《北史》卷四七《袁翻传》附《袁聿修传》，第1718页。
⑤ 《周书》卷三六《王士良传》，第699页；周伟洲：《〈周书·王士良传〉补正》，殷宪主编《北朝史研究：中国魏晋南北朝史国际学术研讨会论文集》，商务印书馆，2004，第429页；《北史》卷六七《王士良传》，第2360页。

悦墓志》"除南青州刺史。还京，除御史中丞。……仍徙五兵尚书"，① 并据其经历推断，子悦任职五兵尚书在北齐初年，因此怀疑北齐改七兵尚书为五兵尚书在文宣帝时，早于河清三年（564）。② 实际上，据河清三年三月二十四日《齐御史中丞赫连公（子悦）故夫人间氏墓志铭》可知，③ 子悦在《河清令》颁行之后，④ 仍在御史中丞任上，尚未担任五兵尚书。

而《资治通鉴》则将"齐七兵尚书毕义云，为治酷忍，非人理所及，于家尤甚。夜，为盗所杀"系于陈光大元年（北齐天统三年，567）十二月齐秘书监祖珽被罪失明事后。祖珽案据涉案的尚书令赵彦深职衔而系于是年末。⑤

然而，毕义云任七兵尚书的时间，应在河清元年底或次年初，早于《河清令》颁行时间。据本传，冀州刺史高归彦起逆被擒，⑥ 兖州刺史毕义云因"朋党专擅，为此追还。……竟不加罪，除兼七兵尚书"。⑦ 此后历官，本传失载。据前引《北史·魏收传》，河清二年毕氏曾任都官尚书，颇受委任。此外不详。由此知《资治通鉴》所载毕义云卒时系衔不足为据。

在了解北齐前后期尚书省制度的变与不变之后，下面重点讨论都官、三公郎曹的职掌。如前所述，《河清令》颁行前后，都官郎曹和三公郎曹的统属关系并未出现变化，但两者职

---

① 赵超：《汉魏南北朝墓志汇编》（修订本），第 579 页。
② 张金龙：《唐前"兵部"尚书研究》，第 58—60、74—76 页。
③ 赵超：《汉魏南北朝墓志汇编》（修订本），第 530—531 页。
④ 《北齐书》卷七《武成帝纪》，河清三年三月辛酉（三日）条，第 98 页。
⑤ 《资治通鉴》卷一七〇，第 5272、5267 页。
⑥ 《北齐书》卷七《武成帝纪》载，河清元年七月乙未，斩高归彦等于都市（第 91 页）。
⑦ 《北史》卷三九《毕众敬传》附《毕义云传》，第 1429 页；《北齐书》卷四七《酷吏·毕义云传》，第 726 页。

掌都发生了明显的变化，尤其是都官郎曹。

北齐前期任职都官者，以崔昂为典型。墓志记载了他在东魏、北齐之际的历官和职任：

> 转司徒右长史，拜尚书左丞。理剧拔烦，名动朝列。俄兼度支尚书。能高优陟，时无横议。又敕摄都官事，以狱讼之重也。出兼太府卿。皇齐纳禅，除散骑常侍兼大司农卿。……诏与朝士议定律令。仍受别旨，令相率约，部分裁缀，勤力居多。转廷尉卿，敕典京畿诏狱。（天保三年，552）入为度支尚书，转都官，迁七兵，仍摄都官，迁中书令，犹摄都官……（天保十年）兼尚书右仆射，仍便即正，俄迁兼焉。①

东魏末年，崔昂以尚书左丞兼度支尚书，更又因"狱讼之重"，敕令其摄都官尚书事。中间因兼太府卿等官，不在尚书，故未摄狱讼事。到了北齐天保初议定律令时，崔昂更受别旨，"令相率约，部分裁缀"，出力颇多。② 此后数年，他一直专任或兼摄都官尚书之职。

崔昂对法律、刑狱熟悉，亦可见于墓志对他的评价："理

---

① 《崔昂墓志》，赵超：《汉魏南北朝墓志汇编》（修订本），第 544 页。文字据拓本校改，见毛远明校注《汉魏六朝碑刻校注》第 9 册，线装书局，2008，第 242 页。括号内时间，据《北史》卷三二《崔挺传》附《崔昂传》，第 1180—1181 页。

② 《北齐书》卷三〇《崔昂传》载此事稍详："又诏删定律令，损益礼乐，令尚书右仆射薛琡等〔四十〕三人在领军府议定。又敕昂云：'若诸人不相遵纳，卿可依事启闻。'昂奉敕笑曰：'正合生平之愿。'昂素勤慎，奉敕之后，弥自警勖，部分科条，校正今古〔，所增损十有七八〕。"（第 453 页）

剧拨烦。"这一评价并非谀墓之辞。史载崔昂为司徒右长史时，司徒"左府有阳平人吴宾为妄认继嗣事，披诉经久。长史（引者按：即左长史）王昕、郎中郑凭、掾卢斐、属王敬宝等穷其狱，始末积年，鞠掠不获实。司徒娄昭付昂推问，即日诘根绪，获其真状。昭叹曰：'左府、都官数人，不如右府一长史。'昕、凭甚以为愧"。[1] 其中，"郎中郑凭"即都官郎中，职掌正为鞠掠穷狱，但此人刑讯狱囚的能力，远不如崔昂。

崔、郑二人经历，以及天保中宋世轨为都官郎中"执狱宽平，多所全济"的记载，[2] 足以印证北齐前期都官郎曹职掌，沿袭北魏旧制未变，与刑狱（"讯囚"）关系密切。

至于北齐三公郎曹的职掌，虽然目前尚未找到与之相关的史文，但从前引《麟趾格》篇目，以及北齐初年对《麟趾格》的沿用来看，[3] 推测其沿袭北魏之制掌断罪，应不至大错。这与《隋书·百官志》载北齐三公曹"掌五时读时令，诸曹囚帐，断罪，赦日建金鸡等事"的职掌，也有相符之处，但都

---

① 《北史》卷三二《崔挺传》附《崔昂传》，第1179—1180页。
② 《北史》卷二六《宋隐传》附《宋世轨传》："天保初，历尚书三公、二千石、都官郎中，兼并州长史。执狱宽平，多所全济。为都官郎中，有囚事枉，将送，垂致法。世轨遣骑追止之，切奏其状，遂免。"（第942页）此段文字稍显滞涩，亦不见于《北齐书》卷四六《循吏·宋世良传》附《宋世轨传》，第705页。王鸣盛以为郎中是京官，并州长史是外官，故宋世轨系遥领长史。实则前句三郎中，当是并州尚书省之职，故得兼长史。其后所任都官郎中，或为邺城京省之职。（清）王鸣盛：《十七史商榷》卷六八《三处郎中》，黄曙辉点校，上海古籍出版社，2013，第926页；牟发松：《北魏末以降的大行台与权臣专政》，刘心长等主编《邺城暨北朝史研究》，河北人民出版社，1991，第289—291页。
③ 关于北齐初年立法与《麟趾格》的情况，详见楼劲《魏晋南北朝隋唐立法与法律体系：敕例、法典与唐法系源流》，中国社会科学出版社，2014，第35—37、296—315页。

官曹"掌畿内非违得失事"，二千石曹"掌畿外得失等事"，[1]
却与前面推断明显不同。

都官、二千石郎曹分掌畿内外非违得失事，源于《河清
令》的调整。而调整的原则，应该与前述四主客郎曹调整所
体现出的政务集并原则有关。南朝始终延续的司法政务分属四
郎曹（删定曹典定律令、三公曹主断狱、比部曹掌律令、都
官曹兼掌刑狱）的处理机制，在北魏前期已呈现出集并趋势，
并且在北朝后期尚书省制度演变中体现得愈发清晰。

集并首先源于北魏初年对西晋制度的模仿，故在建尚书省
时便无删定郎，而由三公郎兼掌断罪、修律之事。其次，都官
郎曹在北魏前期可能已从兼掌军事、刑狱，转变为只掌刑狱，
军事职能由与其关系密切的殿中尚书承担（参见第三章），因
此较少看到都官尚书参与军事或征战的记载。[2] 尽管都官尚书
仍沿袭南朝制度，统领水部[3]、左士郎曹[4]，因而也会负责水

---

① 《隋书》卷二七《百官志中》，第 839 页。

② 《资治通鉴》卷一五四载，梁中大通二年（魏永安三年，530）正月辛亥，
吕文欣据东徐州城反，"魏遣都官尚书平城樊子鹄等讨之"（第 4771 页）。
然而据《魏书》卷一〇《孝庄纪》，樊子鹄实际是以都官尚书"兼右仆
射，为行台"，督军出讨（第 312—313 页），与都官尚书职掌关系不大。

③ 永平中（508—512），抚军将军、朔州刺史杨椿"入除都官尚书，监修
白沟堤堰。复以本将军定州刺史"。严耕望认为这是北魏后期水部郎
曹属都官尚书之故。此说合理。而且，太和十七年（493）迁都洛阳时，
杨椿之兄杨播参与"经始太极庙社殿庫。又修成千金堨，引瀍、洛二水
以灌京师"。可见杨椿担任都官尚书，并非因为擅长法律，而与其家通
水利之学有关。《魏书》卷五八《杨播传》附《杨椿传》，第 1407 页；
严耕望：《北魏尚书制度考》，《严耕望史学论文集》，第 138 页；《杨播
墓志》，赵超：《汉魏南北朝墓志汇编》（修订本），第 120 页。

④ 北魏左士郎亦属于都官尚书，《河清令》改左士郎为膳部郎，仍属都官
尚书。（唐）李林甫等：《唐六典》卷四《尚书礼部》膳部郎中员外郎
条，第 127 页。

利工程营造等政务，但其自身的法官身份，也在进一步凸显，故掌律令的比部郎曹也可能被划归都官尚书统领。① 最后，随着北齐《河清令》的颁布，又出现与司法政务裁决相关的法制、断罪、刑狱等职掌均被归并入三公郎曹，而都官郎曹转变为畿内地区监察部门的新变化。

综上，前引北齐三公曹职掌中，掌读时令与断罪是其因袭魏晋以后旧制基本未变的部分（当然也不排除中间有所变动，《河清令》在新的历史条件下予以重建的可能），② 而掌诸曹因帐，则是在新的制度内容下，将都官掌刑狱之职移入三公曹的体现，是尚书郎曹分工的合理化调整。这是北齐后期尚书省中，唯有三公郎曹与吏部郎曹一样，均设置郎中二人的原因。

可以说，北魏已经出现的尚书省政务分工合理化调整的趋势在北齐《河清令》中得到进一步落实，在司法政务集并方面尤为显著，这为隋初刑部曹的出现提供了前提条件。不过，魏晋以后司法政务相关郎曹分属不同尚书曹的体制尚未彻底改变（北齐殿中尚书统三公郎曹，都官尚书统都官、比部郎

① 北魏后期比部郎所属尚书，目前尚无法确定。但《河清令》确已改变了南朝比部郎与吏部尚书之间的统属关系，出现都官尚书统比部郎的情况。这可能是对北魏后期制度的继承。

② 如东晋中期以后已消失的二千石郎曹，在北魏迁都洛阳前已被恢复，但职掌不详。至《河清令》中，二千石郎曹职掌已从晋制掌贼盗变为掌畿外得失。如武平三年（572）七月戊辰，齐后主诛左丞相斛律光，又"使二千石郎邢祖信掌簿籍其家。（左仆射祖）珽于都省问所得物"。可见，虽然二千石郎曹仍与都官郎曹关系密切，但两者的政务分工及其位次相邻的制度逻辑已经完全不同于晋制。严耕望：《北魏尚书制度考》，《严耕望史学论文集》，第 161 页；《北史》卷八《齐本纪下》、卷五四《斛律金传》附《斛律光传》，第 293、1971 页。

曹），司法政务运行机制有待进一步整合。

三 尚书刑部的成立和隋初司法政务运行机制的集并

如前章所述，西魏、北周制度对隋唐尚书省有直接且重要的影响。但在组织结构上，六官体制毕竟与之前的三公九卿制和之后的三省六部制截然不同。然而当隋文帝决定废止六官、还依汉魏、重建天台官仪时，体制转轨却用时甚短。

大定元年（581）二月甲寅（三日），周静帝为杨坚加典策，"以相国总百揆，去众号焉。上所假节、大丞相、大冢宰印绶。……隋国置丞相以下，一遵旧式"。于是，隋国"建台置官"。至甲子（十三日），① 杨坚受禅即位当日，即任命了以尚书省官为主体的新中枢机构官员：

> 开皇元年二月甲子，上自相府常服入宫，备礼即皇帝位于临光殿。设坛于南郊，遣使柴燎告天。是日，告庙，大赦，改元。京师庆云见。易周氏官仪，依汉、魏之旧。
>
> 以柱国、相国司马、渤海郡公高颎为尚书左仆射兼纳言，相国司录、沁源县公虞庆则为内史监兼吏部尚书，相国内郎、咸安县男李德林为内史令，上开府、汉安县公韦世康为礼部尚书，上开府、义宁县公元晖为都官尚书，开府、民部尚书、昌国县公元岩为兵部尚书，上仪同、司宗

---

① 大定元年（开皇元年）二月壬子朔，与陈太建十三年（581）二月以辛亥为朔不同。王双怀、贾云主编《二十五史干支通检》，三秦出版社，2011，第 321 页；陈垣：《二十史朔闰表》，中华书局，1999，第 80 页。

长孙毗为工部尚书，上仪同、司会杨尚希为度支尚书。[1]

《隋书·礼志》亦载：

> 周大定元年，静帝遣兼太傅、上柱国、杞国公椿，大宗伯、大将军、金城公煚，奉皇帝玺绶策书，禅位于隋。司录虞庆则白，请设坛于东第。博士何妥议，以……即府为坛，恐招后诮。议者从之。

> 二月甲子，椿等乘象辂，备卤簿，持节，率百官至门下，奉策入次。百官文武，朝服立于门南，北面。高祖冠远游冠，府寮陪列。记室入白，礼曹导高祖，府寮从，出大门东厢西向。椿奉策书，煚奉玺绶，出次，节导而进。高祖揖之，入门而左，椿等入门而右。百官随入庭中。椿南向，读册书毕，进授高祖。高祖北面再拜，辞不奉诏。……椿等又奉策书进而敦劝，高祖再拜，俯受策，以授高颎；受玺，以授虞庆则。……有司请备法驾，高祖不许，改服纱帽、黄袍，入幸临光殿。就阁内服衮冕，乘小舆，出自西序，如元会仪。礼部尚书以案承符命及祥瑞牒，进东阶下。纳言跪御前以闻。内史令奉宣诏大赦，改元曰开皇。是日，命有司奉册祀于南郊。[2]

---

[1] 《隋书》卷一《高祖纪上》，第7—14页。按，"民部尚书"，点校本校勘记指出，同书卷六二《元岩传》作"民部中大夫"，此处是隋人讳改而唐史臣未回改（第29页）。"司宗"承前而省略"中大夫"，但在前文讳改为"尚书"后，则语义不详。"司会"即"司会中大夫"，见同前书卷四六《杨尚希传》，第1413页。

[2] 《隋书》卷九《礼志四》，第189—190页。

恢复汉魏官仪，是少内史崔仲方的建议，《隋书》本传将此事系于隋文帝受禅之后。[①] 这与上文所引《高祖纪》将"易周氏官仪"系于隋文帝受禅、即位、改元之后的记载方式一致，但从《礼志》所载来看，更定官名及相应人选，早在禅代日前便已论定，故受禅仪后的临光殿即位仪上，已有礼部尚书、纳言[②]、内史令承事。因此，崔仲方提出建议应该更早。

然而从甲寅日隋国遵旧式置丞相以下官来看，当时尚未决议恢复尚书省。"置丞相以下，一遵旧式"的表述，始于曹魏末年"晋国置官司以下，率由旧式"，而"晋国置官司"一句，又是对曹操受封魏公时"魏国置丞相已下群卿百寮，皆如汉初诸侯王之制"的延续。不过，魏国建立之初，仅置尚书、侍中和六卿，并未置丞相。后来，曹操晋爵为王后，以锺繇为魏相国，并未使用丞相之名，以区别于汉制。直至司马氏受封晋公、晋王后，始沿其旧文，置丞相诸官。此后，又沿魏国制，置侍中、尚书以下官职，形成国官、台官并置的体制。这成为中古禅让礼中的汉魏故事。[③]

---

① 《隋书》卷六〇《崔仲方传》，第 1626 页。本传将崔仲方"劝上（文帝）除六官，请依汉、魏之旧"系于隋文帝受禅后召崔氏与高颎等讨论正朔、服色事之后，并称"上皆从之"。按，德运、服色之事，迟至开皇元年（581）六月癸未始定（同书卷一《高祖纪上》，第 15 页），本传将其事系于受禅并无不当，但改官制之事，应系追书于正朔等事后。

② 此处纳言或非高颎，而是"受禅之际"以吏部中大夫"行纳言事"的令狐熙。《隋书》卷五六《令狐熙传》，第 1561 页；（唐）令狐德棻：《令狐熙碑》，（清）王昶：《金石萃编》卷五六，上海古籍出版社，2020，第 931 页。

③ 《三国志》卷一《魏书·武帝纪》，汉建安十八年（213）五月丙申、十一月，二十一年八月条，第 39、42、47 页；《晋书》卷二《文帝纪》，魏景元四年（263）十月、咸熙二年（265）五月条，卷三《武帝纪》，咸熙二年九月戊午、十一月乙未条，第 42、44、50 页。

降至南朝霸国初建之时，虽仍从其故事，遵旧式置丞相以下官司，但多未见其人，而政务运行以侍中、尚书等内台官为主体，并参与禅代礼，故有宋、齐、梁、陈台之名。因此，受禅仪式上，往往由天朝官与霸朝官分别或共同劝进。①

此次周隋禅代，虽然延续此前的文字表述，但有两点值得注意：第一，《隋书》仅载"百官劝进"，②并未区别天朝与霸朝官。当然，北齐初"尚书令高隆之率百寮劝进"，陈初"群臣固请"，及北周初"公卿百辟劝进"的表述，③与隋初类似。但其中东魏末年有邺省与并省，梁末有陈台与西台，两者截然有别，史文应是从略。唯有西魏、北周之际，承六官新制，故无别台，略与隋国初建类同。第二，隋文帝受禅仪上承事者，皆相国府诸官（礼曹、司马、司录），未见隋台诸官。

可见，虽有隋国"置丞相以下""建台置官"的诏命或记载，但徒为具文，故受禅时仅以霸府官行事。这意味着崔仲方恢复尚书省的建议从提出到落实，必然在甲寅至甲子这十日之内。系统性的官制转换，完成得如此迅速，若没有比较成熟的参照系，是不可能的。对于隋朝开国之初制度的设计者而言，

---

① 《宋书》卷二《武帝纪中》，晋义熙十二年（416）十月、元熙二年（420）六月甲子条，第43、51页；《南齐书》卷一《高帝纪上》，宋昇明三年（479）三月甲寅、四月壬辰条，第19、23页；《资治通鉴》卷一三五，齐建元元年（479）四月甲午条，第4225页；《梁书》卷一《武帝纪上》，齐中兴二年（502）正月戊戌、二月景寅、四月壬戌条，第21、22、30页；《陈书》卷一《高祖纪上》，梁太平二年（557）九月辛丑、十月戊辰条，第21、22页。

② 《隋书》卷一《高祖纪上》，北周大定元年（581）二月丙辰条，卷九《礼志四》，第13、190页。

③ 《北齐书》卷四《文宣帝纪》，东魏武定八年（550）五月甲寅条，第53页；《陈书》卷一《高祖纪上》，梁太平二年十月辛未条，第26页；《周书》卷三《孝闵帝纪》，西魏恭帝三年（556）十二月庚子条，第48页。

消失仅仅四年的北齐尚书省旧制，是他们所能利用的首要资源。

　　首先，隋初尚书次第说明隋制对北齐制度的模仿。前引隋文帝即位当日任命的六尚书，是以吏部、礼部、都官、兵部、工部、度支为序，兼有北齐与北周制度因素的影响。比如吏部、礼部尚书之间，夹有内史令（中书令），符合北齐官品序列（尚书仆射、中书监，从二品；吏部尚书、中书令、侍中、列曹尚书，第三品），[①] 但其余五部尚书，则是以勋官由高而低来排列的，[②] 因此也不同于元岩、孙毗、杨尚希三人前官在北周六官府中的次第。[③] 应该说，此处的尚书次第未必反映鼎革之际尚书本身的次第，暗示了隋初刚刚恢复的尚书省体制还处在"混乱"之中。[④] 此后经过一年多的调整，最终确立了以《开皇令》六尚书二十四郎曹三十六侍郎为特点的严整有序的尚书省新体制（见表5-2）。

---

①　《隋书》卷二七《百官志中》，第 852 页。隋初置内史监，在仆射之后，亦取自北齐官制。至《开皇令》，废内史监，而将纳言（侍中）班位提升至内史令前，与北齐微别。《隋书》卷二八《百官志下》，第 864、875 页。

②　《旧唐书》卷四二《职官志一》，"周置上开府仪同三司、开府仪同三司、上仪同三司、仪同三司等十一号"（第 1807 页）。参见《周书》卷六《武帝纪下》，建德四年（575）十月戊子条，第 99—100 页。

③　司会为天官府之考，民部为地官府之考，司宗（即保定四年之前的"礼部"）为春官府之考。王仲荦：《北周六典》，第 34、90、163—164、470 页。

④　"混乱"还体现在尚书曹名"兵部"早于尚书郎曹名"兵部"出现。若此非史家追改，则意味着隋受禅之初，仅因北周六官"兵部"而改北齐五兵尚书之名，但郎曹名则不遑俱改，仍因北齐置左外兵等曹 [如《裴镜民墓志》载："开皇受禅，其日除尚书左外兵郎，寻改为兵部侍郎。魏晋以还，台郎显要；官方始革，扬历是膺。是非器重望□，无以弘斯礼秩。"拓片见《北京图书馆藏中国历代石刻拓本汇编》第 11 册，第 71 页；录文参见（清）王昶《金石萃编》卷四四，第 738 页]。之后，因北周夏官府而改郎曹名，统领兵部、职方等侍郎。

表 5-2　隋《开皇令》尚书统郎曹

尚书次第	郎曹次第
吏部尚书	统吏部（2）、主爵（1）、司勋（2）、考功（1）
礼部尚书	统礼部（1）、祠部（1）、主客（2）、膳部（2）
兵部尚书	统兵部（2）、职方（2）、驾部（1）、库部（1）
都官尚书	统都官（2）、刑部（1）、比部（1）、司门（2）
度支尚书	统度支（2）、民部（2）、金部（1）、仓部（1）
工部尚书	统工部（2）、屯田（2）、虞部（1）、水部（1）

注：括号内为郎曹所置侍郎员额。都官尚书所辖四司，至迟在开皇元年（581）已形成（如隋文帝受禅后，张衡自掌朝大夫拜司门侍郎。开皇元年，高颎等人更定新律奏上，参与者有刑部侍郎韩浚、比部侍郎李谔。故开皇二年颁令，则是以法律的形式予以确认。《隋书》卷五六《张衡传》、卷二五《刑法志》，第 1568、787 页）。参见张达志《隋唐书省六部侍郎考索》，西安碑林博物馆编《碑林集刊》（13），陕西人民美术出版社，2008，第 223—227 页。

资料来源：《隋书》卷二八《百官志下》，第 864 页。

隋初尚书省制度从"混乱"到有序的背后，恰体现了对北齐尚书制度的参考。抛开居首的吏部尚书和新出之工部尚书不论，去比较梁、北齐（见表 2-4、表 5-1）及隋开皇二年的尚书次第，便可得出如下结论：隋尚书以礼部、兵部、都官、度支为次，不同于南朝度支、左民居前，都官、五兵居末的顺序，而是对北齐尚书祠部、五兵、都官、度支次第的继承。

其次，魏晋以后尚书曹分置或五或六，这取决于尚书上省（都省）所置是左右仆射或仆射。因此，通常以祠部（仪曹）尚书为右仆射通职，两者不并置。但至隋初颁布《开皇令》，已确立"置令、左右仆射各一人，总吏部、礼部、兵部、都官、度支、工部等六曹事，是为八座"的体制。① 如前所述，

---

① 《隋书》卷二八《百官志下》，第 864 页。

这是对北齐都省"总理六尚书事"和置右仆射摄祠部尚书事制度的继承和发展。同时，从制度层面看，隋初新制突破了尚书八座为八员的职数限制，但在实践层面，却随着尚书令的长期不任命，实际并未突破八员。制度规定与实践的不匹配，与《开皇令》将南北朝以后尚书令"任总机衡"的"总统"职能转变为尚书省的"事无不总"有关，[①] 也隐含着设计者的初心。这一初心很快落实在隋大兴新城的城市政治空间之中：尚书都省迁出禁中，与下省所在合为一处，职能也由宰相机构逐步向新宰相制度（三省制）下的政务汇总和执行机关转变。[②] 这也成为唐代前期从制度上取消尚书令的先声。[③]

不仅如此，隋初尚书省分曹，也明显是根据北魏、北齐以后政务集并的原则，对北周、北齐官制进行整合的结果。[④] 如吏部尚书所统，是在继承北齐吏部、考功、主爵三郎曹的基础上，增加北周夏官府司勋曹而成。礼部尚书所统，系整合北齐仪曹（属殿中尚书）、祠部、主客（以上属祠部尚书）、膳部（属都官尚书）而来。这四者大致对应北周春官府礼部、典

---

① 《宋书》卷三九《百官志上》，第 1340 页；《隋书》卷二六《百官志上》、卷二八《百官志下》，第 801、864 页。

② 吴宗国：《隋唐五代简史》，福建人民出版社，2006，第 39—41 页；雷闻：《官文书与唐代政务运行研究》第六章"隋与唐前期的尚书省"，第 156—157 页。

③ 《旧唐书》卷四二《职官志一》注："《武德令》有尚书令，龙朔二年省。自是正第二品无职事官。"（第 1791 页）《唐六典》卷一《尚书都省》尚书令条亦言："今则以二丞相（即左、右仆射）、六尚书为八座"，"国政枢密皆委中书，八座之官但受其成事而已。"（第 6 页）

④ 吴宗国：《隋唐五代简史》，第 33 页。虽然尚书之下分四郎曹，最早出现于梁制之中，但不彻底（五兵尚书仅统中、外、骑兵三曹，参见表 2-4），且南朝后期尚书分曹设置沿袭旧制，并未像北魏、北齐尚书省那样按照政务集并的原则进行调整，因此不宜直接视为隋唐制度的来源。

祀，秋官府蕃部、宾部，以及天官府膳部等五曹。兵部尚书所统，是北周夏官府兵部曹（对北齐五兵诸郎曹的合并）、职方曹、驾部曹（北齐属殿中尚书）、武藏曹（改用北齐度支尚书所属库部郎曹之名）。都官尚书所统，则是在继承北齐都官、比部两郎曹基础上，整合三公郎曹（属殿中尚书，但改用北周秋官府刑部曹之名），以及北周地官府司门曹而成。度支尚书所统（对应北周天官府司会、计部和地官府民部、载师、司仓等曹），是将北齐原有的库部郎曹调整至兵部尚书后，又将左、右民郎曹合而为一形成的。工部尚书所统，是在北齐祠部尚书所属虞曹（取北周虞部曹名，但《北周六典》据《通典》归入地官府，而《唐六典》称属冬官府）、[1] 屯田、起部（改用北周冬官府工部曹之名，并继承了其首曹地位）的基础上，增加水部郎曹（属都官尚书，北周已属冬官府）而成。

如前所引，《唐六典》将刑部郎中的渊源追述为北周秋官府小刑部下大夫和北齐三公郎曹，并在"隋初省三公曹，置刑部郎曹"的叙事下，将刑部曹职掌概括为"掌刑法"。这一看法主要着眼于机构名称和官员品命。

若从司法政务集并的视角来观察，北周秋官府"掌刑邦国"的大司寇卿之下，不仅有掌刑罚、附民罪的司宪、[2] 刑部

---

[1]　王仲荦：《北周六典》，第 151—152 页；（唐）李林甫等：《唐六典》卷七，第 224 页。

[2]　司宪中大夫，《唐六典》《通典》均视为御史中丞，同时将司宪上士、中士、下士分别对应治书侍御史、侍御史、监察御史。但从两书所载司宪中大夫"掌丞司寇之法，以左右刑罚"，"掌司寇之法，辨国之五禁"来看，它与御史中丞职任不同（掌朝下大夫、掌察上士等对应御史之任），而应视作与刑部中大夫分掌刑罚之事。（唐）李林甫等：《唐六典》卷一三《御史台》，第 378—381 页；（唐）杜佑：《通典》卷二四《职官六·御史台》，第 665—674 页；王仲荦：《北周六典》，第 413—415 页。

中大夫，① 还有掌奴男女及徒隶的司厉中士（属掌朝下大夫）和司隶下大夫，② 仍是由四个机构分掌断罪、刑狱。这与前文所论北朝以后尚书省的发展趋势并不相符。反观北齐三公郎曹，已经整合了五时读时令、诸曹囚帐、断罪、赦日建金鸡等职掌（参见附录《唐胡演墓志及相关问题考释》），为即将出现的刑部司奠定了基础。可以说，隋初继承北周刑部中大夫之名而设置的刑部郎（隋唐之际，一度改称宪部郎，则沿自秋官考司宪之名），从司法政务集并角度看，却应视为对北齐三公郎曹的继承。

　　隋初恢复尚书省体制，为尚书刑部的形成奠定了基础，但仍需进一步从都官、刑部两曹的职掌演变，来考察开皇三年（583）改都官尚书为刑部尚书的原因。隋初都官郎曹，据《唐六典》，掌"非违得失事"。③ 如果这个记载可靠的话，它应该是由北齐"掌畿内非违得失"的都官曹和"掌畿外得失"的

---

① 李和为司宪中大夫，墓志称其"笃志平反，留情极谳，同景兴之宽恕，有君达之哀矜"。从志文举王朗（景兴）、盛吉（君达）皆用廷尉之典来看，北周刑部与司宪之分，或如唐代刑部司与大理寺之别。参见王仲荦《北周六典》，第406—408页；《大隋使持节上柱国德广郡开国公李使君（和）墓志铭》，韩理洲辑校编年《全隋文补遗》，三秦出版社，2004，第85页。

② 《通典》卷三二《职官一四·司隶校尉》："后周有司隶下大夫，掌五隶及徒者，捕盗贼囚执之事，属大司寇。"（第883页）黄惠贤认为，司隶下大夫是司法狱吏性质的官员，并不同于司隶校尉，其说可从，故本节将司隶视为与司厉一样的掌刑狱之官。黄惠贤：《中国政治制度通史》第4卷《魏晋南北朝》，第223页。

③ 《唐六典》卷六《尚书刑部》都官郎中员外郎条载，北齐都官郎"掌京师非违得失事，非今都官之任。后周置秋官府，有司厉之职，掌诸奴男女。男子入于罪隶。女子入于春槁之事，盖比今都官郎中之任也。隋初，置都官侍郎二人，犹掌非违得失。开皇三年，改都官尚书曹曰刑部，其都官郎曹遂改掌簿录配没官私奴婢，并良贱诉竞、俘囚之事"（第192页）。

二千石曹合并而成。隋初都官郎曹置侍郎二人，或与此有关。

北齐都官、二千石郎分掌畿内外得失事，是东汉以后尚书机构拥有一定的监察权，从上省向下省延伸，落实在郎曹层面的反映。胡宝华认为，尚书机构作为行政机构，拥有监察权，从制度上说是不合理的，而且也对作为监察机构的御史台造成冲击。不过，从另一方面说，官僚体系内部各部门都应受到他者的监察。这样，在保障御史台具有相对独立监察权的同时，完善对御史台的监察，应该是制度发展的一个合理化趋势。开皇三年四月诏："尚书左仆射，掌判吏部、礼部、兵部三尚书事，御史纠不当者，兼纠弹之。尚书右仆射，掌判都官、度支、工部三尚书事，又知用度。"① 这是监察制度上有意义的变化出现的转折点。新制度保留了尚书机构对御史台的监察，避免了没有其他机构监察御史台情况的出现。从"御史纠不当者，兼纠弹之"来看，只有当御史失职的时候，尚书省才有纠弹之权。言外之意就是在御史台正常行使监察权时，尚书省不得加以干涉。从此，多元的监察系统最终消失，监察权终于统归御史台掌握。②

值得注意的是，开皇三年四月的这次调整，恰恰在隋文帝改都官尚书为刑部尚书之前不久。因而开皇三年对都官郎曹职掌进行调整，不仅是尚书刑部成立的一部分，也应该是配合着监察权统归于御史台的一个举措。从此，作为尚书刑部子司的新都官曹"遂改掌簿录配没官私奴婢，并良贱诉竞、俘囚之事"。

如果仔细对照都官郎曹的新职掌与北周司厉、司隶的职掌，

---

① 《隋书》卷二八《百官志下》，第882页。

② 胡宝华：《唐代监察制度研究》，商务印书馆，2005，第1—18页，尤其是第17页。

就会发现两者内容并不完全一致，即"良贱诉竞"并未在司厉、司隶职掌中得到体现。那么，这一职掌又来自何处？

《魏书·刑罚志》载，延昌三年（514），尚书李平奏："冀州阜城民费羊皮母亡，家贫无以葬，卖七岁子（女）与同城人张回为婢。回转卖于鄃县民梁定之，而不言良状。案《盗律》：'掠人、掠卖人、和卖人为奴婢者，死。'回故买羊皮女，谋以转卖。依律处绞刑。"诏以"于情不可"，令"更推例以为永式"。① 此案是由冀州处罪之后上报的死刑案件。② 经由尚书上奏后，诏书更命集议，以为永式。之后的集议环节和最终判决情况，兹从略。③

据本传，李平先自相州刺史迁度支尚书，领御史中尉。永平元年（508）八月，冀州刺史、京兆王元愉谋反，他出任镇北将军，行冀州事讨叛。九月，冀州平，"征还京师，以本官领相州大中正。……（中尉王）显劾平在冀州隐截官口……奏除平名。延昌初，诏复官爵，除其定冀之勋。前来良贱之讼，多有积年不决。（延昌二年闰二月）平奏不问真伪，一以景明年前为限，于是诤讼止息。武川镇民饥，镇将任款请贷未许，擅开仓赈恤，有司绳以费散之条，免其官爵。平奏款意在济人……世宗原之。迁中书令，尚书如故。肃宗初，转吏部尚书"。④

---

① 《魏书》卷一一一《刑罚志》，第 3137 页；《宋本册府元龟》卷六一五《刑法部·议谳二》，第 1928 页。异文以（）标识。

② 高阳王元雍在集议中，提及"州处张回，专引《盗律》"，故知是冀州上报的死刑案件。《魏书》卷一一一《刑罚志》，第 3138 页。

③ 详见张俊毅《北魏"费羊皮卖女案"的法律适用与刑罚选取问题》，《中国古代法律文献研究》第 19 辑，中西书局，2024，第 121—142 页。

④ 《魏书》卷六五《李平传》、卷八《世宗纪》，第 1578—1579、246、254 页。

　　张金龙以为延昌初诏所复李平之官指御史中尉，此后，李平也是以御史中尉的身份来处理良贱之讼。① 但如本传所载，中尉是李平以度支尚书所领，非其本官。之后，他应以度支尚书行冀州事，并加将军号。故征还京师时，仍从本官"领相州大中正"。而再"迁中书令，尚书如故"，所指仍是度支尚书。直至肃宗初，他才转任吏部尚书。综上可知，延昌三年奏处费羊皮案时，李平所任即度支尚书。奏定良贱之讼的时限，和奏原镇将擅开仓赈恤饥民两事，也与度支尚书职任相符。

　　度支尚书奏处良贱诉竞之事，背后隐藏着郎曹统属关系变动的因素。北魏、北齐改变了南朝并置度支、左民尚书的体制（见表2-3、表2-4），② 仅设度支尚书。"掌户籍"的左民郎曹转而成为度支尚书所领诸曹之一（隋初并入民部郎曹），③ 故"良贱诉竞"成为度支尚书之职。由此可知，开皇三年改度支尚书为民部尚书和都官尚书为刑部尚书的同时，又将民部曹"良贱诉竞"之事归由新都官曹所掌，也体现出职能归口、政务集并的原则。

---

① 张金龙：《北魏政治史》第8册，甘肃教育出版社，2008，第193页。

② 东晋、南朝置左民郎曹、左民尚书掌户籍，故梁尚书令沈约奏，"尚书上省库籍，唯有宋元嘉中以来。……晋代旧籍，并在下省左人（民）曹，谓之晋籍，有东西二库"，并建议"宜选史传学士谙究流品者，为左人（民）郎、左人（民）尚书，专共校勘"。士庶良贱身份皆注于户籍，所以相关诉竞之事亦为左民所掌。（唐）杜佑：《通典》卷三《食货三·乡党（土断版籍并附）》，第59—61页。参见陈爽《出土墓志所见中古谱牒研究》，第48—53页。

③ 北齐左民曹"掌天下计帐、户籍等事"，右民曹"掌天下公私田宅租调等事"。当时除天子六玺、传国玺之外，"又有督摄万机印一钮，以木为之"，"此印常在内，唯以印籍缝。用则左户（民）郎中、度支尚书奏取，印讫输内"。《隋书》卷二七《百官志中》、卷一一《礼仪志六》，第839、260页。

　　从上述讨论可知，隋初尚书刑部及刑部四司体制的确立，与魏齐以后司法政务运行机制集并化趋势有直接关系。但政务集并未必导致尚书曹头司的变化。以北齐三公郎曹为例，它虽然已经基本完成了相关司法政务的归并整合，但却并非头司，甚至在殿中尚书所统四郎曹中位置靠后（见表5-1）。其中的原因，恐怕不能仅从尚书郎曹内部职掌的调整变化分析，需要着眼于南北朝隋唐之际国家政务重心的变化及其运行机制的变迁。

　　综括言之，开皇三年之所以将作为子司的刑部曹升为头司，以取代都官曹，原因不外乎以下三点。

　　第一，西魏尚书省、北周六官府体制的影响。关于此，第四章已述，兹不具。

　　第二，南北朝以后府省并行体制废止的影响。"府省"一词，见于南北朝史籍，如北魏世宗时，雁门人诣附茹皓，荐其于司徒，"请为肆州大中正。府、省以闻，诏特依许"。东魏天平中，丞相高欢讨关中，房谟以丞相右长史兼大行台左丞"总知府省务"。北齐武平中，袁聿修自信州刺史解代，州民请为立碑，"府省为奏，敕报许之"。[①] 其中，"府"特指公府，"省"特指尚书省（郎曹也可称省，如都官省），[②] 是府寺台省

---

① 《魏书》卷九三《恩幸·茹皓传》，第 2169 页；《北史》卷五五《房谟传》，第 1992 页；《北齐书》卷四二《袁聿修传》，第 624 页。

② 《南史》卷六二《徐摛传》附《徐孝克传》，第 1658 页。由于"省"并非尚书机构专称，凡在禁中的机构，皆可称"省"，如晋潘岳《秋兴赋叙》曰"寓直散骑之省"，以及桓玄询问提及的"虎贲中郎省"，因此，南北朝史籍中还有"省府"一词，如天监九年（510）五月诏"今台阁省府州郡镇成应有职僚之所，时共集议"中，省府即与尚书省（"台阁"）并列，可泛指中央（或陪都）百官。北齐崔劼二子并为外任，或谓之曰："何为不在省府之中、清华之所，而并出外藩。"在这种情况下，"省"的概念也在扩大，如梁刘孝绰"为廷尉正〔卿〕，携妾入官府，

诸机构中，①与国家日常政务运行关系最密切者。因此，前文"府省并行"指的是魏晋以降三公府与尚书省并存时期的文书运作机制。隋朝建立后，三公府及其僚佐便被省废，全国政务便直接汇总至尚书省处理（参见第八章）。这一转变发生在改都官尚书为刑部尚书之前，且与后者之间具有因果关系。众所周知，随着隋朝初年一系列加强中央集权举措的落实，② 地方司法政务也需申报至尚书刑部曹处理。虽然由于隋代文献不足征，有关隋《狱官令》的详细规定无从得知，但从唐代相应规定来看，所有的徒以上罪都需要汇总至尚书刑部司覆审或裁决。③ 此应即承袭隋制，如开皇三年，隋文帝"因览刑部奏，断狱数犹至万条。以为律尚严密，故人多陷罪。又敕苏威、牛弘等，更定新《律》"。④ 应该说，如此多的司法政务需要刑部曹来处理，必然导致其地位上升。这就与以都官曹为头司的旧体制产生了矛盾。改都官尚书之名，即源自此。

其母犹停私宅"，被御史劾奏，称其："携少妹于华省，弃老母于下宅。"华省即指廷尉寺。而东魏晋阳丞相（相国）府外兵曹、骑兵曹分掌兵马，入齐之后罢相国府，"诸司监咸归尚书"，唯"留骑兵、外兵曹，各立一省，别掌机密"，"令唐邕、白建主治"。故隋初虽废三公府，但"省府"一词仍存（"品同则以省府为前后"），不同于本书所谓"府省"。（南朝宋）刘义庆撰，（南朝梁）刘孝标注，朱铸禹汇校集注《世说新语汇校集注》卷上《言语》，第143—144 页；《梁》卷二《武帝纪中》、卷三三《刘孝绰传》，第56、533 页；《北齐书》卷四二《崔劼传》，卷四《文宣帝纪》，天保元年（550）十月壬辰条，卷四〇《唐邕传》，第617、58、588—589 页；《隋书》卷二《高祖纪下》，开皇十四年（594）六月丁卯条，卷二八《百官志下》，第43、884 页。

① "府寺台省"，见《魏书》卷一四《神元平文诸帝子孙·高凉王孤传》附《元子思传》，第411 页。
② 吴宗国：《隋唐五代简史》，第36—37 页。
③ 拙著《唐代司法政务运行机制及演变研究》，第118—125 页。
④ 《隋书》卷二五《刑法志》，第788 页。

第三，正在形成中的尚书省—寺监体制的影响。隋初从北齐《河清令》体制中继承了大理寺，但受制于魏晋以后尚未理顺的尚书省—寺监体制，[①] 在改置刑部尚书之前，还发生了"议置六卿，将除大理"的讨论。虽然在北齐旧臣卢思道的建议下，[②] 大理寺被保留了下来，但在提升刑部曹为头司的同时，却"罢大理寺监、评及律博士员，加置正为四人"。[③] 隋初大理寺置正、监、评三官各 1 人（正六品下阶），司直 10 人（从五品下阶），律博士 8 人（正九品上阶）。[④] 因此，开皇三年虽加置正为 4 人，但大理寺官仍大幅减少。这应该是此前"将除大理"讨论的延续，反映了此时大理寺职能定位的模糊，并导致其官员额减少。这进一步提升了尚书刑部曹在隋初司法政务运行机制中的地位。

此后，至苏威、牛弘更定新律 500 条后，复置律博士弟子员。开皇五年，又因始平县律生辅恩舞文案，隋文帝以"别置律官，报判之人，推其为首。杀生之柄，常委小人，刑罚所

---

① 拙文《唐宋间"子司"词义转换与中古行政体制转型》，《中华文史论丛》2019 年第 3 期，第 164—166 页。

② 《隋书》卷五七《卢思道传》，第 1579 页。参见拙文《〈切韵〉成书缘起与长安论韵时间再探》，《唐史论丛》第 26 辑，三秦出版社，2018，第 223—225 页；刘啸：《论隋代尚书省与九寺的关系》，《史林》2017 年第 6 期，收入氏著《隋代三省制及相关问题研究》，中华书局，2021，第 80—82 页。

③ 《隋书》卷二八《百官志下》，第 883 页。

④ 《隋书》卷二八《百官志下》，第 867、876、879 页。从官品而言，大理寺三官应在司直之下。之所以出现官品倒挂的情况，源于"后魏永安三年，御史中尉高穆奏置司直十人，视五品，隶廷尉，位在正、监上，不署曹事，唯覆理御史检劾事。北齐及隋因之，并置十人，从第五品下"。可见，司直位虽高，但不署曹事，故其排序在三官之后。（唐）李林甫等：《唐六典》卷一八《大理寺》，第 503 页。参见拙著《唐代司法政务运行机制及演变研究》，第 148 页。

以未清"为由，再次罢废大理律博士、尚书刑部曹明法及州县律生。① 在这种情况之下，为提高地方府州"诸曹决事"水平，开皇六年，隋文帝先"敕诸州长史已下，行参军已上，并令习律，集京之日，试其通不"，随后"又命诸州囚有处死，不得驰驿行决"。② 至开皇十二年（592），隋文帝又试图让大理寺成为尚书刑部司的辅助机构，用以案覆诸州死罪，"事尽然后上省奏裁"。史志未记载这种体制的实施效果，但从四年之后，又制"死罪者三奏而后行刑"（此据本纪，《刑法志》系此事于开皇十五年）来看，③ 极有可能已经废止了大理寺覆治诸州死罪的体制，原因是上述机制极易出现刑狱稽滞的弊端。所谓"死罪三奏"，依唐前期诸州死罪三覆奏来看，是尚书刑部司职掌，且不存在大理寺审核（或重审）地方死刑案件的情况，后者主要负责在京徒以上罪案件处理的制度。④

直至大业三年（607），大理寺官制才出现较大改变，大理寺丞正员增至 6 人，"分判狱事"，置司直 16 人，降为从六品，后加至 20 人，"掌承制出使推覆，若寺有疑狱，则参议之"，并

① 《隋书》卷二五《刑法志》，第 789 页。隋初律博士为正九品上阶，是流内官。开皇五年前后，旋复旋废的大理律博士却与刑部曹明法、州县律生一样被称作"小人"，可能意味着复置大理律博士时，其官已非流内品。学界通常将律博士的兴废置于古代律学发展脉络下进行讨论，参见冯婧《魏晋南北朝律博士考》，《中国古代法律文献研究》第 7 辑，社会科学文献出版社，2013，第 192—204 页；楼劲《魏晋至隋唐的官府部门之学》，《隋唐辽宋金元史论丛》第 7 辑，上海古籍出版社，2017，第 64—67 页。

② 《隋书》卷二五《刑法志》，第 789 页。

③ 《隋书》卷二五《刑法志》、卷二《高祖纪下》，开皇十二年八月甲戌、开皇十六年八月丙戌条，第 790、41、45 页。

④ 参见拙著《唐代司法政务运行机制及演变研究》，第 131、124 页。

复置评事 48 人，"掌颇同司直，正九品"。① 大业年间大理寺官员额的大幅增加，也在一定程度上反映了此前寺内人少事多的状况。

小　结

虽然限于史料的不足征，对于南北朝时期三公、都官等涉及司法政务运行的尚书郎曹职掌及其演变的讨论，只能借助于史传碑刻中零星的记载，但也可为我们勾勒出来一个大体的制度脉络。而这一脉络之中最突出的，就是北朝后期新出现的根据职能相近原则进行归并、整合尚书郎曹的制度逻辑，从而促使着尚书省机构进行持续而缓慢的调整。

北魏后期至北齐时期，不仅兼掌军事、刑狱的都官郎曹被调整为只掌刑狱，而且都官所掌的刑狱之事，又在《河清令》中被集并入三公郎曹的职掌中，都官郎曹成为监察机构。此外，魏晋以后，与司法政务相关的断罪、五时读时令、赦日建金鸡等事也继续由三公郎曹所掌。这就在职能上为隋唐刑部郎曹及刑部尚书的设立提供了前提条件。同时，西魏大统十二年的尚书省和北周六官府的实践，也成为隋初刑部尚书及其四司体制的来源之一。这样，当隋文帝决定废止六官，还依汉魏之时，新的作为六部之一的都官尚书就明显地体现出因袭北齐和北周旧制的双重背景。

随着隋初地方政务向中央集中，以及大理寺职能定位的模

---

① 《隋书》卷二八《百官志下》，第 889 页；（唐）杜佑：《通典》卷二五《职官七·诸卿上》，第 712—713 页。

糊，都官尚书下掌刑法的子司——刑部曹地位随之上升，并取代都官曹成为头司。这正是开皇三年将都官尚书改为刑部尚书的原因。在都官曹降为子司，并发生职能转换——由北齐时的监察机构重新回归为司法机构，负责管理徒隶——的同时，原来由左民郎曹（北魏、北齐属度支尚书）所掌的良贱诉竞之事也被集并入新的都官郎曹职掌中。魏晋南北朝时期分散的司法政务处理机制便被新的、统一的尚书刑部司法政务运行机制所取代。

第六章　六部的实体化：唐宋尚书省六部的虚与实

开皇三年（583）改度支尚书为民部尚书、都官尚书为刑部尚书后，汉魏以后所沿用的尚书曹和郎曹等概念，逐渐退场。"部"和"司"成为代表唐宋尚书省新常态的标志性制度术语。

正如雷闻所指出的，隋初六部二十四司体制体现了部和司之间关系的理顺。魏晋以后，在理顺上述关系的过程中，"部"的机构性质凸显出来，并开始向独立化的机构迈进。隋唐尚书省的发展接续了这一进程，但却因使职差遣体系的冲击而中断。[1]

元丰重建三省，实际上是在新的历史条件下，接续了隋唐以后"部"向独立化机构迈进的趋势，并使得六部尚书由虚设长官转型成本部事务的真正领导者。至此，六部的实体化才得以完成。

近年来，学界颇为关注元丰改制重建三省制背后所隐藏的宋制与唐制的重大差异，[2] 因而对于唐宋之际尚书省体制的差

---

[1]　雷闻：《官文书与唐代政务运行研究》第六章"隋与唐前期的尚书省"，第158—164、193—197页。

[2]　刘后滨：《"正名"与"正实"——从元丰改制看宋人的三省制理念》，《北京大学学报》（哲学社会科学版）2011年第2期，收入氏著《唐代中书门下体制研究：公文形态、政务运行与制度变迁》（增订版）附录二《唐宋政治制度演变蠡测（四）》，第430—448页；古丽巍：《北宋元丰改制"重塑"尚书省的过程》，《中国史研究》2015年第2期，第69—87页。

异已经有所关注，但在"部"的凸显与六部实体化的过程方面，仍有剩意可寻。故本章尝试从唐宋史籍中"省司""省部"的概念更替入手，对唐宋尚书省六部由虚到实的变化过程略做阐释。

一　"部"的凸显与"省司"的流行：隋唐六部独立化的反复

如前所述，隋唐尚书省六部二十四司组织架构的形成，既体现了北魏、北齐以后国家日常政务运行机制集并化趋势，又包含有西魏大统十二年（546）的尚书省改革和北周六官体制的直接影响。但在中古时期国家形态、权力结构和政务信息传递模式等方面发生变革之后，新的制度为了适应这一变革，需要在实践中不断调适。

隋及唐前期的尚书省也确实在完善运行机制和提升治理效能方面发生了较为显著的变化，可概括为如下三点。（1）在三省制确立的大业三年（607），都省和六部同时建立起完备的四等官制，并置勾检官于六部之下。① （2）左右丞的品阶逐步提高（大业三年由从四品提升至正四品，唐前期甚至一度提升至三品），职权不断扩大，奠定了其实际上成为尚书省（尤其是都省）长官的地位。（3）六部侍郎和各司（包括都省左右司）郎

---

① 《隋书》卷二八《百官志下》载，大业三年，"尚书省六曹，各侍郎一人，以贰尚书之职。又增左、右丞阶，与六侍郎并正四品。诸曹侍郎并改为郎。……废诸司员外郎，而每增置一曹郎，各为二员。都司郎各一人，品同曹郎，掌都事之职。以都事为正八品，分隶六尚书"（第884—885页）。"掌都事之职"，（唐）杜佑《通典》作"掌省事之职"，见卷二二《职官四·仆射（左右丞左右司郎中员外郎附）》，第601页。

官数量屡有增减，以适应需要处理的政务量的动态变化。①

值得注意的是，在大业三年官制改革中，为了完善尚书省四等官制，都省增加的是判官一级（都司郎，或称左右司郎）。这与其自身职能变化所带来的政务增加有关：都省由议政之所变成了三省制下协助仆射会决庶务的政务裁决机关。②

而六部增加的是通判官一级（六曹侍郎），显示隋炀帝有意完善"部"一级的领导职能。如果再考虑到原属都省的勾检官——都事也同时被归属于"六尚书"这一变化，则《大业令》有意坐实六部的机构独立性，并且其增强对属司控制的意图不言自明。

大业改制延续着开皇以后"部"作为尚书省内独立的一级政务处理机关的性质逐步凸显的过程。隋唐尚书都省分职体系虽然继承了北齐制度以"郎曹"或"司"为单位的分工方式，如《开皇令》规定"左、右丞各一人，都事八人，分司管辖"，③以及《唐六典》所载左右司郎中、员外郎"各掌付十有二司

---

① 张建利：《唐代尚书左右丞相初探》，硕士学位论文，北京大学，1992；雷闻：《官文书与唐代政务运行研究》第六章"隋与唐前期的尚书省"，第 157—158、163—164、193—195 页。叶炜指出，开皇六年（586）尚书二十四司增设员外郎，和开皇十四年主事设置的普遍化，强化了从"尚书郎"到"司"，即从官职到机构的发展变化。见氏著《试论隋与唐前期中央文官机构文书胥吏的组织系统》，荣新江主编《唐研究》第 5 卷，北京大学出版社，1999，收入氏著《南北朝隋唐官吏分途研究》，北京大学出版社，2009，第 88—90 页。

② 刘后滨：《唐代中书门下体制研究：公文形态、政务运行与制度变迁》（增订版），第 220 页。

③ 《隋书》卷二八《百官志下》，第 864 页。（唐）杜佑《通典》卷二二《职官四》载，"隋左右丞掌分尚书诸司纠驳。大唐因隋制"，左丞"勾吏部、户部、礼部等十二司"，右丞"掌管兵部、刑部、工部等十二司"（第 600—601 页，另参第 590 页）。

之事"，[①] 但不同的是，自《开皇令》开始，左右丞、左右司郎的分工，就完全以"部"，或者说是以"行"所辖司为准，[②] 不再延续北齐将同一尚书所统郎曹分属左右丞的体制。故雷闻指出，从隋初开始，尚书都省的业务分工开始以部为单位，而不再以郎曹为单位。[③]

不过，隋炀帝强化六部独立性的措施，并没有在入唐之后得到延续。都事重新回归都省，成为左右司的下属，掌"受

---

① （唐）李林甫等：《唐六典》卷一《尚书都省》，第 10 页。

② "行"的概念，见前引尚书省故事"每行各管四司，而以本行名为头司，余为子司"。唐人确实存在"部""行"混用的情况，见《旧唐书·玄宗纪》载，天宝十一载（752）三月"改吏部为文部，兵部为武部，刑部为宪部，其部内诸司有部字者并改"。而同书《职官志》载作"改吏部为文部，兵部为武部，刑部为宪部。其行内诸司有者并改：改驾部为司驾，改库部为司库，金部为司金，仓部为司储，比部为司计，祠部为司禋，膳部为司膳，虞部为司虞，水部为司水"。《新唐书·玄宗纪》将此事载作"改尚书省八部名"，与《旧唐书·玄宗纪》不同。这一错误应源于《新唐书·百官志》所载天宝十一载改吏部曰文部、金部曰司金、仓部曰司储、兵部曰武部、驾部曰司驾、刑部曰司宪、比部曰司计、虞部曰司虞，水部曰司水。其中，改吏、兵部为文、武部未被计算在内，故有七部改名，所缺者应是脱略的改库部为司库。至于《旧唐书·职官志》"祠部曰司禋，膳部曰司膳"最初发生在龙朔二年（662），《新唐书·百官志》虽有记载，但此后官名回改及复改，均未再被提及，故亦应不计算在内，否则《新唐书·玄宗纪》所言"八部"无从得出。《旧唐书》卷九《玄宗纪下》、卷四二《职官志一》，第 225、1790、1830、1831 页；《新唐书》卷五《玄宗纪》、卷四六《百官志一》，第 148、1187、1193、1195、1198、1199、1201 页。

③ 雷闻：《官文书与唐代政务运行研究》第六章"隋与唐前期的尚书省"，第 171—172、198 页。作者还引开皇三年诏尚书左右仆射分判三尚书事（左判吏部、礼部、兵部三尚书事，右判都官、度支、工部三尚书事）来说明隋初都省以"部"分职的变化。不过，此诏是对《开皇令》"置令、左右仆射各一人，总吏部、礼部、兵部、都官、度支、工部等六曹事"的调整（《隋书》卷二八《百官志下》，第 864 页），着眼点在于限制和分散都省长官的权力，并不影响左右丞"分司管辖"的方式。

事发辰，察稽失，监印，给纸笔"，① 与之相应的是，在"内外百司所受之事，尚书省皆印其发日，为立程限"的政务运作机制下，唐代都省几乎不再与"部"直接发生关系，其政务来往直接面对的是二十四司。

因此，唐代无须给六部配置部印，但却于圣历二年（699）全面配置二十四司印。② 而据《唐六典》所载开元年间置印情况，"凡内外百司皆给铜印一钮（其吏部、司勋各置二印，兵部置一印，考功、驾部、金部、尚食·尚乘局各别置一印。其文曰'某司之印'，东都即云'东都某司之印'。……诸司从行者各给行从印，其文曰'某司行从之印'；驾还，则封纳本司）"，③ 尚书省内诸司也是根据本司政务运行的特点来置一印或二印。④

隋唐之际，六部独立化进程的曲折反复，与宰相制度的发

---

① 《新唐书》卷四六《百官志一》，第 1185 页。关于都事职掌，他书多缺略。《唐六典》卷一《尚书以都省》载作"左、右司郎中、员外郎各掌付十有二司之事，以举正稽违，省署符目；都事监而受焉"（第 10 页）。

② 《唐会要》卷五七《尚书省诸司上·尚书省》载："除兵部、吏部外，共享都司印。至圣历二年二月九日，初备文昌台（尚书省）二十四司印。本司郎官主之，归则收于家。建中三年（782），左丞赵涓始令纳于直厅。其假日及不及日，即都用当〔直〕郎官本司印，余印亦不开。"（第 1154 页）"直"，据（宋）庞元英著，中华书局上海编辑所编辑《文昌杂录》卷二所引"唐故事"补，中华书局，1958，第 15 页。参见雷闻《官文书与唐代政务运行研究》第六章"隋与唐前期的尚书省"，第 171—173 页；唐星《释令狐怀寂告身》，《敦煌吐鲁番研究》第 12 卷，上海古籍出版社，2011，第 419—421 页。

③ （唐）李林甫等：《唐六典》卷四《尚书礼部》，第 116 页。

④ 引文中"置二印"与"别置一印"的区别，尚不清楚。勾利军认为两者是针对京司官与东都分司官而言，并据以认为东都尚书省吏部下设吏部、司勋、考功三司，而兵部下设兵部、驾部二司。只因兵部司掌兵马调遣，故京、都唯置一印，随皇帝而行，以防兵权旁落。见氏著《唐代东都分司官研究》，上海古籍出版社，2007，第 51—55、68、249—250 页。这一解释是否准确，仍有待研究。

展有关。在三省制确立之前，尚书省长官为宰相的传统，在隋朝还有强大的影响。隋文帝虽想摆脱这一传统，但未能找到有效解决尚书闻奏过多的办法，只能重回以仆射为宰相的老路。而随着六部二十四司人员编制的充实（如增置员外郎、主事令史），文帝末年仆射"不复通判省事"的格局应运而生。[1]这说明，在一定程度上，增强六部的独立性，在当时也隐含着消解仆射专权的目的。隋炀帝虽然结束了尚书仆射专掌朝政的局面，确立了三省制，并尝试以他官与三省长官参掌朝政，[2]但显然还对仆射专权局面抱有戒心，因此仍延续文帝时期强化六部独立性的思路来改革尚书省。

唐代六部独立性下降的直接原因，源于唐初统治者对大业制度的否定：隋炀帝所增置的都司郎及六曹侍郎，在武德贞观之际一度被废。武德元年（618）八月，废左、右司郎中。武德七年三月，"废尚书省六司侍郎，增吏部郎中秩正四品，掌选事"。这些变化均被修入《武德令》中，[3] 直至贞观二年（628）正月十日，复置包括吏部侍郎在内的"六侍郎"，正月十三日，复置左、右司郎中。[4]

---

① 《隋书》卷四八《杨素传》，第1452页。
② 吴宗国：《隋唐五代简史》，第39—42页。
③ 《旧唐书》卷一《高祖纪》，武德七年三月戊寅条，卷四二《职官志一》，第14、1793、1795页；（唐）杜佑：《通典》卷二二《职官四·历代郎官》，第607页。
④ （宋）王溥：《唐会要》卷五八《尚书省诸司中》，"左右司郎中""吏部侍郎"条，第1175、1179页；《旧唐书》卷二《太宗纪上》，贞观二年正月辛丑（应作辛亥。是月己酉朔，月中无辛丑，辛亥为三日）条，第33页。参见雷闻《官文书与唐代政务运行研究》第六章"隋与唐前期的尚书省"，第165页。《旧唐书·太宗纪》和《资治通鉴》均将复置六司侍郎、左右郎中同时系于贞观二年（628）正月辛亥右仆射长孙无忌自求逊位，罢为开府仪同三司事后。并且，前书在长孙无忌逊位和复置

　　不过，唐初尚书省官制频繁调整，还有更深层次的原因。武德、贞观以后，由于三省制运行日趋成熟和政事堂制度的推行，改变了唐初一度恢复的以左右仆射为知政事官核心的模式，仆射的职责范围受到严格限制，逐步脱离尚书省日常庶政，并最终退出宰相行列。[①] 这就使得隋朝提升六部机构独立性的做法，失去了其原有的目的性，反而有损尚书都省会决庶务的职能，以及作为上、下行政务文书的收发总署和勾检总署的地位。[②]

　　因此，尽管唐代六部在某些方面仍显示出自身独立性强化的趋势，但在政务运行机制层面，六部作为政务处理必要环节的实体性明显受到限制。雷闻指出，尚书省的政务分工，始终着眼于二十四司，即发生作用的机制是都省—诸司模式；各司郎官的管辖权操于左右丞之手，尚书作为本部长官的地位非常暧昧（见《唐律疏议》引唐令"诸司尚书，同长官之例"[③]）；在日常政务处理中，呈现出"省"和"司"的意义远大于"部"的特点。比如，唐代尚书省对外公文率称"尚书某司"，而非"某部某司"。而尚书省诸司奏抄除了在奏上环节需要经所属尚书、侍郎联署外，待皇帝批复后，仅需本司郎官签署即

　　　　六司侍郎、左右司郎中之间，还夹叙徙封太宗三子一事。而徙汉王恪为蜀王，卫王泰为越王，楚王祐为燕王，据《资治通鉴》与《新唐书》卷二《太宗纪》，在正月丁巳（九日）。综合来看，《唐会要》载正月十日和十三日，先后复置六司侍郎和左右司郎中，当有所据。《资治通鉴》卷一九二，贞观二年正月辛亥、丁巳条，第6046—6047页；《新唐书》卷二《太宗纪》，第28页。

　①　吴宗国：《隋唐五代简史》，第92—98页；任士英：《唐代玄宗肃宗之际的中枢政局》（初版2003年），重庆出版社，2024，第57—63页。

　②　王永兴：《唐勾检制研究》，上海古籍出版社，1991，第35—37页。

　③　（唐）长孙无忌等：《唐律疏议》卷一《名例律》"十恶"条律疏，刘俊文点校，中华书局，1983，第15页。

可下发。至于尚书省指挥州县等机构的符（省符），一般由各司郎官主判，"案成"后需要经都省官检勾、用印，最后以尚书省的名义下发。即便是承接君主制敕的省符，在行下时也不需要经过尚书和侍郎，仅需郎官处理。①

在都省—诸司政务分工机制下，唐人叙述尚书省官制，其实更常用"六曹"或"六司"，而非"六部"。开元年间所编《初学记》"炀帝各于六尚书曹置六侍郎，增品第四，以贰尚书之职（今六司侍郎）"，② 以及《唐六典》中书舍人"六人分押尚书六司"，及大理寺"六丞判尚书六曹所统百司及诸州之务，其刑部丞掌押狱。每一丞断事，五丞同押，若有异见，则各言不同之状也"的表述，③ 是唐代文献中更常见的概念。当然，"六曹""六司"两个词亦可用于描述州县等其他机构的官制。④ 至于，描述尚书省官制的"六部"一

---

① 雷闻：《官文书与唐代政务运行研究》第六章"隋与唐前期的尚书省"，第 190—193、171—179 页。

② （唐）徐坚等：《初学记》卷一一《职官部上·侍郎郎中员外郎》，第 269 页。

③ （唐）李林甫等：《唐六典》卷九《中书省》、卷一八《大理寺》，第 276、503 页。另外，德宗初年，崔造为宰相，建议宰臣分判尚书省事，诸书记载略有不同，如"其尚书省六职，令宰臣分判""宰相分判六尚书事""六曹皆宰相分领""令宰相分判尚书六曹"，与今人径称为"由宰相分判六部"也有所差异。《旧唐书》卷一三〇《崔造传》，第 3626 页；《新唐书》卷五三《食货志三》、卷一五〇《崔造传》，第 1369、4813 页；《资治通鉴》卷二三二，贞元二年（786）正月壬寅条，第 7468 页。参见吴丽娱《论唐代财政三司的形成发展及其与中央集权制的关系》，《中华文史论丛》1986 年第 1 期，第 183 页。

④ 除"六曹"外，在文学作品中，唐人也使用汉制尚书"五曹"的旧典，如陈子良《为奚御史弹尚书某人入朝不敬文》"晋荣八座，蔡谟始渐斯官；汉贵五曹，郑均才沾此秩"，常衮《授张重光尚书左丞制》"周历五曹之副，建明万事之本"，及《裴遵庆吏部尚书制》"尚书万事之本，选部五曹之右"。（宋）李昉等编《文苑英华》卷六四九、卷三八五、卷三八六，第 3340、1965、1967 页。

词，目前仅见于唐后期文献，如《通典》杜佑注中的"六部侍郎"，^①以及文宗朝李庚所撰《西都赋》"环以文昌，二十四署。六部提统，按星分度"，^②而且词频也远低于"六曹"或"六司"。

可见，作为整体概念的尚书"六部"，甚至是"部"的概念，几乎不存在于唐人（尤其是唐前期）的观念世界中。^③前述唐代都省不与"部"直接发生关系的原因，就在于此。所以，废侍郎是"废六司侍郎"，而"省司"则成为尚书省裁决政务时必经的环节，习见于唐代律令格式之中。

作为合成词的"省司"，既可看作联合式短语，指尚书都省和诸司（尚书省），又可视作偏正式短语，特指相关尚书省内判案之司。前者如《狱官令》"其大理寺及京兆、河南府断徒及官人罪，并后有雪减，并申省，省司覆审无失，速即下知；如有不当者，随事驳正"，及《驾部式》"省司差使急速者，给马"。^④后者见《唐律疏议》"同职犯公坐"条律疏，此条律文在规定同一机构内四等官"各以所由为首"后，还针对四等之外的所涉官员规定如下：

---

① 《通典》凡 4 例，见（唐）杜佑《通典》卷二二至二三，"尚书省""历代尚书""历代郎官""吏部尚书"诸门，第 590、603、607、629 页。尤其是，《通典》正文虽仍用"诸司侍郎""六司侍郎""六侍郎"的表述，但在注文中，杜佑已改称"六部侍郎"。

② （宋）李昉等编《文苑英华》卷四四，第 196 页；马积高：《赋史》，上海古籍出版社，1987，第 342—343 页。

③ "几乎不存在"的表述，主要着眼于前述唐前期尚书省政务运行机制的若干特点，而且有意凸显了唐宋六部体制的不同，即本章所讨论的，在六部实体化视野下，元丰改制前后出现的"省司"与"省部"之间的概念转换。

④ （唐）长孙无忌等：《唐律疏议》卷三〇《断狱律》"应言上而不言"条疏，卷一〇《职制律》"增乘驿马"条疏，第 562、210 页。

即余官及上官案省不觉者，各递减一等；下官不觉
者，又递减一等。亦各以所由为首（减，谓首减首，从
减从）。

检、勾之官，同下从之罪。应奏之事，有失勘读及省
审之官不驳正者，减下从一等。

对于律条所涉及的概念及政务运行机制，律疏进一步解释
如下：

余官者，谓比州、比县及省内比司，并诸府、寺、监
不相管隶者。上官者，在京诸司向省台及诸州向尚书省，
诸县向州之类。如州上文书向尚书省，有错失，省司不觉
者，省司所由之首，减州所由首一等，同职递为四等法首
从减之。其余官不觉，亦准此。若省司下符向州错失，州
司不觉，州司所由首减省司所由首二等，同职递为四等首
从法减之。……尚书省应奏之事，须缘门下者，以状牒门
下省，准式依令，先门下录事勘，给事中读，黄门侍郎
省，侍中审。有乖失者，依法驳正，却牒省司。若实有乖
失，不驳正者，录事以上，减省下从一等。既无递减之
文，即侍中以下，同减一等。①

既然与“省内比司”对应，律疏中“省司”指特定的判

---

① （唐）长孙无忌等：《唐律疏议》卷五《名例律》“同职犯公坐”条疏，
第110—113页。

案之司。在这个含义上，唐人也会使用"曹司"一词，《唐尚书省为怀岌等西讨给果毅傔人事牒》有"（前缺）尚书省商量处分者。曹司商量"云云。[1] 不过，它不像"省司"那样具有特定性，也可指代所有或其他官府机构："'官文书'，谓曹司所行公案及符、移、解、牒之类。"[2]

二 从"省司"到"省部"：新因素下的元丰重建六部

不过，事随世变。中唐以降，随着财政三司（三司使）体制的确立和发展，"省司"的概念有所扩大，[3] 逐渐产生一个新的义项——三司使的别称，并被辽、宋所继承。[4] 辽于五京分置计司，兴宗重熙二十年（1051）十一月，命东京留守司总领户部、内省事。天祚帝天庆十年（1120）六月，以北府宰相萧乙薛为上京留守，知盐铁内省两司、东北统军司事。[5] 而上京城内有"绫锦院、内省司、麹院，赡国、省司二

---

① 文书号：Or. 8212/521，沙知、吴芳思编《斯坦因第三次中亚考古所获汉文文献（非佛经部分）》，上海辞书出版社，2005，第56页。

② （唐）长孙无忌等：《唐律疏议》卷二七《杂律》，"弃毁亡失制书官文书"条律疏，第514页。

③ 《旧五代史》卷一四六《食货志》，后晋天福七年（942）十二月宣旨，卷一四九《职官志》，"内职"条，中华书局，2016，第2272、2321—2323页；陈明光：《从唐朝后期的"省司钱物"到五代的"系省钱物"——五代财政管理体制演变探微》，氏著《寸薪集：陈明光中国古代史论集》，厦门大学出版社，2017，第293—312页。

④ 龚延明编著《宋代官制辞典》（增补本），"三司"条，中华书局，2018，第125页；《中国历代职官别名大辞典》，"省司"条，第511页。

⑤ 《辽史》卷四八《百官志四》、卷二〇《兴宗纪三》、卷二八《天祚帝纪二》，中华书局，2017，第896—897、278、379页。参见林鹄《辽史百官志考订》，中华书局，2015，第264—267页。

仓，皆在大内西南"。①　其中，"省司仓"即盐铁、户部等财政使司所输之仓。

尚书省与三司使虽不同，但北宋人常以三司譬诸尚书省，如真宗朝宰相王旦称"今之三司，即尚书省"。②　因此，"省司"概念扩大之后的这一用法，并未超出其本义。直至北宋前期，史籍中仍常见"省司"之名。如天圣十年（1032）五月，尚书刑部言："省司准中书批送诸处申奏，令、尉称捕捉疆［强］劫贼，乞依天圣八年敕酬奖者。"③　其中的"省司"即刑部司，与唐代律令格式用语一致。

不仅如此，在记载北宋前期制度的《三朝国史志》《两朝国史志》中，尚书省的组织架构，被分别记载作："尚书都省……国朝以诸司三品以上官或学士一员权判。凡尚书诸司，悉他官主判。其事务至少者，但中书批状，送印领判。④　都省

---

① 《辽史》卷三七《地理志一》，第499页。另据《普济寺严慧大德塔记铭》，燕京三学寺殿主僧严慧因"三载供养之外，有钱五千余贯。乾统初（1101），省司以课最闻（'省'，《盘山志》作'有'），朝廷嘉之"。向南：《辽代石刻文编》，河北教育出版社，1995，第572页。

② （宋）李焘：《续资治通鉴长编》卷八六，大中祥符九年（1016）三月辛酉条，中华书局，2004，第1979页；张亦冰：《唐宋之际财政三司职掌范围及分工演进考述》，《唐史论丛》第28辑，三秦出版社，2019，收入氏著《北宋三司财务行政体制研究》，社会科学文献出版社，2023，第28页。

③ （清）徐松辑《宋会要辑稿》，"捕贼"，兵一一之一三至一四，刘琳等点校，上海古籍出版社，2014，第8824页。

④ 中书送印领判，不理为资序，以区别于"敕差"者。如嘉祐六年（1061）正月，诏："判尚书考功、祠部、官告院，自今降敕差人，理合入资序，仍给添支钱十千。"注曰："故事：尚书省诸曹惟判刑部、吏部南曹许理资序，余遇有闻［阙］，即申中书，判送某官，谓之'送印'。时以入堂除差遣者众，又三曹皆有事守，故以敕差之。"（清）徐松辑《宋会要辑稿》，"司封"，职官九之三，第3272页。

总领省事，及集议、定谥……二十四司吏员迁补。"① "尚书都省：判省事一人，以诸司三品以上充，总辖二十四司及集议、定谥……之事。"② 这些描述依然体现着"都省—诸司"模式的唐制印记，很难看到"部"的身影。

直到元丰官制推行，出现了一个值得关注的现象，新见"省部"之名，取代之前的"省司"，成为尚书省处理上下行政务文书之关节点。《续资治通鉴长编》绍圣四年（1097）六月己丑条载：

> 户部状："检准治平二年三月四日中书札子节文：'三司奏：欲应今日已前及今后客人批钞茶税钱，五分依元指定住卖去处，内荆湖南路贩茶限一年八个月，荆湖北路限一年六个月，江南东路、两浙、淮南限一年四个月送纳了足；余五分，并与展限半年。如更有客人陈乞展限，从省司勾追勘断。奉圣旨：依。'本部看详治平元立法意，已宽商旅，又立定不详展限刑名，故拘收课入有准，不误国计。元祐中，王岩叟奏请，只凭商旅以罢水磨茶剩数为说，更要展限，奏请不用祖宗已来条约。既送户部，亦不检引元条申明，遂降指挥展限一季，显见日限大宽，走失课入。兼自元祐二年沿此后来内外茶税钱，本部置簿，每年春季违限，倍罚税钱。今点检簿内白脚未勾销者一千七百四十

---

① （清）徐松辑《宋会要辑稿》，"尚书省"，职官四之一，第 3095 页。此部分文字出处未详，而在《两朝国史志》前，除总叙宋初官制外，还包括太祖至真宗朝纪事，故知是从《三朝国史志》中抄录而来。

② （清）徐松辑《宋会要辑稿》，"尚书省"，职官四之四引《两朝国史志》，第 3096 页。

三件；并已有销了，却使元送纳处文字到省部月日销到者一千三百四十八件，既无元送纳月日，则无以勾考违限。窃缘每年茶税钱约七十余万贯，经今十年，失于检察，更元祐中非理展限，恐官司上下别有情弊。今欲乞外处委提刑司、府界委提举司选官一员，在京于本部选郎官一员，各一年取索照证文字驱磨施行。"尚书省勘会：元祐二年六月权展朝旨，系一时指挥，今来自不合行用外，诏依户部所申。①

绍圣户部状中的"本部看详"、"本部置簿"与"到省部月日销到"诸文字，准确地反映出，元丰官制行后，六部已经成为尚书省内处理上下行政务文书的必经环节。而其中的"省部"，恰好与户部状内检会到的治平二年（1065）中书札子内"从省司勾追勘断"一语形成鲜明的对比，直接体现出改制前后用词的变化。

尤其值得注意的是，越州上虞县刘承诏家所得熙宁十年（1077）尚书"户部牒"中，也出现了"当部准"敕与"当司检会"表述并存的现象。② 其中若无误字，正说明此"户部牒"正处于"省司"向"省部"概念转变的过渡阶段。

如何理解"省部"的出现和流行？当然，这与隋唐以后尚书省内"部"的凸显的历史背景有关。如前所述，隋唐六尚书体制早已确立，作为诸司之上的"部"的概念，也确实

---

① （宋）李焘：《续资治通鉴长编》卷四八九，第11600—11601页。
② （清）刘黻廷等纂修《余姚开原刘氏宗谱五编》卷一《贻编·优免牒文》，《中华族谱集成·刘氏谱卷》第5册，巴蜀书社，1995，第82—83页；顾成瑞：《宋代义门优免制度的实践——以〈余姚开元刘氏家谱〉所收宋公文书考析为中心》，《文史》2022年第1期，第132—135页。

影响着隋唐人的观念。比如，隋《苏慈墓志》志题中的"工兵二部尚书"，①《隋书·令狐熙传》载其"迁鸿胪卿。后以本官兼吏部尚书，往判五曹尚书事"，② 以及唐《贺兰淹墓志》"坐而论道，六曹重其徽尘；飞而食肉，八将钦其懿烈"和《职员令》对六尚书职掌总判所属四司或四曹的表述。③ 而唐格虽以尚书省诸司为目，凡二十四篇，但现存的《（神龙）散颁刑部格卷》却以作为本行的"刑部"为名，并且未将格文条目逐条分入各司，而仅在题名"刑部格卷"下标注本行四司之名"刑部、

---

① 王其祎、周晓薇编著《隋代墓志铭汇考》第 3 册，第 63—65 页。此人开皇二年任兵部尚书，至八年，以太子左卫率判工部尚书，其年又判民部、刑部尚书事。十二年，授工部尚书，而志题仅载其实职。

② 《隋书》卷五六《令狐熙传》，第 1562 页。《金石萃编》卷五六《令狐熙碑》载："□□（开皇）十二□□（年，迁）鸿胪卿，以本官兼吏部尚书□□□□□□□许以□□及车驾□，以公□侍从，又判礼部、度支（引者按：应为'民部'，疑唐人追改）、兵部、刑部、工部尚书及秘书监事。"（第 932 页）

③ 《贺兰淹墓志》此句针对的是其父隋"左武候将军、长州（引者按：治今内蒙古鄂托克前旗东南城川古城，大业三年废为长泽县）刺史、检校户（民）部尚书"贺兰蕃，载吴敏霞、党斌主编《铜川碑刻》，三秦出版社，2019，第 19、216 页；唐雯：《晏殊〈类要〉研究》附录二《唐职员令复原与研究——以北宋前期文献中新见佚文为中心》，上海古籍出版社，2012，第 335—343 页。更严格地说，总判四司是六尚书之职，而非六部之掌。这也是导致唐代"部"的概念并不凸显的原因之一。这一局面的出现，与隋唐《职员令》未延续南朝后期和北齐法令将职掌系于机构的做法，而将职掌重新系于官职有关，可以说在一定程度上又回归楼劲所谓"以官存司"的旧制。这应该是隋唐《职员令》取法北周六官体系的结果。直至宋代，官制书才重新突出机构色彩（参见下引《三朝国史志》《两朝国史志》对尚书省诸司职掌的记载），最终在元丰行官制后，在新颁《职员令》中，六部与尚书、侍郎的职掌才被明确区分开来。《宋史》卷一六三《职官志三》，中华书局，1977，第 3831—3864 页。参见赵晶《唐宋令篇目研究》，《中国古代法律文献研究》第 6 辑，社会科学文献出版社，2013，第 314—332 页。

都官、比部、司门"。换言之，神龙格实际并未按司分篇。①

与此同时，南宋人也确实有"昔有判刑部、判礼部、判兵部、判工部，惟户、吏二部无之，盖以流内铨、三司使易其名矣"，②或"六部各有主判，率以学士、待制、馆阁官领之。……内兵部事归枢府，工部事归三司，故此二部不设主判官，多以别官兼之"之类的说法。③《两朝国史志》也有判部事和判司事的区别：六部各置"判部事"一人或二人，④描述六部职掌皆称"本曹但掌"云云。⑤这与所叙诸部余司置官皆为"判司事一人"，以及描述职掌时称"本司无所掌"的情况，⑥形成了鲜明的对比。

---

①　刘俊文：《敦煌吐鲁番唐代法制文书考释》，中华书局，1989，第 257 页。作者认为，"刑部格卷"形态与文献所载唐格分篇的不同，或源于散颁格与留司格之别，抑或神龙格与开元格之别。不过，这个问题较为复杂，尚无定论，见拙文《法藏敦煌文献 P.4745 考——以〈唐年代未详（贞观或永徽）吏部格或式断片〉为中心》，《写本学研究》第 4 辑，上海古籍出版社，2024，第 36—38 页。

②　（宋）王栐：《燕翼诒谋录》卷四，诚刚点校，中华书局，1981，第 38 页。

③　出（宋）黄琬《国朝官制沿革》，见雷云雯《〈宋官制正误沿革职官记〉辑佚与研究》，硕士学位论文，中国政法大学，2023，第 37—38、51—52 页。

④　今本《宋会要辑稿》缺"工部"一门。此据（宋）宋慈《记纂渊海》卷二八《职官部·工部》引《续会要》"工部判部事一人，凡城池土木、工役程式，皆隶三司修造案，本曹无所掌"，《景印文渊阁四库全书》第 930 册，第 634 页。此条应出《两朝国史志》。

⑤　（清）徐松辑《宋会要辑稿》，选举二三之一、食货五六之一〇、职官一三之一、职官一四之一、职官一五之一，第 5673、7287、3369、3395、3407 页。刑部作"判事二人"，应脱"部"字。

⑥　（清）徐松辑《宋会要辑稿》，职官九之三、职官一〇之一、职官一〇之二〇、职官一二之一，食货五一之三五、食货五六之一、食货五三之一、职官一三之一六、职官一三之四二、职官一三之四六、职官一二之三、职官一五之四七、职官一六之二至三、食货六三之四九，第 3272、3281、3289、3367、7159、7283、7195、3378、3391、3393、3368、3434、3435、7638 页。

尽管在北宋前期判部事的具体设置上有分歧，但上述记载影响很大。如龚延明《中国历代职官别名大辞典》就有六部各置判部事，主掌其事（"判部""判工部""判刑部""判吏部""判尚书刑部"条），与"判考功""判尚书考功"等条称置"判司事"以代郎中、员外郎，区别甚明。①又如，李之亮《宋代京朝官通考》对尚书省官仅统计了北宋前期判尚书吏部等所谓六部长官的任职情况，至于子司主判官悉数从略。②

然而，无论是从北宋前期尚书省置吏情况来看，③还是从任职情况来看，④当时尚书省主判官，均对应二十四司郎官，并不存在相当于六部尚书的判部事。这与《三朝国史志》的记载一致。该书描述尚书吏部、司封、司勋、户部、度支、金部、仓部、礼部、祠部、兵部、职方、驾部、库部、刑部置官，并不区分头司与子司，表述均为"以朝官一员或二员主判"。⑤余司情况未见载，推测其用语应保持一致，故总括言之曰："凡

① 龚延明：《中国历代职官别名大辞典》，第 375—378 页。

② 李之亮：《宋代京朝官通考》，《宋代职官通考》第 3 册，巴蜀书社，2020，第 1502—1531 页。可资对照的是，该书备载元丰后六部尚书、侍郎，及诸司郎中、员外郎任职情况。

③ 真宗咸平元年（998），诏定在京百司吏额，其中"尚书省五人，吏部十二人，〔流内〕铨二十人，南曹十人，甲库四人，司封二人，司勋二人，考功五人，兵部十人，甲库二人，职方三人"，职方以下诸司从略。（清）徐松辑《宋会要辑稿》，"流外铨"，职官一一之五八，第 3345 页。

④ 今仅据李之亮前揭书所列京朝官略言之，如皇祐二年（1050），晁仲衍"权判尚书祠部，同判太常礼院，兼判尚书刑部"；治平四年（1067），苏颂"兼同判礼部、祠部"。

⑤ （清）徐松辑《宋会要辑稿》，职官八之一、职官九之一、职官一〇之一、食货五六之九、职官一三之一、职官一三之一六、职官一四之一、职官一四之二〇、职官一二之三、职官一五之一、第 3231、3271、3281、7287、3369、3378、3395、3405、3368、3407 页。

尚书诸司，悉他官主判。"

综上可知，唐代"部"的凸显和《两朝国史志》等宋人记载的出现，都不是宋代"省部"概念出现的直接原因，否则，也不会出现"省司"仍流行于五代、北宋前期的现象。

作为新因素的"省部"一词，其实首先出现在使职系统中。宋代三司制度在调整中，逐渐确立了三司"置使一员，总领三部"的体制，[①] 故曰"所有在省三部、九子司应行下文字，先呈押判官，委是合行，方得书押"。[②] 由此，在三司系统内，除了继续使用"省司"外，还开始使用"本部""省部"等概念。前者如宋初三部原各有勾院和开拆司，"止本部判官"主之或兼判，[③] 后者见《祭孔长源文》："初以诋去，民实戴德。卒还省部，廷论之直。"此句对应的是，孔氏知越州时，因亏损盐课遭罢职，后得以洗雪诬名，获任权管勾三司都理欠凭由司。[④] 由此可知，所谓"卒还省部"，即任职于三司使之下的子司。

另外，熙宁元年（1068）七月，因恩州、冀州河决水灾，诏赐贫民粟，《宋会要·赈贷》门载"令省仓赐粟"，且小注曰"详见《恤灾》门"。然而后者载作"令省部赐粟"。此事

---

① 《宋史》卷一六二《职官志二》，第 3807—3811 页；张亦冰：《北宋三司内部行政机制及其演进——以三司长官、三部判官为中心》，《中华文史论丛》2022 年第 2 期，收入氏著《北宋三司财务行政体制研究》，第 51—74 页。

② （清）徐松辑《宋会要辑稿》食货五六之一四至一五，第 7290 页；拙文《唐宋间"子司"词义转换与中古行政体制转型》，《中华文史论丛》2019 年第 3 期，第 194 页。

③ （清）徐松辑《宋会要辑稿》，"三部勾院"，职官五之二三，"开拆司"，职官五之三八，第 3132、3139 页。

④ 孔延之，字长源，熙宁七年（1074）卒。《曾巩集》卷三八《祭孔长源文》、卷四二《司封郎中孔君墓志铭》，陈杏珍等点校，中华书局，2013，第 528、575—577 页。

今本《宋会要辑稿》重出，凡四见，两处作"省部"，两处作"省仓"，恐非文字讹误，而是各有所本。①

而在北宋前期，宋人也开始在尚书省内使用"本部"等概念，见天圣《狱官令》宋令第3条："诸在京及诸州见禁囚，每月逐旬录囚姓名，略注犯状及禁时月日、处断刑名，所主官署奏，下刑部审覆。如有不当及稽滞，随即举驳，本部来月一日奏。"

尽管《天圣令》中的"本部"，看起来直接源于宋人对唐令"本司录其所犯及禁时月日，以报刑部（来月一日以闻）"的删改，② 但这背后同样隐藏着使职差遣体制的影响。

景德四年（1007），因省内仅"刑部官员轮宿"，上封者请"应在省主判官，并令依三司判官例押宿，诸部人吏亦置簿轮宿"。诏"除都省、流内铨外，每日轮差令史宿直，仍于所判官及详覆官内轮一员押宿"。③

天禧五年（1021），因"每年披度给牒，自来祠部承例发放，别无拘管提举关防"，遂专委三司盐铁判勾官"于本司选勾覆官前后行六人专置司，与祠部手分同共发遣。应诸处奏到文状，并批送三司，委开拆司依发放例置历抄上，发与发遣司，委本司将祠部照证帐按（案）及宣敕条贯，勘会合度数，限半月内印押，通判部官发放。候给讫单状到，勾销元帐"。

---

① （清）徐松辑《宋会要辑稿》，食货五七之七、食货五九之一、食货六八之三八、食货六八之一一二，第7332、7377、7964、8013页。

② 雷闻：《唐开元狱官令复原研究》，宋令第3条，复原唐令第3条，天一阁博物馆、中国社会科学院历史研究所天圣整理课题组校证《天一阁藏明钞本天圣令校证（附唐令复原研究）》，中华书局，2006，第610页；《旧唐书》卷五〇《刑法志》，第2138页。

③ （清）徐松辑《宋会要辑稿》，"尚书省"，职官四之二，第3095页。

其后，判三司盐铁勾院兼发遣祠部任中行言："逃亡、还俗僧尼祠部〔牒〕、戒牒，依例烧毁者，今缘本部在三司，火烛不便，今后欲只剪碎毁弃，收贮充公用。"从之。至仁宗初，发遣司事又归祠部主判。①

正是在这种政务往来中，"司"与"部"之别变得习焉不察，尚书省机构也开始借用使职差遣内部使用的概念。因此，大中祥符六年（1013），礼部尚书、知陈州张詠以"臣官忝尚书，祠部，本部子司，每有公事，并是申状，体似未顺"为由，"请应丞、郎、尚书知外州，除都省依旧申状外，若本曹，欲止判检，令以次官状申"，② 以及嘉祐三年（1058）判尚书祠部陈襄使用"检会本部在京、诸道州军寺观"的表述，③ 也就不难理解了。《天圣令》《两朝国史志》对"本部""本曹"的使用，与上述背景的关系更为密切。

不过，唐代制度概念仍在北宋前期广泛使用。除前述"省司"外，还如景德元年（1004）敕规定"令〔今〕后诸司如是额内阙人，须关报都省，取候指挥，招召有行止人委保，别无逾滥，即本部官与都省看验人才、书札，方得收充私名，牒台试验书札"。但此后诸司渐不遵守旧制，仁宗天圣五年（1027），权判尚书都省刘筠奏请申明旧制时，便兼用"行""司"："近来六行诸司因循，不依条约，并不先次报省

---

① （清）徐松辑《宋会要辑稿》，"祠部"，职官一三之一八至二〇，第3379—3380页；张亦冰：《北宋三司内部行政机制及其演进——以三司长官、三司判官为中心》，氏著《北宋三司财务行政体制研究》，第60—63页。

② （清）徐松辑《宋会要辑稿》，"尚书省"，职官四之二至三，第3096页。

③ （宋）陈襄：《上仁宗乞止绝臣寮陈乞创寺观度僧道》，（宋）赵汝愚编《宋朝诸臣奏议》卷八四，北京大学中国中古史研究中心校点整理，上海古籍出版社，1999，第905页。

试验书札，却一面牒台求试，望申旧制。"①

再如，《天圣令》虽然使用了"本部"一词，但在面对体现唐代尚书作为本部长官地位非常暧昧的《狱官令》"诸司尚书，同长官之例"条文时，编纂者采取了基本保留唐令原文的方式，将其修订为宋令第 21 条："诸公坐相连，应合得罪者，诸司尚书并同长官（若无，其主判正官亦准此）。以外皆为佐职，流外官以下行署文案者，皆为主典，即品官勘署文案者，亦同主典之坐。"② 整理者认为复原唐令文字与宋令完全一致，但实际上两者肯定存在差异。至少"若无，其主判正官亦准此"一句，是宋人根据国朝之制（见前引《三朝国史志》）而增加的注释，以适应诸部尚书成为本官阶的现实。③

综括言之，受唐"省司"诸词的影响，北宋前期尚书省内对"本部"概念的使用只是局部的，并未影响律令表述，因此不具备熙宁、元丰年间全面依托旧有使职差遣体制重建尚书省官制后，使用"省部""本部"概念时所对应的特定历史经纬。

比如，对应于诸部尚书的判部事，实际上最早出现于神宗为恢复尚书省职能而先行重建六部时。如熙宁十年（1077），诏今后"礼部主判即兼领祠部、主客、膳部、礼部贡院"，"兵部主判即兼领职方、驾部、库部、兵部甲库"。④ 而在此前后，其余四部也陆续重建：熙宁三年后，三司使下诸司诸案逐渐分

---

① （清）徐松辑《宋会要辑稿》，"尚书省"，职官四之三，第 3096 页。
② 雷闻：《唐开元狱官令复原研究》，《天一阁藏明钞本天圣令校证（附唐令复原研究）》，第 621 页。
③ 龚延明编著《宋代官制辞典》（增补本）"宋代官制总论"，第 6、31 页。
④ （清）徐松辑《宋会要辑稿》，"礼部"，职官一三之三，第 3371 页；"兵部"，职官一四之四，第 3396 页。

隶尚书户部、刑部、工部诸司及司农、大理等寺;[①] 熙宁五年,吏部南曹并入流内铨,元丰三年(1080)诏"吏部流内铨自今称尚书吏部";元丰三年,诏审刑院、纠察在京刑狱司并归刑部,以知院官为判刑部,刑部主判官二员为同判刑部。[②]

如前所述,在总叙尚书省时,《两朝国史志》的记载很难看到"部"的印记;但在描述尚书诸司官制时,该书确实已经在使用"部"和"本曹"的概念,并区别记载判部事、判司事和"本曹""本司"。造成这种矛盾记载的直接原因,就是该书于元丰五年六月修成,所以不可避免地受到神宗改官制的影响。[③]

元丰重建尚书省后,省内存在省、曹(部)、司三级架构,但关涉政务裁决者,主要是省、部两级,故对司官多有限制,如元丰五年二月,颁三省、六曹条例,诏书有言:"六曹诸司官非议事不诣都省及过别曹。"[④] 之后,此节文被纂修为《六曹通用格》的一条:"六曹诸司官,非议事,不得到部省。"不过,诸司官虽然可因议事而入都省和他曹,但却无法参与禀议,见《六曹通用格》另条规定:"事应禀议者,仓库官赴所辖寺、监,寺、监官赴尚书本部;即有异议者,诣都省;其库务须诣尚书省者,具事由申省待报。"直至元祐元年(1086),尚书省才引前条为例,建议"今来六曹尚书、侍郎以下见赴禀议

① 《宋史》卷一六三《职官志三》,第3846—3847页;龚延明:《宋史职官志补正》(第3版),浙江古籍出版社,2022,第144、168、170、172—173页。

② (清)徐松辑《宋会要辑稿》,"吏部",职官八之四,第3233页;"职官别录",职官五六之一,第4527页;"刑部",职官一五之五、职官一五之一一,第3410、3413页。

③ 关于《三朝国史志》《两朝国史志》的修撰情况,见蔡崇榜《宋代修史制度研究》,文津出版社,1991,第117—122页。

④ (清)徐松辑《宋会要辑稿》,"三省",职官一之二〇,第2948页。

外，其六曹司官、寺监属官、仓库官有合议事件，未有明文许赴所辖官曹部，及左右司郎官厅禀议，亦合申明行下”获准，① 改变了此前格文规定的不合理之处。

由于元丰尚书省内存在三级架构，所以本节指出的“省司”“省部”的概念更迭，只是从两词出现频率的“此起彼伏”来说明的一种转变，并不意味着“司”不再被用于描述尚书省机构（如前引诸条），甚至也不意味着“省司”一词就此彻底消失。诸如科举“省司试”（“省殿试”或“省司财计”）与财政“省司财物”的文例，② 不仅迟至南宋仍在沿用，而且还保持着元丰之前的旧概念。③

---

① （宋）李焘：《续资治通鉴长编》卷三七四，元祐元年四月己丑条，第9058页。

② （宋）李心传编撰《建炎以来系年要录》卷一三三，绍兴九年十二月御史中丞廖刚言，辛更儒点校，上海古籍出版社，2018，第2232页；（宋）谢深甫等编撰《庆元条法事类》卷三〇《财用门一·经总制·式·场务式》所载两种“提点刑狱司申起发收支经（总）制钱物帐”，戴建国点校，杨一凡等主编《中国珍稀法律典籍续编》第1册，黑龙江人民出版社，2002，第453、457页。

③ 元丰以后，“省司”亦可指尚书省左右司。龚延明引《古今事文类聚遗集》“宣和六年，左司王藻奏：都司以弥纶省司为职，事无不预”作为“省司”是宋尚书省简称之证，见氏著《简明中国历代职官别名辞典》，“省司”条，上海辞书出版社，2016，第311页；（元）祝渊《古今事文类聚遗集》卷一，《景印文渊阁四库全书》第929册，第348页。此说不确，此处“省司”在《宋史》中作“省阃”，因此并非尚书省之简称，而是尚书省左右司的别称。同文例亦见《黄荦行状》，称黄氏兼左司，“省司繁重，日力不逮”。《宋史》卷一六一《职官志一》，第3790页；（宋）袁燮：《秘阁修撰黄公（荦）行状》，《全宋文》第281册，上海辞书出版社、安徽教育出版社，2006，第323页。受此义影响，胡三省曾以“尚书省主者”“都省左右司主者”释《资治通鉴》所载“省司”。刘安志《敦煌吐鲁番文书所见唐代“都司”考》已指出尚书省一般不称“都司”，而多称“省司”，见氏著《敦煌吐鲁番文书与唐代西域史研究》，商务印书馆，2011，第152页。

　　总之，从"省司"到"省部"的概念更迭确实体现出唐宋尚书省政务运行机制背后的明显差异。因为元丰"省部""本部"概念出现的背后，是尚书专决本曹事之制的建立。①后者见于司马光《乞令六曹长官专达札子》（与吕公著等同奏，被视作其遗稿之一）：

　　　　今尚书省事无大小，皆决于仆射，仆射自朝至暮，省览文书，受接辞状，未尝暂息……恐非朝廷所以责宰相之事业也。窃以六曹长官，古之六卿，事之小者，岂不可（或作"可不"）令专达？臣等商量，欲乞今后凡有诏令降付尚书省者，仆射、左右丞签讫（官告、黄牒之类已签讫者，更不签），分付六曹誊印，符下诸司及诸路、诸州施行。其臣民所上文字，降付尚书省，仆射、左右丞签讫，亦分付六曹。本曹尚书、侍郎及本厅郎官次第签讫，委本厅郎官讨寻公案，会问事节，相度理道，检详条贯，下笔判云"今欲如何施行"，次第通

---

①　"本部""本曹"概念亦可涵盖所属郎官厅。如元祐三年（1088）二月，司勋员外郎何洵直亡失司勋印，吕公著即称其"失本部印"。而郎官厅亦可被称为"曹""部"，以区别于"本曹""本部"。如元祐初，门下侍郎司马光言，"天下钱谷之数，五曹各得支用，户部不知出纳见在，无以量入为出。乞令尚书兼领左、右曹，钱谷财用事有散在五曹、寺监者，并归户部，使尚书周知其数，则利权归一"。诏尚书省立法。政和二年（1112）五月，诏"依熙、丰旧制，本部置都拘辖司，总领户、度、金、仓四部财赋"。宣和二年（1120）罢"管句（勾）六曹架阁文字"，诏"令本部末曹郎官兼领"。明初六部之下"子部""属部"概念的出现（详见第七章），与此相关。（宋）李焘：《续资治通鉴长编》卷四〇八，第9929页；《宋史》卷一六三《职官志三》，第3847—3848页；（清）徐松辑《宋会要辑稿》，"官制别录"，职官五六之四八至四九，第4553页。

呈侍郎、尚书。若郎官所判已得允当，则侍郎签过，尚书判准。应奏上者直奏上，应行下者直行下。即未得允当者，委侍郎、尚书改判。事之可否，皆决于本曹长官。其文字分付本厅郎官之时，委本曹长官随事大小凿限，若有稽违，即行纠劾。即委的有事故结绝未得者，申长官展〔限〕（吏部尚书如旧日判东西审官院，左选侍郎如旧日判流内铨，右选侍郎如旧日判三班院，户部长官如旧日三司使，刑部如旧日判审刑院。旧日本司文字，并直奏直下，今欲令六曹长官准此），① 更不经由仆射、左右丞。即改更条法，或奏乞特旨（谓如刑部刑名疑虑，或情理可悯，或情重法轻，特乞停替编配之类），或事体稍大，或理有可疑，非六曹所能专决者，听诣仆射、左右丞咨白。或具状申都省，委仆射、左右丞商议，或上殿取旨，或头签札子奏闻，或入熟状，或直批判指挥。其诸色人辞状，并只令经本曹长官陈过尚书、侍郎，本厅郎官次第签押判决，一如朝廷降下臣民所上文字，次第施行。若六曹不为收接（或作"接状"），及久不结绝，或判断不当，即令经登闻鼓院进状，降下尚书省，委仆射、左右丞判付本省不干碍官员看详定夺。若本曹显有

---

① 司马光关于尚书六曹与使职差遣对应的说法，应是元丰以后人们的共识。如元丰五年五月，神宗批："自颁行官制以来……凡有申禀公事，日告留滞，比之旧日中书稽延数倍，众皆有不办事之忧。未知留滞处所，可速根研裁议，早令快便，大率止似旧中书遣发可也。"于是三省言："尚书省六曹，如吏部尚书左、右选，旧系审官东西院、流内铨、三班院，户部左、右曹，系三司、司农寺，旧申中书者，今合刺都省。其应奏及本部可即施行者并如旧。内外诸司皆准此，可申明行下。"（清）徐松辑《宋会要辑稿》，"官制别录"，职官五六之一〇，第 4532 页。

不当，即行纠劾。①

当时，除了司马光等人外，御史上官均亦奏："乞尚书省事类分轻重，某事关尚书，某事关二丞，某事关仆射。"于是，元祐元年（1086）七月，三省同进呈："欲尚书省事，旧有条例，事不至大者，并委六曹长官专决。其非六曹所能决者，申都省，委仆射、左右丞商量，或送中书取旨，或直批判指挥。其常程文字及讼牒，止付左、右丞施行。若六曹事稍大及有所疑，方与仆射商量。若六曹施行不当及住滞，即委不干碍官定夺根究。"从之。② 可见，除了"诸色人辞状"即"讼牒"仍需"付左右丞施行"外，司马光关于六曹专决的建议基本得以落实。

更值得注意的是，司马光札子详细描述了文书在尚书省内，尤其六部之内的处理程序，即在都省签讫"分付六曹"之后，先要经本部尚书、侍郎和主判之司郎官联署讫，再经郎官检讨旧案和条法，拟定处理意见，最后复经侍郎、尚书签判

---

① 《司马光奏议》卷四〇，第440—441页。在元丰官制颁行之前，元丰四年八月，曾巩已建议"因今日之有司，择可属以事者，使之区处。自今（令）、仆射、尚书、侍郎、郎中、员外郎，以其位之升降，为其任之繁简，使省书审决，某当属郎中、员外郎，某当属尚书、侍郎，某当属令、仆射，各以其所属，预为科别。如此，则新命之官不烦而知其任矣"，诏送详定官制所。（清）徐松辑《宋会要辑稿》，"官制别录"，职官五六之六至七，第4530页；（宋）李焘：《续资治通鉴长编》卷三一五，第7622—7623页。

② 参见（清）徐松辑《宋会要辑稿》，"尚书省"，职官四之一〇至一二，元祐元年七月二十四日，第3100—3101页；"三省"，职官一之二七至二八，元祐四年八月五日，三省进呈司马康奏其父遗稿，第2953—2954页；（宋）李焘《续资治通鉴长编》卷三八三，元祐元年七月己卯条，卷四三一，元祐四年八月癸卯条，第9328—9330、10411—10413页。

或改判，"事之可否，皆决于本曹长官"。事定之后，再由六部"应奏上者直奏上，应行下者直行下"。

这一程序对应着元丰《六曹通用格》的规定："本曹四司所行职事，应敕式条例该载未尽或有疑虑，及诸处创陈乞申取指挥，并应议可否改更措置、按劾官吏等事，并尚书与夺判定可否；所有条例常程熟事，则侍郎判决；其余行遣文书，并从四司员外郎书呈尚书；其应供检案牍之事，专责吏人。"①

在这一政务运行机制内，尚书郎官能够独立处理的具体事项范围，相较于唐制，被严重压缩，② 故曰："元丰官制行，六曹尚书、侍郎为长贰"，"尚书、侍郎通治曹事，奏事则同班"。③至此，郎官宿直也不再像唐代那样以都省为中心，而是以六部为中心。④

虽然，北宋后期尚书省内，都省和六部的上下级关系没有改变，但司马光的奏请在获准施行之后，完全改变了唐代尚书

---

① （宋）李焘：《续资治通鉴长编》卷三九三，元祐元年（1086）十二月丁亥条，第 9551 页。

② 元祐元年四月，刑部言："乞改《六曹通用格》，应检举催促文书，并郎官书押行下。所贵逐曹侍郎稍得日力点检予夺文字。"尚书省言："欲令六曹诸司，于所辖应押贴子取会者，并令亲事承送人等封送往来。如或须要人吏指说，即明具整会事件，取本曹尚书、侍郎处分，听暂赴郎官面说讫遣。"并从之。（宋）李焘：《续资治通鉴长编》卷三七四，第9058—9059 页。参见黄光辉《元丰改制后北宋省部寺监关系考论》，《历史研究》2023 年第 6 期，第 203—204 页。

③ 《宋史》卷一六三《职官志三》，第 3832、3835 页。

④ 前引《文昌杂录》在转述《唐会要》"唐故事"前，先载"二十四司郎官各轮当本曹宿直。凡假日，若直夜，四部文书皆得施行，而用当直郎官印"。末尾则曰"此亦前事之比也"。庞元英所称"四部文书皆得施行"一句，既然是可与"唐故事"相比的"前事"，说明是对元丰官制的描述。据此，元丰尚书省郎官是在本部宿直，故只需负责"四部文书"，与唐制郎官在都省直厅宿直不同。（宋）庞元英：《文昌杂录》卷二，第 15 页。

省内六部尚书模糊不清的长官地位，赋予其对本部四司之事的最终裁决权。司马光提出这一建议的出发点，恰恰根源于元丰六部政务运行机制与北宋前期的使职差遣体制之间的继承关系。而这一点恰恰是唐代尚书六部所不可能具备的制度渊源。

三　六部称省与三省异同：元丰遗产及其对唐制的反哺

虽然上节强调了元丰改制后尚书专决本曹事体制的意义，但不得不指出的是，六部虽然已经成为尚书省政务运行机制中的一级实体，但其作为尚书省下属机构所具有的独立处理政务的能力，同样有限。

以前引《乞令六曹长官专达札子》为例，司马光虽然希望"旧日本司文字，并直奏直下，今欲令六曹长官准此"，但在他最终提出的建议中，仅有"诸色人辞状，并只令经本曹长官陈过尚书、侍郎，本厅郎官次第签押判决，一如朝廷降下臣民所上文字，次第施行"一事符合"应行下者直行下"的初衷。

然而，此条也在三省的最终建议中被改作付执政施行。真正六曹得以专决的事项，不过是"尚书省事，旧有条例，事不至大者"。因此，这里的"专决"类似于"专行"，见元丰七年（1084）十二月敕："诸〔路〕官司仓库事不可专行及无法式须申请者，并申所属寺监；寺监不可专行，并随事申尚书省本部；本部又不可专行，即勘当上省。若直被朝旨应覆奏者，依本条，仍各申知。"①

---

① （清）徐松辑《宋会要辑稿》，"职官别录"，职官五六之五〇，第4553—4554页。（宋）李焘：《续资治通鉴长编》卷三五〇，"上省"作"上都省"，第8396页。"专行"不同于"专达"。如宋人认为"今日太

　　换言之，元祐后，尚书六部独立处理政务的能力，既取决于宰执个人性格或自身能力的偶然性因素，也取决于省部关系调整的必然性因素，[①] 具体细节仍有待进一步研究。

　　但即便如此，降至南宋初年，还是出现了一个新的变化：六部"称省"，从法令上取得了和北宋后期尚书省相当的地位。这为我们观察元丰后省部关系的调整提供了一个有趣的视角。隆兴元年（1163），秘书少监胡铨等言：

　　　　检准《绍兴重修敕》："诸称省者，谓门下中书后省、尚书六曹、秘书省。"今来六曹人吏有自入仕补至主事，通入仕及二十年出职去处。缘本省依条系与六曹一等官司，乞依六曹例，通人仕及二十年解发出职，庶得下名迁补通流，不致积压。[②]

　　　仆既许不隶驾部，异时太常又将乞不隶礼部，其他寺监各务专达，无复分守，则上下纷乱，官制之坏自此始矣"。（宋）李焘：《续资治通鉴长编》卷三八八，元祐元年九月癸未条，第 9442—9443 页。参见黄光辉《元丰改制后北宋省部寺监关系考论》，《历史研究》2023 年第 6 期，第 209 页。
① 元丰改制后，帖子是六部诸司勾集相关官吏会问事项、取索公文的重要文书之一。但这造成诸司随意押帖子或导致信息泄露等问题，故元祐年间，不断对六部押帖子加以限制。王丽：《宋代元丰官制改革后吏部研究——以法令和文书为中心》，博士学位论文，河南大学，2014，第 117—118 页。
② （清）徐松辑《宋会要辑稿》，"秘书省"，职官一八之三〇，第 3487 页。元丰改官制之后，秘书省、殿中省、内侍省、入内内侍省"于三省用申状，尚书六曹用牒"，可见其地位低于三省，而略同于六部。见同前书，"官制别录"，职官五六之一〇，第 4532 页。参见卢向前《牒式及其处理程式的探讨——唐公式文研究》（初刊 1986 年），收入氏著《唐代政治经济史综论——甘露之变研究及其他》，商务印书馆，2012，第 321—323 页。

类似的"称省"的规定，亦见于元丰三省法。《家世旧闻》载：

> 司马温公初秉政，一日，谓从官曰："比年法令滋彰太甚，如三省法，乃至数百策，又多繁词，不切于用。如其间一条云：'诸称省者，谓门下省、中书省、尚书省。'岂不可笑邪？"时诸人多与修书者，皆唯唯。楚公（引者按：陆佃）独起，对曰："三省法所以多，缘并格式在其间。又所谓三百册，乃进本大者，而进表及元降旨挥、目录之类，自占却不少，若作中字，则不过五六十册，比旧日中书条例，所减乃过半，非滋彰也。至如'诸称省，谓门下省、中书省、尚书省'者，盖为内侍省亦称省，若不明立此条，虑后世阉寺盛，或敢妄自张大故也。"温公改容，曰："甚善。"至崇宁后，群阉用事，遂改都知为知内侍省事、同知内侍省事，押班为签书内侍省事，以僭视枢府，则楚公所论，可谓先见远虑矣。①

司马光提及的"称省"，指的是门下省、中书省、尚书省。需要特别注意的是，这三个并列的机构，并不可径称为"三省"。因为元丰改官制后，"三省"取代此前的"中书门下"，成为与枢密院对等的宰执机构。也就是说，"三省"不

---

① （宋）陆游：《家世旧闻》卷上，孔凡礼点校，中华书局，1993，第190页。参见吴自力《斯人独憔悴：王安石门人陆佃述评》，范立舟等主编《张其凡教授荣开六秩纪念文集》，上海人民出版社，2009，第303页。

同于三"省"，^① 但两者有着直接而现实的联系。然而在绍兴二年（1132）颁行的《绍兴重修敕》中，^② "称省"中的"省"不再与前述三"省"有直接联系，而成为门下中书后省（分别以给事中、中书舍人为长官）、^③ 尚书六曹、秘书省的统称。

这一变化的原因，在于南宋初年，"吕颐浩初相，举行司马光之言，欲并合三省，诏侍从、台谏集议。……悉无异论，竟合三省为一"。^④《宋史·职官志》载作："建炎三年，吕颐浩请参酌三省之制，左、右仆射并加同中书门下平章事，门下、中书二侍郎并改为参知政事，废尚书左、右丞。从之。"^⑤

所谓"司马光之言"指的是元祐元年（1086）司马光起草的《乞合两省为一札子》，"欲乞依旧令中书、门下通同职业，以都堂为政事堂。每有政事差除及台谏官章奏，已有圣旨三省同进呈外，其余并令中书、门下官同商议，签书施行。事大则进呈取旨降敕札，事小则直批状指挥，一如旧日中书门下

---

① 元丰五年五月诏："今后四方实封奏除内降指定付三省、枢密院及中书、门下、尚书省外，余并降付中书省。"（清）徐松辑《宋会要辑稿》，"三省"，职官一之二〇，第 2949 页。可见付"三省"与付三"省"之不同。

② （清）徐松辑《宋会要辑稿》，"格令"，刑法一之三五，第 8248 页。

③ 门下中书后省亦称作"两后省"，始于元丰改制，其置官、吏情况见（清）徐松辑《宋会要辑稿》，"中书门下后省"，职官一之七八至八三，第 2979—2983 页。按，此门标目，应据《玉海》卷一二一《官制·台省》所引作"门下中书后省"，第 2275 页。

④ 《宋史》卷三七五《张守传》，第 11612 页。

⑤ 《宋史》卷一六一《职官志一》，第 3773 页。参见曹家齐《南宋"三省合一"补议》，龚延明主编《宋学研究》第 1 辑，浙江大学出版社，2017，第 50—51 页；曹家齐《南宋"三省合一"体制下尚书省"批状"之行用》，《学术研究》2020 年第 11 期，第 111—112 页；李全德《从〈武义南宋徐谓礼文书〉看南宋时的给舍封驳——兼论录白告身第八道的复原》，《中国史研究》2015 年第 1 期，收入氏著《信息与权力——宋代的文书行政》，社会科学文献出版社，2022，第 327—351 页。

故事"，两省吏人"同共点检钞状、行遣文书"，[①] 但未及奏而去世，遂止。元祐四年，其子司马康再次奏进该件札子，但仍未获准施行。[②] 直至吕颐浩重提司马光的建议，将三省合而为一。

不过，司马光的建议仅是合并两省"一如旧日中书门下"，两省置官并无显著变化。然而南宋初年两省合并之后，新机构虽以"中书门下省"为名，宰相职衔也暂时保留"同中书门下平章事"之名，但两者并未延续北宋前期宰相与中书门下的关系，新机构也并非如元丰官制，是以两省侍郎为长官的独立实体机构，而成为仅包括录事、主事等诸房办事吏人的宰相下属机构，[③] 故被视为"三省"属司。因此，南宋公文中常见的"中书门下省"或"两省"概念，并不影响时人对"三省合一"的理解。

那么，为何司马光的建议迟至南宋初年才得以落实？换言之，门下、中书两省为何能在建炎而非在元祐完成机构合并？对这一问题的探讨有助于理解建炎改制的深层意义。

司马光起草《乞合两省为一札子》的出发点有二：一是元丰"分中书（即中书门下）为三省"，造成"文字繁冗，行遣迂回"，内外"皆困于留滞"；二是"本置门下省，欲以封驳，中书省录黄，枢密院录白"，但最终封驳造成执政大臣不

---

①　《司马光奏议》卷四〇，第439页。

②　（清）徐松辑《宋会辑稿》，"三省"，职官一之二七至二八，元祐四年八月五日，第2953—2954页；（宋）李焘：《续资治通鉴长编》卷四三一，元祐四年八月癸卯条，第10411—10413页。

③　（清）徐松辑《宋会辑稿》，"五房五院（隶中书省）"，建炎三年（1129）、绍兴元年（1131）中书门下省吏额，职官三之三〇至三一，第3048页。

协而"门下一官殆为虚设"的后果。① 可见，司马光的建议着眼于调整后神宗时代的三省关系及其政务运行机制。

研究者业已指出，元丰改制虽然确立了"三省体均"的原则，但三省间权力之轻重却随着宰执班子结构的调整而迭有上下。当时的宰执包括尚书省左右仆射、门下侍郎（两员）、中书侍郎（两员）和尚书左右丞。其中，以尚书左仆射兼门下侍郎、尚书右仆射兼中书侍郎为左右相，而另外的中书侍郎、门下侍郎与尚书左右丞，并为执政。尚书右仆射兼中书侍郎（右相）虽非首相，但在中书省取旨的体制下，实际上形成中书权重、门下权轻、尚书奉行的格局。

元丰八年（1085），随着神宗和尚书左仆射兼门下侍郎（左相）王珪先后去世，太皇太后高氏趁机将主张变法的蔡确由右相迁为左相，右相改由反对变法的韩缜担任。司马光亦同时入相，任门下侍郎。不久，吕公著也在司马光的推荐之下，担任尚书右丞。宰执结构被进一步改变。

此时，出现了要求三省同进呈取旨（包括合班差除）的呼声。这一呼声既提升了执政（如司马光、吕公著）的话语权，又契合不在中书省的蔡确分享权力的诉求，因此迅速得到落实。也有学者认为，蔡确担任左相后，兼任山陵使，至元丰八年十月神宗下葬前，难以完全履行首相职能，是上述呼声得以落实的前提。②

三省同取旨虽然改变了此前中书权重的局面，但在新旧派

---

① 《司马光奏议》卷四〇，第 438—439 页。
② 方诚峰：《北宋晚期的政治体制与政治文化》（第 2 版），北京大学出版社，2023，第 65—68 页。

对新法调整无法达成一致的情况下，内耗严重、行政效率低下的弊端随之而来。元祐元年（1086），随着蔡确外放知州，司马光虽迁任左相却病情日益加重，吕公著则递迁为右相主政，同取旨一事流于形式，三省重回中书权重的格局，并延续至吕后去世之前。

哲宗亲政后，章惇任职左相，其间右相及门下侍郎长期空缺，并形成尚书省将本应送中书省取旨的"生事文字"，"则以为无条而有例"，"便于尚书省将上取旨（即'但过门下而已'），画定指挥，签书押送中书省降敕"的局面，以避免门下省直接与中书省冲突。①

徽宗初年（崇宁至大观年间），蔡京任左相期间，延续右相长期空缺的局面，三省运作与之前类似。稍有不同者，则是新出现中书省奉行御笔手诏以断政事的情况。至此，三省同取旨奏事制度遭到彻底破坏，更遑论在徽宗推动下，自政和二年（1112）起形成的公相领三省事制度，导致蔡京和王黼相继擅权。徽、钦之际虽下诏恢复元丰成宪，但终究积重难返，为时已晚。②

司马光撰写《乞合两省为一札子》时正值哲宗即位不久、三省重回中书权重格局之际，而他又刚刚迁任左相。根据札子末尾三省官的署衔，田志光推定该札子撰写于元祐元年五月至八月，更准确地说，应是在八月中下旬。九月一日，司马光去

---

① （清）徐松辑《宋会要辑稿》，"三省"，职官一之二九，第 2954 页；（宋）林駉：《古今源流至论》后集卷二《三省》，《景印文渊阁四库全书》第 942 册，第 177 页。

② 以上详见田志光《北宋宰辅政务决策与运作研究》，人民出版社，2013，第 212—249 页。参见诸葛忆兵《宋代宰辅制度研究》（初版 2007 年），北方文艺出版社，2019，第 45—57 页。

世，确实有不及奏上之虞，但也不排除同时署名官员考虑到札子上奏后如若实施，将会限制中书省权力，所以最终选择以不能及时进呈为借口搁置建议的情况。直至吕公著去世半年之后，司马康才将此札子与《乞令六曹长官专达札子》一起作为其父亲的遗稿再次奏上。但时宰以元祐四年二月吕公著去世后已恢复三省同班奏事取旨和同商议签书施行的制度，与司马光撰写此札时情况不同为由，再次将其建议搁置。①

对于元祐年间门下、中书两省不能合并的背景，前述解释颇为合理，但也存在仅着眼于中书、门下省的权力消长的不足，而要理解建炎三年（1129）的"合三省为一"，还应将视野扩展至尚书省职权与地位的变化。

比如，林䮚虽将"无条而有例"的文书"由尚书省径上，但过门下而已"的做法，归为"子厚（章惇）偏重左相之弊"，而为"蔡京奸臣尤而效之"者，② 但尚书省引例以规避中书省取旨，并非始于章惇，而缘起于元丰官制中刑部奏钞贴例及中书贴例奏裁之制度安排："刑部贴例拟公案并用奏钞。其大理寺进呈公案，更不上殿，并断讫送刑部。贴例不可比用，及罪不应法，轻重当取裁者，上中书省。"③

因刑部贴例拟公案适用奏钞，故仅经门下省官审驳。这本是在确定中书取旨的大前提下，用以平衡两省权力的制度设计，但却也由此成为尚书省规避中书取旨的便宜之计。此制行

---

① 田志光：《北宋宰辅政务决策与运作研究》，第 231—233、237—238 页。

② （宋）林䮚：《古今源流至论》后集卷二《三省》，《景印文渊阁四库全书》第 942 册，第 177 页。

③ （宋）李焘：《续资治通鉴长编》卷三二八，元丰五年（1082）七月壬辰条，第 7897 页。参见戴建国《宋代刑法史研究》，上海人民出版社，2008，第 104—106 页。

用未久，元丰八年八月，司马光就已在《乞不贷故斗杀札子》中提及，"从来律令敕式，有该说不尽之事，有司无以处决，引例行之"，故对诸州奏裁的"情理可悯"狱案，刑部不顾"斗杀当死，自有正条"，一概"承例尽免死决配，作奏钞施行"。①作为门下侍郎的司马光对尚书省不顾正条、一概承例作奏钞施行的举措表达不满，显然在他看来这是新党弊政。但所谓弊政，恰恰来自神宗对尚书省职能的既定安排："承而行之。"尚书省施政虽以"奉行"为名，但却也因"元丰官制，司勋覆有法式酬赏，定无法式酬赏"之规定，②而在行政之前掌握着一定的主动权。

不仅如此，改制后，尚书省都堂作为政事堂，也使得本省官具有一定的主场优势。元祐元年五月，门下侍郎吕公著迁右相。史载：

> 自蔡确、章惇罢（是年闰二月），司马光已卧疾，及韩缜去位（四月），公著摄宰相事。先是，执政官每三、五日一聚都堂。堂吏日抱文书，历诸厅白之。故为长者得以专决，同列难尽争也。光尝恳确，欲数会议，庶各尽所见，而确终不许。公著既秉政，乃日聚都堂，遂为故事。③

研究者指出，执政官日聚都堂故事的确立，不仅是对元丰

---

① 《司马光奏议》卷三三，第364页。
② （清）徐松辑《宋会要辑稿》，"司勋"，职官一〇之一七，第3288页。
③ （清）徐松辑《宋会要辑稿》，"三省"，职官一之二四，第2951页；（宋）李焘：《续资治通鉴长编》卷三七七，元祐元年五月丁巳条，第9147页。

年间两省长官聚议都堂制度的发展，更显示出后神宗时代主要奉行的尚书省在国家政务运行中的重要性来。尤其是所谓"为长者得以专决，同列难尽争也"的议事制度（也包括司马光建议中的以都堂为政事堂，两省官于此同商议签书施行），预示着尚书省在国家政务运行中职权与地位的上升，而不仅仅以"都堂"之名作为中书门下或尚书都省别名的延续。①

由此可见，北宋后期三省运作机制失能，为南宋初年重提司马光建议以调整三省制提供了可能。而尚书省地位的实质性提升，则为建炎三年（1129）落实司马光建议提供了可行的路径。

总之，建炎改制之后，已然不存在门下省和中书省，② 也

① 方诚峰：《北宋晚期的政治体制与政治文化》（第 2 版），第 60—72 页；诸葛忆兵：《宋代宰辅制度研究》，第 152—154 页。南宋初年的"三省合一"与金代一省制的确立，均可视为这一趋势的延续。借助现代学术理路的分析，或可将上述趋势称为受效率、功绩思想（技术主义的进步）影响的行政国家化发展路径，即制度设计者认为政府可以依靠科学的技术管理，而不是复杂的分权原则进行组织。但同时，保守主义学者也会将行政国家及其背后的进步主义，视为一种僭政，或是将自然权利和制衡原则弃置一旁的乌托邦主义。参见〔美〕德怀特·沃尔多《行政国家：美国公共行政的政治理论研究》（初版 1948 年），颜昌武译，中央编译出版社，2017；〔美〕斯蒂芬·海沃德著，朱华辉编译《进步主义与行政国家的兴起：美国今日政府的违宪本质》，孔元主编《重启大国竞争——法意看世界（2018）》，当代世界出版社，2020，第 196—198 页；任剑涛《国家建构、国家建设与行政国家》，《暨南学报》（哲学社会科学版）2019 年第 7 期，第 16—29 页。

② 诸葛忆兵已据《宋会要辑稿》"门下省"门末尾的小注"《中兴》《乾道会要》无此门"指出，虽然南宋门下省职官还存在，但门下省作为独立机构已经不存在。见氏著《宋代宰辅制度研究》，第 54 页。按，《宋会要辑稿》"中书省"门虽然末尾未见类似小注，但其纪事与"门下省"一样，皆止于徽宗朝。故推测南宋所修《乾道中兴会要》亦无"中书省"门。（清）徐松辑《宋会要辑稿》，"门下省"，职官二之六，第 2988 页；"中书省"，职官三之一至一二，第 3023—3029 页。

不存在"中书门下省"，[①] 仅存尚书省，[②] 故被称为"合三省为一"或"三省之政合乎一"。[③] 但细审两个"三省"，其实有细微的差别。前一个"三省"中的"省"字，宜看作元丰三省法中"称省"的文例，指的是"三（个）省"仅存其一。后一个"三省"系沿用元丰之后与枢密院对等的宰执机构之名。在"三省之政"合一后，该机构以左、右仆射同中书门下平章事和参知政事为长贰官。

虽然此时宰相衔仍带有尚书省官的痕迹，但南宋"三省"已经基本切断了与尚书省的直接联系。[④] 最后，随着乾道八年（1172）改左、右仆射同平章事为左右丞相，"删去三省长官

---

① （清）徐松辑《宋会要辑稿》虽有"中书门下省"一门（职官一之六八至七七，第2974—2979页），但所载为北宋中书门下典故，除元丰三年（1080）条引《神宗正史·职官志》外，纪事止于治平三年（1066）五月。江小涛已指出此门出自《永乐大典》卷一一九三九"省"字韵，"两省"事目，但现有标目出自清人，应误。见氏著《〈宋会要·职官类·中书门下门〉的复原与校勘》，《隋唐辽宋金元史论丛》第5辑，上海古籍出版社，2015，第241页。

② 建炎改制后，中书、门下两省作为实体虽已消失，但"中书省印"、"门下省印"与"尚书省印"长期存在，以备"三省"运作之需。李伟国：《上海博物馆新入藏〈淳化阁帖〉的版本归属——从宋跋、宋印入手》，《上海文博论丛》2003年第4辑，收入氏著《宋代财政和文献考论》，第273—274页；彭慧萍：《存世书画作品所钤宋代"尚书省印"考》，《文物》2008年第11期，第77—93页；彭慧萍：《两宋"尚书省印"之研究回顾暨五项商榷》，《故宫博物院院刊》2009年第1期，第44—59页。

③ 《宋史》卷一六一《职官志一》，第3770页。

④ 南宋三省与尚书省的不同，见《宋史》卷一六一《职官志一》载，"绍兴三十二年，诏尚书省吏房、兵房，三省、枢密院机速房，尚书省刑房、户房、工房，三省、枢密院看详赏功房，尚书省礼房，令左、右司郎官四员从上分房书拟"（第3791页）。龚延明《宋史职官志补正》指出，点校本此句标点紊乱，"三省枢密院机速房""三省枢密院看详赏功房"，系一个单位，与尚书省吏房、兵房、刑房、户房、工房、礼房并列，总共8个单位，由左司郎官、右司郎官分房书拟文字（第44页）。

虚称"，① 宰相衔与尚书省官的联系被彻底切断。

所以，从某种意义上可以说，随着南宋初年宰相职衔从三省官抽离出来，尚书省（即左、右司，亦称都司）与新置的中书门下省检正房一起，② 成为"三省"宰执的下属（称宰掾、宰属），而"尚书六曹"则成为"三省"政令的具体执行机构，并取代了此前"三（个）省"之一的尚书省的地位，得以与门下中书后省和秘书省并列而"称省"，③ 也是其中唯一不带"省"字的机构。这恰恰是元丰以后六部走向实体机构的体现。

而对唐宋六部实体化进程的重新梳理，又促使笔者进一步思考，近代以后，中国古代政治制度史研究者将"三省六部制"作为描述隋唐时期政治体制的特定概念的缘起，及其与

---

① 《宋史》卷一六一《职官志一》载："乾道八年，诏尚书左、右仆射可依汉制改为左、右丞相。详定敕令所言：'近承诏旨，改左、右仆射为左、右丞相，令删去侍中、中书、尚书令，以左、右丞相充。缘旧左、右仆射非三省长官，故为从一品。今左、右丞相系充侍中、中书、尚书令之位，即合为正一品。'从之。""道揆之名遂定。"（第3773—3774、3770页）

② 建炎三年（1129）五月，都省言："宰执精力疲耗于案牍……此无他，中书别无属官故也。望用熙宁故事，复置中书门下省检正官二员，分书六房事。省左右司郎官二员。"从之。六月，黄叔敖、傅崧卿并为中书门下省检正官，告词曰："置检正之官，以通知三省之政。"（宋）李心传编撰《建炎以来系年要录》卷二三、二四，第502、516页；（清）徐松辑《宋会要辑稿》，"检正"，职官三之四六至四七，第3065页；（宋）汪藻：《浮溪集》卷八《傅崧卿黄叔敖中书门下检正制》，中华书局，1985，第97页。参见李涵《试论宋朝的检正与都司——从宰相属官的变化看相权的扩大》，〔日〕衣川强编《刘子健博士颂寿纪念宋史研究论集》，同朋舍，1989，收入李涵《宋辽金元史论》，四川人民出版社，2022，第287—299页；尹航《宋代中枢体制中的宰属——以中书检正官为起点》，《传统文化研究》2023年第4期，第75—89页。

③ 这一规定并不影响南宋尚书省、中书门下省各自或一起被简称作省。此类文例颇多，兹不赘举。

元丰官制之间的关系。

　　元丰官制改革以恢复三省制为名，然而较诸唐代三省制，"名""实"之间颇有不同。对此，学界关注颇多。刘后滨指出，由于宋人根据中唐以后和本朝给事中的职权，将"封驳"（唐前期"封还"和"驳正"是两个概念，分别针对下行文书即制敕和上行文书即百司奏抄）仅仅理解为对下行文书的审查，理解为对中书省草制权的制约，实在是对唐前期三省制一个极大的误解。[①] 邓小南亦指出，进行跨朝代的研究，必须突破宋人的"唐史观"、"五代史观"与"本朝史观"之限制。[②]

　　受此启发，以下从"三省"和"六部"两个层面，对

[①] 刘后滨：《唐代中书门下体制研究：公文形态、政务运行与制度变迁》（增订版），第108—109、231—233、236—239页。当然，这是就宋人通说，以及神宗定三省体统的诏书"中书省取旨，门下省覆奏，尚书省施行"，"三省体均，中书省揆而议之，门下省审而覆之，尚书省承而行之"而论。（清）徐松辑《宋会要辑稿》，"三省"，职官一之二一，第2949页；（宋）李焘：《续资治通鉴长编》卷三二七，元丰五年（1082）六月乙卯条，第7871页。不过，在改制之时，元丰君臣对于门下省的定位有着清晰的认知，见于曾巩所撰制诰拟词《相制三》："朕饬正三省，纲理万事。号令所出，本诸西台，阅审驳论，属之黄闼，推而达之，则在会府。以其官之长贰，皆为任政之臣。"及《门下侍郎制》："天下之事，以禀承处决，属之中书，审阅驳正，归之门下，而使尚书推而行之。此三省所以异任，而相成。"这虽然是曾巩对神宗诏令的阐释，但与诏书仅强调门下"审覆"不同，制诰"阅审驳论""审阅驳正"的表述明显是对《唐六典》"凡百司奏抄，侍中审定，则先读而署之，以驳正违失。凡制敕宣行，大事则称扬德泽，褒美功业，覆奏而请施行；小事则署而颁之"（卷八《门下省》，第244页）的概括，因此，才会得出门下居三省之首的结论："尚书，万事所出，丞所以管其要；门下，三省之首，侍郎所以贰其长。"（《门下侍郎尚书左右丞制》）《曾巩集》卷二三，第365、366、367页。

[②] 邓小南：《走向"活"的制度史——以宋代官僚政治制度史研究为例的点滴思考》，包伟民主编《宋代制度史研究百年（1900—2000）》，商务印书馆，2004，第14页。

"三省六部"概念用于描述隋唐政治制度特征的过程重加梳理，并进行反思。

以"三省"为例，作为一个集合名词，存在于三省制确立之前。如晋朝的门下三省、[①] "录三省尚书秘书事"，[②] 以及北魏宗爱杀太武帝而立南平王拓跋余后，"位居元辅，录三省，兼总戎禁"和高允"历事五帝，出入三省"，[③] 指代都不相同。因此，它需要先经过专名化的过程，才能成为确定的政治体制概念。

然而，直至隋唐之际，"三省"也并非指称尚书省、门下省和中书省的专名，如《隋书》载开皇中，刘炫奉敕与秘书省著作郎王劭同修国史，"俄直门下省……兼于内史省考定群

---

① 《晋书》卷二〇《礼志中》载，建武元年（317），元帝诏"其令三司、八座、门下三省（引者按：即门下省、散骑省和侍中省）、外内群臣详共通议"（第641页）；祝总斌：《两汉魏晋南北朝宰相制度研究》，第240—247页。

② 《太平御览》卷二一〇《职官部八·录尚书》引傅畅《晋故事》："惠帝之世，太保卫瓘、太宰河间王颙、太傅东海王越，皆录三省尚书秘书事。"（第1006页）卫瓘等所录五省，应是西晋《官品令》中均置令史的"门下、散骑、中书、尚书、秘书"。（唐）杜佑：《通典》卷三七《职官一九·秩品二》，第1006页；祝总斌：《两汉魏晋南北朝宰相制度研究》，第240页。

③ 《魏书》卷九四《阉官·宗爱传》、卷四八《高允传》，第2183、1199页。据本传，高允所历三省为中书省、秘书省和尚书省，较为明确。而宗爱所录三省，各家看法分歧较大。胡三省认为是"魏以尚书、侍中、中秘书为三省"，以比附后世三省制。祝总斌虽认同胡注，但却将三者均理解为机构名，而非以职官代指机构，因此主张这是北魏前期仿晋制置侍中省的证据（《两汉魏晋南北朝宰相制度研究》，第541页）。而郑钦仁认为宗爱当已别"领中秘书"，故不在"录三省"之内，后者应是中书、门下、尚书三省，见氏著《北魏官僚机构研究》，稻禾出版社，1995，第45—47页。王兴振亦认同郑说，见氏著《北魏王言制度研究》，甘肃人民美术出版社，2018，第143页。王素则认为"录三省"为承西晋"录三省尚书秘书事"之制（《三省制略论》，第120、143页），若如此，则宗爱所录三省肯定不包括尚书省，这与其专权的现实不符。

言……炫虽遍直三省，竟不得官，为县司责其赋役"。① 其中的"三省"是指秘书省、门下省和内史省三个机构。

　　类似的，隋代冠服制度中也存在"门下、内书、殿内三省"（武弁帻）和"尚书、秘书二省"（进贤冠）的区别。② 而两者的集合，则是源于南北朝的"五省"制。③ 故隋初废周官，还依汉魏一事，亦被称为"景命既临，服黄替皂，废周六官，依汉五省"，④ 但所指已不同于前代。⑤ 至唐武德、贞观定令，并开皇、大业之制而置六省、一台，⑥ 遂为定制。"六省"即同样以进贤冠和武弁帻相区别的"尚书省、秘书省"和"门下、中书、殿中、内侍省"。⑦ 可见，魏晋以后，作为中央机构的省制或省数并不固定，所以不可能开启专名化过程。

　　目前来看，"三省"的专名化，始于《旧唐书·职官志》：

　　　　则天朝，泛阶渐多，始令仕经八考，职事六品者许入。
　　万岁通天元年敕："自今已后，文武官加阶应入五品者，并
　　取（须）出身，已历十二考已上〔，无私犯〕，进阶之时，

①　《隋书》卷七五《儒林·刘炫传》，第 1928 页。
②　《旧唐书》卷四五《舆服志》，第 1930—1931 页。
③　南朝五省为尚书、中书、门下、秘书、集书，并为北魏后期和北齐官制所沿袭。意如：《唐代"台省"概念考释》，硕士学位论文，中国人民大学，2011，第 14—18 页。
④　（唐）释道宣：《大唐内典录》卷五《隋朝传译佛经录》，〔日〕高楠顺次郎、〔日〕渡边海旭编《大正新修大藏经》第 55 册，佛陀教育基金会，1990，第 274 页。
⑤　开皇五省为尚书、门下、内史、秘书和内侍，大业五省为尚书、门下、内史（书）、秘书和殿内。按，大业十二年，改内史为内书。
⑥　意如：《唐代"台省"概念考释》，第 21—22 页。
⑦　《旧唐书》卷四五《舆服志》，第 1943 页。

见居六品官〔及七品已上清官者〕。……"无几，入五品
又加至十六考。……开元已来，伎术者经二十考，三省都
事及主事、录事十八考，亦听叙。吏部检勘历任阶考，判
成录奏。①

三省都事及主事、录事虽然是流内官，但却因属于胥吏系
统的流内吏职，例由流外入流者（即非敕文规定的"出身"
范围）担任，故被称为"流外出身"，② 因此本不应泛阶入五
品。不过，因"中书主书、门下录事、尚书都事，七品官中，
亦为紧要"，③ 故开元之后，特示优待，许仕经十八考后听叙
五品。

"三省"专名化虽然始于《旧唐书》，然而在言及政治体
制时，唐人更常见的表述是将两省与尚书省加以区别，④ 而非

---

① 《旧唐书》卷四二《职官志一》，第 1806—1807 页；《宋本册府元龟》卷
六二九《铨选部·条制一》，第 2024—2025 页。异文以（）标识，缺略
字以〔〕补。标下划线者，《宋本册府元龟》无。
② 叶炜：《南北朝隋唐官吏分途研究》，第 92、152 页。
③ （宋）王溥：《唐会要》卷七五《选部下·杂处置》，神功元年（697）
闰十月二十五日敕，第 1610 页；《宋本册府元龟》卷六二九《铨选部·
条制一》，第 2025 页。此敕时间原为"其年闰十月二十五"，被《唐会
要》《册府元龟》系于神功元年十月敕后，虽与是年置闰相符，但敕中
"京兆、河南、太原判司"及三省之名，与则天朝官制不符。因此，笔
者曾疑此敕应颁于天宝五载（746）闰十月。不过，赖瑞和已指出，与
此敕"中书主书、门下录事、尚书都事"相关的节文，又见（唐）李林
甫等《唐六典》卷二《尚书吏部》"凡出身非清流者，不注清资之官"
一句的注文，点校本已引《唐会要》校正注文（第 28、48 页），见氏著
《唐"望秩"类官员与唐文官类型》，荣新江主编《唐研究》第 16 卷，
北京大学出版社，2010，第 434 页。故知《唐会要》《册府元龟》所引
应是经过删定的《开元格》，并非原敕。
④ 刘后滨：《唐代中书门下体制研究：公文形态、政务运行与制度变迁》
（增订版），第 250—252 页。

直言"三省"。这里的"三省"更可能是史家省文的偶然结果，如《旧唐书·刘祥道传》载，显庆二年（657），刘祥道上疏陈铨选得失，曰："尚书省二十四司及门下中书都事、主书、主事等，比来选补，皆取旧任流外有刀笔之人。……掖省崇峻，王言秘密，尚书政本，人物攸归，而多用胥徒，恐未尽铨衡之理。"① 首句将尚书省胥吏和门下、中书胥吏加以区分，正对应着后面"尚书政本""掖省崇峻"的典故。② 而《新唐书·刘祥道传》却在《旧唐书·职官志》的影响下，将首句改为"三省都事、主事、主书"。③ 所以，上述几处"三省"属于同一种情况，且只能视作五代、北宋史家对魏晋以后尚未固定的集合名词的沿用和发展，而非已经专名化的"三省制"。

再如，《旧唐书》《新唐书》均载高宗即位后，以长孙无忌"为太尉兼检校中书令，知尚书门下二省事"，④ 而《册府元龟》记载此事，却将"二"径改为"三"。⑤ 此卷

① 《旧唐书》卷八一《刘祥道传》，第 2753 页。
② 类似的区分，亦见（唐）李林甫等《唐六典》卷二《尚书吏部》："旧制御史大夫、六尚书已上要官皆进让。臣林甫等伏以为进让之礼，朝廷所先，两省侍郎及南省诸司侍郎、左右丞，虽在四品，职居清要，亦合让也。"（第 34 页）
③ 《新唐书》卷一〇六《刘祥道传》，第 4050 页。《资治通鉴》将《旧唐书·昭宗纪》"下两省、御史台、尚书省四品已上官议"改写为"命三省、御史台四品以上议之"。《资治通鉴》卷二五八，大顺元年（890）四月丙子条后，第 8396 页；《旧唐书》卷二〇上《昭宗纪》，第 740 页。
④ 《旧唐书》卷四《高宗纪上》，贞观二十三年（649）六月癸未条，卷六五《长孙无忌传》，第 66、2454 页；《新唐书》卷一〇五《长孙无忌传》，第 4020 页。
⑤ （宋）王钦若等编《册府元龟》卷七二《帝王部·命相二》，第 822 页。受《通典·职官典》影响，《册府元龟·台省部》并未涵盖秘书、殿中、内侍省官，但北宋前期仍将秘书监视作"台省官"。意如：《唐代"台省"概念考释》，第 7、31—32 页。

《宋本册府元龟》虽佚，无从比勘，但很可能是宋人因无忌知尚书、门下事而"兼检校中书令"，故妄改"二省"为想当然的"三省"。

加之，终唐之世，"三省"并非高频词，偶见于唐人诗文，如宋之问《冬夜寓直麟阁》："直事披三省，重关闭七门。"李颀《缓歌行》："五陵宾从莫敢视，三省官僚揖者稀。"王维《奉和圣制暮春送朝集使归郡应制》："祖席倾三省，襜帷向九州。"

其中，宋之问寓直之麟阁，即汉代藏书麒麟阁之省称，故指秘书省。此外，诸诗中"七门""五陵""九州"等典故，也都出自汉代或更早之前。[①] 虽不能排除诗人是在唐代制度背景下使用这些概念（如"五陵""麟台"）的可能，[②] 但其中使用的"三省"，应多出于对仗的文学需要，并非一定专指尚书、门下、中书三省（如宋之问诗中"三省"，就应包括秘书省）。

与"三省"类似，六部在唐朝也并非高频词，词频远不及"六曹"和"六司"，前文已述。甚至元丰改制前后，宋人仍多使用"六曹"一词，以区别于郎官诸司，故颁行官制的标志便是"厘正三省、枢密院、六曹、寺监职事"或"颁三省、枢密院、六曹条例"。[③] 古丽巍也已指出，在时人的表述中，若把尚书六部作为一个整体，多称之为"六曹"；若单独

①　对于"五陵""九州"的出典，无烦赘言。"七门"指置司马之宫掖门，"凡七门"，见《后汉书》志二五《百官志二》，第3580页；亦见《玉海》卷一六九《宫室·汉宫掖七门》，第3137页。

②　（唐）李林甫等：《唐六典》卷四《尚书礼部》、卷一〇《秘书省》，第111、296页。

③　（宋）李焘：《续资治通鉴长编》卷三二三，元丰五年（1082）二月癸丑朔条注引《神宗旧纪》和《新纪》，第7776页。

称呼，则多以"部"为称。①

　　元丰后，随着"省部"的流行，到了南宋初年，该词以及"三省六部"除了用于描述本朝官制外，②也开始被用于描述唐制。如黄琼所撰《国朝官制沿革》（成书于孝宗朝）："国朝自太祖设官分职，多袭五代之制，虽稍有损益，大体仍旧：唐制省部、寺监之官备员而已，无所职掌，别领内外任使。而省部、寺监别设主判官员额。"③《文献通考》亦有类似文字，但载作："台、省、寺、监，官无定员，无专职，悉皆出入分莅庶务。故三省、六曹、二十四司，互以他官典领，虽有正官，非别敕不治本司事，事之所寄，十亡二三。"④马端临所用概念，正来源于元丰遗产。⑤至于描述唐官的"三省六部"，则见南宋韩元吉所撰《唐制兼官考》："唐之制，踵隋旧规，文武各置散官，凡文职隶于三省六部，武职隶于诸府十六卫，未尝相侵也。"⑥

---

① 古丽巍：《北宋元丰改制"重塑"尚书省的过程》，《中国史研究》2015年第 2 期，第 75 页。

② 《续资治通鉴长编》卷四一五，元祐三年（1088）九月戊戌条，引"《（哲宗）新录》辨曰：'元丰更制，分三省六部建官，自元祐以来，迄今循之，未尝少革。'"（第 10081 页）

③ 雷云雯：《〈宋官制正误沿革职官记〉辑佚与研究》，第 37、59—60 页。

④ （元）马端临：《文献通考》卷四七《职官考一·官制总序》，第 438 页。《文献通考》的表述，也被元朝史臣所采用，见《宋史》卷一六一《职官志一》，第 3768 页。

⑤ 《宋史》卷一六一《职官志一》门下省条载"及尚书省六部所上有法式事，皆奏覆审驳之"（第 3776 页）。"六部"，《文献通考》卷五〇《职官考四·门下省》作"六曹"，第 455 页。可见，马端临仍沿用元丰"六曹"之语，而元朝史臣将其改为"六部"。

⑥ （宋）韩元吉：《南涧甲乙稿》卷一七，刘云军点校，中国社会科学出版社，2022，第 328 页。

"三省六曹"与"三省六部"差别就一字，两者变化不烦赘论。① 更重要的是，元丰改制后的三省制，为"三省六部（曹）"概念的出现，提供了必要的制度背景。

刘后滨注意到，元丰改制后的"三省"有时并非实指尚书、中书、门下三省机关，而是一个抽象于三省之外的术语，有时指的是"中书门下"（即宰执机构），② 或指互兼的三省长官。也正是在这一语境和政治体制下，六部才被视为三省的下属机构，而非仅隶于尚书省，因此在元祐后任官回避制中，"六曹尚书避亲，多除翰林学士，盖于三省无所隶"。③

上述辨析尽管出现在未刊稿中，④ 尚未经充分论证，但总体来看，作者指出宋人将六部视为三省下属机构的看法非常敏锐。因为唐人虽用"六曹"，但多以"尚书六曹"或"南省六

① 绍兴二年（1132），置六部监门官，与三省枢密院监门官并立，且资序高于后者。《文献通考》卷五二《职官考六》，第 482 页。这一变化，或许推动了"六部"的专名化。

② 南宋之后，"中书"或"中书门下"也可以指"中书门下省"，或指代宰执机构的"三省"，如开庆元年（1259）文天祥在《己未上皇帝书》中指出，"中书（引者按：指中书门下省）已费行移，后省（引者按：指门下中书后省）方及书读；或有不当，又至缴驳；比其不缴驳也，则书黄径下，其人径受命矣"，接下来又建议"惟有重六部之权，可以清中书（引者按：指三省）之务"，主张"移尚书省六房隶之六部"以"行省札""发符移"，同时"多置两府（引者按：指三省、枢密院）属官，如检正、都承之类"，而"文书行移不与焉"。《全宋文》第 358 册，第 183、184 页。

③ （宋）叶梦得：《石林燕语》，宇文绍奕考异，侯忠义点校，中华书局，1984，第 50 页。

④ 刘后滨：《北宋政务运行中的三省制理念》，中国人民大学历史学院等联合主办《实践中的唐宋思想、礼仪与制度国际学术研讨会暨中国唐史学会理事会论文集（第 1—4 场）》，2010，第 16 页。此部分文字亦见作者所撰《"正名"与"正实"——从元丰改制看宋人的三省制理念》初稿，但在正式发表时被删去。

曹"连用，① 而不会将其视作中书、门下两省下属机构。所以，虽然唐诗有"六曹三省"之语［黄滔《御试二首·其二》，"六曹三省列簪裾，丹诏宣来试士初"，作于乾宁二年（895）］，但这也应该更多是出于文学需要，并不具备南宋人在使用同样概念时所具有的明确的制度内涵（史浩《杂兴四首·其一》，"四海九州均一治，六曹三省岂殊途"）。

综上可知，"三省六部（曹）""省部"概念建立在宋人对中唐至北宋前期制度实践和元丰以后官制运行实态改革的理解、建构与发明的基础之上。何况，即便元丰君臣有"尚书、中书、门下三省，本天下之务"的明确表达，② 但如前所述，宋人也依然能清楚意识到"三省"并非不言而自明的特定概念，故需要特别颁行三省法，以明确"称省"的方式对这一概念加以限定。之后，他们才开始用这些概念描述唐代制度特征。某种意义上，可将其视为元丰遗产对唐制概念的反哺。

进而，现代学者在宋人建构与发明的基础上，提炼出制度史学意义上的学术概念"三省六部制"，用以指代隋唐中枢制度。③ 这一学术概念确实具有足够的便利性，使得其在出现之后，便被学界广泛接受，成为描述隋唐政治体制的基本概念，难以替代。但经过本节的讨论，希望学界在使用这个概念时，

---

① "尚书六曹"已见于前，"南省六曹"见《唐会要》卷五九《尚书省诸司下》，会昌元年中书门下奏："以南省六曹皆有职分，若各守官业，即不因循。比来户部、度支两司，尚书侍郎多奏请诸行郎官判钱谷文案，遂令本司郎吏束手闲居，至于厅事，皆为他官所处。"（第 1195 页）

② 《曾巩集》卷二三《制诰拟词·门下中书侍郎尚书左右丞制》，第 370 页。

③ 较早的一例如 1910 年资政院招考速记生，考题之一即"试略述唐制三省六部之职掌及其关系"，见《资政院考试纪题》，《大公报》（天津）1910 年 3 月 27 日，北京消息，第 2 张第 1 版。

也能立足于唐宋三省制差异，明确其背后存在的宋制因素。

四　吏人分案和郎官省并：元丰后六部分工的重心下移与权力集中

　　正如雷闻所指出的，唐代自高宗、武则天时期以后，六部体制的演变朝着实体化与使职化两个趋势发展。有关实体化发展的情况，已见本章第三节。而在使职化方面，学界论述颇详，其表现大致有三：第一，尚书省诸司通过与使职的合作使自身的行政能力获得提升，但又随着使职系统的发展逐步闲散化；第二，尚书省职任也从兼摄官过渡为差遣色彩更重的他官知、判方式；第三，尚书省内部运作模式的使职差遣化。[①]

　　本节主要关心第三点，即使职差遣体系对尚书省和六部内部结构及其运作模式的影响。影响直接表现在省部胥吏群体构成，以及由此带来的行政运作手段的改变上。

　　如李锦绣所指出的，唐后期国家行政运作体制的变化，导致胥吏绝对数量增加，与官吏的相对比例明显增大，百姓人均胥吏数目飞速增加。与此同时，已经不适应新的机构运作的旧胥吏系统（以流外官为主体）逐步解体，被相继涌现的各种成分复杂、形态各异的新型胥吏取而代之。这些原本随着使职差遣系统发展而出现的新型胥吏，也逐渐进入还保有部分职掌的原有行政系统——省司寺监中，用以补充不断被裁撤和减省

---

①　雷闻：《官文书与唐代政务运行研究》第六章"隋与唐前期的尚书省"，第190—193页；严耕望：《论唐代尚书省之职权与地位》，《"中央研究院"历史语言研究所集刊》第24本，1953年，修订稿收入《严耕望史学论文选集》，第426—444页；孙国栋：《晚唐中央政府组织的变迁》，收入氏著《唐宋史论丛》，上海古籍出版社，2010，第246—255页。

的流外官。如《唐会要》载：

> 元和十二年十月，司封奏："文武官五品以上，请准式叙母、妻邑号，乖滥稍多。……今请应在城诸军卫官，未至将军，使在外，未至都知兵马使、押衙、都虞候，纵有散官与敕旨文相当者，并不许叙封。其流外官，诸司诸吏职务，并伎术官等，迹涉杂类，并请不在封限。"从之。①

其中，"诸司诸吏职务"就是唐后期的新型胥吏，与流外官一样，他们也可以获得五品以上散官身份，但不可"准式叙母、妻邑号"。② 此后，这一称呼被"职级"所取代，③ 并被宋代沿用，成为吏人身份的一等，见诸下引文字：

> （元丰八年）九月十八日，诏中书省增置录事二人。哲宗元祐元年二月六日，诏："三省元丰八年九月十八日后来增置职级，逐省从上各留录事、都事两人，后永为定例，更不得增置。"④
>
> （淳熙）九年二月十五日，大理卿潘谨珪言："本寺胥佐阙，则贴司试补；职级阙，则胥佐试补。近年多缘请

---

① （宋）王溥：《唐会要》卷五八《尚书省诸司中·司封郎中》，第1182页。
② 李锦绣：《唐后期的官制：行政模式与行政手段的变革》，黄正建主编《中晚唐社会与政治研究》，中国社会科学出版社，2006，第82—91页。
③ 晚唐已有"职级"之名，指的是藩镇衙前将吏。如僖宗中和二年（882）三月，邛州牙官阡能之乱，"众至万人，立部伍，署职级，横行邛、雅二州间"。胡三省注曰："职级，谓牙前将吏自押牙、孔目官而下，分职各有等级。"《资治通鉴》卷二五四，第8264页。
④ （清）徐松辑《宋会要辑稿》，"五房五院（隶中书省）"，职官三之二七至二八，第3045页。

托，徒有引试之名，曾无较艺之实。"①

《名例敕》：诸称"公人"者，谓衙前、专副、库称、掏子、杖直、狱子、兵级之类。称"吏人"者，谓职级至贴司，行案、不行案人并同，称"公吏"者，谓公人、吏人。②

据上引诸条可知，职级是三省寺监各机构诸司中分管本司公事，并负责处理相关文书的高级吏人，包括堂后官（三省录事、都事）、胥长、胥史（属寺监）都孔目官、孔目官（属秘书省）等低级吏人，达到一定任职年限之后可出职为官。职级之下，还有胥佐、贴司等，经引试之后，依次递补前缺。③ 这些吏人的存在，使得元丰后省部寺监的分工远比唐代复杂和精细。以南宋初年尚书省吏额及其分掌情况为例：

（建炎三年四月）三十日，尚书省言："尚书省都事已下，祖宗以来自有定额，分掌职官，上下相维，几察关报，皆有著令。昨自政和后来，权名增额，保引泛滥，职事不举，成法隳废，因循积习久矣。措置今遵用祖宗定立旧额，

---

① （清）徐松辑《宋会要辑稿》，"大理寺"，职官二四之三五，第3674页。元丰后大理寺分左右寺，其中，左断刑吏额：胥长一人，胥史三人，胥佐二十人，帖书六人，楷书十四人。右治狱吏额：前司胥史一人、胥佐九人，表奏司一人，贴书三人，左右推胥史二人、胥佐八人，般押推司四人、贴书四人。同前书，"大理寺"，职官二四之二，第3655页。
② （宋）谢深甫等：《庆元条法事类》卷五二《公吏门·解试出职》，第737页。
③ 祖慧：《宋代中央官府胥吏的职责》，杭州大学历史系宋史研究室编《徐规教授从事教学科研工作五十周年纪念文集》，杭州大学出版社，1995，第422—426页；苗书梅：《吏人出职制度》，《南宋全史》第3卷《典章制度卷上》，上海古籍出版社，2016，第183—187页。

除去冗滥，随宜措置。"从之。其措置下项：祖宗旧额都事七人，头名充点检诸房文字，余六名分呈六房文字。主事六人，分押六房文字。令史十四人，第一、第二名监印，第三名开拆房点检，以下充诸房行遣人。书令史三十一人，并充诸房行遣，系两经试中人。守当官十六人，主管簿书，通差行遣文字，系一经试中人。今行在见管人数，守阙守当官一百五十人，充抄写。左、右司拟定正额人，欲依祖宗旧额，以七十四人为额。其守阙权留一百五十人，自试中守当官至都事正额共七十四人。今用正额均定下项：头名都事一名，充点检诸房文字。吏、户、礼、兵、刑、工房都事各一名，主事各一名，点检文字三人，于试中令史已上人内选差。监印房二人，开拆房点检一人，催驱左省房二人。诸房行遣人：吏房左选六人；吏房右选五人，依左、右司贴定，添一名作六人。奏抄吏房三人，户上房六人，户下房六人，礼房五人，兵房五人，刑上房四人，刑下房四人，工房四人，案抄刑房三人，知杂房二人。已上计七十四人。开拆房发放文书六人，旧系合差额内守阙。内降房四人，今差额内守阙。诸房守阙旧额一百五十人，均充诸房钞写。左、右司拟定点检三人，欲差二人，余一名差充吏房行遣文字。诸房人额内有交替及渡江未到并见阙未曾收试名阙，许于见权人内，从提点点检司本房职级公共选有行止、谙知行遣次第人，时暂存留差权，候正人到及试到人日罢。如涉不公，许人论诉，仍不得越两等。诸房裁减立定人额，除今系见阙一名方许差一名填阙，即不得登带泛滥，增添人数。仍据今来额，令户部籍定，批勘请给。如数外妄冒批勘，从本部觉察，计赃加二等科罪。

仍许诸色人告，赏钱三百贯。下项房分，并系事简，今随宜并罢，更不差人。写敕房并入吏房，发递房并入开拆房，班簿房罢，封桩户房并入户房，御史刑房并入刑房，催驱六曹房并入六房。制敕库房系外取法司三人，依旧。案抄刑房系断天下狱案，旧系取试中刑法文臣充都事，欲依旧法。诸房权手分除今来立定人额外，余并罢权。若愿出职者，依已降旨挥出职。诸房遇有正阙，除案钞刑房都事外取法官外，余阙于本省守阙守当官内依旧法拣试收补。……并从之。①

建炎三年，南宋更改宰执名号，使"合三省为一，如祖宗之故"后，② 尚书都省吏额亦按照"祖宗定立旧额"进行了裁减。③ 调整后的吏额分为正额和守阙额两部分：（1）"自试中守当官至都事正额共七十四人"，（2）"守阙旧额（即守阙守当官）一百五十人"。此外，还有外取吏额（制敕库房法司和案钞刑房都事），不在数内。从都事（7人）、主事（6人）、令史（14人）、书令史（31人）、守当官（16人）的祖宗正额来看，其人数已经多于唐前期尚书都省吏额。④ 更何况，正

① （清）徐松辑《宋会要辑稿》，"五房五院（隶中书省）"，职官三之三一至三二，第3048—3050页。校改之处径从正字。参见（宋）李心传编撰《建炎以来系年要录》卷二二，建炎三年（1129）四月丁丑条，第493—494页。

② （宋）李心传编撰《建炎以来系年要录》卷二二，建炎三年四月庚申条，第490页。

③ 所谓的祖宗旧额，实际是《崇宁格》，而不同于神宗、哲宗朝尚书省吏额64人。（清）徐松辑《宋会要辑稿》，"尚书省"，职官四之五，"《崇宁格》人额"："都事七人，主事六人，内未名带守阙字令史十四人，书令史三十一人，守当官十六人，守阙守当官一百五十人。"（第3097页）

④ 《唐六典》卷一《尚书都省》载，都省置都事6人，主事6人，令史18人，书令史36人（第10、13页）。

额守当官之下，仍有守阙守当官 150 人。如此多的吏人，足以维持都省多达 17 房（司）的日常运转。[①] 所谓都事以下"分掌职官，上下相维，几察关报，皆有著令"，即指此而言。

由此可见，元丰以后，尚书省分工的精细化程度远远超过了唐代尚书省。[②] 六部的内部结构亦与尚书都省相近，郎官厅（分司）之下存在数量众多的吏案（案下甚至可以分科），显示出分工重心的下移，详见表 6-1。

表 6-1　南宋尚书省六部郎官省并及分案吏额

六部	分司	分案和吏额	资料来源
吏部	尚书左选郎官	分案 12：曰六品，曰七品，曰八品，曰九品，曰注拟，曰名籍，曰掌阙，曰催驱，曰甲库，曰检法，曰知杂，曰奏荐赏功司。吏额：主事 1 人，令史 2 人，书令史 9 人，守当官 11 人，正贴司 16 人，私名 12 人，楷书 2 人，法司 1 人	《宋史·职官志三》，第 3834 页

① 此 17 房（司）为：提点点检司、监印房、开拆房、催驱左省房、吏房左选、吏房右选、奏抄吏房、户上房、户下房、礼房、兵房、刑上房、刑下房、工房、案抄刑房、知杂房、内降房。外取法司或法官的制敕库房、案钞刑房不在数内。如果加上已被并罢的写敕房、发递房、班簿房、封桩户房、御史刑房、催驱六曹房，北宋末期的尚书都省分工更加精细。

② 金元一省制下左右司，亦沿宋制分房治事。金朝尚书省左右司分房全貌未载于史籍，可见者有刑房、知管差除房（最常见，也或作"知除"）、粮草房、边关房等。元代左右司共分 9 房 48 科，这一体制为宋金所未见，表明元代中书省分工更加细密，左右司参与行政的能力也更强，从而造成金元时期宰属远较宋代膨胀，因此往往侵夺六部职能，造成六部地位下降。张帆：《金元六部及相关问题》，《国学研究》第 6 卷，北京大学出版社，1999，第 156—159 页；张帆："回归与创新——金元"，吴宗国主编《中国古代官僚政治制度研究》，北京大学出版社，2004，第 325—326、333—334 页。《元史》卷八五《百官志一》，中华书局，1976，第 2123 页。但这一结论仅就元丰尚书省都省吏属而论，有所不足。与金元一省制下宰属规模相比较的，应该是元丰后三省宰属，而不应该仅是尚书都省吏属。

续表

六部	分司	分案和吏额	资料来源
吏部	尚书右选郎官	分案 10：曰大夫，曰副使，曰修武，曰注拟掌阙，曰奏荐赏功，曰开拆，曰名籍，曰甲库，曰法司，曰知杂。吏额：主事 1 人，令史 2 人，书令史 9 人，守当官 12 人，正贴司 8 人，私名 10 人，法司 1 人	《宋史·职官志三》，第 3834—3835 页
	侍郎左选郎官	建炎分案 13。乾道裁减吏额，共置 55 人	《宋史·职官志三》，第 3835 页
	侍郎右选郎官	建炎分案 15。乾道裁减吏额，共置 48 人	《宋史·职官志三》，第 3836 页
	司封郎官	分案 5：曰封爵，有三；曰知杂；曰检法。吏额：主事 1 人，令史 1 人，书令史 2 人，守当官 2 人，正贴司 4 人，私名 2 人	《宋会要辑稿》，职官九之三，第 3272 页
	司勋郎官	分案 10：曰功赏，有四；曰勋赏，有三；曰检法；曰知杂；曰开拆。吏额：主事 1 人，令史 1 人，书令史 6 人，守当官 4 人，正贴司 8 人，私名 5 人。隆兴元年（1163）省并，以司封郎官兼领。淳熙元年（1174），裁减吏额：主事 1 人，令史 1 人，书令史 4 人，守当官 3 人，正贴司 4 人，私名 3 人	《宋会要辑稿》，职官一〇之一，第 3281 页；《宋史·职官志三》，第 3839 页
	考功郎官	分案 12：曰六品，曰七品，曰八品，曰曹掾，曰令丞，曰从义，曰成忠，曰资任，曰检法，曰校定，曰知杂，曰开拆。吏额：主事 2 人，书令史 10 人，守当官 10 人，正贴司 8 人，私名 10 人*	《宋会要辑稿》，职官一〇之二〇，第 3289—3290 页
户部	户部左曹郎官	分案 3：曰户口，曰农田，曰检法。设科有 3：曰二税，曰房地，曰课利。外有开拆、知杂司。裁减吏额，左曹 40 人	《宋史·职官志三》，第 3848—3849 页
	户部右曹郎官	分案 6：曰常平，曰免役，曰坊场，曰平准，曰检法，曰知杂。裁减吏额，右曹 30 人	《宋史·职官志三》

续表

六部	分司	分案和吏额	资料来源
户部	度支郎官	分案 5：曰度支，曰发运，曰支供，曰赏赐，曰知杂。裁减吏额，置 50 人。淳熙十三年（1186），又减 4 人	《宋史·职官志三》，第 3850 页
	金部郎官	分案 6：曰左藏，曰右藏，曰钱帛，曰榷易，曰请给，曰知杂。裁减吏额，共置 60 人。淳熙十三年，又减 4 人	《宋史·职官志三》
	仓部郎官	分案 6：曰仓场，曰上供，曰粜籴，曰给纳，曰知杂，曰开拆。裁减吏额，共置 25 人，续又减 2 人	《宋史·职官志三》，第 3850—3851 页
礼部	礼部郎官	分案 5：曰礼乐，曰贡举，曰宗正奉使帐案，曰封册表奏宝印案，曰检法。又有知杂、开拆。裁减吏额，45 人。续又减 4 人。隆兴元年（1163），尚书 1 人，侍郎 1 人，郎官 1 人，通行四司事	《宋史·职官志三》，第 3852、3853 页；《宋会要辑稿》，职官一三之一，第 3369 页
	祠部郎官	分案 2：曰道释，曰详定祠祭、太医帐案。又有制造窠（科）**，又有知杂、开拆司。吏额：主事 1 人，令史 2 人，手分 9 人，贴司 7 人	《宋会要辑稿》，职官一三之一六，第 3378 页
	主客郎官	设案 1：曰知杂封袭朝贡案。吏额：主事 1 人，本部人吏兼令史 1 人，手分 2 人，贴司 2 人	《宋会要辑稿》，职官一三之四六，第 3393 页
	膳部郎官	分案 2：曰祠祭生料知杂，曰宴设馆客供进给赐。吏额：主事 1 人，令史 1 人，手分 4 人，贴司 1 人	《宋会要辑稿》，职官一三之四三，第 3392 页
兵部	兵部郎官	分案 10：曰赏功，曰民兵仗卫，曰厢兵，曰人从看详，曰帐籍告身，曰武举，曰蕃官，曰开拆，曰知杂，曰检法。吏额：主事 1 人，令史 1 人，书令史 6 人，守当官 10 人，贴司 20 人，私名 5 人，守阙习学 9 人。乾道裁减吏额，共置 30 人	《宋会要辑稿》，职官一四之一，第 3395 页；《宋史·职官志三》，第 3856 页

续表

六部	分司	分案和吏额	资料来源
兵部	职方郎官	职方分案 3，置吏 5 人；驾部分案 6，置吏 13 人；库部分案 4，置吏 9 人；余不详。建炎三年（1129），诏兵部兼职方，驾部兼库部。隆兴元年（1163），诏驾部、兵部郎官共一员兼领，自是四司合为一矣。厥后间或并置，若从军或将命于外，则假以为宠焉。绍熙三年（1192），职方、驾部吏额通入兵部、库部，并作 42 人	《宋史·职官志三》，第 3856 页
兵部	驾部郎官		
兵部	库部郎官		
刑部	刑部左右厅郎官	绍兴分案 13：曰制勘，曰体量，曰定夺，曰举叙，曰纠察，曰检法，曰颁降，曰追毁，曰会问，曰详覆，曰捕盗，曰帐籍，曰进拟。裁减吏额，置 35 人	《宋史·职官志三》，第 3859 页
刑部	都官郎官	分案 5：曰差次，曰磨勘，曰吏籍，曰配隶，曰知杂。裁减吏额，置 12 人。淳熙十三年，减 3 人建炎三年，诏比部兼司门。隆兴元年，诏都官、比部共一员。自此都官兼比部司门之事	《宋史·职官志三》，第 3860 页
刑部	比部郎官	分案 5，置吏 101 人，余不详	《宋史·职官志三》，第 3861 页
刑部	司门郎官	分案 2，置吏 5 人，余不详	《宋史·职官志三》，第 3861 页
工部	工部郎官	分案 6：曰工作，曰营造，曰材料，曰兵匠，曰检法，曰知杂。又专立 1 案，以御前军器案为名。裁减吏额，共置 42 人	《宋史·职官志三》，第 3863 页
工部	屯田郎官	屯田分案 3，置吏 8 人；虞部分案 4，置吏 7 人；水部分案 6，置吏 13 人；余不详，绍兴累减吏额，四司通置 33 人建炎三年，诏："工部郎官兼虞部，屯田郎官兼水部。"隆兴元年，诏工部、屯田共一员兼领，自此四司合为一矣。淳熙九年（1182），以赵公嘉为屯田员外郎，自是不复省	《宋史·职官志三》，第 3863—3864 页
工部	虞部郎官		
工部	水部郎官		

注：南宋吏额变动频繁，本表仅据《宋史·职官志三》及《宋会要辑稿》相关记载统而言之。详细情况，见林煌达《南宋吏制研究》，博士学位论文，中正

大学，2001，第 41—45 页，尤其是表 2-4 "孝宗朝裁减吏额表"、表 2-11 "隆兴、乾道、淳熙中央百司裁减私名吏员表"，第 80—88、93—94 页。

＊《宋史》卷一六三《职官志三》，"考功郎中员外郎"条，作 "分案十一"，无校定，吏额亦不同（第 3840—3841 页）。

＊＊ "窠"，点校本校改为 "案"，笔者意 "窠" 即 "科"，可不改。详见拙文《宋代度牒、紫衣和师号牒形态研究——从〈通玄观志〉所载南宋 "敕牒" 谈起》，《文献》2024 年第 2 期，第 24 页。

　　分案（房）的存在，[①] 可以使得在不改变郎官分司的情况下，通过分案的调整，来改变六部所掌之事。如元祐元年（1086），经司马光建议，比部审计职掌转归户部。两年之后，"厘正仓部，勾覆、理欠、凭由案及印发钞引事归比部、太府寺"。至政和六年（1116），比部下分五案，即勾覆案、磨勘案、理欠案、凭由案、知杂案，置吏 101 人。[②]

　　可见，以上三次郎官职掌的变化落实为分案吏人的整合。不过，若从消极方面讲，这意味着以郎官分司不再是六部分工体系的重心。换言之，郎官分司在尚书省组织架构中，逐渐变得可有可无起来。如南宋以后，六部郎官的省并，并不会影响本曹四司吏人的分案运作机制。这在郎官合并之后的礼部表现得尤为明显，如礼部下设五案，"吏额：主事一人，令史一人。礼、祠、主、膳四司书令史、守当官共二十七人，通称曰守

---

① 尚书都省吏人分房，六部吏人分案，名异实同。如北宋前期，尚书都省亦分案治事，"凡八案，二十四司，每季轮掌季帐，转牒番宿"。但案名及吏额不详。至元丰四年（1081）十二月，诏三省诸案宜并称 "房"。（清）徐松辑《宋会要辑稿》，"尚书省"，职官四之一，第 3095 页；"三省"，职官一之一九，第 2948 页。

② 《宋史》卷一六三《职官志三》，第 3861 页。"太府寺" 原脱，见汪圣铎《〈宋史〉标点本举正》，《古籍整理与研究》第 4 期，中华书局，1989，第 139 页。参见方宝璋《宋代财经监督研究》，中国审计出版社，2001，第 62 页。

分"。其中，检法案"掌编类供检礼、祠、主、膳四司条法"。①
这样的官吏结构，自然使得六部内部权力运作向"部"集中。

因此，元丰以后，六部诸司郎官减省合并局面的出现，是
吏人依托房、案、科的分工高效运转的结果，反映出唐宋之际
使职差遣体制对尚书省内部机构和运作模式的改变。受此影
响，金元六部内部层级进一步简化，直接取消了以郎官司司的
分工体系，详见第七章。

小　结

通过本章论述可知，根据内部分工体系的特点，可进一步
将隋唐以后尚书省六部的演变过程，以元丰五年为节点划分为
"省司体制"和"省部体制"特征鲜明的两个阶段。

在此之前，隋唐尚书省的政务分工，始终着眼于二十四
司，因而出现了"今令史百倍于前，判官减则不济"的局
面。② 在这种情况下，"省司"成为尚书省裁决政务时必经的
环节，而作为"判官"的郎官，在唐代官僚群体中，地位也
显得较为清要。即便到了中晚唐，尚书省久已闲散，但郎官仍
是潜在的精英生成制度路径中重要的一环。③

元丰改制之后，随着六部成为尚书省政务运行机制中的一
级实体，并在一定程度上具备独立处理政务能力，原来偶见于

---

① （清）徐松辑《宋会要辑稿》，"礼部"，职官一三之一，第3369页。此
段文字出处不详，从所载官制及"通行四司事"来看，应是隆兴元年
（1163）之后对礼部职掌的概述，参见表6-1。
② 《隋书》卷七五《儒林·刘炫传》，第1930页。参见本书第八章。
③ 刘后滨：《宦途八俊：中晚唐精英的仕宦认同及其制度路径》，《北京大
学学报》（哲学社会科学版）2019年第6期，第93—103页。

三司使系统的"省部"一词，取代"省司"，成为尚书省处理上下行政务文书之关节点，而习见于载籍之中。

与之同时，随着元丰三省制的重建，"三省"或"六曹三省"也具有了明确的制度内涵，而不是仅作为文学旧典散见于诗文。近代以后，建立在宋人对中唐至北宋前期制度实践和元丰以后官制运行实态改革的理解、建构与发明的基础之上的"三省制"或"三省六部制"，更是成为学界广泛接受的用以描述隋唐政治体制的基本概念。但无论从三省层面，还是从六部层面来看，上述概念均受宋人"唐史观"影响深远，值得辨析。

使职差遣体制对元丰尚书省的影响还不仅限于此。随着唐前期台省寺监系统中旧胥吏系统（以流外官为主体）因不适宜形势发展而逐步解体，相继涌现出各种成分复杂、形态各异的新型胥吏，并最终汇聚成"职级"一词，而为宋代所沿用。以职级为中心的各层级吏人的存在，使得元丰后省部的分工远比唐代复杂和精细。

最终，在以六部为中心的尚书省分工体系下，吏人依托房、案、科的分工高效运转，成为北宋后期逐步减省合并六部诸司郎官的背景之一。这样的官吏结构，自然使得六部内部权力运作向"部"集中。

与此同时，元丰以降三省机构的调整和纠葛，为下一阶段中枢制度演变提供了经验和教训。南宋初年调整宰相制度，虽受限于祖宗之法的传统，仍保留"三省"之名，但在开启"三省合一"新模式后，六部取代旧尚书省成为新的"称省"机构，开启了省部关系调整的新阶段。在当时的南北交融中，这些新因素也推动了金元一省制的确立和发展。

第七章　六部的独立化：省部关系的
羁绊与消解

元丰改制后，尚书省与六部成为中央行政体制的核心组成部分，省部关系成为观察此后一个阶段宰相制度发展的重要视角。[1]

加之，南宋初年宰相衔与尚书省官的联系彻底切断后，尚书六部与都省宰相之间，便已缺乏"名义"上的关联。金正隆元年（1156）一省制改革后，省部关系仍延续这一特点。[2]这为元代六部尚书转隶中书省提供了可能。再经由元明之际的调整，六部更取代作为其上级的"省"，成为中央政务部门的主体机构。

正因如此，学界有关宋金尚书省、元及明初中书省和六部的研究成果非常丰富。但这些成果通常只关注隋唐时期"部"的凸显这一层面，将后世六部与隋唐尚书省六部等量齐观，未能对六部实体化和独立化的过程进行细致分析，因而其中难免

---

[1]　张帆：《元代宰相制度研究》，北京大学出版社，1997，第188—195页。

[2]　《金史》卷五五《百官志一》，中华书局，2020，第1299—1300页。相较于南宋三省合一后的宰执，金尚书省恢复了左右丞作为执政之首，而宰相之中，仅尚书令仍带"尚书"。尚书令在海陵王时期虽曾用以安置重臣，但具有过渡特征，至大定年间，便转为荣誉职衔，且长期处于虚位未授状态。因此，宰相通常仅指左右丞相和平章政事。程妮娜：《金代政治制度研究》，吉林大学出版社，1999，第126—127页；张帆："回归与创新——金元"，吴宗国主编《中国古代官僚政治制度研究》，第315—316页。

存在不足。

关于六部实体化的讨论，已具第六章。基于此，本章拟重新探讨"部"的独立化这一问题，在既有研究的基础上，试图揭示金元与明清六部机构之间的组织差异，并尝试将明初六部体制的形成纳入隋唐以后六部的实体化和独立化这一制度发展的内在理路来加以论述。这或许可以为所谓的宋元明过渡期与元明之变的争论提供一个从长时段观察制度史演进的不同视角。

一 分司的消失：以"科"和"曹案"分工的金元六部

正如张帆所指出的，一省制确立之后，金元六部与前后诸朝的不同，主要体现在各部内部分工体系上，即金元六部中并没有"司"一级。① 如金尚书省吏部、户部置官如下：

> 吏部。尚书一员，正三品。侍郎一员，正四品。郎中二员，从五品（天德二年，增作四员，后省）。员外郎，②从六品（天德二年，增作四员，后省）。掌文武选授、勋封、考课、出给制诰之政。……侍郎以下，皆为尚书之贰。郎中掌文武选、流外迁用、官吏差使、行止名簿、封爵制诰。一员掌勋级酬赏、承袭用荫、循迁、致仕、考课、议谥之事。员外郎分判曹务及参议事，所掌与郎中同。……主事四员，从七品。掌知管差除、校勘行止，分

---

① 本节主要参考张帆《金元六部及相关问题》，《国学研究》第 6 卷，第 141—148 页。
② 张帆原按：金志原文漏载员外郎员额，据上下文判断，当亦为二员。

掌封勋资考之事，惟选事则通署，及掌受事付事、检勾稽
失、省署文牒，兼知本部宿直、检校架阁。余部主事，自
受事付事以下，所掌并同此（皇统四年，六部主事始用
汉士人。大定三年，用进士，非特旨不得拟吏人，如宰执
保奏人材，不入常例。承安五年，增女直主事一员）。

户部。尚书一员，正三品。侍郎二员，正四品（泰和
八年减一员，大安二年复增）。郎中三员，从五品（天德
二年置五员，泰和省作二员，又作四员，贞祐四年置八
员，五年作六员）。员外郎三员，[1] 从六品。郎中而下，
皆以一员掌户籍、物力、婚姻、继嗣、田宅、财业、盐
铁、酒麹、香茶、矾锡、丹粉、坑冶、榷场、市易等事，
一员掌度支国用、俸禄恩赐、钱帛宝货、贡赋租税、府库
仓廪积贮、权衡度量法式、给授职田、拘收官物、并照磨
计帐等事（《泰和令》作二员，后增一员，贞祐四年作六
员，又作八员，五年作四员）。[2] 主事五员，从七品。女
直司二员，通掌户度金仓等事，汉人司三员，同员外郎分
掌曹事（泰和八年减一员，贞祐四年作八员，五年六
员），兼提控编附条格、管勾架阁等事。[3]

尚书、侍郎之下仅笼统设置郎中、员外郎数员，其系衔并

---

① 引者按：郎中、员外郎员额，与"郎中而下"分掌不符，暂存疑。
② 张帆原按：此处所记为户部员外郎员额变动情况。
③ 《金史》卷五五《百官志一》，第 1302—1303、1314—1316 页。金代六
  部虽然常置尚书一人，但在特殊情况下，也会出现并置两尚书（其中一
  员为兼尚书，一员为亲王判尚书）的情况，见现存泰安岱庙的大安元年
  （1209）香岩禅院敕牒。陶莉：《金谷山寺敕牒碑》，氏著《岱庙碑刻研
  究》，齐鲁书社，2015，第 226—227 页。

无区别。① 可以说，自汉魏之际尚书台分曹改以尚书郎曹分置为重心以后，尚书机构以郎曹为政务运行主体的组织模式至此彻底被消解。郎官不再分司，其署衔也完全依附于六部之名。因此，尽管"诸司郎中"这样的词语，仍在金代沿用，② 但"省司"的词频则进一步下降。③ 这样，魏晋以后在新的尚书统郎机制确立过程中，逐渐凸显的"部"的主体意识增强的趋势，也最终得到了落实。

至元成宗时，曾有人建议"参酌唐人遗制，立二十四司

---

① 金代六部之中，仅有吏部、户部在某些特殊时期曾有分司的迹象。如前引《金史·百官志》所载吏部和户部郎中、员外郎的增减情况。张帆指出，增置郎中、员外郎，虽然系衔未必有区别，但应分掌曹事，略如唐宋六部之制。比如户部主事五员，其中女直司二员，"通掌户、度、金、仓等事"。汉人司三员，"同员外郎分掌曹事"。这里的"同员外郎分掌曹事"指的是员外郎为三员时的分掌情况，但从汉人主事在泰和以后的员额变动与户部郎中保持一致来看，金末主事应与郎中同分掌曹事。此外，天德四年（1152）《传戒大师遗行碑》书者署衔、明昌元年（1190）《王元德墓志铭》载，海陵王迁都燕京及世宗大定二十五年（1185）郎中分职有"司计知铨"名，皆由吏部员外郎兼。《北京图书馆藏中国历代石刻拓本汇编》第46册，第46—47页；王新英辑校《全金石刻文辑校》，吉林文史出版社，2012，第329—331页。参见宁祥华《金代石刻文献职官词语例释》，《绵阳师范学院学报》2021年第1期，第76—77页。

② 《金史》卷三六《礼志九》载"朝参、常朝仪"："凡五品以上及侍御史、尚书诸司郎中、太常丞、翰林修撰起居注、殿中侍御史、补阙、拾遗赴召，或假一月以上若除官出使之类，皆通班入见谢、辞，余官于殿门外见。"（第897页）

③ 金代文献中，"省部"常见，且皆如宋元丰后文例。而"省司"少见，如《金史》"省司"仅出现2次，海陵初"定少府监吏员，以内省司旧吏员及外路试中司吏补"，及泰和三年（1203）四月"庚申，谕省司，宫中所用物，如民间难得，勿强市之"。另见《管勾推公（德）墓碣铭》，正大丁亥年（1227），志主"以方疡两科中选，由医工补省司管句（勾）"。《金史》卷五三《选举志三》、卷一一《章宗纪三》，第1259、284页；（元）王恽：《秋涧先生大全集》卷五九，明弘治刊本，杨讷编《元史研究资料汇编》第22册，中华书局，2014，第122页。

以为六部统属"，① 但终元一代，二十四司体制并未得到重建。
与金代一样，元代六部分司只是在个别时期的局部部门有过恢
复。如世祖至元十九年（1282），户部郎中、员外郎俱由二员
增至四员，至二十三年，"六部尚书、侍郎、郎中〔、员外
郎〕定以二员为额"。② 而尚文恰于至元十九年冬"召拜户部
司金郎中"，二十一年冬"改户部郎中"。③ 据此推知，户部曾
仿唐宋制度分立四司，但为时甚短。

此外，基于考课的重要性，金元两代曾数度设立专官以掌
其事。如金世宗诏："诸大臣家应请功臣号者，既不许其子孙
自陈，吏部考功郎其详考其劳绩，当赐号者，即以闻。"④ 元
朝则分别在武宗至大年间及文宗、顺宗时期专设考功机构。
《中书省吏部考功堂记》载：

> 吏部考功堂者，行止局也。行止之有籍者，古之仕版

---

① （元）王结：《文忠集》卷四《上中书宰相八事书》，《景印文渊阁四库
全书》第 1206 册，第 231 页。需要指出的是，王结的建议，针对省部、
寺监并立问题，如户部与大司农司、礼部与太常寺、光禄寺、侍仪司。
因此他以"寺监之类，唐宋虽或设置，然先儒论其重而冗长当合并裁革
者甚众，非区区鄙陋之私言也"为由，主张"凡京朝职司，合归六部
者，皆并入二十四司，以复古制之旧则"。关于六部与寺监关系，可参
拙文《唐宋间"子司"词义转换与中古行政体制转型》，《中华文史论
丛》2019 年第 3 期，第 164—166 页；拙著《唐代司法政务运行机制及
演变研究》，第 228—229 页。
② 《元史》卷八五《百官志一》，第 2127 页。〔〕内为脱字，据校勘记补。
③ （元）孛术鲁翀：《平章政事致仕尚公（文）神道碑》，（元）苏天爵编
《元文类》卷六八，张金铣校点，安徽大学出版社，2020，第 1365 页。
④ 《金史》卷七《世宗纪中》，大定十七年（1177）正月庚戌条，第 184
页。张帆指出，此处的"吏部考功郎"当即前引《金史·百官志》中
"掌勋级酬赏、承袭用荫、循迁、致仕、考课、议谥之事"的吏部郎中。
单以"考功"为名，适见其考课职掌之重要。

也。创于大德之初元，^① 申举于至顺之三年。初命文资尚
书、侍郎董其事，郎中、员外郎、主事督令史、书佐缮写
而杂稽之。继命主事一人，不厘他务，专掌而选理。一季
则更一当次者焉。^②

尤其值得注意的是文宗至顺三年（1332）申举考功之前，
"初命文资尚书、侍郎董其事，郎中、员外郎、主事督令史、
书佐缮写而杂稽之"。也就是说，在"继命主事一人"专掌考
功之前，是由文资尚书、侍郎主持其事。这既说明朝廷之重
视，又意味着考功初创时并非"司"一级的机构，而应视为
吏部之子部。此后，由主事专掌的考功机构，其正式的名字应
该是行止局，地位远逊于至大年间。到了顺帝至元年间，虽然
又专置考功郎中以掌其事，^③ 但考功司存在时间不长，很快就
又恢复为以吏主之的"铨曹（吏部）行止科"。^④

① 张帆据至大三年（1310）七月"给亲民长吏考功印历，令监治官岁终验
其行迹，书而上之，廉访司、御史台、尚书礼（吏）部考校以为升黜"
指出，引文"大德之初元"中"大德"疑为"至大"之误。《元史》卷
二三《武宗纪二》，第525—526页。

② （元）欧阳玄：《中书省吏部考功堂记》，（元）熊梦祥著，北京图书馆
善本组辑《析津志辑佚》，"朝堂公宇"门，北京古籍出版社，1983，第
22页。此考功堂，是主事李廷佐等人于元统二年（1334）在吏部行止堂
中所建厅事之名。

③ 至元三年（1337）十二月，"吏部仍设考功郎中、员外郎、主事各一
员"。次年五月，"命佛家闾为考功郎中，乔林为考功员外郎，魏宗道为
考功主事，考较天下郡县官属功过"。《元史》卷三九《顺宗纪二》，第
842、844页。

④ （明）宋濂《芝园后集》卷九《故翰林侍讲学士中顺大夫知制诰同修国
史危公（素）新墓碑铭》："其参议中书也……旧制铨曹有行止科，吏主
之，日具内外官十名上中书，中书籍以迁擢。其后吏怠不为意，仕者淹
滞，有待选十余年者。公责吏日具五名，五日一上中书，吏乐易集，各

最后需要说明的是，孙久龙等据金代文献中所见"祠部"之名，如正大八年（1231）李纯甫《嵩州福昌县崇真观记》"绛人许希言者，输粟于大司农，得名于祠部，曰崇真观，伐石以志之"，[①] 以及撰于"大朝丁酉岁"（1237）后的《重修悟真观记》载，"德方，陵川人，年二十出家……泰和丙寅（1206），奉祠部牒，披戴登坛，为大法师"，[②] 指出此两处"祠部"为金代礼部下属机构，并以此质疑张帆有关金代尚书六部下不分司而分科的观点。[③] 然而，从金代寺观赐额敕牒均由尚书礼部颁下来看，[④] 两处"祠部"均应视作尚书礼部别称。因此，以上史料并不足以推翻张帆的论断。

由此可见，金元六部以"科"或"曹案"体系取代了唐宋六部之下的省司（郎官厅）分工体系。然而对于这一分工体系，史志未载，唯见于富大用《事文类聚·新集》。[⑤] 据此

思奉职，而久滞者获伸。"《宋濂全集》（新编本）第 5 册，吴宏定点校，浙江古籍出版社，2014，第 1651—1652 页。按，至正十八年（1358），危素参议中书省事，次年，迁治书侍御史。

① （清）谢应起等修，刘占卿等纂《（光绪朝）宜阳县志》卷一五，《中国方志丛书·华北地方》第 117 号，成文出版社，1968，第 1130 页。

② （金）李俊民：《庄靖先生遗集》卷八，山右历史文化研究院编《山右丛书·初编》第 7 册，上海古籍出版社，2014，第 501 页。

③ 孙久龙：《金代礼部研究》，博士学位论文，吉林大学，2016，第 38—39 页；孙久龙、王成名：《金朝礼部宗教管理方式刍议》，《史学集刊》2019 年第 2 期，第 56—62 页。

④ 拙文《金元时期省部关系的文书学考察——以中古敕牒形态演变为中心》，《中国古代法律文献研究》第 17 辑，中西书局，2023，第 83—87 页。

⑤ 《事文类聚》最初是宋人祝穆所编。富大用所编新、外两集载有至元二十八年（1291）的职官，且包含新、外两集的《事文类聚》的现存最早刻本（云庄书院刊本）出现于泰定三年（1326）以前，故知新集所载为元朝前期官制。沈乃文：《〈事文类聚〉的成书与版本》，《文献》2004 年第 3 期，第 164—170 页。

书，元代六部政务皆以本部"令史分掌名头，以尚书为之长"。① 六部之中，仅吏、户两部存在分科，其余四部则各析其职能由令史分掌。详情如下。

吏部"无专曹官"，有封诰科（"应给制诰，应封荫，赠迁，旧司封"）、勋封科［"应封食邑实封（如王一万户、郡王五千户之类，又亲王、公主应封国②号之类），旧司勋"］、考选科（"诸科选，文资选，右职选，宫中选，诸司选，除由、磨由、司计，监当官别置外选，旧考功"）三科，"以令史分头掌之"。

"户部令史分掌名头有"六：金科（"旧金部"）、仓科（"旧仓部"）、内度科、外度科（"旧度支"）、粮草科（"转运天下粮草急阙规画等事"，"旧属粮料院"）、审计科（"审计天下见在钱帛可支年月"，"旧属审计院"）。

礼部"掌凡礼乐、祠祭、燕享、贡举、释道、四方使客、诸蕃进贡、犒设帐设之事"，其分掌有二："祠祭、燕享、山陵致祭、司天、医卜、释道、度牒、忌辰、庙讳、旌表，旧祠部"及"四方使客，旧主客"。

兵部"掌兵籍、军器、镇戍、厩牧、铺驿、车辂、仪仗、郡邑图志、险阻障塞之事"，其分掌有二："仪仗，旧库部"；"紧慢置铺驿走递、马数，承发司文字，车辂，合给牌札，厩牧，旧驾部"。

刑部"掌律令格式、审定刑名、奴婢配隶、关津机［讥］

---

① 明人也指出："宋（刑部）尚书掌刑狱之政，而分治于侍郎、郎中、员外郎。元分掌于令史而长于尚书。"（明）林俊：《刑部陕西司题名记》，《见素续集》卷九，《景印文渊阁四库全书》第1257册，第531页。

② "封国"，原文倒乙。

禁、城门启闭之事"，其分掌有一："关津机［讥］察、城门启闭，旧司门"。

工部"掌修造营建法式、诸作工匠、屯田、山林川泽之禁、江河堤岸、道路桥梁之事"，其分掌有二："山林川泽之禁，旧虞部"；"都水监都水，旧水部"。①

上述"令史分掌名头"在文书形态上也有明确体现。如山东曲阜孔庙《孔颜孟三氏免粮碑》上截所刻成宗大德二年（1298）中书户部符年月日后书吏署位为"令史张鳞承行孔颜孟氏子孙税粮"，② 河北赞皇宣圣庙《中书礼部符文》为大德八年"令史董□承学校事"，③ 山西曲沃《大元加谥晋世子申生恭愍碑》上截所刻顺帝至元六年（1340）中书礼部符为"令史王德明承申生谥号"，④ 至正十八年（1358）《锡号崇义书院中书礼部符文》（书院在河南濮阳）为"令史杜秉周承学

---

① （元）富大用：《新编古今事文类聚·新集》卷一一至一六《六曹部》，元刻本，书目文献出版社，1991，第1858、1873、1874、1875、1877、1885、1886—1887、1888、1890、1897、1899、1901、1908、1910、1915、1917、1920页。另据《新集总目》，考选科下无"诸司选"，"诸科选"在"宫中选"后（第1734—1735页）。

② 拓片见中国国家图书馆藏《孔颜孟三氏免粮碑》，编号：各地1369，中华古籍资源库，网址：http://read. nlc. cn/OutOpenBook/OpenObjectPic? aid = 418&bid = 32679. 0&lid = gd1369&did = % E5% 90% 84% E5% 9C% B01369，访问时间：2024年4月13日。

③ 拓片见《北京图书馆藏中国历代石刻拓本汇编》第48册，第178页，北京大学图书馆亦藏同碑拓片（编号：A161312）。参见邹虎《元代碑刻文献整理及文字词汇研究》，博士学位论文，华东师范大学，2018，第557—559页；党宝海《赵良弼家族与元代赞皇县学》，《中国古代法律文献研究》第17辑，第133—149页。

④ 雷涛、孙永和主编《三晋石刻大全·临汾市曲沃县卷》，三晋出版社，2011，第35—38页。

校等事"。①

此外，元初燕京路宣抚徐世隆称："旧日户部设审计科，以料周岁所入几何，经费几何，遇有支发至十万贯，部方呈省，大抵系常例，有定体者，如百官贯石之类是也。"② 这与富大用的记载正相符，说明元代六部分工体系大致延自金代。不过，这样的分工体系，既不像元代中书省左右司房—科分工体系那样层级清晰，③ 也不及南宋六部郎官厅下分案管理的严整统一。

另据元末尚书宋本所记，礼部十三曹案，有"朝贺、祭祀、燕飨、岁赐、科举、贡献、释老、灾祥等"名。④ 此处提到的曹案，应该是比"科"更低一级的分工层次，即《事文类聚·新集》中提到的"令史分掌名头"。两者所载名目不完全

---

① （元）杨崇喜编，焦进文、杨富学校注《元代西夏遗民文献〈述善集〉校注·育才卷》，甘肃人民出版社，2001，第119—122页。以上参见项泽仁《蒙元符文考述——以〈述善集〉与石刻史料为中心》，《档案学通讯》2022年第1期，第67—74页。

② （元）王恽：《中堂事记》卷中，中统二年（1261）五月廿七日戊子，顾宏义、李文整理标校《金元日记丛编》，上海书店出版社，2013，第123页。

③ 元代中书左司掌吏礼、知除、户杂、科粮、银钞、应办六房，右司掌兵、刑、工三房。房下分科，如户杂房七科为：定俸、衣装、羊马、置计、田土、太府监、会总。各房共设四十八科。《元史》卷八五《百官志一》，第2123页。

④ 宋本《至治集·礼部主事厅才士堂记》（至顺三年十一月）："部之公堂之东，小厅三楹，则其聚而治文书所也。一日，二君（引者按：指主事刘瓒、王由义）以未有记为请。……而礼部曹案，朝贺、祭祀、燕飨、岁赐、科举、贡献、释老、灾祥等，凡十又三。其大议论，探典册格令，急务仓卒，酬酢至繁也。令史十九人，主事员随制，然岁一人扈驾上京，则留者独揽众事，其劳盖倍古人。"礼部主事2人，令史19人，故知此十三曹案系令史分掌。（明）解缙等辑《永乐大典》卷七二三五《堂（堂名二十一）》，第3册，第2926页。

一致，可能是不同时期的制度有所变化的结果。

张帆之所以认为"科"的级别更高一些，是因为他认为科相当于唐宋的司一级，将"曹案"与宋代六部郎官厅下的分案对应了起来。但从南宋六部诸司分案、分科来看（见表6-1），主其事者是书令史、守当官及贴司以下吏人，主事、令史（皆从八品）兼总诸案。① 而元代六部的"科"或"曹案"均由令史分掌，主事（从七品）总其事。② 虽元代主事官品略高于南宋，但两者级别相当。何况，元代六部之科，与中书省左右司诸房之科并无不同，因此不应将其视为唐宋尚书省司一级。从"科"或"曹案"均为"令史所掌名头"来看，两者级别应相同，所不同者或许在于"科"更稳定一些。

当然，这种稳定是相对的，如《事文类聚·新集》所载吏部考选科，到了元朝中后期，先后经历增置专官主掌其事，再降为行止科的过程，见前引《中书省吏部考功堂记》及危素墓志铭。

二 中书省与尚书六部：元明变革视野下省部关系的重构

有关金元一省制下分司的消失与"科"和"曹案"分工体系的情况，已见本章第一节。

张帆还指出，金元六部分工体系的形成，既与两者由北方

---

① 《宋史》卷一六八《职官志八》，"官品"，第4017页。
② 《元典章》卷一《吏部一》，"内外文武职品"，陈高华等点校，中华书局、天津古籍出版社，2011，第212页。

民族建立，统治者学习和接受汉制不彻底有关，也与二十四司的整齐划一在实际政务处理中却不尽合理有关。同时，六部之下分科或曹案，但不设专官，只置"令史分掌名头"的做法，还与金元统治者不甚重视官、吏之区别，以及吏员地位上升的背景相吻合，而同汉族社会鄙视胥吏的传统观念不一致。因此，明朝六部并未继承金元之制，而是重新恢复了唐宋二十四司制度，并进行了若干调整（如调整头司的名称以区别于六部，户、刑二部以省分司），沿用至清末。①

　　明史学者亦关注元明之际中书省六部体制的转型，② 并借此强调元明之变对突破"宋元明过渡说"的特殊意义。③ 受此影响，曾美芳进一步讨论洪武年间户部由四子部转变为十三司的组织结构转变，及其对户部行政的影响，④ 黄阿明则关注明初中书省从四部到六部的演变过程。黄氏指出，学者多据《明太祖实录》《大明会典》的记载，认为洪武元年（1368）

① 张帆：《金元六部及相关问题》，《国学研究》第 6 卷，第 142—143、148—149 页。
② 张荣林：《明代文官选任之研究》，登文书局，1983，第 12—65 页；赵毅、罗冬阳：《朱元璋废丞相述论》，《东北师大学报》（哲学社会科学版）1996 年第 1 期，收入赵毅《明清史抉微》，吉林人民出版社，2008，第 103—115 页；罗冬阳：《明太祖礼法之治研究》，高等教育出版社，1998，第 154—183 页。
③ 李新峰更强调"明前期"的特殊性，即"宋代的传统在很大程度上是被金元所继承而被明朝所斩断的"，一来"元明之间至少可以说发生了脱离连续轨道的、比其他时期更加强烈的震荡，对变革和对连续的认识可以并行不悖"；二来"既然两宋之间、清中期可以视为变革时代，元明之间、明中期其实至少有同样的理由成为历史界线，这就使得过渡论失去了证明宋以来历史连续性的逻辑基础"。见氏著《论元明之间的变革》，《古代文明》2010 年第 4 期，第 100—102 页。
④ 曾美芳：《从四子部到四科：明初户部组织调整及其影响》，《明史研究》第 14 辑，黄山书社，2014，第 1—10 页。

八月中书省奏定六部之前朱元璋政权曾置中书省四部。但实际上"四部"是吴元年七月设置的太常、司农、大理、将作四司，与吏、户、礼、兵、刑、工六部无关。这一变化的原因在于朱元璋出于政权正统性的考量，刻意避免承袭元制，在建构明朝中枢体制时有过回归秦汉诸卿模式的考虑。[①] 从四司到六部，反映的是从朱吴国政权到明朝政权转变的过程中，国家政体从不完备的丞相诸卿制到一省六部制（丞相六部制）的结构性转变和组织形式的变化。[②] 这一看法呼应了李新峰关于明代中枢体制跳过宋制而模仿汉制的观点。[③]

尽管不能否认秦汉制度对朱元璋废中书省和丞相制度的理念产生的影响，但制度发展往往隐藏于"陈陈相因"之下。因为处在实际运行中的制度通常是在不改变制度存量的情况下，通过新因素日积月累的方式实现增量改革。所谓回归秦汉诸卿模式，不过是文化复古主义思潮的翻版。

[①] 作者的推测或许受其所引用的史料的影响。朱元璋在洪武十三年（1380）诛胡惟庸后表态："朕欲革去中书省，升六部，仿古六卿之制，俾之各司所事……则权不专于一司，事不留于壅蔽。"以及其在洪武二十八年所颁《皇明祖训》中表述："自古三公论道，六卿分职，并不曾设立丞相。自秦始置丞相，不旋踵而亡……今我朝罢丞相，设五府、六部，都察院、通政司、大理寺等衙门，分理天下庶务，彼此颉颃，不敢相压，事皆朝廷总之，所以稳当。"显然，作者将朱元璋推崇的"六卿分职"误读为秦汉诸卿制或不完备的丞相诸卿制。《明太祖实录》卷一二九，洪武十三年正月己亥条，上海书店，1982，第2049页；杨一凡点校《皇明祖训》，杨一凡、田涛主编《中国珍稀法律典籍续编》第3册《明代法律文献》（上），黑龙江人民出版社，2002，第484页。

[②] 黄阿明：《明初中书省四部考论》，《史林》2019年第5期，第63—73页。

[③] 李新峰：《论元明之间的变革》，《古代文明》2010年第4期，第89—92页。

同时，尽管元明六部体制不同，确实能折射出元明变革的意义，但不宜放大这种不同。① 一个简单的例子便是，金代六部虽然并不直接承继于辽、宋制度，但其受北宋后期制度的影响是显而易见的。甚至是元丰以后出现的制度改革新方案，诸如变三省制为一省制、州县分案仿六部等，② 都不是在南宋，而是在金代官制中率先得到落实。金元之间也有类似的发展过程，比如元代六部转而成为中书省下属机构，与金制不同，但学界通常仍将金元六部视为同一制度单元。所以本节更倾向于将明初六部的设置过程，以及六部取代中书省成为独立运行的政务裁决和执行机构的直接原因，置于宋金元宰相制度和六部体制演变的延长线上来理解。

众所周知，朱元璋政权建制始于甲辰年（元至正二十四年、宋龙凤十年，1364）。此前，他先后担任龙凤政权江南等处行中书省平章政事（至正十六年），左丞相、丞相同金（至正十九年），并受封吴国公（至正二十一年）。甲辰年正月，朱元璋接受群臣劝进，即吴王位，并模仿元制建立了中书省（以下简称"吴中书省"）：

　　　置中书省，左右相国，为正一品，平章政事，从一

---

① 宫崎市定指出，标榜与过去诀别的革命中存在连续，诀别也将最终着落于回归。以元明之际而论，其实存在很强的连续性。在明朝各项政策中，与元朝之间最大的断裂，莫过于从元朝建立起来的东亚共同体中退了出来。但到了永乐年间，出现了明显的回归。明成祖试图重建元朝那样的东亚共同体。见氏著《从洪武到永乐——明朝初期政权的性质》，收入〔日〕宫崎市定《宫崎市定亚洲史论考》下卷《近世编》，张学锋、马云超等译，上海古籍出版社，2017，第 1061—1079 页。
② 参见拙著《唐代司法政务运行机制及演变研究》，第 26 页。

品，左右丞，正二品，参知政事，从二品，左右司郎中，正五品，员外郎，正六品，都事、检校，正七品，照磨、管勾，从七品。参议府，参议正三品，参军、断事官从三品，断事、经历正七品，知事正八品，都镇抚司，都镇抚正五品，考功所，考功郎正七品。①

不过，现有关于吴中书省的记载，皆据《明太祖实录》而书，然而《明太祖实录》并不能反映当时全部的史实。自元至正十五年至二十六年（宋龙凤元年至十二年，1355—1366）底韩林儿去世，朱元璋皆奉其为帝，并行用龙凤年号。直至次年，始用新年号为吴元年。然而《明太祖实录》于吴元年前系年皆书干支，有意隐藏朱元璋与龙凤政权的关系。②

更何况，现有资料可以表明，《明太祖实录》将朱元璋即吴王位和置中书省系于甲辰正月，时间存疑。黄云眉已指出，据《天潢玉牒》，朱元璋在"亲克武昌，陈理（友谅之子）降"后，于甲辰年四月即吴王位。③ 这一记载较为合理，且与陶安

① 《明太祖实录》卷一四，甲辰年正月丙寅条，第 175—176 页。此条所载中书省官制尚左，非是。明邓元锡《皇明书》卷一《太祖高皇帝帝典》，吴元年（1367）"冬，定百官礼仪。先是，承元制，礼仪犹尚右，至是俱尚左"（《四库全书存目丛书》史部第 29 册，齐鲁书社，1996，第 23 页）。

② 黄云眉：《明史考证》第 1 册，中华书局，1979，第 6、8、12 页。张良提出，朱元璋政权在行用龙凤年号的同时，也曾在部分辖区以甲辰纪元。见氏著《明兴甲辰纪元考实》，《历史研究》2023 年第 1 期，第 204—218 页。

③ （明）不著撰者：《天潢玉牒》，《四库全书存目丛书》史部第 19 册，第 742 页；黄云眉：《明史考证》第 1 册，第 11 页。据《明太祖实录》卷一四，甲辰三月乙丑朔，朱元璋至建康，丙寅，封陈理为归德侯，第 181 页。

《闻立中书省命左右相国》诗的撰写时间相符，① 应可相互
印证。

　　总之，虽有甲辰建制之说，但当时朱元璋既然行用龙凤年
号，故建立中书省，只是为了彰显其独立性，从组织架构上尚
未摆脱龙凤政权行省之实。至正十八年十二月，朱元璋置江南
等处行中书省分省于婺州，《明太祖实录》径载作"置中书分
省于婺州，调中书省左右司郎中李梦庚、郭景祥为分省左右司
郎中，中书省都事王恺为分省都事，中书省博士夏煜为分省博
士，中书省管勾栾凤为分省管勾，以汪广洋为照磨，儒士王
祎、韩留、杨遵、赵明可、萧尧章、史炳、宋冕为掾史"。②
其中，"中书分省"即"江南分省"（江南行省分省）或"浙
东分省"，③ 而"中书省"即江南行省，④《明太祖实录》在此

---

①　陶安甲辰年二月除黄州府知府，任职期间文稿结为《黄冈寓稿》，《闻立
中书省命左右相国》即其中一首，在《甲辰二月守黄州二十二日初至
作》《三月五日（陶）晟别东归》《立夏日纪事》诸诗之后，故知前诗
作于立夏之后，应在四月。见氏著《陶学士先生文集》目录、卷四，明
弘治刻本，《北京图书馆古籍珍本丛刊》第97册，北京图书馆出版社，
2000，第7—8、78—80页。参见李新峰《明朝建国前的"应天府"与
"建康"》，《明史研究》第11辑，黄山书社，2010，第6页。

②　《明太祖实录》卷六，戊戌年（至正十八年）十二月丙戌条，第73页。

③　《明太祖实录》卷九，辛丑年（至正二十一年）五月甲戌，"以枢密金院
胡大海为中书分省参知政事，镇金华，总制诸郡兵马"，卷一〇，壬寅
年（至正二十二年）二月癸未条追载前事，作"辛丑夏五月，上以婺为
浙东大藩，非宿将重臣不足以控制之，乃授大海江南分省参知政事，守
金华"（第114、130页）；《明史》卷一三五《夏煜传》《郭景祥传》，
中华书局，1974，第3919—3920页。

④　《明太祖实录》卷一〇，壬寅年（至正二十二年）二月癸未条追载："岁
乙未（至正十五年），上取太平，召（王）恺至幕府，命为掾，以参戎
事。从下京口，民新附不安，恺抚定之。及建中书省治，以恺为都事。"
（第131页）此处的"建中书省治"，实则指朱元璋开江南行中书省一
事，参见同书卷四，丙申年（至正十六年）七月己卯条，第45页。

之前书作"行中书省"，① 之后则直书为"中书省"，② 以相区别。至正二十一年，朱元璋改枢密院为大都督府前后，③ 又"改分枢密院为中书分省"，④ 并"以枢密金院胡大海为中书分省参知政事……都事王恺为左右司郎中，掾史史炳为照磨"，⑤ 提升其地位，后改浙东行省、浙江行省。⑥

可见，刚受封为吴国公的朱元璋，就有意将辖区改置为省（行省）与分省（行省分省）两级架构，⑦ 为之后的甲辰建制奠定了基础。不过，吴中书省毕竟是直接承袭前述"中书省"而来，因此，其下无六部，⑧ 而有检校、照磨和都镇抚司。这些均是元制行省机构的下属组织，⑨ 显示出建立之初的吴中书

---

① 《明太祖实录》卷六，戊戌年（至正十八年）十一月辛丑条，第 69 页。
② 《明太祖实录》卷八，庚子年（至正二十年）十二月癸巳条，卷九，辛丑年（至正二十一年）正月辛酉、二月己亥条，第 110、111 页。
③ 李新峰：《明代大都督府略论》，朱诚如等主编《明清论丛》第 2 辑，紫禁城出版社，2001，第 47—50 页。
④ 《明太祖实录》卷九，辛丑年（至正二十一年）二月癸未朔条，第 111 页。当时吴政权置多处枢密分院，但此处"分枢密院"特指置于宁越府（后改金华府）的枢密分院。肖立军：《明代省镇营兵制与地方秩序》，天津古籍出版社，2010，第 97—101 页。
⑤ 《明太祖实录》卷九，辛丑年（至正二十一年）五月甲戌条，第 114 页。
⑥ 《明太祖实录》卷一〇，壬寅年（至正二十二年）二月丙申条，卷二一，丙午年（至正二十六）十二月己未条，第 135、310 页。
⑦ 萧少秋：《明初行省制度考略》，《历史教学》1984 年第 12 期，第 8—16 页；〔日〕阪仓笃秀：《明王朝中央统治机構の研究》，图 1《明朝领域拡大過程》，汲古書院，2000，第 48—49 页。与改中书分省为浙东行省大体同时，朱元璋建江西行省于洪都府（后改南昌府），甲辰二月置湖广行省，均在甲辰改制（以四月计）之前。
⑧ 与之相应的是，龙凤政权置中书省及六部。李晓峰、杨冬梅：《元末北方红巾军政权遗存的官印》，《收藏家》2003 年第 7 期，第 63—66 页。
⑨ 检校、照磨、管勾，即元行省之检校所、照磨所、架阁库职官。而参议府置断事官、断事、知事，即仿元行省之理问所署官。李治安：《元代行省制度》（初版 2000 年），中华书局，2011，第 42—49 页。

省与此前龙凤政权的江南行省名异而实同。①　所不同者，朱元璋即吴王位后，不再自总省事。

另外，吴中书省下虽未设六部，②　但却设立了考功所和考功郎（正七品），显示出其作为新政权中枢机构的特点，也与本章第一节提及的金元时期重视官员考课而设专官的做法是一致的。此时考功所考功郎的品阶，既低于吴中书省左右司郎中（正五品），也低于元制中书省六部郎中（从五品），③　而与元末吏部行止科或考功堂的主事相当。两者应有继承关系。

此后两年多的时间，中书省官制未有大的变动，④　虽与当时无暇顾及制度建设有关，但更可能的原因是在疆土有限的情况下，⑤　上述脱胎于行省的简略版中书省制度，已经足够应付

---

①　《明太祖实录》卷一五，甲辰年（至正二十四年）十月乙卯"以省都镇抚隶大都督府"。这是根据参议府"初设省都镇抚，以制辖行省军马，总禁卫之司，今行省既改为中书，而大都督府并掌戎机，若以都镇抚属本府，则事归于一"的建议而调整（第205页）。

②　《明太祖实录》卷三七，洪武元年十二月辛巳"起复济南府知府崔亮为礼部尚书"条载："岁丙午（至正二十六年），王师至旧馆，亮来降，授中书礼曹（引者按：'曹'，清广方言馆本作'部'，《明太祖实录校勘记》，第163页）主事。"（第744页）潘星辉据此指出，所谓中书省四部即户部、礼部、刑部和工部，可能始于甲辰建制。见氏著《明代文官铨选制度研究》，北京大学出版社，2005，第11页。关于中书四部问题，黄阿明前揭文《明初中书省四部考论》（《史林》2019年第5期）已辨，兹不论。此处中书礼曹，实为江南行省下属机构，系沿袭元行省掾史六曹（房）官制而来。李治安：《元代行省制度》，第36—38页。

③　《元典章》卷一《吏部一》，"内外文武职品"，第202页。

④　《明太祖实录》卷二四，吴元年（1367）六月甲寅，革参议府，卷三五，洪武元年（1368）十月乙未，革考功所，卷四三，洪武二年六月癸未，革中书省照磨、检校所、断事官，第344、637、848页。

⑤　此外，明初未采纳元代腹里之制，故中书省并不直隶府州，见《明史》卷四〇《地理志一》，洪武元年八月建南京后，始罢江南行省，"以应天等府直隶中书省"（第910页）。不过，甲辰建制以江南行省改置中书省

政务处理的需求。直至吴元年（1367）七月，设太常、司农、大理、将作四司（司各置卿，正三品），① 系于作为"百司纲领，总率郡（群）属"的中书省之下，② 初步搭建起较为完整的中央行政系统架构。又至洪武元年（1368）八月，中书省奏定六部官制，"以分理庶务"，才建立起完善的中央官制。

后，"制辖行省军马，总禁卫之司"的省镇抚司即改隶大都督府，因此，此时中书省亦应以应天等地为腹里，不应别置新的江南行省。如《明太祖实录》卷一五载，甲辰年（1364）十二月"辛卯，裁革诸处通课司一十六所：镇江府二，曰丹阳县、金坛县；太平府二，曰泾县、南陵县；徽州府二，曰绩溪县、岩寺镇；滁州一，曰和州；无为州一；巢县一；金华府四，曰浦江、武义、义乌、东阳县；处州府二，曰宝定、鲍村。新置通课司二十三：直隶鄱阳府二，曰附城，曰石港镇；江西行省二，曰南昌府，曰吉安府；湖广行省一十九，曰武昌府，曰蕲州府，〔曰巴湖，曰兴国府，曰大冶，曰临湘府（'府'，别本作'州'），曰潭州府，〕曰岳州府，曰华容，曰巴陵，曰益阳，曰湘乡，曰黄州府，曰阳罗街埠（别本无'街'），曰常德府，曰沔阳府，曰荆州府，曰峡州，曰澧州府"，第 209 页。异文、缺文据《明太祖实录校勘记》，第 41 页。值得注意的是，所裁诸处通课司，分属于原江南行省与分省，当时已改称中书省和浙东行省，但其所属诸州府前，皆未标注行省，其性质应如后之"直隶鄱阳府"，以区别于江西、湖广两行省所置通课司。"鄱阳府"即江西饶州府，《明史》卷四三《地理志四》载："饶州府，太祖辛丑年八月为鄱阳府，隶江南行省。寻曰饶州府，来隶（江西行省）。"（第 1057 页）盖当时虽已改中书分省为浙东行省（"浙东所辖金华、广信等府及诸全州"），然行省职在"总制衢、处、广信、严、诸全军马"（卷一一，壬寅年十月辛卯条，卷一〇，壬寅年二月丙申条，第 143、135—136 页），故治民、财政仍直隶中书省。推测朱元璋另立江南行省，以辖应天等府，可能在消灭张士诚，改浙东行省为浙江行省前后，直至建都南京后才取消之。

① 《明太祖实录》卷二四，吴元年七月辛丑条，第 353 页。以钱谷为例，在司农司建立之前，相关政务直隶中书省。《明史》卷一三八《杨思义传》，"初，钱谷隶中书省。吴元年始设司农卿，以思义为之。明年设六部，改为户部尚书"（第 3965 页）。

② 《明太祖实录》卷一五，甲辰年十一月辛酉条，第 207 页；《明太祖实录校勘记》，第 40 页；（明）谈迁《国榷》卷二，至正二十四年十一月辛酉条，张宗祥校点，中华书局，2005，第 315 页。

此前四司中，司农、大理被裁革，将作司隶工部，太常司仍旧（后改称寺）。①

如何解释明初六部的出现不仅晚于中书省，而且晚于明朝建国数月之久，黄阿明前揭文认为应重视洪武元年正月朱元璋对中书省臣的戒谕：

> 成周之时……天子总六官，六官总百执事，大小相维，各有攸属。是以事简而政不紊，故治。秦用商鞅变更古制，法如牛毛，暴其民甚而民不从，故乱。卿等任居宰辅，宜振举大纲，以率百寮，赞朕为治。②

作者认为这段谈话非常突兀，不易理解，而且朱元璋在宣谕"六卿分职"思想之前，没有任何暗示，导致臣下没有准确捕捉到自己的真实用意，因而中书省臣当时并未给予回应，事后亦未进奏任何关于改革宰相制度意见的条陈。正是这次无果的试探性上谕，使得朱元璋清醒地认识到废除宰相制度不可操之过切，不得不暂时放弃上述念头，并回归金元以后的"一省六部制"。只是为避免承袭元制，他在建构明朝中枢体制时有过回归秦汉诸卿模式的考虑，并导致直到洪武元年八月才确立六部官制。

有关明初建制是否回归秦汉诸卿模式的问题，前文已辨。

---

① 《明太祖实录》卷三四，洪武元年八月丁丑条，第609—610页；《明史》卷七四《职官志三》，第1797页。明初六部可能并非同时出现于洪武元年八月，潘星辉已指出，在朱元璋即位改元洪武之前的吴元年十二月即已出现礼部尚书或礼部官，参与制定国初礼仪，此后又有诏户部与行省鼓铸洪武通宝等记载。见氏著《明代文官铨选制度研究》，第11页。

② 《明太祖实录》卷二九，洪武元年正月戊寅条，第487页。

接下来要指出的是，朱元璋洪武元年戒谕的主旨，并非宣谕"六卿分职"思想，而是强调宰辅要"振举大纲，以率百寮"，从而达到事简而政治的目的。因此，这段话有着明确的针对性，即元末宰相权重之弊。对此，明初君臣并不陌生。早在甲辰建制之初，朱元璋就明确表达了"建国之初，当先正纪纲。元氏昏乱，纪纲不立。主荒臣专，威福下移。由是法度不行，人心涣散，遂致天下骚乱。今将相大臣，辅相于我，当鉴其失，宜协心为治，以成功业"的观点和愿望，[①] 体现出他自己（也包括当时的政治精英）对元朝宰相权重造成元末朝政混乱局面的观察和思考。洪武元年戒谕与甲辰表述一脉相承，并不突兀，也无须史臣在《明太祖实录》中刻意记载下中书省官所做表态。

因此，甲辰年初置中书省及百司之后，在较长一段时间内，宰相之下缺乏必要且充分的行政机构，此同样可以视作对中书省宰相权力的某种限制。约束和限制中书省的权力，正是前述朱元璋解决"威福下移"制度理念的核心问题。

职此之由，尽管随着政权扩张和体制化等内外部因素的双重作用，明朝建立后仍不免继承金元一省六部制的中枢体制，但其政权组织形态内部，却与元制有着细微但深刻的不同。对此，学界已经有所关注，[②] 但仍有剩意可寻。

---

① 《明太祖实录》卷一四，甲辰年正月戊辰，第 176 页。这一表述中，既包含对中书省的训诫（"上退朝谓左相国徐达等"），也隐含对元末行中书省权力扩张的不满。参见李治安《元代行省制度》，第 935—936 页。

② 阪仓笃秀从"翼元帅府向行中书省过渡""中书省的设置与变迁"两个方面，详细探讨了元末至洪武十三年朱元璋政权中书省（包括行省）体制建立及变革的过程。他更重视洪武四年中书省向六部移管政务（以及减少中书省员中的武人势力）和洪武九年废止中书省高级官员（平章政事、参知政事）两个节点的意义。这一看法受到了山根幸夫影响。〔日〕阪仓笃秀：《明王朝中央統治機構の研究》，第 1—75 页；〔日〕山

比如，元明省部的差异，隐藏在明初以中书省而辖"尚书六部"的"混搭"体制中。元明六部皆以尚书为长官，但在元朝，除了短暂地恢复尚书省期间，[①] 六部以"尚书某部"为名外，其余时间均以"中书某部"为名，六部官印亦同。[②] 省部之间统属关系明确。

然而明洪武二年颁行学制时，诸行省札付文移中却出现了"准尚书礼部咨呈，洪武二年十月二十五日中书省案验"（见广州府学碑、北平府学碑及威县学碑），或"尚书吏部咨呈，准礼部关，洪武二年十月廿〔五〕日钦录到中书省案验"（见饶阳县学碑）、"左丞相宣国公钦奉圣旨"等内容。[③]

根幸夫：《明太祖政権の確立期について-制度史的側面よりみた-》，《史論》第 13 号，东京女子大学学会史学研究室，1965，第 1—22 页。

① 世祖至元七年至八年（1270—1271）、至元二十四年至二十八年，以及武宗至大二年至四年（1309—1311）曾三度复立尚书省，与中书省并置，几乎尽揽后者之权，六部及诸行省均改隶其下。张帆：《元代宰相制度研究》，第 24—25 页。

② 张锡瑛：《中国古代玺印》，地质出版社，1995，第 141—149 页；照那斯图、薛磊：《元国书官印汇释》，辽宁民族出版社，2011，第 36—37、39、64—65 页。参见图 9-7。龙凤政权也沿袭元制，六部以中书某部为名，见李晓峰、杨冬梅《元末北方红巾军政权遗存的官印》（《收藏家》2003 年第 7 期，第 63—66 页）。

③ （清）史澄：《番禺金石志》，《洪武二年御碑》（碑原在广州府学），《石刻史料新编》第 3 辑第 21 册，新文丰出版公司，1986，第 132 页；（清）吴汝纶：《深州金石记》，《明洪武学校格式碑》（碑原在饶阳县学），《石刻史料新编》第 3 辑第 24 册，第 550 页；（明）姜允清：《威县碑刻志》《学校格式碑》，《石刻史料新编》第 3 辑第 25 册，第 240 页；《国子监学制碑》（编号：京 1307，碑在北京国子监，原应由北平府学所立），《北京图书馆藏中国历代石刻拓本汇编》第 51 册，第 4 页。参见刘建超《明代御制学规碑整理与研究》，硕士学位论文，中国政法大学，2019，第 77、87—89 页。类似情况，亦见《洪武二年钦赐属员碑》《洪武三年中书省咨高丽国王》等。刘伟杰：《孔府藏〈洪武二年行中书省札付碑〉考释》，《中国区域文化研究》第 5 辑，中国社会科学出版社，2022，第 271—286 页。

由此可知，明初六部在建立之初，便不同于元制以"中书某部"为名，而径称为"尚书某部"，以区别于中书省，应是有意为之。这印证了朱元璋在"罢中书省，升六部"后布告天下的诏书中提及的"即位之初，召集群臣，讲求官制，远稽汉、唐，略加损益，亦参以宋朝之典。所以内置中书省、都督府、御史台、六部"，[①] 并非皆为虚言。

三 从"子部"到"清吏司"：重建分司与明初六部的独立

不过，明初省部的疏离毕竟早已淹没于历史细节之下，蔽而不彰，元明六部更直观的差异主要体现在洪武三十年间六部体制经历了多达五次的重要调整。制度的变化频繁而剧烈，其主要目的正在于充实和优化六部官制。[②]

明代六部建立之初，仍承元制不分司，[③] 但不晚于洪武二年九月，已出现膳部、主客之名。稍后，职方、考功郎中与考功、礼部祠部主事也开始见诸史册。[④] 至洪武五年（1372）六月"定六部职掌"，确立了六部及其子部（或属部）的职掌。

① 《明太祖实录》卷一二九，洪武十三年正月癸卯条，第 2051—2052 页。
② 除了缩减中书省官、增强六部的独立性外，朱元璋还采取了由皇太子预闻国政和增设磨勘司、考功监等措施来限制中书省及丞相权力。赵毅、罗冬阳：《朱元璋废丞相述论》，赵毅：《明清史抉微》，第 104—113 页；罗冬阳：《明太祖礼法之治研究》，第 156—167 页。
③ （明）汪宗伊《文选司续题名记》："我朝建官取则周礼，初设吏部郎中、员外郎、主事，未分司也。"（明）王逢年：《南京吏部志》卷一九，《金陵全书》第 17 册，乙编史料类，南京出版社，2015，第 475 页。参见张荣林《明代文官选任之研究》，第 12 页。
④ 潘星辉：《明代文官铨选制度研究》，第 12—13 页。

这是第一次改变。六部职掌如下所述：

> 吏部掌天下官吏选法、封勋、考课之政，其属有三：一曰总部，掌文选，二曰司勋部，掌官制，三曰考功部，掌考核。

> 户部掌天下户口、田土、贡赋、经费、钱货之政，其属有四：一曰总部，掌天下户口、田土、贡赋、水旱灾伤，二曰度支部，掌考校、赏赐、禄秩，三曰金部，掌课程、市舶、库藏、钱帛、茶盐，四曰仓部，掌漕运、军储、出纳、料量〔粮〕。

> 礼部掌天下礼仪、祠祭、燕享、贡举之政，其属有四：一曰总部，掌仪制、表笺、历日、赠谥、诏敕、科举、图籍、乐律，二曰祠部，掌祭祀、医药、丧葬、僧道度牒，三曰膳部，掌燕享，四曰主客部，掌贡献、建言、四夷朝贡、赏赉。

> 兵部掌天下军卫、武选、厩驿、甲仗之政，其属有三：一曰总部，掌军务、符验、巡检，二曰职方部，掌城池、邮置、烽堠、四夷归化，三曰驾部，掌卤簿、马政、车辂、驿传、兵器。

> 刑部掌天下刑法及徒隶、勾覆、关禁之政，其属有四：一曰总部，掌律令、狱具、盗贼、斗殴、称冤，二曰都官部，掌徒流、戒谕、审决，三曰比部，掌赃罚，凡犯钱粮、户婚、田土、茶盐之法者，四曰司门部，掌门禁、军政、关渡、捕亡、诈伪、略诱。

> 工部掌天下百工、屯田、山泽之政，其属有四：一曰总部，掌城垣、工匠，二曰虞部，掌捕猎、窑冶、炉冶、

军需、造纸、鼓铸，三曰水部，掌水利、水害、坝闸、桥梁、舟车，四曰屯田部，掌屯田、垦田、圩岸、廨舍、竹木、薪炭。

各部设郎中、员外郎、主事，分掌其事，而以尚书、侍郎总其政务。①

这次改制模仿唐代官制重建了六部之下以郎官分工的组织架构，改变了金元六部之下无专曹官，"以令史分头掌之"的科—曹案分工机制。而且，朱元璋毫不掩饰其"沿汉、唐之旧而损益之"的思想。② 这不仅体现在对隋唐二十四司之名的沿用上，更体现在上述文本对六部职掌的表述几乎照抄了《唐六典》中"尚书、侍郎之职"的文字上。③ 六部之中，仅吏部、户部和兵部职掌的部分用词有所区别。④

但也正是这一原因遮蔽了明制与唐制之间较为显著的不同，不同之处体现在以下三个方面。（1）明代以郎官分工的机

---

① 《明太祖实录》卷七四，洪武五年六月癸巳条，第1360—1362页；《明太祖实录校勘记》第320页。

② 《明史》卷七二《职官志一》，第1729页。

③ 此后，朱元璋敕修《诸司职掌》，也是"命吏部同翰林儒臣，仿《唐六典》之制，自五府、六部、都察院以下诸司，凡其设官分职之务，类编为书"。《明太祖实录》卷二二六，洪武二十六年三月庚午条，第3308页。参见《明史》卷一三八《陈修传》，第3964页。

④ 《唐六典》载，"吏部尚书、侍郎之职，掌天下官吏选授、勋封、考课之政令"，"户部尚书、侍郎之职，掌天下户口井田之政令"，"礼部尚书、侍郎之职，掌天下礼仪、祠祭、燕飨、贡举之政令"，"兵部尚书、侍郎之职，掌天下军卫武官选授之政令"，"刑部尚书、侍郎之职，掌天下刑法及徒隶、句（勾）覆、关禁之政令"，"工部尚书、侍郎之职，掌天下百工、屯田、山泽之政令"。（唐）李林甫等：《唐六典》卷二至卷七，第27、63、108、150、179、215页。

构，不再称"司"，而称"部"。因此，原来凡是名字中不带
"部"字的唐代省司之名，此时均统一加上了"部"。（2）明代
改变了唐代省司的"头司—子司"结构。在将原来唐制中的
"头司"均改名为"总部"的同时，还改变了部内机构之间的
关系，无论是"总部"还是其余诸部，均是六部的子部。因
此各部均"以尚书、侍郎总其政务"。[①] 不过，明初人可能并
未意识到"子部"与省司之间的区别，因此仍将六部官制表
述为"六部及诸司设官之数"（详后）。（3）明六部此时仅置
二十二子部，尚未完全复制唐制二十四司的架构。吏部之下无
司封部，使得其职掌中沿用《唐六典》文字而来的"封勋"
之"封"字，在子部层面没有了着落。同样，兵部之下无库
部，其职掌表述中的"甲仗"只能由驾部兼掌。这些"瑕疵"
直到洪武十三年（1380）才得到修正（详后）。

此次改制，除受唐制影响外，所改"总部"之名的背后，
还隐藏有高丽官制的影响。

洪武二年九月，高丽遣其总部尚书成惟（准）得、工部
尚书张子温等"上表贡方物谢恩"，并"就请祭服制度"，获
"赐本国朝贺仪注"。[②] 此次出访，促成明朝制定了《蕃王（蕃
使）朝贡礼》，并颁赐高丽，作为其"本国朝贺仪注"。这不仅
奠定了"洪武宾礼"（见于稍后编成的《大明集礼》）的基础，
更成为明代对外礼仪的主轴。明初宾礼的出现，是元朝典制
（行省官朝贺礼）残留于域外高丽，反哺明初礼制的结果。这不

---

① 第（1）（2）两点均见于宋元丰以后六部体制，而不见于唐六部官制。
② 《明太祖实录》卷四五，第883页；（朝）郑麟趾等著，孙晓主编《高丽
史》（标点校勘本）卷四一《恭愍王世家四》，恭愍王十八年（1369）
八月戊辰条，西南师范大学出版社、人民出版社，2014，第1287页。

单改变了朝贺的意义，更使其向域外延伸，并配合朝贡、遣使等洪武宾礼的实践，成为深入东亚各国礼仪文化的媒介，从而奠定近世东亚的礼仪秩序，构筑并维系了明朝的"天下秩序"。①

值得注意的正是"总部尚书"之名。总部尚书，源于高丽晚期的官制改革（高丽前期三省六部官制及其受唐辽宋制度的影响，详见本章附论）。其改革中出现了"总郎""总部"之名。事元之后，忠烈王元年（1275），高丽改六部为四司（并吏、礼部为典理司，改兵部、户部、刑部为军簿司、版图司、典法司，罢工部），"改尚书为判书，侍郎为总郎，郎中为正郎，员外郎为佐郎"，以区别于元制。

忠烈王二十四年（1298），忠宣王受禅即位，复置六曹及尚书、侍郎等官，但不久即罢工曹而置五曹。同年，忠烈王复辟，直至三十四年去世。忠宣王复位，又"并吏、兵、礼为选部"，改民曹、刑曹为民部、谳部，共设三部，置典书、议郎（即尚书、侍郎）等官。不久，复置兵部，改名为"总部"。故忠肃王十二年（1325）十月，"遣总部典书李光时如元贺圣节"。

此后，官府名在"部""司"之间，职官名在"尚书、侍郎""判书（典书）、总郎（议郎）"之间反复回改，直至恭让王元年（1389）才稳定为六曹体制，置判书、总郎、正郎和佐郎。②

可见，虽然出使元明的"总部典（尚）书"并非六部通官，但通过朝贡使臣，明初君臣不难获知高丽"总郎"（即侍

---

① 郭嘉辉：《元明易代与天下重塑——洪武宾礼的出现及其意义》，《台湾东亚文明研究学刊》第 17 卷第 1 期，2020 年，第 1—38 页。

② 以上见（朝）郑麟趾等著，孙晓主编《高丽史》卷七六《百官志一》、卷三五《忠肃王世家二》，第 2411—2416、1115 页。

郎）之名。洪武六年，明人将唐制中与六尚书、侍郎关系密切的"头司"统一改作"总部"。这一名称的改变，应与高丽晚期官制有相关性，但却是不可能被官方记载所指明来源的制度因子。

明代六部官制的第二次改变，发生在洪武六年"定六部及诸司设官之数"时。① 此次改制受元代六部多长官制影响明显，除了各部设官员额有所增加（如每部置尚书、侍郎各二人）之外，最突出的地方在于，户部的组织架构发生了改变，由原来的四子部变为五科：总科、一科、二科、三科、四科。科置郎中、员外郎、主事若干人。

相较于金元六部设官之数（主事以上），六部员额在洪武六年显著增加，尤其是在户、刑、工三部，见表7-1。六部员额的增加，可以使金元一省制确立以后六部独立处理国家日常政务文书能力进一步提升。

表 7-1　金元明六部设官

六部	金	元	明
吏部	尚书、侍郎各1员，郎中、员外郎各2员，主事4员，合计10员	尚书3员，侍郎、郎中、员外郎各2员，主事3员，合计12员	尚书、侍郎各2人，三子部，每部郎中、员外郎各1人，主事各2人，合计16人
户部	尚书1员，侍郎2员，郎中、员外郎各3员，主事5员，合计14员	尚书3员，侍郎、郎中各2员，员外郎3员，主事8员，合计18员	尚书、侍郎各2人，五科，总科郎中、员外郎各2人，主事5人，余科，郎中、员外郎各1人，主事各4人。合计37人

① 《明太祖实录》卷八三，洪武六年六月辛未，"定六部及诸司设官之数"，第1481—1482页。

六部	金	元	明
礼部	尚书、侍郎、郎中、员外郎各1员，主事2员，合计6员	尚书3员（内1员领会同馆事），侍郎、郎中、员外郎各2员，主事2员，合计11员	尚书、侍郎各2人，四子部，每部郎中、员外郎各1人，主事各3人，合计24人
兵部	尚书、侍郎、郎中各1员，员外郎2员，主事2员，合计7员	设官如礼部，合计11员	设官如吏部，合计16人
刑部	设官如兵部，合计7员	尚书3员，侍郎、郎中、员外郎各2员，主事3员，合计12员	尚书、侍郎各2人，四子部，郎中、员外郎各2人，惟都官各1人，主事，总部、比部各6人，都官、司门各4人，合计38人
工部	设官如礼部，合计6员	尚书3员，侍郎、郎中、员外郎各2员，主事5员，合计14员	尚书、侍郎各2人，四子部，总部，郎中、员外郎各2人，余各1人，主事，总部8人，余各4人，合计34人

资料来源：《金史》卷五五《百官志一》；《元史》卷八五《百官志一》；《明太祖实录》卷八三，洪武六年六月辛未条。《明实录》此条所载六部通计官数，除吏部（兵部同吏部）、户部外，礼、刑、工三部皆除去尚书、侍郎员数，故分作"通二十人""通三十四人""通三十人"。山根幸夫注意到了这一不同，但他认为户部官通计数内也不包括尚书、侍郎员数，因此将人数37校改为41。见氏著《明太祖政権の確立期について—制度史の側面よりみた》第1表，《史論》第13号，第7页。此说应误。

　　虽然《明太祖实录》未详载户部五科的职掌分工，但无可置疑的是，新制显示了户部政务的繁忙。如果我们考虑到南宋初年户部的分案分科，金末户部郎官员额的剧烈变动（多至18人，少亦有10人），以及元代户部的六科之分，明代户部组织架构的这一次改变，与此前的制度实践一脉相承，都反映出原来唐前期的户部四司体制早已不适合国家财政管理的需要。①

值得注意的是，多长官制的设计，与元代的蒙古因素有关，确实有部内权力分散、政出多门的可能，但这一制度安排也有合理的一面，即可以有针对性地解决不同时期六部政务侧重点不同的需求，如为加强官员考绩管理，文宗至顺三年以文资尚书、侍郎董理考功事。

洪武六年由郎中主掌其事的户部五科，从政务机构的级别来看，与宋金元六部以令史分掌各"科"相差已远。这意味着官员配置上的名实不副。尽管如此，分科的尝试和多长官制实践，还是为当时的制度设计者在探索六部体制方面提供了新的思路。这带来了明初六部官制的第三次改变。

洪武八年，中书省以"庶事浩繁"为由，将分科体制扩展至户、刑、工三部。《明太祖实录》载：

中书省议奏："户、刑、工三部，庶事浩繁，今定户部为五科，每科设尚书、侍郎各一人，郎中、员外郎各二人，主事五人。内会总科主事六人，外牵照科主事二人，司计四人，照磨二人，管勾一人。刑部为四科，每科设尚书、侍郎、郎中各一人，员外郎二人，主事五人。工部为四科，每科设尚书、侍郎、郎中各一人，员外郎二人，主事五人，照磨二人。吏、礼、兵三部官仍旧。"从之。②

其中，刑、工部各改四子部为四科（科名不详），户部仍

① 李锦绣：《唐代财政史稿》第4册，第5—7页。
② 《明太祖实录》卷一○二，洪武八年十一月丁丑条，第1723页。

沿袭五科之分。上述变化显然延续了洪武六年改制的思路，但科一级的长官（不包括内会总科、外牵照科）已经不再是郎官，而是品阶更高的尚书、侍郎。此外，户部还设有以主事分掌的内会总科和外牵照科。

不过，据改制后的首次官员任命来看，"以登州卫知事周斌为户部侍郎，户部侍郎何士弘为一科尚书，户部员外郎汤檠为四科侍郎，工部主事余文昇为三〔五〕科郎中，刑部员外郎顾礼为本部侍郎"，① 刑部似乎并未分为四科。

另据洪武十二年由刑部员外郎迁为尚书的吕宗艺小传，"宗艺，东平人，以故元中书省参政来归。洪武三〔二〕年，授刑部郎中。坐事，出为肇庆府高要县知县。四年召还，为刑部员外郎，改磨勘司令。六年，升福建行省参政。九年，以事降为刑部比部郎中，又降员外郎，至是升尚书"，② 洪武九年至十二年刑部并未分科置尚书。但《明太祖实录》既言"从之"，故以下仍据中书省奏以推定三部设官人数。

洪武八年改制后，户部官员由37人增至63人，刑部由38人增至40人，工部由34人增至40人（以上均不计入司计、照磨等员额），③三部官员总数较洪武六年均有明显增多，可继续提升三部的独立性。

---

① 《明太祖实录》卷一〇二，洪武八年十一月壬午条，第1724页。《明太祖实录校勘记》，第402页。

② 《明太祖实录》卷一二七，洪武十二年十一月戊午条，第2027—2028页。《明太祖实录校勘记》，第460页。

③ 参见〔日〕山根幸夫《明太祖政権の確立期について－制度史的側面よりみた－》第2表，《史論》第13号，第8页。不过，作者认为此三部诸科尚书、侍郎之上，仍沿袭洪武六年官制，各置部尚书、侍郎各二人，并且三部分科径各以数字为科名，如户部仍为一科至五科，而刑、工部皆为一科至四科。今皆不取。

　　至于多长官制是否带来部内决策机制的混乱，目前尚缺乏可资讨论的史料。但可以确定的是，洪武八年十一月确立的六部体制，进一步放大了"科"作为行政层级本身的级别悖论。然而，这次充满悖论色彩的改制，却一直维持了四年之久，直至洪武十三年正月罢中书省、废宰相制度，"天下之政总于六部"之后，[①] 才得到调整，存续时间超过前两次改制的总时间（洪武五年至八年）。

　　如果考虑到在此期间，朱元璋先谕中书省臣曰："朕常患下情不能上达……其令天下臣民，凡言事者，实封直达朕前。"旋即增设通政使司，"掌出纳诸司文书，敷奏、封驳之事"，[②] 随后又以"胡元之世，政专中书，凡事必先关报，然后奏闻。其君又多昏蔽，是致民情不通，寻至大乱，深可为戒"为由，命"礼部其定奏式，申明天下"，出台"奏事毋关白中书省"等配套制度和规定，[③] 可以看出，明初六部官制的调整和充实，尤其是洪武八年改制，作为废除宰相制度的前奏和针对性措施的特点，是无可置疑的。

---

①　（清）黄宗羲：《明儒学案》卷四九《文定何柏斋先生瑭·儒学管见》，沈芝盈点校，中华书局，1985，第 1164 页。

②　《明太祖实录》卷一一三，洪武十年六月丁巳、七月甲申条，第 1864、1868—1869 页。

③　《明太祖实录》卷一一七，洪武十一年三月壬午条，第 1917—1918 页；《明史》卷二《太祖纪二》，洪武十一年三月壬午条，第 33 页。参见（明）郑晓《吾学编》卷一《皇明大政记》，洪武十一年三月条，《续修四库全书》第 424 册，第 140 页。"奏事毋关白中书省"并非只针对六部，但当时"六部初属中书省，权轻，多仰承丞相意指"，故郑晓将此事明确记载作"禁六部奏事不得关白中书省"。郑晓：《今言》卷一，李致中点校，中华书局，1984，第 9 页；《明史》卷一三八《陈修传》，第 3964 页。详见方志远对"毋关白中书省"对象及程序的讨论，见氏著《明代国家权力结构及运行机制》，科学出版社，2008，第 34—35 页。

也正因如此，当上述针对性目标消失之后，明代六部体制在罢中书省后的第二个月再次被改变。这是第四次调整。此次"定六部官制"取消了之前部下分科的尝试，完全模仿唐制二十四司，建立起二十四子部，而且诸子部职掌的表述，相较于洪武五年最初的文本，也更加明确充实。①

而在设官方面，则取消了多长官制。六部恢复为单一长官，各部尚书、侍郎各一人（唯户部侍郎二人），各子部置郎中、员外郎各一人，官吏因此大幅减少：

> 凡设官吏五百四十八人。官一百五人，尚书六人，侍郎七人，郎中二十四人，员外郎二十四人，主事四十四人，比唐制减三十二人，比旧制减七十一人。吏四百四十三人，都吏二十四人，令史百三十四人，典吏二百八十五人，比唐制减四百二十六人，比旧制减三百四十五人。②

---

① 参见张荣林《明代文官选任之研究》，第49页；曾美芳《从四子部到四科：明初户部组织调整及其影响》，《明史研究》第14辑，第2页。

② 《明太祖实录》卷一三○，洪武十三年三月戊申条，第2067—2073页。其中，吏部、礼部、兵部置官各14人，户部官23人，刑部官22人，工部官18人。参见〔日〕山根幸夫《明太祖政権の確立期について-制度史の側面よりみた-》第3表，《史論》第13号，第15页。此时，刑部仅一侍郎。但从洪武十四年七月，以前军都督府经历商英试刑部右侍郎来看，刑部很快就分左右置两员侍郎。《明太祖实录》卷一三八，第2179页。明初刑部所立石碑载，本部置一尚书二侍郎，且详载"总部"等四子部的职掌，故知其立于洪武十四年至二十二年。（明）陶尚德等《南京刑部志》卷二《司刑篇》，"国初职掌（碑树堂上）"，《金陵全书》第18册，乙编史料类，南京出版社，2015，第146—149页；《明太祖实录》卷一九五，洪武二十二年（1389）二月丙辰，改六部所属总部名，第2931页。参见张荣林《明代文官选任之研究》，第49—53、59—63页。

虽然在洪武十三年六部体制改变前后，相应公文形态和政务运行机制变化的细节还有待于进一步研究，但官吏的大幅减少（较之旧制，官减少 40%，吏减少 44%）必然意味着六部在变为独立的中央政务机构后，其参与政务运行的机制和方式会有重大变化。以户部、刑部为例说明之。

在洪武十三年奏定六部官制之前，户部先"奏定文移减繁之式"，以减少申部文书数量，如州县年终通报户口数时，户绝及析合之数五年具册申部一次。各卫所粮草核算军士及粮料数字后，岁终起解至仓，并将数字通报户部。各仓库收贮，有供给军需之需求者每两个月报部一次，其余布政司及直隶府州半年报部一次。至于京畿租税课程一类则征收足额后另具通关申报，在外税课司局则在官员考满时一并申部等。① 因此，户部置官 23 人，减幅达 63%。

与之类似，刑部恢复四子部体制后，置官减少至 22 人（减幅 45%）。刑部官吏的减少，应该与当时筹划中的复置大理寺有关。② 不过，至洪武二十三年，刑部官员总额又与户部官员一起再次大幅增加。这源于明初六部官制的第五次改变。

洪武二十三年，为进一步强化中央对地方财赋、司法政务的管理能力，朝廷又对户、刑二部的四属部体制进行了调整，改以河南等十二布政司为准分为十二部，各属部"分领一布

---

① 《明太祖实录》卷一三〇，洪武十三年二月丁亥条，第 2063—2064 页。参见曾美芳《从四子部到四科：明初户部组织调整及其影响》，《明史研究》第 14 辑，第 2 页。

② 明初裁革大理司后，至洪武十四年才复置大理寺。《明史》卷七三《职官志二》，第 1782 页。参见王天有《明代国家机构研究》（初版 1992 年），故宫出版社，2014，第 171 页；陈宇赫《明代大理寺研究》，中华书局，2013，第 30—34 页。

政司及直隶府州"之事，"每部置郎中、员外各一人，主事二人"，"又置照磨、检校各一人"。① 两部官吏员额由此明显增加。后随六部官制的统一调整，各属部改称清吏司。② 不过，户、刑二部各子部（清吏司）之下仍分四科，分掌所领地方的钱粮、刑名之事。③ 至此，洪武年间六部官制的频繁改动始告一段落，也奠定了其作为祖制的历史地位。

建文帝时期，六部官制发生过一些大的改变，但受靖难之役的影响，《明实录》对改制的记载语焉不详。参考他书可

---

① 《明太祖实录》卷二〇四，洪武二十三年九月戊戌、乙巳条，第3054—3055、3056页；《明史》卷七二《职官志一》，第1755—1759页。在明初十二部体制下，云南钱粮、刑名事务分别由户部四川部、刑部浙江部兼领。直至永乐十八年（1420），增置云南等清吏司。最终随着布政使司数量的调整，至宣德十年（1435），户部、刑部均定为浙江等十三清吏司。不过，成化五年（1469），刑部广东司郎中彭韶提及国初刑部分部，称"云南直隶陕西部"，与前书不同。（明）彭韶：《刑部广东清吏司题名记》，（明）郑岳纂《莆阳文献》卷一二，吴伯雄点校，广陵书社，2016，第193页。

② 洪武二十九年八月庚戌，"改六部诸属部为清吏司"，以区别于六部。《明太祖实录》卷二四六，第3579—3580页。

③ 据洪武二十六年颁行的《诸司职掌》，刑部诸子部之下分为四科（顺序不同于此前仿唐制的四子部），宪科掌律令之职制、公式、仪制等门，及问拟刑名、除拨官吏、会计粮储等杂行事项，比科掌律令之户役、田宅、仓库等，司门科掌律令之宫卫、关津、邮驿等，都官科掌律令之捕亡、婚姻、犯奸等。"凡遇刑名，各照部分送问发落。"（明）不著撰人：《诸司职掌》，杨一凡点校，杨一凡、田涛主编《中国珍稀法律典籍续编》第3册《明代法律文献》（上），第275—291页。《明史》卷七二《职官志一》载，户部诸清吏司下"条为四科：曰民科，主所属省府州县地理、人物、图志、古今沿革、山川险易、土地肥瘠宽狭、户口物产多寡登耗之数；曰度支，主会计夏税、秋粮、存留、起运及赏赉、禄秩之经费；曰金科，主市舶、鱼盐、茶钞税课，及赃罚之收折；曰仓科，主漕运、军储出纳料粮"（第1743页）。曾美芳结合嘉靖刊本《南京户部志·职守志》对户部四科进行了分析，见氏著《从四子部到四科：明初户部组织调整及其影响》，《明史研究》第14辑，第3—8页。

知，建文元年（1399），改旧官制，六部尚书由正二品升为正
一品，各部增设左、右侍中各一员，正二品，在侍郎之上。
"诸司旧有'清吏'二字皆除去。户、刑二部属旧十二司改为
四司"。户部所改为职民（或作民部）、度支、金帛、仓庾四
司，刑部所改为详宪、比议、职门、都官四司。朱棣即位后，
悉数恢复旧制。①

建文帝提升尚书品阶，增设侍中，意在加强六部独立行使
职权的能力。当时已无宰相和中书省，所以建文帝试图改变的
是洪武体制中"事皆由朝廷（皇帝）总揽"的局面。如朱棣
所言，"今虽不立丞相，欲将六部官增崇极品，掌天下军马钱
粮，总揽庶务。虽不立一丞相，反有六丞相也。天下之人，但
知有尚书齐泰等，不知朝廷"，② 正抓住了洪武与建文朝中枢
体制的区别。③

其实如何调整六部官制及其政务运行机制以应对朱元璋废
丞相之后的局面，是从洪武年间就开始的制度探索。建文帝延
续这一思路，做出了自己的选择，包括后世定型的内阁制，在
此阶段也已处在酝酿之中。④ 与此同时，建文帝面临的更棘手

---

① 《明太宗实录》卷一〇，洪武三十五年（建文四年，1402）七月甲申条，第151—153页；（明）许相卿：《革朝志》卷一，建文元年二月乙丑、八月乙丑条，《四库全书存目丛书》史部第47册，第144、148页；（明）王世贞：《弇山堂别集》卷一二《建文官制后革》，魏连科点校，中华书局，1985，第228页；（明）郑晓：《今言》卷一，第33—34页。

② （明）不著编者：《奉天靖难记》卷二，洪武三十三年二月癸亥条，王崇武：《明本纪校注·奉天靖难记注·明靖难史事考证稿合集》，台联国风出版社，1975，第267页。

③ 王家范：《仁政的理想与哀歌》，氏著《百年颠沛与千年往复》，上海人民出版社，2018，第326—328页。

④ 郑晓《今言》卷一，"入内阁为辅臣预机务，特避丞相名耳，实始于建文四年"（第40页）。

的问题是如何理顺夹杂在中央地方关系下的藩王体制。遗憾的是，这个更棘手的问题没能留给建文帝君臣太多从容思考的时间，遑论"容错""试错"的调整空间，种种探索随着靖难之役而结束。

六部官制在经历上述改变之后，至永乐初又重回洪武旧制，部内机构恢复清吏司之名。之后，明清划分六部组织架构的基本原则和方式大致定型，[①] 直至清末，未做大的改动。[②] 由此，唐宋所形成的"省司""省部"概念也在明清之后转变为"堂司"，[③] 用以指代六部内部结构而为人所熟悉，并随着"七卿"概念的出现，而适用于都察院等其他官府。

---

① 当然，明清之际的六部制度，也并非直接因袭而来，其间经历了关外满洲旧制向明制的过渡与反复。马子木：《清初部院司官体制考——兼谈作为过程的"清承明制"》，《古代文明》2019 年第 1 期，第 78—85 页。

② 在清末新政中，部和清吏司分设原则才出现较大改变。如度支部奏定本部职掌事宜时，指出"旧时之以一清吏司领一布政司者，揆之事势，殊难允惬"，故"所有各司，拟从新厘定，以事名司，分别部居，各归职掌"，新定田赋等十司。各司之下"设科分股，各专责成"。其他各部奏请及所定章程大致相同。上海商务印书馆编译所编纂《大清新法令（1901—1911）》第 2 卷《光绪新法令·官制、任用、外交》，荆月新、林乾点校，商务印书馆，2011，第 58、20—21、45—47、60—61、64—66、76—79、93—95、108—109、127—128、140—141、146—147、150—151 页。不过，所颁章程虽皆未见"清吏"之名，但"称司"实为简称，清末新设诸部各司印信仍存"清吏"字样，直至 1912 年上半年，政府才陆续将旧印收毁，换给新印，"清吏"二字应亦因此消失。1912 年 7 月 26 日《印铸局移国务院秘书厅本局铸成及销毁各印信数目日期分别列表送请查照文（附表）》，《政府公报》第 99 号，中国第二历史档案馆整理编辑《政府公报》（影印本）第 4 册，上海书店，1988，第 184—195 页。

③ 龚延明：《中国历代职官别名大辞典》，"堂""堂司""堂上官"条，第 657、658 页。

小　结

通过本章论述可知，金元六部之下无分司，而代之以令史等吏人为中心的"科"或"曹案"分工体系，其是对元丰之后宋代以省部为中心的国家日常政务运行机制的发展，进一步推动六部内部权力向"部"集中，也提升了六部独立处理政务的能力。

然而，受中唐以后中央行政体制决策和执行一体化趋势（变化有二：一是宰相越来越政务官化，二是皇帝和宰相在国家权力运作和政务处理中更加走向一体化）的影响，六部独立性增强或弱化的界限尚在省部关系的羁绊下变动不常。

与之如影随形的是，权相政治在宋元时期此起彼伏。然而，"权相"叙事模式的构建，其实是纪事者站在君权视角和六部视角双重强化后的产物。[1] 同时，这一叙事模式的背后，隐藏着省部关系消解的可能。明清六部体制的确立，恰可视为中古以降六部独立化趋势的最终实现。正是在长时段的缓慢变迁中，"部"的主体性意识不断凸显，并且在元明之际的制度实践中，完成了古代中国中央政务主体机关的称谓由"省"到"部"的转变。从此，源于"禁省""内省"而成为中央机构统称的"省"，[2] 降格转型为地方高级政务机关和行政区划的通称，[3] 并沿用至今。

---

① 拙文《金元时期省部关系的文书学考察——以中古敕牒形态演变为中心》，《中国古代法律文献研究》第 17 辑，第 109—111 页。

② 祝总斌：《两汉魏晋南北朝宰相制度研究》，第 215—226 页。

③ 明清两代地方行政区划中，"省"并不是一个正式的政区概念，而是一个应用宽泛的、针对一些大于府州辖区的通称。侯杨方：《清代十八省的形成》，《中国历史地理论丛》2010 年第 3 辑，第 17—28 页。

至此，我们也可以对中国古代尚书省和六部政务运行机制的演变做一简要的总结。

两汉之际，尚书曹的划分标准由上书者身份转变为按职务性质，标志着尚书机构专业化和分工细化的加强。但是随着魏晋以降尚书台职权的进一步扩大，五曹或六曹尚书就愈发显得粗疏。正是尚书台向宰相机构发展的过程中，在对接外朝官司政务文书时，其分工粗疏所带来的不足逐渐显示出来，因而汉魏之际出现了尚书郎曹。以尚书郎所掌事务来区分郎曹，改变了尚书机构分工体系的重心，也使得尚书郎和尚书之间的统属关系一度变动频繁，因而未能被现存史籍记载下来。

魏晋以后，尚书机构的发展主要表现在郎曹的分置与省并中。在分分合合的混乱表象之下是尚书郎曹次第的变化、新尚书统郎机制的确立，以及吏户礼兵刑工六部格局的出现与定型，是尚书省内部分工走向合理化的制度内在发展理路。在此期间，"部"的机构性质凸显出来。隋以后，"部"和"司"取代尚书曹和郎曹，成为代表尚书省新常态的标志性制度术语。但强调"部"性质的表述，明显受宋代尚书省体制的影响。

此外，在尚书机构取代三公府成为宰相机构的过程中，新旧机构内部官吏结构及政务运行机制也发生了很大变化。汉晋时有"公府不案吏"的故事，即掾属有罪赃、不称职，府主往往通过其他方式，如"予长休告"处理，并不案验。① 在此

---

① 《汉书》卷七四《丙吉传》，第 3145—3146 页；《晋书》卷三八《齐献王攸传》，第 1131—1132 页。参见〔日〕纸屋正和《汉代郡县制的展开》第七章第四节"中央政界和地方行政"、第十二章第三节"三公无责任体制的背景"，朱海滨译，复旦大学出版社，2016，第 266—268、512—520 页。

风气下，公府内部的管理效能自然未得到充分发掘和提升。上述故事的形成，应该根源于府主与掾属之间的"君臣"关系。东汉光武帝建武年间，有人曾建议由司隶校尉督察三公，试图强化对三公行政的监督，但事下三府，不果。① 魏晋之后，随着尚书令、仆射取代三公成为宰相，旧宰相府署内部的"君臣"关系被新机构内的同僚关系所取代。尚书及尚书郎在处理政务时，相较于掾属，有很大的独立性。② 同时，尚书左丞对机构内的纠弹之权（配合以御史台对尚书的外部纠弹），以及对令史的管辖权，则保证了宰相机构的有效运转。③ 隋唐尚书都省对省内诸司的监临关系，延续和发展了上述制度。

因此，唐代尚书省的政务分工，始终着眼于二十四司，备置司印，而无部印。在日常政务处理中，六尚书虽有总判所属四司或四曹之责，但尚书作为本部长官的地位非常暧昧。所以，"部"的意义远小于"省"和"司"，故"省司"成为尚书省裁决政务时必经的环节，而习见于唐代律令格式之中。这一概念基本沿用至北宋前期。

唐宋之际尚书六部由虚转实的关节点，是元丰改制。这不仅体现在唐宋奏抄（钞）形态的改变（省符的形态改变稍晚于此）上，也体现在六部印的出现上。此后，史籍中新见"省部"之名，取代此前的"省司"，成为尚书省处理上下行政务文书之关节点。六部成为尚书省政务运行机制中的一级实体，并在一定程度上具备独立处理政务能力的背后，是元丰年

---

① 《后汉书》卷三六《陈元传》，第 1233 页。

② 祝总斌：《两汉魏晋南北朝宰相制度研究》，第 154—156 页。

③ 祝总斌：《魏晋南北朝尚书左丞纠弹职掌考——兼论左丞与御史中丞的分工》，氏著《材不材斋史学丛稿》，第 101—115 页。

间将中唐以后发展成熟的使职差遣系统，重新归口到尚书六部，并将使职差遣下的政务运行机制移植到六部体制中的结果。元丰官制改革的历史意义实在于此。

此外，使职差遣体系对元丰尚书省和六部内部结构及其运作模式的影响，还表现为郎官厅（分司）之下分工的精细化（分案、科），以及由此导致的金元六部层级的简化，即"科"和"曹案"分工体系取代了此前的以郎官分司为中心的分工体系。这进一步强化了六部作为国家日常政务运行主体机构的独立性。在这一阶段，也逐步确立了以尚书六部和州县六案为中心的、垂直化对口化管理的中央地方行政体制，成为下一阶段行政体制和政区形态发展、完善的新起点。

金元之际，省部关系虽然有所反复，① 但明初统治者显然吸取了元代宰相权重的教训，并在立国之后，通过有意区隔中书省与尚书六部，以及恢复唐宋以郎官分司的分工体系，充实六部官吏员额等举措，加速了六部政务运行机制独立运作的成熟。这成为洪武十三年正月废中书省、罢宰相，以六部承天下之政的前提。

尽管此次机构改革与胡惟庸案有直接关系，然而与其从政治史的单一视角出发，简单地将明初罢中书省、废丞相归结为君相矛盾，甚至是朱元璋与胡惟庸个人权力冲突的结果，不如转换视角，将其视为中唐以后宰相制度发展，尤其是元丰以降六部体制演进的终点。换言之，明初六部体制的建立和定型，仍处在隋唐以降宰相政务官化和六部独立化这一制度发展内在理路的延长线上。

---

① 张帆：《元代宰相制度研究》，第 191—193 页。

永乐以后，明代政治进程虽被改变，但在"政归六部，以尚书任天下事"的体制下，[1] 六部权力持续扩大。随着内阁职权的扩张，明中期以后出现了阁部之争的情况，但这一制度冲突的内核早在六部独立之初便已悄然埋下。

比如，针对黄宗羲"谓明废中书，故阉寺窃柄"而主张复置丞相，章太炎则撰《非黄》以驳之，曰："丞相既立，六部承其风指，则职事挠；不承风指，事相瘐曳而不能辑。故立相则朋党至，朋党至者，乱法之阶。明自孝宗以上，内阁轻而政事理；武世以降，内阁益重，朋党益竞，其政慢于前世。""诚欲任法，虽内阁当剗去之，况于置丞相？丞相者，赘余之官，内阁者，便嬖之别也。政不变，固当废。"宦官亦当废，"如犹不能，要令政归六部，中旨不行，阉寺安得干之？阉寺之横，由权未归六部，不在废中书也。"[2] 章氏认为，丞相和内阁制度是典型的"人治"，因此明代宦官之祸，不在于未置宰相，而在于"内阁益重，朋党益竞"，"中旨"频出，以至于"权未归六部"。因此，他尤其强调部权独立与"任法"之间的关联性。

当然，辛亥革命之前，章太炎对黄宗羲的批驳，一方面应置于清末革命党与立宪派争论的背景下去理解，即作为革命党的章太炎"不满于借黄氏之言为源自远西的立宪政体张声势之时流"，故而青睐法家。[3]

---

①　《明史》卷七二《职官志一》，第 1729 页。

②　上海人民出版社编《章太炎全集·太炎文录初编》，徐复点校，上海人民出版社，2014，第 127—128 页。

③　王锐：《辛亥革命前后章太炎对道法政论之阐释》，《华中师范大学学报》（人文社会科学版）2018 年第 1 期，第 130—132 页。

　　另一方面则要置于当时中央官制改革和央地关系调整的背景下去理解。清末官制改革之前，六部体制早已出现政务废弛、效率低下的弊端。造成这种局面的原因是多方面的，首先是，雍正朝军机处的建立和发展不仅使得"威命所寄，不于内阁而于军机处，盖隐然执政之府矣"，[①] 也因其所具有的"谕本处行者，封寄所司"之权，使得六部职权愈发受限，故曰："内阁益类闲曹，六部长官数四，各无专事。"[②] 其次是，鸦片战争以后，随着"洋务""新政"迭兴，新设总理各国事务衙门，体制上仿行军机处，职权上"不独繁于六部，而实兼综乎六部矣"。[③] 加之，受太平天国起义影响，督抚权力提升，逐渐形成"外重内轻"的格局，[④] 更加凸显出六部作为传统国家政务运行机构已不适应新形势的需要。[⑤] 直到清末新政，设计者在责任内阁制下，尝试扩大新设各行政部和尚书职权，以求达到"分职以专任"的目的。[⑥] 章太炎强调部权独

---

① 《清史稿》卷一七六《军机大臣年表一》，中华书局，1977，第 6229 页。

② 《清史稿》卷一一四《职官志一》，第 3270、3264 页。郭润涛：《帝国终结时期的官僚政治体制与运作系统——清》，吴宗国主编《中国古代官僚政治制度研究》，第 462 页。

③ 《刑部郎中沈瑞琳折》（光绪二十四年七月二十八日），国家档案局明清档案馆编《戊戌变法档案史料》，中华书局，1958，第 180 页；李文杰：《总理衙门的奏折流转及其权力运作》，《中华文史论丛》2019 年第 2 期，第 321—348 页。

④ 李细珠：《晚清地方督抚权力问题再研究——兼论清末"内外皆轻"权力格局的形成》，《清史研究》2012 年第 3 期，第 1—29 页；倪玉平：《权力的扩张及其分配：晚清中央与地方关系再思考》，《清史研究》2023 年第 5 期，第 12—21 页。

⑤ 林乾：《〈清会典〉的历次纂修与清朝行政法制》，《西南师范大学学报》（人文社会科学版）2005 年第 2 期，第 115 页。

⑥ 鞠方安：《中国近代中央官制改革研究》，商务印书馆，2014，第 100—106 页。

立，与他当时巩固国权的思想一脉相承，[1]也是其赞成新官制"责有专归，官无滥设"原则的体现。[2]

值得注意的是，清末新官制中，为提升各部权力和治理能力，在尚书、侍郎之下，普遍设立承政厅（置左右丞）和参议厅（置左右参议）的做法，[3]与隋炀帝置勾检官于六部之下和明建文帝增置六部侍中的做法，有相似之处。可见，探究隋唐以降六部的实体化和独立化这一制度发展内在理路的视野，并不意味着止于明初，仍可进一步向后延伸。不过，限于本书的主旨和笔者的学力，相关议题只能点到为止，聊附于篇末，以待贤达。

附论：从反思三省六部制概念的旧札谈起

细心的读者不难发现，本书的开头部分，也就是对选题意义的阐发，可谓是匠气十足。因为，这些文字确实在模仿《唐代中书门下体制研究：公文形态、政务运行与制度变迁》"导论"的开篇。之所以如此，一方面的原因是，笔者的思辨与文笔本就缺乏匠心；另一方面的原因是，本书的议题确实是发端于刘后滨对三省制概念的反思。除了前著之外，这种反思集中体现在他于 2010 年 5 月唐宋史会议提交的论文《北宋政务运行中的三省制理念》（论文是 2022 年底搬家时翻出来重

---

[1]　王锐：《从巩固国权到联省自治——章太炎政治主张的转变及其内在逻辑》，《杭州师范大学学报》（社会科学版）2022 年第 4 期，第 40—54 页。

[2]　《庆亲王奕劻等奏厘定中央各衙门官制缮单进呈折（附清单二）》（光绪三十二年九月十六日），故宫博物院明清档案部编《清末筹备立宪档案史料》，中华书局，1979，第 464 页。

[3]　鞠方安：《中国近代中央官制改革研究》，第 83—96、106—117、232 页。

读的）。后来，修改稿以《唐宋间三省在政务运行中角色与地位的演变》《"正名"与"正实"——从元丰改制看宋人的三省制理念》为题，先后发表在人大学报和北大学报。在撰写论文期间，他在课堂上跟学生多有讨论，从而引起笔者的关注和思考。

当时的思考体现在 2010 年 5 月 11 日撰写的一则札记中。不过，这篇文字早就消失在记忆之中了，直到 2020 年 7 月才在无意间被重新寻获。札记内容如下（圆括号内文字为当时所加。旧札所在笔记本里还夹着一张考试用纸，简单抄写有检索记录，六角括号内文字，或据以而补。错误之处，则加脚注）：

> 最近在看宋代（南宋）史料，尤其在看《庆元条法事类》时，突然意识到在宋人，尤其是在南宋人的政治观念中，三省枢密院、省台（旁批：台省）寺监是〔与唐人〕不一样的。三省枢密院大概是宰相机关，有点类似于宋代前期的中书枢密院（二府），其下则有司而已，即尚书六部、御史台、寺监等。所以南宋都临安后，史载："（绍兴）二十二年，作左藏库、南省仓，二十五年，建执政府，二十六年，筑两相第〔、太医局〕，二十七年，建尚书六部。大凡定都二十年，而郊庙宫省始备焉。"（《朝野杂记》）而据《系年要录》，二十五年所筑者，正是"移左藏库及仓"，"以仓基造二府，以处执政"，恢复"祖宗故事"，改变"今各散居"的局面。二府当指三省枢密院，却又不包括尚书六部。
>
> 前此在看北宋官制新行前后史料的时候，已注意到部的地位提高，已落实在制度和观念上，"省部"概念

已出现。

今晨在床上未起间，突然开始想宰相之权究竟为何，在三省制中如何体现？即署敕究竟是宰相权力，还是行政机关的权力？联系到滨师对三省制概念〔的〕批判，试图摆脱宋人三省制概念的缺陷〔的影响〕，又觉得现有的批判还不够。诚然，宋人对三省制的理解〔和〕对唐代三省体制的运行〔的理解〕自有偏差，甚或三省制本来就不是唐制，而是宋人基于宋制，〔如〕对元丰新制，尤其是元祐之后制度形成的概念，进而推及于唐。比如"三省六部"的概念，放在唐代，实则颇难理解。六部本是三省之一的尚书省下机构，且部在唐时尚颇为疏阔，不如司之实体明晰。

遂起而用文渊阁四库电子检索版，检索"三省六部"，大略如下。

《续资治通鉴长编》卷415，注引《神宗新录》有"元丰更制，分三省六部建官"，此为三省六部之最早出现，而用之于北宋新官制。《宋史》卷31《高宗纪》〔"命三省六部条具续降敕旨来上"〕、卷400《宋德之传》〔绍定四年大火，另见《续通鉴》卷165〕亦见之，所指为南宋时制。如吴泳《鹤林集》卷21《缴陈宗仁林介落阁降官词头》也提及都司（左右司）、三省六部，似可更细读之。又，《宋季三朝政要》卷1、《两朝纲目备要》卷8（皆撰人不详）亦载临安大火，延及三省六部。内有一次即绍定四年九月太庙火。

前之三省六部，皆宋人以之来述宋制，及其用之于他国他朝，则首见于《建炎以来系年要录》卷84、《三朝北盟会编》卷166、①《大金国志》卷2，述金国定制，仿中国之制，置三省六部。元僧释觉岸《释氏稽古录》卷4，述宋、辽、金制，则唯述金制用三省六部一词。②

追述唐制，言及三省六部，则首见于章如愚《群书考索》续集卷32。其后亦见于宋韩〔元吉〕《南涧甲乙编》卷17《唐制兼官考》，③及元王结《文忠集》卷4《上中书宰相八事书》言唐三省六部二十四司。

而我们所知的辽承唐风，或许是基于文献记载，只是在《辽史》卷47中才提及此〔"既得燕、代十有六州，乃用唐制，复设南面三省、六部、台、院、寺、监、诸卫、东宫之官"〕。

尽管当时以"三省六部"为关键词进行的检索还比较粗疏，但仍可以看到，本书所涉及的诸多问题，不少都出现在这则札记之中。（2020年底，又在一本题有"墓志汇钞"的读书

① 两书皆据归正人苗耀《神麓记》（成书于金世宗初年），但前者文字已经作者润色。邱靖嘉：《"元谋叛辽十弟兄"与金初皇位继承——兼论勃极烈辅政群体之构成》，《学术研究》2021年第4期，第139页。不过，金代模仿唐制而有三省六部，应是当时人的共识，更早的记录见于绍兴十四年至十五年（1144—1145）出使金国的宋之才所撰《使金贺生辰还复命表》（见民国《平阳县志》）中记录的金国馆伴使吏部侍郎张浩之语："多用唐制，有三省六部，无枢密院，政事尽归都省。"周立志：《论宋金交聘的运作流程——以宋之才〈使金贺生辰还复命表〉为中心的考察》，《东北史地》2015年第2期，第56页；《宋金交聘的新文献〈使金复命表〉研究》，《北方文物》2013年第1期，第61—62页。

② 元初，王恽在所撰《乌台笔补》中提及，"金国省、院、台为三省"，《秋涧先生大全集》卷八三，杨讷编《元史研究资料汇编》第23册，第203页。此说不见于他书，姑附于此。

③ "甲乙编"，应作"甲乙稿"。韩元吉卒于孝宗淳熙十四年（1187），年七十，而章氏于宁宗庆元二年（1196）始登进士第，"其后"两字原误。

笔记中，找到了早前抄录的《宋会要辑稿》及所做批注，内一则批注的记录时间为 2010 年 3 月 25 日。对宋代"三省"概念与中书、门下、尚书省合称之不同，以及"朝省台部""省部寺监/省寺部监"等概念出现时间的思考，已见于这些稍早于札记的批注之中。）

在札记之后，空了一行，抄录的是《高丽史·百官志》卷首总序（当时所据版本不详，此处及后文所引皆据标点校勘本）及所做笔记。这一部分文字或与前件札记同时所写。先移录总序如下：

> 高丽太祖开国之初，参用新罗、泰封（901—918）之制，设官分职，以谐庶务。然其官号，或杂方言，盖草创未暇革也。二年（919，梁贞明五年，辽神册四年）立三省、六尚书、九寺、六卫，略仿唐制。成宗（981—997，982 年，成宗元年，宋太平兴国七年，辽乾亨四年）大新制作，定内外之官：内有省部台院寺司馆局；外有牧府州县。官有常守，位有定员。于是，一代之制始大备。文宗（1046—1083）、睿宗（1105—1122）虽少加增损，大抵皆袭成宗之旧，子孙有所遵守。自忠烈（1274—1298，复位 1298—1308）改官制，凡拟上国者悉改之。忠宣（1298，复位 1308—1313）受禅，父子互相纷更，而官爵大紊。及恭愍嗣位，二十年之间（1351—1374），改官制者四，而或从旧制，或用新制，遂不胜其烦矣。大抵高丽之法，因时沿革，繁简有异。当其立法之始，宰相统六部，六部统寺监仓库，简以制繁，卑以承尊。省不过五，枢不过七，宰相之职举，而庶司百寮，各供其职。及

其弊也，省宰增至七八。自事元以来，事多仓卒，佥议、密直每于都评议司会议，而商议之名又起。与国政者，至六七十人。于是，六部徒为虚设，百司涣散无统，而政事不复修举矣。其设官之制，终始得失盖如此。①

志序后复记曰：

若"三省六尚书"果为高丽初人之语，则早出于《神宗新录》。但此书为李朝史臣所修，可能沿用宋以后三省六部的概念而已。当思。

受此启发，笔者意识到，对于三省六部制概念的理解，不能只限于域内文献，因此又在旧记基础上做了扩展，或许可以为"从周边看中国，从中国看周边"提供一个制度史的视角。②"立三省六尚书"一事，见太祖二年（919）正月建都开城，"创宫阙，置三省六尚书，官九寺，立市廛，辨坊里，分五部，置六卫"。③ 这是太祖仿照唐制对丽初官制的一次系统整合。其中"六尚书"一语，已见于《隋书》、《新唐书》与《唐六典》（引文见第五、六章），与"六部"不完全相同。④ 因此，

① （朝）郑麟趾等著，孙晓主编《高丽史》卷七六《百官志一》，第2403—2404页。
② 刘亚光：《专访葛兆光：从周边看中国，从中国看周边》，《新京报》2023年3月10日，第B02版。
③ （朝）郑麟趾等著，孙晓主编《高丽史》卷一《太祖世家一》，第23页。
④ 至于"五部"，指的是京城五部坊里，是对中国汉魏以后都城六部尉的模仿。（朝）郑麟趾等著，孙晓主编《高丽史》卷五六《地理志一》、卷七七《百官志二》，第1782—1783、2446页；张金龙：《北魏洛阳里坊制度探微》，氏著《北魏政治与制度论稿》，第316—319页。

《高丽史》上述概念更多地源自高丽政治精英对唐制的理解和借用。

不过，情况很快又发生了变化。简而言之，虽然距离契丹——辽更近，但高丽前期君臣显然更关注中原政权的政治资源。北宋建立后的制度实践，也确实给高丽改变官制带来了新的契机。成宗元年（982）三月，改百官号。二年五月，"始定三省、六曹、七寺"。①"三省六曹"一语，与元丰官制用语一致，但时间远早于后者，不宜等同视之。

虽然无法确定这一用语是当时史臣所记，还是朝鲜修史者缘饰的结果，但笔者倾向于前者，②并认为上述表述是高丽君臣受五代、北宋前期"唐史观"影响的结果（参见第六章对"三省"专名化过程，以及唐宋人对"六曹"使用偏好的分析）。

成宗时期恰是高丽移植宋制的关键期，③如成宗十年仿宋枢密院置中枢院（显宗朝一度改为中台省，后复旧，至献宗朝改枢密院），④被视为由三省制向"省枢两府"（中书门下省和中枢院）体制过渡的标志。⑤但这一看法并不准确（详后分

---

① （朝）郑麟趾等著，孙晓主编《高丽史》卷三《成宗世家》，第 59、62 页。

② （朝）郑麟趾等著，孙晓主编《高丽史》卷首《纂修高丽史凡例》，"从当时所称，书之以存其实"（第 9 页）。

③ （朝）郑麟趾等著，孙晓主编《高丽史》卷九四《徐熙传》载，"成宗乐慕华风，国人不喜"（第 2909 页）。

④ 不过，成宗后期政治上转向契丹，与宋绝。直至文宗后期，双方才重新建立官方联系，分见（朝）郑麟趾等著，孙晓主编《高丽史》卷三《成宗世家》，成宗十三年（宋淳化五年）六月条，卷八《文宗世家二》，文宗二十四年（1070，宋熙宁三年）八月己卯条后、二十五年三月庚寅条，第 77、237、238 页。

⑤ 龚延明：《唐宋官制对高丽前期王朝官制之影响——以中枢机构为中心之比较研究》，《中国史研究》1999 年第 3 期，第 107—108 页。

析），且明显受高丽后期枢密院所改之密直司"升秩，与佥议府同称两府"的影响。[1] 以下分而述之。

"三省"概念，虽然源于唐制和北宋精英的表达，但高丽国初制名为内议省（相当于中书省）、广评省（相当于门下省，置侍中、侍郎、郎中员外郎）、内奉省（相当于尚书省）。[2] 当时官制可见光宗二十六年（宋开宝八年，975）十月，景宗已即位，拜政丞金傅（此人本为新罗末王，时为景宗岳父）为尚父、都省令册诰后的署位。此诰虽为敕授告身，但用于册授，因而兼有唐代制书特征，并使用开宝年号，内容如下（笔者按公文体式调整）：

> 敕：……有司择日备礼册命，主者施行。
>
> 　　　　开宝八年十月　　日
>
> 　　大匡内议令兼总翰林臣翮宣奉行
>
> 奉
>
> 敕如右，牒到奉行。
>
> 　　　　开宝八年十月　　日
>
> 〔侍中 署〕
>
> 侍中 署

①　（朝）郑麟趾等著，孙晓主编《高丽史》卷七六《百官志一》，忠宣王二年（1310）升秩，第2410页。参见刘波《朝鲜王朝初期的中枢机构改制》，《古代文明》2016年第1期，第100—101页。

②　高丽初除三省外，还有珍阁省（置令）、白书省（置卿、郎中、孔目等）、元凤省（相当于翰林学士院）、内书省（相当于秘书省）、内军省（相当于卫尉寺）、礼宾省（相当于鸿胪寺）、物藏省（相当于少府监）等机构。（朝）郑麟趾等著，孙晓主编《高丽史》卷一《太祖世家一》，太祖元年六月辛酉、戊辰条，卷七六《百官志一》，第19—20、2419、2424、2427、2428、2430页。

内奉令 署

军部令 署

军部令 无署

兵部令 无署

兵部令 署

广坪侍郎 署

广坪侍郎 无署

内奉侍郎 无署

内奉侍郎 署

军部卿 无署

军部卿 署

兵部卿 无署

兵部卿 署

告推忠慎义崇德守节功臣尚父都省令上柱国

乐浪都［郡］王食邑一万户金傅，奉

敕如右，符到奉行。

　　　　　　　　　主事无名

郎中无名　　　　书令史无名

　　　　　　　　孔目无名

　　　　开宝八年十月　日下①

---

① （高丽）一然：《三国遗事》卷二，孙文范等校勘，吉林文史出版社，2003，第 84 页。参见（朝）郑麟趾等著，孙晓主编《高丽史》卷二《景宗世家》，第 55 页。文书格式及文字校补，据〔日〕中村裕一《唐代公文書研究》，汲古書院，1996，第 95—97 页。其中，"广坪"应作"广评"。

至成宗元年（982），改内议省为内史、门下省，^① 改内议令为内史令，并置门下侍中及内史侍郎平章事、门下侍郎平章事，"又于中书、门下各置平章事"等，改广评省为御事都省，而罢内奉省。^② 十四年，又改御事为尚书。至文宗十五年（1061），始改内史为中书。三省之名，一依中朝（唐宋）。^③

北宋颁行元丰官制时，已是高丽文宗三十六年。故龚延明据《高丽史·百官志》所载文宗十五年（宋嘉祐六年）改内史门下省为中书门下省（与中枢院对掌大政），认为高丽两省合一，并非受南宋制度影响，而系因地制宜。^④ 需要指出的

---

① 此据《百官志》，若据《高丽史》卷三《成宗世家》、卷二《景宗世家》，成宗元年三月庚戌，仅"改百官号"，即改内议省为内史省，并不涉及机构省置。至二年五月"始定三省"，才正式设置门下省及侍中等官。另，内史令作为左右执政的兼官，早在景宗元年（976）已出现，与内议令同时存在，如景宗五年，以崔知梦为内议令（第59、56页）。

② 龚延明认为，高丽太祖朝之后，内奉省已不复置。见氏著《高丽国初与唐宋官制之比较——关于唐宋官制对高丽官制影响研究之一》，杭州大学韩国研究所编《韩国研究》第1辑，杭州大学出版社，1994，第122—142页，尤其是第138—139页；《唐宋官制对高丽前期王朝官制之影响——以中枢机构为中心之比较研究》，《中国史研究》1999年第3期，第105—114页。然而光宗十六年（965）"遣大丞内奉令王辂如宋献方物，帝授辂尚书左仆射，食实封三百户，并赐官诰"，二十三年（972）如宋使臣有"副使内奉卿崔业"，皆在成宗即位前不久。故推测不置内奉省应在成宗初。（朝）郑麟趾等著，孙晓主编《高丽史》卷二《光宗世家》，第53、54页。

③ （朝）郑麟趾等著，孙晓主编《高丽史》卷七六《百官志一》，第2404—2405、2408页。

④ 龚延明：《唐宋官制对高丽前期王朝官制之影响——以中枢机构为中心之比较研究》，《中国史研究》1999年第3期，第111页。刘波也有类似的看法，见氏著《朝鲜王朝初期的中枢机构改制》，《古代文明》2016年第1期，第100页。两人所依据的材料分别是18世纪成书的《东史纲目》和20世纪初成书的《增补文献备考》（该书初编于1770年，1782年追补，1902年增补后，于1908年出版）。

是，高丽两省确实关系密切，① 且为宰相机构（两省侍郎带同中书门下平章事衔，另有参知政事），但两者在文宗改名前后并未合一。

首先，此次改内史门下省为中书门下省，是"以弟内史令基改为中书令，其余尝为内史者，皆改中书"的方式实现的，而且当时宰相侍中崔冲先受"内史令致仕告身一道"，"后改内史门下省为中书门下省，以为中书令致仕"。②

其次，《文宗世家》虽然有"中书门下省奏""内史门下省奏""内史门下省火，延烧会庆殿东南廊"的记载，但同时也存在"中书省奏"的记载，而且在两省火灾后追责时，径载作"以去年门下省直宿日有火灾，降参知政事金显为左仆射、右散骑常侍崔爰俊判少府监事"。③ 可见，改名并不涉及两省合并问题。改名之前，两省就各自独立；改名之后，仍各自保持独立。④ 比如，在成宗置两省侍郎平章事外，文宗又于中书、门下两省各置平章事，说明高丽并非如唐宋在两省之外，别置"中书门下"。

最后，两省分立不仅见于高丽国史，也见于宋人笔下。北

① 成宗九年（990），奏"下内史门下"颁示内外司存，显宗十一年（1020）八月丙戌，"两省"论驳，见（朝）郑麟趾等著，孙晓主编《高丽史》卷九三《金审言传》、卷四《显宗世家一》，第2901、115页。
② （朝）郑麟趾等著，孙晓主编《高丽史》卷八《文宗世家二》，文宗十五年六月己卯条，卷九五《崔冲传》，第223、2940—2941页。
③ （朝）郑麟趾等著，孙晓主编《高丽史》卷八，文宗十二年六月戊申、八月乙巳，十一年十二月辛亥，十四年十二月甲子，十五年三月丁酉条，第217、218、216、222、223页。
④ （朝）郑麟趾等著，孙晓主编《高丽史》卷九《文宗世家三》，文宗三十一年十二月乙巳条，卷一〇《宣宗世家》，宣宗九年（1092）八月乙丑条，卷一一《肃宗世家一》，肃宗元年（1098）四月癸酉条，第254、293、307页。

宋末年徐兢在出使时，描述高丽都城形制，称"自尚书省之西，春宫之南，前开一门，中列三位，中为中书省，左曰门下省，右曰枢密院，即国相、平章、知院治事之所"。[①] 可见，高丽前期虽受宋制影响有"宰枢""两府""两府宰枢""政事堂"之名，[②] 但三省始终并置，并未合一，故"内史门下省"与"中书门下省"均应断作"内史、门下省""中书、门下省"。

至于"六尚书""六部""六曹"，迭见于《高丽史》，已略举如前。不过，若更仔细地分析《高丽史》相关概念可知，"六曹""六部"基本上见于恭愍王以后的高丽末年，如辛禑元年（1375）十二月，"令宰相及六曹、台省各举才兼文武可为守令者"。[③] 恭让王四年（1392），"各司受禀公事，皆令直报都堂，勿隶六曹"，[④] 明显受元代宰相制及省部关系影响，兹不赘论。

---

① （宋）徐兢：《宣和奉使高丽图经》卷一六《官府·台省》，此据孙希国校注本，氏著《〈宣和奉使高丽图经〉整理与研究》，黑龙江人民出版社，2019，第117页。

② 高丽"宰枢"之名，见于显宗十四年（1023）正月，"两府"之名，见于文宗元年，当时尚未"改内史门下省为中书门下省"。之后，则有"两府宰臣""两府宰枢"之名。虽然仆射也早已退出宰相行列，与唐制一样，但不同的是，尚书令仍在宰相之列，且位在中书令之后。如睿宗九年（1114），因"表状书简，称号不正"，礼仪详定所奏请，上书"中书令、尚书令曰太师令公，两府执政官曰太尉、平章、司空、参政、枢密、仆射，各随时职称之。三品以下员寮，并不得称相公，宜直呼官名"。据此，两府宰执，应包括三省长官及平章政事、参知政事、枢密，以及知政事的仆射等。换言之，两府应包括三省、枢密院。（朝）郑麟趾等著，孙晓主编《高丽史》卷五《显宗世家二》、卷七七《百官志二》，"行营兵马使"，卷一一《肃宗世家》，肃宗元年七月庚寅条，卷一六《仁宗世家二》，仁宗九年（1131）二月己卯、五月甲辰条，卷八四《刑法志》，"公牒相通式"，第121、2464、309、477、478、2665页。

③ （朝）郑麟趾等著，孙晓主编《高丽史》卷七五《选举志三》，第2377页。

④ （朝）郑麟趾等著，孙晓主编《高丽史》卷七七《百官志二》，"都评议使司"条，第2452页。

而见于高丽前期官制中的"六曹""六部"，仅 6 例。其中"六曹" 3 例，除了前引成宗朝 1 例外，尚有 2 例仅见于明宗朝（1170—1197），皆指西京六曹。[①] 而"六部" 3 例，则见于文宗、睿宗、仁宗朝，各 1 例。[②] 这些文例与"三省"一样，是受中晚唐（宰相分判六尚书事）至北宋前期制度影响的产物。

更值得注意的是，丽初多用新罗、泰封之制，故虽名为六曹（六尚书），实为六官——选官、兵官（太祖元年名兵部，置令、卿、郎中等员）、民官、刑官（太祖初为仪刑台，置令）、礼官、工官，各置御事（相当于尚书）、侍郎、郎中以下诸员。直至成宗改御事都省为尚书都省时，六部官号始同于唐（次第仍有不同），而其下亦未备置二十四司（成宗时置尚书考功、度支、金部、仓部、祠部、虞部、水部。以上除考功外，他司不久即罢。文宗时，另有尚书都官，与考功常置不废）。至文宗定制，六部设官，兼有唐宋之制的影响，但开启六部不分司之先河。以吏部为例，置"判事一人，宰臣兼之；尚书一人，秩正三品；知部事一人，他官兼之；侍郎一人，正四品；郎中一人，正五品；员外郎一人，正六品"。[③]

可见，高丽国初官制，虽有省、官（或称"司省"，如内奉省、物藏省与兵部、仓部等，司省皆置令，地位相当）之

---

① （朝）郑麟趾等著，孙晓主编《高丽史》卷七八《食货志一》及卷八〇《食货志三》，第 2488、2548 页。

② （朝）郑麟趾等著，孙晓主编《高丽史》卷八〇《食货志三》文宗三十年（1076）定及仁宗朝（1122—1146）更定文武班禄，卷一三《睿宗世家二》，睿宗四年（1109）六月丙申条，第 2540、2543、372 页。

③ （朝）郑麟趾等著，孙晓主编《高丽史》卷七六《百官志一》，第 2411—2416 页。参见张春海《论高丽对唐司法制度的"变异"——以刑部为中心的探讨》，《南京大学学报》（哲学·人文科学·社会科学）2016 年第 4 期，第 127—137 页。

别，但两者并非上下级。① 此后虽正“三省六尚书”之制，其内部绝不可能如唐尚书省那样，层级分明。受此影响，成宗以后，六部的实体化特征就变得非常明显。这一制度发展的内在理路，应该说是在晚唐五代制度影响下，以“部”为中心的尚书省政务运行机制较早地在朝鲜半岛的制度环境中得到了实践。虽然不能断言，高丽制度对元丰官制有所影响，但两者存在共同的趋势是明确的（当然，这一共同趋势与两国内部政治势力的各自发展趋势是不相关的，详后）。

此后借由金、元官制影响，高丽后期的官制也表现出与元丰以后宰相制度和省部关系同样的发展趋势。以中枢机构为例，高丽三省合一，应以忠烈王元年（1275）并中书省、门下省与尚书省为佥议府为标志。② 时间已经是南宋末年，而金元一省制早已确立百年之久。这就是龚延明所指出的，高丽王朝在采用邻国政制时，存在“时间差”。③

高丽中枢机构的上述演变及其背景可概括为：丽初虽仿唐制建三省以强化王权，但却受限于自身良贱制度，制度运行不

---

① （朝）郑麟趾等著，孙晓主编《高丽史》卷一《太祖世家一》，太祖元年（918）六月辛酉条，第 19—20 页。如前引金傅告身中，广评侍郎、内奉侍郎署位，若依唐制，应分别在广评侍中和内奉令之后，但实际在军部令、兵部令之后，应非错简。

② （朝）郑麟趾等著，孙晓主编《高丽史》卷七六《百官志一》，“门下府”条及“尚书省”条，第 2404、2408 页。另据该书卷六八《礼志一〇》“两府宰枢合坐仪”中，两府宰枢即佥议府和密直司职官（第 2149 页），与同卷所载仁宗朝“宰枢谒诸王仪”所载“宰臣、枢密于诸王相对礼拜，仆射以下南行礼拜”（第 2148—2149 页）所涉宰枢不同，后者同样包括三省、枢密院长官。

③ 龚延明：《唐宋官制对高丽前期王朝官制之影响——以中枢机构为中心之比较研究》，《中国史研究》1999 年第 3 期，第 108—109 页。

免流于形式。成宗朝仿宋制的改革推动了两府的形成，但带来的却是相权势大、王权衰微的局面，最终陷入长达百年的武人政权时代。直至蒙古兴起，王室与元朝联姻后，才彻底结束这一局面。忠烈王才得以将宰相机构合并，先是更立二府（金议府、密直司），继又仿唐中书门下体制而置都评议使司（郑道传《高丽国新作都评议使司厅记》称之为"唐之中书遗制"），二府宰执（辛禑时，三司地位上升，得与宰执）以"逐日合坐"的形式入都评议使司（即前引"都堂"）商议国政，从而开启高丽官制的新阶段。①

忠烈王以后，高丽进入"事元"阶段，官制屡变，而宰相权力也受元制影响逐渐增加，"六部徒为虚设"（《高丽史·百官志序》）。其中，朝鲜史臣对高丽官制的总体评价，"当其立法之始"以下文字，是对辛昌时期赵浚与同列所上时务条陈的改写，见该书《赵浚传》）。② 这与元末省部之弊，如出一辙。而丽末鲜初士人对高丽官制的总体评价，又与朱元璋的思想有相通之处。这些问题，确实影响着此后朝鲜李朝的制度发展。③

由此引发的思考可能还不止于此。诸如前文提到的元丰官

---

① 参见刘波《朝鲜王朝初期的中枢机构改制》，《古代文明》2016 年第 1 期，第 100—101 页；乌云高娃：《13 世纪高丽武人政权与国王权力》，刘迎胜等主编《清华元史》第 5 辑，商务印书馆，2020，第 120—140 页；〔日〕冈田英弘：《从蒙古到大清：游牧帝国的崛起与承续》第四章"元之沈王与辽阳行省"，陈心慧等译，台湾商务印书馆，2016，第 133—149 页。

② （朝）郑麟趾等著，孙晓主编《高丽史》卷一一八《赵浚传》，第 3607—3608 页。

③ 参见刘波《朝鲜王朝初期的中枢机构改制》（《古代文明》2016 年第 1 期）及本书第七章。

制与高丽官制之间可能存在的同调趋势，以及第七章提及的高丽总部及六部总郎与明初六部之总部的联系，甚至高丽文宗六部体制（不分司）对女真的影响，从而反作用于金元一省制的图景，均有待于进一步揭橥。即便这些想法会因文献不足征而无法落实，但其中蕴含着东亚制度文明传播与演进路径多样的复调结构，可能更具意义。

正如绪言所述，对中国古代尚书省及六部政务运行机制这一宏大话题而言，本书只能视作一个初阶的研究报告。而对于这一制度对周边政权和国家的影响，及其发展路径的复调结构研究，笔者目前更是力所不逮，因此只能以上述粗浅的文字做一个交代，附于制度篇之末。

公文形态与政务运行

第八章　南朝元嘉皇太子监国有司仪注的文书学与制度史考察

　　从公文形态来研究中国古代政治制度及其变迁，得益于20世纪初以后敦煌、吐鲁番文书和简牍文献的相继发现。凭借这些资料，以及《独断》和《唐六典》等传世典籍，学界对汉唐公文形态——中古政务运行与制度变迁的两大基本型——的了解，有了很大推进。[①] 但对于其间魏晋南北朝时期的文书行政，还缺乏系统研究。很重要的原因是没有文献的支持。一方面，当时的典籍能够保存至今的，可以说百无一二，更不要说官府公文了；另一方面，已出土的同时期考古资料，如走马楼吴简、吐鲁番文书等，或以簿籍、符券类为主，或所见为边远地方或地区性政权公文，很难反映出中央层面文书行政的发展脉络。这就使得学界对于魏晋南北朝时期文书行政了解得还不够全面。

　　《宋书·礼志》保存的南朝宋元嘉二十六年（449）皇太

[①] 东汉末年蔡邕的《独断》是现存最早的关于中国古代公文书形态的记载，而奉玄宗敕纂的《唐六典》则较为完整地记载了唐代开元时期的公文制度。借助上述文献，汪桂海《汉代官文书制度》（广西教育出版社，1999）及刘后滨《唐代中书门下体制研究：公文形态、政务运行与制度变迁》（增订版）已经对汉代和唐代的公文形态和制度变迁进行了较为深入的解读。

子监国有司仪注（以下简称"元嘉仪注"），恰好是可以弥补上述不足的重要材料。是年二月己亥，宋文帝幸丹徒（治今江苏镇江东南丹徒镇），谒京陵（即宋武帝父之兴宁陵，及文帝母之熙宁陵，在今镇江京口），五月壬午，返至京师。其间，由皇太子监国。① 监国时间虽短，但为区别于以皇帝为中心的上下行公文书，有司仿照前者制定并奏行了以监国太子为中心的新文书制度。这就是此件仪注的由来。

大庭脩较早注意到元嘉仪注，并在研究告身书式和文体时加以引用。② 此后，金子修一也利用《宋书·礼志》中基于当时尚书案奏而记载的议礼过程中的上奏文，探讨了尚书咨问、礼官详议和尚书总括参议的政务运作流程，并认为这一流程可以与元嘉仪注中的"笺仪"相印证。③

受此影响，周一良提出了从《礼仪志》考察官制的研究方法。④ 祝总斌则敏锐地注意到元嘉仪注与魏晋南北朝宰相制度演变之间的关系。在研究南朝尚书、门下机构职权的发展时，

---

① 《宋书》卷五《文帝纪》，第 103、104 页。
② 〔日〕大庭脩：《魏晋南北朝告身雑考—木から紙へ—》，《史林》第 106 卷第 5 号，1964 年，第 84—89 页。此文的部分内容，参见〔日〕大庭脩《汉简研究》第 3 篇"研究杂纂"，徐世虹译，广西师范大学出版社，2001，第 235—245 页。
③ 〔日〕金子修一：《南朝期上奏文の一形態について—〈宋書〉禮儀志を史料として》，原刊《东洋文化》第 60 号，1980 年，后以《〈宋書〉礼儀志による南朝上奏文の一研究》为题，收入氏著《古代中国と皇帝祭祀》，汲古书院，2001。此据〔日〕金子修一著《古代中国与皇帝祭祀》第九章"根据《宋书·礼仪志》对南朝上奏文的研究"，肖圣中等译，复旦大学出版社，2017，第 215—231 页。
④ 周一良：《从〈礼仪志〉考察官制》，《中国古代史论丛》1982 年第 1 辑（作《从礼仪志考察官制》），福建人民出版社，1982，收入氏著《魏晋南北朝史论集》，北京大学出版社，2010，第 388—395 页。

他指出，仪注中的"符仪"和"关事仪"、"笺仪"（也包括后两者所据以为准的"黄案""启事"）形态表明，此前已经存在的门下省官员平省尚书奏事的制度，在南朝时被进一步固定，并落实在"关事仪"等文书中。这就使尚书所奏文书送门下省官员审署成为定式。而符仪并无"关门下位"等手续，与关事仪、笺仪不同，反映的是尚书台独立下符处理政务的权力。不仅如此，作者还进一步利用吐鲁番出土的高昌文书，将其与元嘉仪注进行比较，他认为高昌文书的程式，几乎和南朝宋一致，这说明其深受内地汉族政治制度的影响。这种影响，应当是北魏接受南朝前期典章制度之后，继而又传入高昌的结果。高昌文书的存在，就是北朝行用这种制度、仪注的一个证明。①

　　稍后，中村圭尔利用元嘉仪注较为系统地研究了魏晋南北朝时期的公文书与文书行政。② 不过，他的研究视角偏重文书学，在解读制度变迁方面相对薄弱。王策也在其博士学位论文中，结合考古资料对仪注中的拜官版、尚书敕等问题进行

① 祝总斌：《两汉魏晋南北朝宰相制度研究》，第 255—258、152、265—266 页；祝总斌：《高昌官府文书杂考》，《敦煌吐鲁番文献研究论集》第 2 辑，北京大学出版社，1983，收入《材不材斋史学丛稿》，第 407—436 页。此外，涉及元嘉仪注的论著还有许同莘《公牍学史》（初版 1947 年），档案出版社，1989，第 62—65 页；陈启云《两晋三省制度之渊源、特色及演变》，《新亚学报》第 3 卷第 3 期，1958 年，收入氏著《汉晋六朝文化、社会、制度——中华中古前期史研究》，新文丰出版公司，1997，第 259—261 页；闵庚尧《中国古代公文简史》，档案出版社，1988，第 70—73 页；陈琳国《魏晋南北朝政治制度研究》，第 67—68、81—84 页；罗永生《三省制新探——以隋和唐前期门下省职掌与地位为中心》，中华书局，2005，第 29—50 页。
② 〔日〕中村圭爾：《魏晉南北朝における公文書と文書行政の研究》（研究成果報告書），株式会社共榮印刷所，2001；《講演記録·魏晉南北朝における公文書行政》，《六朝學術學會報》第 10 集，2009 年，第 135—144 页。

了探讨。①

上述研究为我们了解元嘉仪注及其所载文书制度的意义奠定了基础，但已有解读或着眼于简纸替代，或立足于追溯唐制渊源（即解释三省制发展），反而在研究汉唐宰相制度和文书行政转型时，忽视了元嘉仪注。

以汉唐之间，三公由宰相蜕变为完全不与政事的尊崇之位，而尚书台（省）则由宫中传递文书机构发展成宰相机构的脉络为例，已有研究和梳理已经较为细致，也形成了一些基本看法。

西汉之初，丞相（相国）、御史大夫作为宰相，分处禁中外内。所以汉初文书行政，就是以丞相和御史大夫为中心进行的。全国的政务往往是由九卿和郡国守相报告宰相之后，由宰相审核处理。若需奏请皇帝处理，则由宰相上奏皇帝，获得批复后，再将诏书颁下给相关官员执行。②

这种上、下行文书都以丞相、御史大夫为枢纽的制度，③随着尚书机构的发展，以及理念中的三公落实在两汉现实运行的制度中，逐渐发生变化。汉代公文形态和文书行政变化的落

---

① 王策：《金鸡梁所出木牍、封检及相关问题研究》，第112—114、154—156、181—190页。

② 汉代九卿向宰相申报政务，皇帝批准后颁下执行的情况，可以元康五年（前61）诏书为例，见陈侃理主编《重写秦汉史：出土文献的视野》卷首彩版六《居延汉简汉宣帝元康五年改火寝兵诏书册及附件》，上海古籍出版社，2023；参见〔日〕大庭脩《汉简研究》"册书复原操作实例——元康五年诏书册的复原"，第13—20页。郡国守相向宰相申报政务的情况，可以永兴元年（即元嘉三年，153）所立《孔庙置守庙百石卒史碑》为例，诏书"奏雒阳宫"前尚未见"尚书令"，（清）王昶：《金石萃编》卷八，第138—139页。

③ 祝总斌：《两汉魏晋南北朝宰相制度研究》，第28—32页。

脚点，集中反映在东汉末蔡邕的《独断》中。其中尤为引人注意者，即在皇帝"制曰可"之前新增了"尚书令奏"的环节。"尚书令奏"落实在文书式上，就使得尚书令将批复后的陈事文书直接下达有关九卿和郡国长官执行，而不再通过丞相、御史大夫或三公的形式得到制度上的保证。汉代文书形态的这一转变，反映了其政治体制的变迁。①

曹魏时期，虽然三公仍然是当然的宰相，但是尚书对三公权力的不断侵夺，也确实在削弱三公作为宰相的职权。这种侵夺，不仅是曹魏皇帝大权独揽的结果，更是因为三公本身，随着尚书的发展，经过两汉几百年演变，在很多事务上，已逐渐成为多余的层次，到了非改不可的地步。所以从曹魏开始，便再也找不到全国文书上报三公府的记载。尚书台取得了原属三公的接受全国上奏文书之权。

经过曹魏的过渡，从西晋开始，三公虽然在名义上始终被视为宰相，可是其宰相权力（议政权和监督百官执行权）已基本失去。需要三公府处理的政务，已经所剩无几。同时，西晋尚书台已经基本成为宰相机构，其长官也基本上被视为宰相，标志之一，即尚书台可以根据政务需要和皇帝的原则，自行起草和颁下文书（即尚书符，亦称台符）处理政务。②

---

① 祝总斌：《两汉魏晋南北朝宰相制度研究》，第16—20、47—52、115—116、118—120页；刘后滨：《唐代中书门下体制研究：公文形态、政务运行与制度变迁》（增订版），第63—78页。关于尚书令将报可的诏书，不经三公，直接下达九卿执行的情况，可以光和四年（181）所立《无极山碑》为例，参见《隶释》卷三，《隶释　隶续》，第44—45页。

② 祝总斌：《两汉魏晋南北朝宰相制度研究》，第121—159页。另参王卫峰《两晋时期尚书符中的权变规律探析》（《研究生法学》2020年第2期，第82—89页）对这一时期尚书符资料的梳理。

据此可知，曹魏时期尚书台取得原属三公的接受全国上奏文书之权成了三公制向三省制过渡的转捩点。随着尚书符的出现和普遍化，自西晋开始，以尚书台为中心的新公文形态和政务运行机制也基本确立。

应该说，上述研究准确地把握住了汉唐之间宰相制度发展的关键，从宰相权力的转移入手，揭示了三公成为名义上的宰相、三公府失去宰相机构的权力和地位的关节点。但问题也随之而来。既然西晋尚书台已经基本成为宰相机构，需要三公府处理的政务也所剩无几，为何三公府及其僚佐的废止，要晚至约3个世纪之后的隋朝初年？除了政治上尊崇作为名义宰相的三公之外，是否还有其他制度性因素存在，使得三公府及其僚佐并不能被过早废止？

祝总斌虽然注意到了魏晋以后司徒府常置的情况，也分析了司徒府在九品官人法中的作用，但他对以司徒府为代表的三公府在魏晋南北朝时期文书行政中的地位及作用的分析，并不充分。尤其是关于曹魏以降全国政务文书都不再经由三公府而直接上报尚书台（省）的看法，可能需要修订。

这一看法，建立在对元嘉仪注所载文书制度的分析之上。不过，欲充分利用元嘉仪注，首先要解决现有仪注文本中存在的问题。对于长期传抄、刊刻造成的文字讹误和错简，中华书局点校本《宋书》已据《通典》所载同件仪注进行了校勘。①

---

① 《宋书》卷一五《礼志二》，第413—416、446—447页，参见同书中华书局1974年点校本，第381—384、413页（以下分别简称"修订本"和"旧校本"），及该书底本《百衲本宋书》卷一五，国家图书馆出版社，2019，第219—220页；（唐）杜佑：《通典》卷七一《礼三一·皇太子监国有司仪注》，第1951—1954页；《北宋版通典》卷七一《礼三一·

不过，对读《宋书》和《通典》可知，校正后的文本仍有不完善之处，需要首先予以解决。

因此，本章拟从重新校录元嘉仪注入手，探讨其中所涉及的魏晋南北朝公文形态，并在此基础上，进一步分析汉唐之间中枢制度转型的若干细节问题，尤其是三公府在南北朝政务运行机制中的作用。

一　元嘉仪注校录及公文形态考释

日本学者早已注意到现存元嘉仪注的文本问题，所以往往并不直接依据《宋书·礼志》的原始文本，而是使用修订过的文本。① 此后，中村圭尔细致地校订过仪注文本，但他完全以百衲本《宋书》为底本，对于点校本《宋书》《通典》的异文，附校记说明，未对文本加以改动。②

本节则以点校本《宋书》修订本为基础，参考《通典》，并根据公文书体式，将仪注重新校录如下：③

皇太子监国有司仪注》，上海人民出版社，2008，第467—469页。参见王仲荦《宋书校勘记长编》（简称"王校"），第347—349页；张元济著，王绍增等整理《百衲本二十四史校勘记·宋书校勘记》，商务印书馆，2001，第53页。

① 〔日〕大庭脩：《魏晋南北朝告身雜考—木から紙へ—》，《史林》第106卷第5号，1964年，第84—89页；〔日〕金子修一：《根据〈宋书·礼仪志〉对南朝上奏文的研究》，《古代中国与皇帝祭祀》，第227页。

② 〔日〕中村圭爾：《魏晋南北朝における公文書と文書行政の研究》，第11—14页。

③ 校补之处，分别以（）〔〕标注，并加以说明，以免妄改之嫌。至于由此造成的错误，则由笔者承担。另外，中村氏所加行数号完全以百衲本书式为准。本节则做了变通处理：原文字数虽多，笔者认为可以做一行处理的，仍列在同一行数号之下。

分职文昌：中国古代尚书省及六部体制研究

1. 某曹关：某事云云。被令（命）仪（议），宜如
   是。请为笺如左，谨关。①

2. 　　　右署众官②如常仪。

3. 尚书仆射、尚书左右丞某甲，死罪死罪，某事云云。
   参议以为宜如是。事诺奉行。某〔死罪死罪〕③。

4. 　　　年月日。某曹上。④

5. 　　　右笺仪，准于启事，年月〔日〕右方〔下〕，
   关门下位及尚书官署。其言选事者，依旧不
   经它官。⑤

6. 某曹关：太常甲乙启辞。押。某署令某甲上言某
   事云云，请台告报如所称。主者详检相应，请听如
   所上。事诺，别符申摄奉行。谨关。⑥

7. 　　　年月日。⑦

8. 　　　右关事仪，准于黄案，年月日右方〔下〕，

---

① 点校本《宋书》原文（以下简称"原文"或"点校本"。若未指明不
　同，即并指旧校本和修订本）"云云"皆作正文，据《通典》（下文未
　注明者，皆连《北宋版通典》而言）改为注文，下同。又，"令仪"，据
　《通典》改。王校已指出此不同，但点校本未做校改。
② "官"，《北宋版通典》作"宫"。
③ "死罪死罪"，据《通典》补入。详见祝总斌《高昌官府文书杂考》，
　《材不材斋史学丛稿》，第413页。
④ 本行原文与第3行相连，作"某年月日"，据《通典》另起行。"月"
　"日"之间，《北宋版通典》原空一格，下同。
⑤ 本行补字，参照第8行祝总斌校改意见补入。"它"，《通典》作"他"。
　另，祝总斌《高昌官府文书杂考》疑"及尚书官署"下脱"如常仪"三
　字，且应署在年月日左方下，《材不材斋史学丛稿》，第418—419页。
⑥ "详检相应，请听如所上"，《北宋版通典》作"详检应听，听如所上"。
⑦ 本行文字，百衲本《宋书》原与第8行齐头，旧校本改与第6行齐头，
　修订本改从底本。今依《通典》。下同。

318

关门下位；年月下（日）左方下，附列尚
书众官署。其尚书名下应云"奏"者，今
言"关"。余皆如黄案式。①

9. 太常主者：寺押。某署令某甲辞，言某事云云，求
告报如所称。详检相应，今听如所上处。事诺，
明详旨申勒，依承不得有亏。符到奉行。

10. 　　　　年月日。起尚书某曹。②

11. 　　　右符仪。③

12. 某曹关：司徒长史王甲启辞。押。某州刺史丙丁
解腾某郡县令长李乙书，言某事云云，请台告报如
所称。尚书某甲参议，以为所论正如法令，〔告〕
报听如所上，请为令书如左。谨关。④

13. 　　　右关门下位及尚书署，如上仪。

14. 司徒长史王甲启辞：押。某州刺史丙丁解腾某郡
县令长李乙书，言某事云云。州、府缘案允值⑤。
请台告报。

15. 　　　　年月日。尚书令某甲上建康宫。无令称

---

① "黄案"，《北宋版通典》皆作"黄按"。"附列"，百衲本《宋书》作
"附别"，点校本据北监本等径改（见王校），未出校记。其余补字、改
字，据祝总斌《两汉魏晋南北朝宰相制度研究》（第 255—257 页）改补。

② 本行原文与第 9 行相连，据文书式例另起行。

③ 第 9—11 行，《通典》无此节，原文在第 5 行之后。据文书内在逻辑，笔
者认为第 6—8、9—11 行两部分在原文位置互乙，故将顺序调整如前，
说详下文。

④ "丙丁"，《通典》讳改为"景丁"，下同。"告报听如所上"之"告"
字，《宋书》各本皆无，旧校本据《通典》补"告"字，并出校记。修
订本据其凡例，仍从底本，而于校勘记指出《通典》文作如前云云。

⑤ "州、府缘案允值"，《通典》无。

仆射。①

16. 令日（曰）：下司徒，令（今）报听如某所上。某（其）宣摄奉行如故事，文书如千里驿行。②

17. 年月朔日子。尚书令某甲下。无令称仆射。③

18. 司徒承书从事。〔书〕到上。 起某曹。④

19. 右外上事，内处报，下令书仪。

20. 某曹关：某事云云。令如是，请为令书如右（左）。谨关。⑤

21. 右关署如前式。

22. 令司徒：某事云云。令如是，其下所属奉行，如故事。文书如千里驿行。

23. 年月〔朔〕日子。下。 起某曹。⑥

---

① "建康宫无令称仆射"一句，原文皆正文，且另起行，句读作"建康宫无令，称仆射"，文义不通，据《通典》改。又，"无"前《通典》有"如"字。

② "令日"前，原文有"右"字。然据校勘记，此字《宋书》各本皆无，整理者据《通典》补入，笔者意《通典》误增，仍删之。又，"令日""令报听""某宣摄"，皆据《通典》改。

③ "无令称仆射"，原文作正文，据《通典》改。又，"年月朔日子"，别本亦作"年月朔日甲子"，《通典》作"年月日朔甲子"。

④ 本行文字，百衲本《宋书》另起行。旧校本将本行与第 17 行相连，修订本从底本另起行，与第 16 行齐头。今据《通典》改与第 17 行齐头。"书"，据《通典》补。"起某曹"前空格，据第 29 行及《通典》补。

⑤ "右"，据《通典》及第 12 行"请为令书如左"，应作"左"。王校亦指出此点，然注曰："疑是。不出校"，故点校本未出校，文从底本。又，"事"前《通典》无"某"字。

⑥ "朔"，据第 17 行补。"起某曹"前空格，据第 18、29 行补。

24.　　　　右令书自内出下外仪。

25. 令书：前某官某甲，令（今）以甲为某官。如
故事。①

26.　　　　年月日。侍御史某甲受。②

27.　　　　右令书板文，准于诏事板文。③

28. 尚书下。云云。奏（奉）行如故事。④

29.　　　　右以准尚书敕仪。　起某曹。

30.　　　　右并白纸书。凡内外⑤应关笺之事，一准
此为仪。其经宫臣者，依臣礼。

31. 拜刺史二千石诫敕文曰：制诏。云云。某动静
屡闻。

---

① "令以甲为某官"之"令"，点校本《通典》亦作"令"，但《通典》底
本（浙江书局本）作"今"，据校勘记，是据《宋书》及《北宋版通
典》改为"令"。笔者意"今"字是。参见〔日〕大庭脩《魏晋南北朝
告身杂考—木から纸へ—》，《史林》第 106 卷第 5 号，1964 年，第 85
页；王策《金鸡梁所出木牍、封检及相关问题研究》，第 8—9、15—18、
113—114、137—138、192—196、262—266 页；甘肃省文物考古研究所
《甘肃玉门金鸡梁十六国墓葬发掘简报》，《文物》2011 年第 2 期，第 35
页，图 21。

② 大庭脩《魏晋南北朝告身杂考—木から纸へ—》（《史林》第 106 卷第 5
号，1964 年）将第 26、27 行位置互乙（依《宋书》底本），并指出调
整后的第 25、27 行和第 26、28—30 行分别对应陈用官式（吏部白牒奏
可后，帖子于鹤头板）及特发诏授官者（《隋书》卷二六《百官志上》，
第 829—830 页），第 85—86 页。今不取其说。

③ 《通典》无"于"字。"诏事"，《通典》作"诏书"。"板文"，点校本
《通典》皆作"版文"，下同。

④ "奏"，据《通典》改，见《宋书》修订本校勘记。另，第 28、29、30
行，百衲本《宋书》原为齐头，且皆比第 27 行高一格。点校本依《通
典》将第 28 行改为顶格（与第 25 行齐头），而第 29、30 行则改与第 27
行齐头，今从之。

⑤ "内外"，《通典》作"外内"。

32.   右若①拜诏书除者如旧文。其拜令书除者，"令"代"制诏"，余如常仪。

33. 辞关（阙）板文云：某官粪土臣某甲临官，稽首再拜辞。制曰。②

34.   右除"粪土臣"及"稽首"，云"某官某甲""再拜辞"，以"令曰"代"制曰"。"某官"，宫臣者，称臣。③

    仪注中一共包含五组八种文书式（内有令书仪，分为 A、B 两型），它们分别是笺仪（第 1—5 行）、④ 关事仪（第 6—8 行）、符仪（第 9—11 行）、令书仪 A（第 12—19 行）、令书仪 B（第 20—24 行）、令书板文（第 25—27 行）、尚书下令书板文（第 27—29 行）、拜诏（令）书除刺史二千石诫敕文及辞阙板文（第 31—32 行）。今分别开说如下。

---

① "若"，《通典》作"除"，当以"若"为是。

② 此行以下，原文及点校本《通典》皆与第 32 行相连，通为一行。此据《北宋版通典》另起行，分为第 33、34 行。"辞关板文"之"关"，《通典》底本（浙江书局本）作"阙"，据校勘记，是据《宋书》及《通典》北宋本、傅校本等改为"关"。笔者意"阙"字是。若此说可从，则"临官"应作"临宫"（两字易误，已见前注），与"辞阙"相符，亦可备一说。

③ "云"，原文作"云云"，句读从上属，今从底本。修订本校勘记指出，底本"云"字原不叠，据金陵书局本及《通典》补。笔者意"云"字是。"某甲"后或脱"临官"。"宫臣者"，《北宋版通典》脱"宫"字。又，此行后，原文仍有"皇太子夜开诸门，墨令，银字棨传令信"一行，《通典》无。因该行与公文形态关系不大，故依《通典》未录。

④ 王策认为第 1—2 行非仪注内容，而是向皇太子上奏仪注的关事文书，"某曹关某事"与"右署众官如常仪"是修史者的省略之辞。这一看法受《宋书》原文"被令仪"影响，应误。王策：《金鸡梁所出木牍、封检及相关问题研究》，第 181 页。

1. 笺仪

此笺仪包含关文与笺文两部分。需要注意，虽然此关文部分与下文关事仪及令书仪 A、B 所含关文都以"某曹关"起头（分见第 6、12、20 行），但所"关"对象应不同。关事仪、令书仪中所"关"对象为监国太子，而本件笺仪则是尚书郎曹在众官详议得出统一看法之后，将意见"关"于尚书上省，请上省制为笺书。在尚书仆射和左右丞参议之后，再"笺"于皇太子，请求批准，然后奉行。尚书上于监国皇太子的笺书，要参照尚书奏于皇帝的启事仪，[①] 须经尚书和门下官员分别署位。

首先来看关文。以唐代为例，关文是尚书省内诸司，及其他"内外诸司同长官而别职局者"，以事相通的文书式。[②] 也就是说，关文应该是同级官府内平行职局之间使用的文书式。元嘉时期的关文，亦属平行公文书。如尚书向皇帝申报政务应用黄案仪，名下云"奏"，而当其向监国皇太子申报政务，则改以关事仪，不得称"奏"字而言"关"（第 8 行）。皇太子与尚书皆为朝臣，所以使用平行的关事仪。此外，从笺仪、关事仪这样的尚书文书，需要门下诸官平省审署，即"关门下

---

① 宋武帝永初元年（420），诏曰："主者处案虽多所谘详，若众官命议，宜令明审。自顷或总称参详，于文漫略。自今有匽意者，皆当指名其人；所见不同，依旧继启。"《宋书》卷三《武帝纪下》，第 60 页。梁武帝大同六年（540），诏曰："经国有体，必询诸朝，所以尚书置令、仆、丞、郎，旦旦上朝，以议时事，前共筹怀，然后奏闻。顷者不尔，每有疑事，倚立求决。……自今尚书中有疑事，前于朝堂参议，然后启闻，不得习常。其军机要切，前须谘审，自依旧典。"《梁书》卷三《武帝纪下》，第 95 页。

② 〔日〕仁井田陞：《唐令拾遗》，《公式令》复原第 8 条"关式"，栗劲等编译，长春出版社，1989，第 489 页。本节虽然参考唐《公式令》来理解关文的性质，但并非径以唐制推断南朝刘宋之制，而是在下引关事仪、笺仪的基础上，推定元嘉时期关文亦属平行公文书。

位"来看，"关"应属平行公文书。

因此，元嘉仪注中，尚书郎曹（属下省）与尚书仆射、丞（属上省）之间适用平行的关文，这与唐代"尚书省内诸司上都省者为'刺'"的上行文书不同。①

值得注意的是，"刺"类文书南北朝时已出现，② 并作为上行文书使用。③ 与此同时，虽然东晋以后已有尚书上省和下

---

① 唐令"刺式"今已不可得见。唐人称"诸司自相质问，其义有三，曰：关、刺、移（关谓关通其事，刺谓刺举之，移谓移其事于他司）"。具体而言，即"尚书省内诸司上都省者为'刺'也，尚书省内吏部与兵部相报答者为'关'也，尚书省下省内诸司为'故牒'也"。可知诸省司之间用"关"，省司上都省用"刺"，而都省下省司用"牒"（"其应受刺之司，于管内行牒"），文末曰"故牒"。（唐）李林甫等：《唐六典》卷一《尚书都省》，第 11 页；〔日〕黑板胜美编《令集解》（新规发注增补国史大系普及版）卷三二《公式令》，"解式"条，"释云"引唐令，吉川弘文馆，1985，第 809 页；〔日〕仁井田陞：《唐令拾遗》，《公式令》复原第 9 条"牒式"，第 489—490 页。

② 安忠义：《汉简中的官文书补考》，西北师范大学文学院历史系等编《简牍学研究》第 4 辑，甘肃人民出版社，2004，第 175—176 页；王铭：《文种钩沉》，中国档案出版社，2007，第 306—311 页。不过，上述研究均据《文心雕龙·书记篇》所载"百官询事，则有关、刺、解、牒"，"刺者，达也。诗人讽刺，周礼三刺，事叙相达，若针之通结矣"，将汉唐时期的"刺"释作平行公文，这可能受"关"文之误导。按，"刺"，《说文》曰："直伤也。"可引申为书写、记事、征询之意，故《周礼》有"三刺"之说。汉代有邮书刺、吏对会入官刺、出奉刺、廪食月别刺等用以记录公文书，又有拜谒名刺，如爵里刺等私文书，皆从前义，与南北朝公文书中的"刺"不同。

③ 南北朝公文书中的"刺"，或从"诗人讽刺"之义（如《毛诗序》"下以风刺上"，故《释名·释书契》称"画姓名于奏上曰画刺"）发展而来，为上行文书，但具体形态不详。见诸史料的"刺"类文书，发文机构多元，如太祝令徐闰、尚书、湘东国等，但受文机构不详。可知受刺机构的有晋陵国刺尚书台、中宫仆刺中侍中省、御史台刺省。前者如宋大明七年（463），有司奏："晋陵国刺，孝王庙依庐陵等国例，一岁五祭。二国以……三卿主祭。应同有服之例与不？"后者如北魏熙平元年（516），"中宫仆刺列车舆朽败"，经中侍中刘腾等奏"请集礼官，以裁

省（舍）的区分，①但迟至南朝时，上、下省之间仍未形成如唐朝都省与省内诸司那样明确的上下级关系。至少在公文书式上，后世那种上下级关系尚未得到体现。南北朝尚书上省与下省之间何时开始用"刺"，仍有待于进一步研究。

其次，在尚书郎曹"关"于上省之前，应有众官（不限于尚书官）议论的环节，因而需要"署众官如常仪"（见第 2 行）。《南齐书·百官志》亦载"诸曹缘常及外详谳事，应须命议相值者，皆郎先立意，应奏黄案及关事，以立意官为议主"。② 既然"以立意官为议主"，则议主与附议同者皆当依次署名，以彰其议。

例如，宋孝武帝大明二年（458），有司（当是尚书祠部曹）以皇帝南郊遇雨，若改日，不知是否需重新告庙，奏请礼官详议。当时博士王燮之、曹郎（即祠部郎）朱膺之、尚书何偃、右丞徐爰议相异。因众议不同，最后参议以为"宜依《经》，遇雨迁用后辛，不重告。若杀牲荐血之后值雨，则有司行事"，诏可。③ 此事之参议，当由上省之仆射、左右丞做出，

其制"，灵太后令曰："付尚书量议。"梁普通六年（525），有御史台刺省之语："旧制，中丞不得入尚书下舍，（御史中丞到）洽兄溉为左民尚书，洽引服亲不应有碍，刺省详决。左丞萧子云议许人溉省。"《宋书》卷一七《礼志四》、卷一五《礼志二》，第 505、520、432、435 页；《魏书》卷一○八之四《礼志四》，第 3066 页；《梁书》卷二七《到洽传》，第 446—447 页。参见〔日〕金子修一《根据〈宋书·礼仪志〉对南朝上奏文的研究》，《古代中国与皇帝祭祀》，第 225 页。

①　晋代已有"下舍""尚书下舍"之名，南朝以后，又开始称"尚书下省"，由此尚书机构出现上省与下省的区别。参见本书第二章。

②　《南齐书》卷一六《百官志》，第 357 页。

③　《宋书》卷一六《礼志三》，第 467—469 页。朱膺之为祠部郎，见孝武帝孝建三年五月、大明元年六月及大明二年二月三次议事。何偃之职，应为吏部尚书。分见同书卷一七《礼志四》、卷五九《何偃传》，第 506、507、514、1757 页。

并得到皇帝的允可。当然，上于皇帝者用启，上于监国皇太子者则用笺。①

不过，仪注第 5 行又载，"其言选事者，依旧不经它官"，指与荐举选官相关的启笺无须门下官员署位。这不同于《晋令》"侍中，除书表奏，皆掌署之"，② 也不同于后赵选官经中书、门下"宣示"的规定。③ 后者所指应是"选案黄纸"，④ 或录名黄纸，而前者所指是吏部白牒。⑤

最后，祝总斌曾据前引梁武帝诏"自今尚书中有疑事，前于朝堂参议，然后启闻"指出，作为宰相，尚书令、仆射是这种"参议""启闻"的责任承担者。⑥ 但这与笺仪所列尚书上省参议者，只有仆射和左右丞不同，作为长官，"任总机衡""事无不总"的尚书令，⑦ 却没有参与其中。如泰始二年（466）十一月，明帝下诏欲"郊谒上帝"，有司奏称未检获故

---

① 唐代公文书，"凡下之所以达上，其制亦有六"，其中"笺、启于皇太子"。这说明唐代笺仪仍用于皇太子，但启事已不再用于奏闻皇帝，而是专用于皇太子。（唐）李林甫等：《唐六典》卷一《尚书都省》，第 11 页。参见陈恬仪《论南北朝的"谢启"：以赐物谢启为观察中心》，周勋初：《文心雕龙解析》，凤凰出版社，2015，第 377—405 页。

② （梁）沈约：《宋书恩幸传论》，李善注，《日本足利学校藏宋刊明州本六臣注文选》卷五〇，叶 3098，第 775 页。

③ 《晋书》卷一〇六《石季龙载记上》，建武二年（晋咸康二年，336），石季龙下书曰："吏部选举，可依晋氏九班选制，永为揆法。选毕，经中书、门下宣示三省，然后行之。其著此诏书于令，铨衡不奉行者，御史弹坐以闻。"（第 2764 页）

④ 《宋书》卷五七《蔡廓传》，第 1714 页。

⑤ 《隋书》卷二六《百官志上》，第 829 页。

⑥ 祝总斌：《两汉、魏晋南北朝的门下机构》，钱伟长主编《王宽诚教育基金会学术讲座汇编》第 1 集，王宽诚教育基金会，1989，第 96 页。

⑦ 《宋书》卷三九《百官志上》载，"尚书令，任总机衡"；卷七一《徐湛之传》载，《职官记》及令文："尚书令敷奏出内，事无不总，令缺则仆射总任。"（第 1340、2019 页）

事。黄门侍郎徐爰以为不可"拘以常祀，限以正月上辛"，"尚书令建安王休仁等同爰议。参议为允，诏可"。① 此次议礼，尚书令只是作为附议者出现。由此可见，笺仪参议环节未载尚书令，并非缺失之故，确实反映了当时的尚书制度。

因此，对上述描述尚书令职责文本的理解，需要结合黄案、关事中尚书官的署位进一步分析。《南齐书·百官志》载："凡诸除署、功论、封爵、贬黜、八议、疑谳、通关案，②则左仆射主，右仆射次经。维是黄案，左仆射右仆射署（左仆射上署，右仆射次署），朱符见字，经都丞竟，右仆射横画成目，左仆射画，令画。右官阙，则以次并画。""白案，右丞上署，左丞次署。黄案，左丞上署，右丞次署。诸立格制及详谳大事宗庙朝廷仪体，左丞上署，右丞次署。……仆射掌朝轨，尚书掌谳奏，都丞任碎，在弹违（都丞任在弹违）。诸曹缘常及外详谳事，应须命议相值者，皆郎先立意，应奏黄案及关事，以立意官为议主。凡辞诉有漫命者，曹缘谘如旧。③ 若

---

① 《宋书》卷一六《礼志三》，第469页。

② 通关八座丞郎博士等，为议疑事或大礼，以求研尽同异，数见于宋齐之时。如孝建二年（455），议南郊灌事，因王祀之、朱膺之意见不同，遂"通关八座丞郎博士，并同膺之议。尚书令建平王宏重参议，谓膺之议为允"。诏可。《宋书》卷一六《礼志三》，第465—467页。

③ 南齐永明四年（486），萧子良启称："尚书列曹，上应乾象。如闻命议所出，先谘于都，都既下意，然后付郎，谨写关行。愚谓郎官尤宜推择。"《南齐书》卷四〇《武十七王·竟陵文宣王传》，第775页。清人或谓此"都"为都令史。（清）徐乾学等编注《御选古文渊鉴》卷二六，萧子良《陈时政启》注，《景印文渊阁四库全书》第1417册，第533页。但参考北齐制度"尚书郎判事正坐，都令史侧坐，书令史过事"[（唐）李林甫等：《唐六典》卷一《尚书都省》引（北齐）杨愔伽《邺都故事》，第10页]，都令史地位低于郎，不应出现"都既下意，然后付郎"之流程。所谓"先谘于都"，即向左右丞（都丞）谘，故曰"凡辞诉有漫命者，（郎）曹缘谘如旧"之文。此或即"都丞任碎"之意。

命有谘，则以立意者为议主。"①

据此，对于不需要上奏皇帝的白案，只需左右仆射及左右丞签署处理。只有应奏黄案，才需要尚书令联署，即在左右仆射署"朱符见字"，并经都丞署名后，再由右仆射、左仆射、尚书令依次"横画成目"。

进而可知，宋齐时尚书令的"任总机衡""事无不总"，建立在当时"仆射掌朝轨，尚书掌谳奏，都丞任碎"的制度背景下。因此，尚书令一般不参与到具体的政务处理中去。前述笺仪在参议环节无须尚书令出现，也正源于此。

当然，制度的实际执行要比仪注规定更复杂和灵活。据金子修一统计，《宋书·礼志》所载上奏文中，可见到参议（重参议）者官职的次数，包括尚书令 4 次，尚书左丞 3 次，右丞 2 次，尚书 1 次，郎中 1 次，曹郎中及领曹郎中 2 次，博士 1 次。② 因此不能认为仪注未载尚书令，就意味着尚书令无权参议。毕竟，作为内台主的尚书令最终也是要为尚书参议承担政

① 《南齐书》卷一六《百官志》，第 355—357 页；（唐）杜佑：《通典》卷二二《职官四》，第 596、600 页。《通典》部分异文，以（）标注。另外，《通典》亦载"其祠部郊庙丧赠，仪曹仪典礼学，武官除署，移井城邑，人户复除，家宅田地，兴工创架，运写拘虑，刑狱听讼，百工免遣，通关及案奏事，则右仆射主，左仆射次经之"，其中文字疑有错讹，但不见于今本《南齐书》，故无从校正。

② 〔日〕金子修一：《根据〈宋书·礼仪志〉对南朝上奏文的研究》，《古代中国与皇帝祭祀》，第 223—225 页。不过，该文统计并不完整，以其所提及的郎中周景远参议一事为例，其实在周氏之前，此事还曾先经领曹郎中范泰参议〔范泰，据点校本校勘记应为范义。领曹郎中，当是兼领之义，如元嘉七年（430）议礼有殿中曹郎中领祠部谢元〕，应记作 2 次。此外，以八座名义参议者〔见该文所引孝武帝孝建元年（454）博议平定刘义宣、臧质叛乱后昭告礼等〕，也均未计入。《宋书》卷一六《礼志三》、卷一七《礼志四》，第 494—495、464—465、505 页。

治责任的。

2. 关事仪和符仪

对于关事仪和符仪，祝总斌已做精辟论述，毋庸重复。今所需讨论的是符仪一节在仪注中的位置。

符仪（第9—11行），《宋书》原文在关事仪（第6—8行）之前，《通典》则缺而未载。从关事仪来看，太常上言云云，请尚书台"告报如所称"。尚书主者详检故事，认为所请为是，遂"关"于皇太子，请求批准如其所上。如果皇太子同意，画诺批准之后，尚书台将另下符"申摄奉行"。那么关事仪之后就应该体现出尚书台下符处理此事的程序。从符仪来看，正是尚书台将太常请求获得批准的情况告知太常主者，并要求其详细准确地根据处理意见，申勒所属署令执行，不得有违（"明详旨申勒，依承不得有亏。符到奉行"）。[①] 两者虽然独立成式，却又同时构成了一个完整的政务运行流程。[②] 据此，校录本便将符仪移于关事仪之后。[③]

----

① 据第三章引沈攸之起兵时江淹所撰尚书都官符，沈本末云"飞火军摄文书，千里驿行"，集本作"台明详旨，飞火普加，宣下文书，千里驰驿"。郝懿行已注意到元嘉仪注令书仪"文书如千里驿行"与《宋书·沈攸之传》所载相合。今参考元嘉仪注，并综合传本、集本，该尚书符末句或应为"台明详旨，飞火普加，宣下文书，千里驿行，符到奉行"。（清）郝懿行：《晋宋书故》，张舜徽主编《二十五史三编》第5分册，岳麓书社，1994，第515页。

② 更准确地说，一个完整的政务运行流程，应该还包括之前太常署令给太常的上言和太常给尚书的启辞，以及之后太常转发处理意见的公文。然而这些公文书式与皇太子监国所用公文没有直接关系，故而不在仪注之内，本节亦从略。

③ 祝总斌虽未指出仪注文本错简，但他认为尚书符是尚书台为执行皇太子的批示所下，见氏著《两汉魏晋南北朝宰相制度研究》，第256—257页。王策也认为按照实际发生的次序，符仪似应排在关事仪之后，见氏著《金鸡梁所出木牍、封检及相关问题研究》，第181—182页。近来，中村

至于今本《宋书》为何出现错简，推测可能是因为关事仪先称"太常甲乙启辞"云云，而符仪开头又作"太常主者"云云，后人误以为符仪应在关事仪之前，故而易之。至于《通典》失载符仪，推测是杜佑认为符仪是尚书所下，不与皇太子监国直接相关，故而略去。实际上，这里的符仪仅适用于皇太子监国时期，与正常的符仪书式有所不同，关键即在"事诺"上。画诺为皇太子所行，皇帝所画应为"可"，故正常符仪应作"事可，明详旨申勒"云云。

由于文书在关（奏）事环节已经尚书众官签署，所以事可（诺）之后，尚书符便可直接以尚书郎曹名义颁下。[1] 这和唐代尚书省符由尚书某司郎官署名虽有相通之处（仅需郎中署位，详见下节），但与后者需经都省检勾、用印（无本司印者）之后，以尚书省的名义颁下是不同的。[2] 总之，此符仪同样反映出此时尚书台并未成为一个分层负责、各有权限的外朝宰相职司。

圭尔也撰文指出，关事仪中太常的上奏在得到皇帝认可后，再利用符进行传达和执行，见氏撰《东晋南朝的门下、尚书与诏、奏》，陈力译，《南京晓庄学院学报》2018年第1期，第29页。

[1] 魏孝明帝神龟元年（518），因文昭皇太后改葬，尚书"台祠部曹符"命议皇帝、皇太后、群臣服制轻重。《魏书》卷一〇八之四《礼志四》，第3060页。南朝都官符，第三章已有所讨论。集本题注曰"起都官军局符兰台"，与元嘉仪注符仪中"起尚书某曹"是一致的，故知魏晋南北朝时尚书符确是以尚书郎曹名义所下。

[2] 《唐六典》卷一《尚书都省》："凡制、敕施行，京师诸司有符、移、关、牒下诸州者，必由于都省以遣之（若在京差使者，令使人于都省受道次符、牒，然后发遣。若诸方使人欲还，亦令所由司先报尚书省，所有符、牒，并令受送）。"（第11页）参见（宋）王溥《唐会要》卷五七《尚书省诸司上·尚书省》，第1154页。

3. 令书仪

令书即皇太子所专用之文书形态。仪注中令书仪分为两个亚型：A. 外上事内处报下令书仪，B. 自内出下外令书仪。

先来看令书仪 A。它由三部分组成：其一，尚书上于监国皇太子的关事仪（第 12—13 行）。此"关"由尚书郎曹所上，内称：据司徒长史王甲所上启辞，某州刺史丙丁解腾某郡某县令长李乙所上言，① 报告某事云云，司徒府请尚书台批准，如其所上。尚书某甲参议之后，认为郡县所论正如法令，应当批准如其所上，于是请监国皇太子下令执行。其中门下、尚书官员签署，一如上文的关事仪。其二，尚书令上事仪（第 14—15 行）。② 尚书令所上，不再转述关事仪内容，而是直言据司徒长史所上启辞云云，州与司徒府因为文案"允值"（当是"正如法令"之意），请尚书台告报批准。此环节只需尚书令签署。其三，皇太子所下之令书（第 16—19 行）。经过尚书郎曹"关"和尚书令"上"之后，所形成的意见，被以令书的形式下达司徒，"报听如某所上"。令书的宣摄奉行，一如故事。③

再来看令书仪 B。它大体与令书仪 A 相近，但不再是由地

---

① 解（解书），是对上司质询文书中"解何"一词的回应，故后世遂为上行文书。王彬：《长沙走马楼吴简"许迪割米案"相关文书的集成研究：三国时期基层司法制度管窥之一》，向群等编《姜伯勤教授八秩华诞颂寿史学论文集》，广东人民出版社，2019，第 80 页。腾，传也，见《说文》，故可指文书转发传递。永明十一年（魏太和十七年，493），齐武帝去世后，魏徐州刺史移齐兖州府长史，称"府奉被行所尚书符腾诏"，闻丧退师。《南齐书》卷五七《魏虏传》，第 1099 页。

② 王策认为此部分应在 12—13 行前，见氏著《金鸡梁所出木牍、封检及相关问题研究》，第 182 页。今不取其说。

③ 关于此节文书的讨论，亦见聂溦萌《汉至六朝尚书"奏"的演变：从〈汉书·霍光传〉废昌邑王记载说起》，《文史哲》2024 年第 2 期，第 71—73 页。

方上报的待处理政务，而是直接由尚书郎曹形成处理意见，并制为令书处分的政务（第 20—24 行）。在经过与令书仪 A 一样的"关门下位及尚书署"后，由监国皇太子下令于司徒，命"其下所属奉行，如故事"。大概是承前省文的原因，令书仪 B 中未明言由尚书令上建康宫与下司徒承书从事的环节。不过，从第 23 行来看，应该有尚书令参与其中。

4. 令书板文和尚书下令书板文

用于授官的板文，源自汉制。汉代皇帝授官，除策外，亦可用板，即尺一板（牍），且以板、牍更为常见。故宋人总结曰："策命，简长二尺，短者半之，以篆书。罢免用尺一木，两行，以隶书。遗单于书牍以尺一寸。选举召拜，亦书之尺一板。"州郡举孝秀，亦给以板，见《汝南先贤传》。①

至东汉末年，诏板授官成为体现皇帝私恩的便宜之制（这是汉末选举政务最终朝着由尚书、皇帝主导方向发展的背景，参见第一章）。故桓帝时，"中常侍单超等五人皆以诛（梁）冀功并封列侯，专权选举"，李云上书称："今官位错乱，小人谄进，财货公行，政化日损，尺一拜用，不经御省。"灵帝时，"朝廷爵授，多不以次，而帝好微行，游幸外苑"，杨赐先后进谏，"宜绝慢傲之戏，念官人之重，割用板之恩"，"断绝尺一，抑止樊游，留思庶政，无敢怠遑"。不过，唐人注《后汉书·李云传》，已忽视诏策与诏板的不同，

---

① （宋）洪咨夔：《平斋文集》卷一一《两汉诏令总论》，侯体健点校，《洪咨夔集》，浙江古籍出版社，2015，第 282 页；（唐）徐坚等：《初学记》卷二〇《荐举》"投板"条引（魏）周斐《汝南先贤传》，第 477 页。参见孙梓辛《汉代诏书简长度及形制补议》，《简帛》第 25 辑，上海古籍出版社，2022，第 257—270 页。

称："尺一之板，谓诏策也。见《汉官仪》也。"①

此后，板文逐渐成为用于便宜选举的授官文书，皇帝、公府、尚书，以至州郡，皆可施用。板官由此而来，并形成官名虽同，却在选举方式上存在除、板之别的差异。如"蜀丞相诸葛亮府有行参军，晋太傅司马越府又有行参军、兼行参军，后渐加长兼字。除拜则为参军事，府板则为行参军。晋末以来，参军事、行参军又各有除板。板行参军下则长兼行参军"。②此一阶段板官令书的木质形态可以北凉承平十三年（455）且渠封戴赠官板为代表（见图8-1），纸质形态见《西凉建初二年（406年？）功曹佐左谦奏为以散翟定□补西部平水事》。③

参考唐代制敕和告身（制授、敕授告身）的区别与联系，王策指出诏书和拜官板的不同，元嘉仪注将封拜诏书称作"诏事板文"，且指明它们是"纸"本文书。这是因为诏书与拜官板文字几乎完全相同，但前者需誊抄在板牍上以发

---

① 《后汉书》卷五七《李云传》、卷五四《杨震传》附《杨赐传》，第1851—1853、1777、1778、1780页。

② 《宋书》卷三九《百官志上》，第1328页。汪征鲁：《魏晋南北朝选官体制研究》，福建人民出版社，1995，第131—141页。

③ 文书号：75TKM88：1（a）。唐长孺主编《吐鲁番出土文书》（图录本）第1册，文物出版社，1992，第86—87页。该件文书时间作"建初二年岁在庚午九月廿三日"，整理者虽定名如前，但亦指出西凉建初二年（丙午岁）与干支不符，庚午可能为公元490年。后来学者认为此"建初"系高昌政权自建而不见于史载的年号，行用于张氏高昌时期。故研究者据前件文书中"奏诸纪识奉行"一语，将其视为与麴氏高昌国文书或与高昌符相关的文书。参见唐长孺《吐鲁番文书中所见高昌郡县行政制度》，《山居存稿》，中华书局，2011，第368页；祝总斌《高昌官府文书杂考》，氏著《材不材斋史学丛稿》，第412页；王素《高昌史稿·统治编》，文物出版社，1998，第283—293页；孟宪实《论高昌国的下行文书——符》，《西域研究》2004年第2期，收入氏著《汉唐文化与高昌历史》，齐鲁书社，2004，第180—182页。

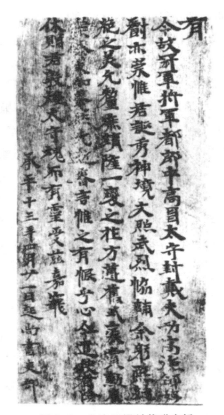

图 8-1　北凉且渠封戴赠官板

说明：赠官板出土于吐鲁番阿斯塔那 177 号墓，长 26 厘米，宽 11.4 厘米，厚 0.8 厘米。这并非赠官板的原件，而是仿制品，尺寸略小于实物。参见穆舜英《新疆出土文物中关于我国古代兄弟民族的历史文化》，《新疆历史论文集》，新疆人民出版社，1977，第 45—46 页；王去非《"版授"和有关出土物》，《考古与文物》1982 年第 2 期，第 104—105 页；王素《高昌王令形制综论》，《西域研究》2019 年第 1 期，第 70—73 页。

资料来源：新疆维吾尔自治区博物馆编《新疆出土文物》，图版 53《追赠且渠封戴敦煌太守木表》，文物出版社，1975，第 33 页。

给个人。基于此，他特别强调版授（府板）与拜官板（朝廷除拜）之间的区别，即前者是一种与中央集权制度相矛盾的特殊历史条件下的产物，是皇权衰落的表现，仅仅局限于东晋南朝统治的江左地区。后者长期沿用板檄，大大滞后于书写用纸的普及进程。这源于魏晋南北朝时期流行的"木主于敬"的观念。①

据此，令书板文或诏事板文用于拜官板除官环节，并不能反映官吏选任的全过程。引起笔者注意的是，授官的令书（诏事）板文，并不由尚书官直接承受，而是由侍御史承受，然后才经尚书颁下奉行，故其公文书式类于尚书敕仪，② 并以白纸为书写载体（第30行）。这是汉代御史承受诏书之制的遗留。③ 也正是由于此，自汉以后，侍御史皆分曹以掌众事。

---

① 王策：《金鸡梁所出木牍、封检及相关问题研究》，第32—33、162—164、318页。周文俊也有类似看法，见氏著《信物、凭证与文书：试释两晋南朝的朝廷授官用"板"》，《中国文化》2020年第1期，第249—255页。大庭脩虽然也注意到了"木主于敬"的观念，但他还是认为魏晋南北朝时存在中央除官与府板官文书材质的不同，前者对应黄纸，后者对应白板，只是随着尚书权力的扩张，板官任命权在中央干涉下被收回，并由此发生板官亦用黄纸的特殊情况（见后引《南史·张兴世传》）。见氏著《魏晋南北朝告身雑考—木から紙へ—》，《史林》第106卷第5号，1964年，第75—84页；《汉简研究》"使用纸时期的木"，第239—245页。但这一看法忽视了府板官最初是从朝廷板官中分化出来的情况，故不取。

② 陈琳国将第25—26行、第28—29行割裂开来，认为前者以令、诏授官，不经尚书，是皇帝（监国太子）特诏授官的程序，后者则体现尚书的发敕权。见氏著《魏晋南北朝政治制度研究》，第83—84页。

③ 祝总斌：《两汉魏晋南北朝宰相制度研究》，第28—32页。王策认为，此处受事的侍御史，相当于唐代临轩策命礼中，负责外出封拜宣授诏书的使臣，并由此得出侍御史经常承担出使、封拜职责，因此汉以后侍御史所掌包括印曹（负责刻印）。这一解读稍显迂回，今不取。见氏著《金鸡梁所出木牍、封检及相关问题研究》，第154—162页。

《宋书·百官志》载：

> 秦置侍御史，汉因之。二汉员并十五人。掌察举非法，受公卿奏事，有违失者举劾之。凡有五曹，一曰令曹，掌律令；二曰印曹，掌刻印；三曰供曹，掌斋祠；四曰尉马曹，掌官厩马；五曰乘曹，掌护驾。魏置御史八人，有治书曹，掌度支运，课第曹，掌考课，不知其余曹也。晋西朝凡有吏曹、课第曹、直事曹、印曹、中都督曹、外都督曹、媒曹、符节曹、水曹、中垒曹、营军曹、算曹、法曹，凡十三曹，而置御史九人。晋江左初，省课第曹，置库曹，掌厩牧牛马市租。后复分库曹，置外左库、内左库二曹。宋太祖元嘉中，省外左库，而内左库直云左库。世祖大明中，复置。废帝景和元年又省。顺帝初，省营军并水曹，省算曹并法曹，吏曹不置御史，凡十御史焉。①

可见，至迟自西晋开始，侍御史便置有吏曹，并且为诸曹之首。这大概与晋宋侍御史承受诏事（令书）板文，参与官员选任有关。

与拜官板除官相关的一次重要变化发生在元嘉仪注颁行后不久。宋泰始中，晋安王刘子勋之乱，"时台军据赭圻，朝廷遣吏部尚书褚彦回就赭圻行选。是役也，皆先战授位，檄板不供，由是有黄纸札"。② 此次战乱不仅成为拜官板文书物质载

---

① 《宋书》卷四〇《百官志下》，第 1357 页。
② 《南史》卷二五《张兴世传》，第 758—759 页；《资治通鉴》卷一三一，宋泰始二年（466）四月辛酉条，第 4111 页；王策：《金鸡梁所出木牍、封检及相关问题研究》，第 35—37 页。

体更迭的转折点，也成为南朝滥授中低级武官（将军号）的开始。《宋书·百官志》载，"自骁骑至强弩将军，先并各置一人；宋太宗泰始以来，多以军功得此官，今并无复员"。①以梁、陈制云骑、游骑（即宋之骁骑、游击）十班或四品，积射、强弩将军四班或八品推断，② 这些将军都属于中低级武官。

此后，朝廷板官（诏事板文）逐渐集中用来任命低品官（尤其是武官），因此"察举非法、举劾违失"的侍御史在其中发挥作用的空间不大。至宋末省并诸曹时，吏曹便不置御史，由他曹兼领，是侍御史在官员选授政务中作用下降的标志性事件。进而，侍御史分曹的制度也逐渐消失，不见于《南齐书》《隋书》所载南朝齐梁陈以及北魏北齐诸朝制度之中。这可视为南朝御史台官位望下降，监察制度削弱的表现。③

5. 拜诏（令）书除刺史二千石诫敕文和辞阙板文

这部分不仅文句有佚缺、难解之处，而且形式上与此前部分不同。如前载"内外应关笺之事"（第 30 行），是以皇太子监国所需书仪为主，而将其所参照的启事仪、黄案式、诏事板文和尚书敕仪，列入说明文字。此节则以诏书所除刺史二千石诫敕文及辞阙板文为主，对于适用于皇太子的令书除官的情况，才在说明文字中提及。

在文句部分，校录本之所以认为"辞关"，应为"辞阙"，是因为从下文来看，"某官粪土臣某甲临官，稽首再拜辞"（第 33 行）应属于新官接受诏书任命之后谢恩一类的文书，

---

① 《宋书》卷四〇《百官志下》，第 1355—1356 页。
② 《隋书》卷二六《百官志上》，第 806、810、812、823、826 页。
③ 陈琳国：《魏晋南北朝政治制度研究》，第 161—168 页。

故从浙江书局本《通典》改为"阙"字。[①] "制曰"，当是皇帝以板文对官员辞阙板文的答复。[②] 其下或有脱文。

相应的，第34行针对的是令书除官者。对于接受令书任命的一般官员而言，其辞阙板文不应使用"粪土臣"及"稽首"等语，仅言"某官某甲"临官"再拜辞"，皇太子在答复时，以"令曰"代"制曰"。若令书所除为东宫官，则依前称"粪土臣""稽首"云云，此即"其经宫臣者，依臣礼"（第30行）之意。[③]

二　元嘉仪注所见尚书省制度变迁与地方政务申奏

正如前文所说，元嘉仪注的时代介于《独断》和《唐六典》时代之间，它所反映出的制度特征恰好处在东汉三公制与隋唐三省制之间，过渡性十分明显。

首先来看尚书内部组织架构的分化。就尚书机构发展而言，东晋以后逐渐形成的尚书上省、下省之分具有重要意义。因而祝总斌在《两汉魏晋南北朝宰相制度研究》中辟有专节，

---

① 王策：《金鸡梁所出木牍、封检及相关问题研究》认为应是"辞官板文"，亦可备为一说（第183页）。

② 魏晋之时，板文不只用于授官场合，亦可做他用。如升平元年（357），穆帝纳皇后何氏，有"告庙六礼版文等仪"，包括"纳采版文玺书"及"问名"以下六种板文。起首为"皇帝曰：咨某官某姓"，主人答称"前太尉参军、都乡侯粪土臣何琦稽首顿首，再拜承诏"。洪颐煊即指出此板文与元嘉仪注辞阙板文相近。《晋书》卷二一《礼志下》，第666—667页。参见《诸史考异》卷四《宋书上·粪土臣》，徐三见点校，《洪颐煊集》第1册，胡正武等点校，上海古籍出版社，2018，第208—209页。

③ 王兴振引北魏《元偃墓志》所载三道太和年间的授官制诏，以及《南齐书·高利国传》所载拜百济王牟大制诏等来印证元嘉仪注，见氏著《北魏王言制度研究》，第126—134页。

予以论述。他指出，从南朝宋出现尚书上省、下省之名后，尚
书台便分为两个机构。尚书上省包括都坐（或朝堂）及其附
属办事机构，仍留在禁中附近，距离皇帝较近，是宰相机构的
主体部分。而负责具体执行各项政务的尚书诸曹，即尚书下
省，则外移出最内一重宫城。尚书下省习惯上可径称尚书省，
距离禁中颇远。① 其中不难看出，前书对于南朝上省与下省的
理解与定位，在某种程度上受到了唐代尚书都省与省内诸司之
间关系的影响，所以着重强调两者的上、下之分。但在机构分
置之初，制度设计者是否有如此清楚的定位和明晰的层级意
识，还有可以商榷之处。比如，陈苏镇就审慎地指出，尚书省
之所以要分为两部分，最初恐是因为尚书机构不断发展，尚书
台面积不断增加，而宫中道路纵横，无法为尚书台提供一块完
整地皮，故不得不分为两处。两种看法，孰更胜一筹？作者并
未给出判断，只是认为"这个问题似乎还可进一步研究"。②

　　通过前文对笺仪的分析，可知南朝宋时尚书郎曹（属下省）
与尚书仆射、丞（属上省）之间，虽然官品有高下之别，③ 但
上、下省之间却适用平行的关文，说明当时上省、下省之间并
未形成如唐朝都省与省内诸司那样明确的上下级关系。这个结
论与陈苏镇的看法相通，也可看作对之前论述的补充和细化。

---

① 祝总斌：《两汉魏晋南北朝宰相制度研究》，第 191—196 页。
② 陈苏镇：《读〈两汉魏晋南北朝宰相制度研究〉》，《北京大学学报》
　（哲学社会科学版）1991 年第 3 期，第 92 页；《魏晋洛阳宫主要行政机
　构的分布》，《从未央宫到洛阳宫：两汉魏晋宫禁制度考论》，生活·读
　书·新知三联书店，2022，第 287—295 页。
③ 据南朝宋官品，尚书令、仆射以及诸书尚书，并第三品，尚书丞、郎，
　并第六品。（唐）杜佑：《通典》卷三七《职官一九·秩品二》，第 1007—
　1008 页。

尚书上省、下省的出现，与其说是尚书台发展成宰相机构的必然结果，不如说是由机构扩大过程中的偶然因素（地理空间限制）造成的。所以在分置之初，从公文形态所反映的制度实践来看，两者并非上下级关系，而是地位相当的平行机构。不过上、下省的区分，为日后尚书台（省）的新发展提供了契机和空间，并由此促成了隋唐层级分明的尚书省的出现与定型。

其次，是尚书省与寺监关系。以关事仪、符仪为例，它们之所以将太常作为上言和受符机构的代表，正源于东汉以后所形成的九卿政务经由尚书奏报批复的程序。[①] 当尚书台逐渐成为宰相机构，尚书符作为指挥处理政务的公文书出现在元嘉仪注中，便自然而然地形成以九卿之首的太常作为受符代表的做法。立足于此，再去看晋朝刘颂所提到的"古者六卿分职，冢宰为师。秦、汉已来，九列执事，丞相都总。今尚书制断，诸卿奉成，于古制为重，事所不须"，[②] 就能更好体味"尚书制断，诸卿奉成"在政务运行中的含义。

以"太常主者"作为尚书符的承受者代表，这一做法不仅落实在南朝公文制度中，而且也被唐《公式令》所继承：

符式

尚书省　为某事。

某寺主者：云云，案主姓名，符到奉行。

主事姓名

---

① 刘后滨：《唐代中书门下体制研究：公文形态、政务运行与制度变迁》（增订版），第76—78页；祝总斌：《两汉魏晋南北朝宰相制度研究》，第115—116、119页。

② 《晋书》卷四六《刘颂传》，第1303页。

吏部郎中具官封名（都省左右司郎中一人准）

　　　　　　　　　令史姓名

　　　　　　　　　　书令史姓名

　　　　　　　年月日

　　右尚书省下〔诸寺〕符式。凡应为解向上者，上官向下皆为符，首判之官署位准郎中。其出符者，皆须案成，并案送都省检勾（若事当计会者，仍别录会目，与符俱送都省）。其余公文及内外诸司应出文书者，皆准此。①

　　虽然唐代"尚书省下州，州下县，县下乡，皆曰'符'"，②但在《公式令》所载"符式"中仍以"某寺主者"作为受符机构的代表，并且明确了下符机构（尚书省）与受符机构（寺监）的上官、下官的地位，也就是严耕望所谓的政务机关与事务机关的关系。③ 这种关系的确立，不仅是政治体制演变的结果，也与中古公文制度的变化有关，即前文所提到的，与南北朝不同，隋唐尚书符不再以郎曹的名义发出，而是需要经过尚书都省检勾，以尚书省的名义行下。

　　最后来分析尚书令的职能与作用。确实，自西晋开始，尚书台就已经取代三公府成为宰相机构，其长官尚书令自然也开始被视为宰相。④ 但尚书令的宰相职权在文书式上如何呈现，

---

① 〔日〕仁井田陞：《唐令拾遗》，《公式令》复原第10条，"符式"，其中"诸寺"二字，据《令集解》及仁井田陞按语补入，第491—492页。

② （宋）王溥：《唐会要》卷二六《笺表例》，第587页。

③ 严耕望：《论唐代尚书省之职权与地位》，《严耕望史学论文选集》，第379—380页。参见拙文《唐宋间"子司"词义转换与中古行政体制转型》，《中华文史论丛》2019年第3期，第166—167、198—199页。

④ 祝总斌：《两汉魏晋南北朝宰相制度研究》，第154页。

现有研究涉及较少。

　　魏王昶所撰《考课事》中尚书侍中考课，有"综理万机，以考庶绩"之语，祝总斌认为这是对各种上奏文书提出初步意见职掌的总结。而"综理万机"在曹魏后期开始适用于尚书，这是尚书权力进一步扩大，即将取代三公为宰相，在用语上、制度上的一个反映。[①] 在元嘉仪注中，尚书台作为宰相机构，拥有最后的参议权，形成比较成熟的意见供皇帝决定，正是魏晋以降宰相机构转换和权力过渡在公文制度上的体现。不过，如前所述，尚书参议环节是由仆射和左右丞负责，未见尚书令发挥其长官职能。

　　尚书令职掌在晋朝被概括为"总摄诸曹，出纳王命，敷奏万机"，[②] 正是曹魏尚书"综理万机"制度的发展。所谓的"总摄诸曹"，[③] 是尚书令作为机构长官的职责，其具体内容应涵盖元嘉仪注所提及的需要尚书官署位的黄案式（关事仪）、启事（笺仪）。而作为宰相权力的"出纳王命，敷奏万机"（见前引《宋书》对尚书令职掌的概括）则体现为仪注所载令书仪 A 所见"尚书令上建康宫""尚书令下"环节。可以明确

---

①　祝总斌：《两汉魏晋南北朝宰相制度研究》，第 123、131 页。

②　荀绰《晋百官表注》载："尚书令，是谓文章（原校：《初学记》十一作'昌'）天府，铜印墨绶，五时朝服，纳言帻，进贤两梁冠，佩水苍玉，总摄诸曹，出纳王命，敷奏万机。"它本作："尚书令一人，唐虞官也。是谓文昌天府，铜印墨绶，五时朝服，纳言帻，进贤两梁冠，佩水苍玉；官品第三；俸，月四十五斛；领都总摄诸曹，出纳王命。"（唐）欧阳询：《艺文类聚》卷四八《职官部四·尚书令》，第 851 页；（宋）李昉等：《太平御览》卷二一〇《职官部八·尚书令》引《晋百官表注》，第 1008 页。

③　与晋制类似，被称为"内台主"的尚书令，在南齐官制中，其职掌仅被概括为"总领尚书台二十曹"八字。《南齐书》卷一六《百官志》，第 355 页。

的是，这是东汉所形成的"尚书令奏"在文书式上的延续。可见，尽管自西晋以后，尚书台长官就已经被视为宰相，但尚书台作为文书传递机构的性质，仍在相当长一段时期内遗留在南北朝文书式之中。

　　总之，尽管尚书台（省）自西晋以后就已经取得了作为宰相机构的职权，尚书令、仆射也已被视为宰相，但是迟至南朝宋时，尚书台仍未成为一个层级分化、结构规整、分工明确、各有权限的外朝宰相职司。在新旧体制转轨（三省制取代三公制）彻底完成之前，尚书台（省）作为文书传递机构的性质，仍在相当长一段时期内遗留在南北朝文书式和相应仪注之中。旧式公文形态的延续，与这一时期三公府的存在与地方政务申奏机制关系密切。

　　关于南北朝三公府及其僚佐，《宋书·百官志》载："司徒若无公，唯省舍人，其府常置，其职寮异于余府。有左右长史、左西曹掾、属各一人，余则同矣。余府有公则置，无则省。"①祝总斌据此指出，西晋以降，三公虽多为荣宠之位，但仍保留有一部分宰相权力。其中唯有司徒府还保留有部分日常政务，最主要的就是按照九品中正制度，评定全国人才优

----

① 《宋书》卷三九《百官志上》，第 1327 页。参见《晋书》卷二四《职官志》，"司徒加置左右长史各一人，秩千石；主簿、左西曹掾属各一人，西曹称右西曹，其左西曹令史已下人数如旧令"（第 727 页）；《南齐书》卷一六《百官志》，"司徒府领天下州郡名数户口簿籍，虽无〔公〕，常置左右长史、左西〔曹〕掾属、主簿、祭酒、令史以下"（第 348—349 页）；《隋书》卷二六《百官志上》、卷二七《百官志中》所载梁及北齐制，第 800—801、837—838 页。司徒府常置是南朝通制，北朝三公（或八公）往往握有实权，参与朝政，并非只是尊崇之位，所以公、府俱置。不过，北朝诸公虽然权重，但宰相机构仍是尚书省，其长官为当然宰相。祝总斌：《两汉魏晋南北朝宰相制度研究》，第 197—208 页。

劣，并将其作为官员任命、黜陟的一个依据。此外，还有劝课州郡农桑之职。至于其他两府僚属，仅为尊崇府公而置，实际政务不多，所以无公即可撤。① 毫无疑问，司徒府保有部分日常政务，是其常置不废的制度性因素。这一点，对我们理解南北朝时期三公府职掌及其作用，很有帮助。

但如果认为当时三公府所掌政务已不多，那就会使我们得出前文所述的结论：从曹魏开始，在很多事务上，三公及三公府已逐渐成为多余的层次。所以在改革之后，便再也找不到全国文书上报三公府的记载。然而，通过对元嘉仪注所见令书仪的研读，可知上述对南北朝时期三公府职能的看法并不全面，需要加以修正。

如前所述，在令书仪 A 中，县级政务依次由郡而州，上报至司徒府，然后由司徒长史上启辞于尚书台，"请台告报如所称"（第 12 行）。尚书参议之后，认为郡县所论正如法令，应当批准如其所上，则请监国太子依照参议意见下令书处分。尚书郎曹的意见被以关事仪的形式报告给监国太子，而具体负责关事仪上达与下行的是尚书令。尚书令将关事仪上达于建康宫，即监国太子处理政务的地方。最后，尚书机构所形成的意见，被以令书的形式下行司徒，"报听如某所上"（第 16 行），并由司徒承书从事颁下相关部门执行。需要注意的是，令书仪以符合法令的政务处理为例来制定，其中就隐含了不符合法令的地方政务处理意见无法通过审查的制度设计理念。所以，尽管在上述政务处理程序中，尚书台处在审查和裁决的最后环

---

① 祝总斌：《两汉魏晋南北朝宰相制度研究》，第 145—149 页。参见〔日〕宫崎市定《九品官人法研究：科举前史》，第 127—131 页。

节，但这并不妨碍在地方政务上报至尚书台之前，它所经过的司徒府也具有相应的审查和裁决权力。"州、府缘案允值，请台告报"一句（第 14 行），正体现出对郡县政务，本州和司徒府所拥有的处理权。

而在令书仪 B 中，直接由尚书郎曹形成政务处理意见，同样以令书形式下行司徒，命"其下所属奉行，如故事"（第 22 行）。可见，令书明确的承受对象正是司徒，并由"司徒承书从事"班下州郡县。

至此，不难看出，司徒府在上述政务运行机制中的作用，绝不可等闲视之。虽然南朝宋时，尚书台早已取代三公府成为宰相机构，但这并不意味着尚书台完全取代三公府，尤其是司徒府在中央—地方政务运行机制中的作用。

这种作用同样体现在 2004 年出土的湖南郴州晋简中。这批晋简有 900 余枚，主要内容是惠帝太安二年（303）桂阳郡上计簿书的存档副本，以及上计吏持还本郡的诏敕。① 其中所包含的上奏文书，② 典型地反映了魏晋南北朝时期地方申报政务的途径。兹据图版移录如下：

---

① 湖南省文物考古研究所、郴州市文物处：《湖南郴州苏仙桥遗址发掘简报》（领队、执笔：张春龙），《湖南考古辑刊》第 8 集，岳麓书社，2009，第 93—117 页；郴州市博物馆编《郴州西晋简牍选粹》，上海辞书出版社，2022，第 108、101、102、100、103、105、106、107、111、112、104、110 页。

② 此文书的复原，以及"曹"字的校改，据孔祥军《西晋上计簿书复原与相关历史研究——以湖南郴州苏仙桥出土晋简为中心》，《中华历史与传统文化研究论丛》第 1 辑，中国社会科学出版社，2015，第 140—151 页。参见戴卫红《从湖南省郴州苏仙桥遗址 J10 出土的晋简看西晋上计制度》，《中国社会科学院历史研究所学刊》第 8 集，商务印书馆，2013，第 155—173 页；魏斌《汉晋上计簿的文书形态——木牍和简册》，《中国中古史研究》第 8 卷，中西书局，2020，第 251—274 页。

1-73　　大安二年七月癸酉朔廿日壬辰桂阳大［太］

守臣君

1-66　　丞臣滕预顿首死罪上

1-67　　尚书臣君顿首顿首死罪死罪谨案文

1-54　　曹［书］谨表

1-68　　桂阳郡上城邑户口田租绵绢贾布计阶上书

1-70　　付御史台大［太］尉司徒司空府江州治所谨

副言

1-71　　城邑户口田祖［租］乡亭邮驿米谷绵绢贾布

1-72　　　　　　　　上左民曹吏部属臣潘兴邓叹区

鉴黄勉黄厚

2-57　　伏遣上计掾　贵谨上臣君诚惶

2-144　诚恐顿首顿首死罪死罪上

1-69　　尚书

1-80　　　　　　　督田主簿李政

从图版来看，上述简文中一般都存在因编联绳造成的间隙，不过简 2-57 "上计掾" 后的空白部分，虽然也恰好位于编联绳处，但其远超其他同类的间隙，应是文书有意留白的结果。因为出土晋简属于桂阳郡存档副本，所以 "上计掾" 后的空白部分，是起草者专门为填写此次选派的上计掾之名而预留的。此外，简 1-72 上端的留白，也值得重点关注，但因缺乏更多材料，只能暂付阙如。

真正的上奏文书（上表）会与桂阳郡上计簿书一同由上计掾携带至洛阳，并以桂阳郡守 "君" 与郡丞 "滕预" 名义，① 通过尚书向皇帝上奏。② 但上表更多的是体现地方官与皇帝之间的君臣关系，属于礼仪性政务文书。

不过，表文内容（"谨案文书谨表"以下）也透露出，真正的上计簿书会以"上书"和"副言"（或可称之为正、副本）的形式向上级机关和中央政府报送。③ 其中，接受"上书"城邑、户口、田租、绵绢、贾布五项计阶（偕）簿书的是御史台、三公府④和江州刺史治所（今江西南昌东）。而"副言"所涉及的内容要比"计阶上书"丰富，多了"乡亭、邮驿、米谷"三项（以上八项内容，郴州晋简中都有对应其内容的具体简文），但所涉及机构，仅为尚书台的左民郎曹和吏部郎曹。⑤

---

① 但在"上尚书"后，仅由长官（"臣君"）署名，见简1-67、2-57。类似的情况亦见甘谷汉简延熹元年（158）宗正上奏文书的开头部分。简1-80"督田主簿李政"或系"上计阶簿"的审稿人。见孔祥军前揭文。

② 孔祥军前揭文以为，此文书的呈文对象是尚书（即"录尚书事"）。因其为朝廷重臣，故汉简、汉碑于"上尚书"之后率加"臣某顿首死罪死罪"，晋简亦同。此说不确。表文的呈文对象是皇帝，故称"臣"。

③ 汉代上计簿书分为正、副，见《汉书》卷六二《司马迁传》，曹魏如淳注引《汉仪注》（即卫宏《汉旧仪》）"太史公，武帝置，位在丞相上。天下计书先上太史公，副上丞相"（第2709页）。

④ 《汉书》卷八《宣帝纪》，黄龙元年（前49）二月，诏曰："上计簿，具文而已，务为欺谩，以避其课。三公不以为意，朕将何任？诸请诏省卒徒自给者皆止。御史察计簿，疑非实者，按之，使真伪毋相乱。"（第273页）

⑤ 戴卫红、孔祥军前揭文均将"左民曹"和"吏部"视为尚书曹，今不取。孔文还将"吏部"之后的"属臣潘兴邓叹区鉴黄勉黄厚"视为尚书属臣。但考虑到郡国很难及时掌握尚书机构人员的调整变动，因此在表文中提及尚书属臣，既无必要，也不可能。更何况，尚书官吏中并无以"属"为名者。从汉制来看，潘兴诸人应该是桂阳郡掾属，而且是上计簿的起草者，故署作"属臣"云云。王国维：《流沙坠简·敦煌汉简跋五》，《王国维手定观堂集林》卷一四，浙江教育出版社，2014，第344页；《隶释》卷二，光和二年（179）《樊毅复华下民租田口筭碑》，《隶释　隶续》，第28页。

副言上尚书，① 可参见西汉尚书旧制："故事诸上书者皆为二封，署其一曰副，领尚书者先发副封，所言不善，屏去不奏。（魏）相复因许伯白，去副封以防雍蔽。宣帝善之，诏相给事中，皆从其议。"② 因此，西晋上计制度，应沿袭自汉制，但上计簿书分别由三公府和尚书台等机构接收，或不同于前。

虽然郴州晋简无法反映出地方政务在申报至中央政府后应如何进一步处理，所以无法展现出汉晋之间宰相机构的变化，但其中所体现出的三公府的职能和作用清晰可见。元嘉仪注所反映的央地政务信息传递机制，与晋制一脉相承。

两汉以后，三公与尚书之间宰相权力的消长，与其说是尚书对三公权力的不断侵夺，不如说尚书作为新增的政务处理环节，形成新宰相机构，从而使旧机构（三公府）的重要性相对下降，由此实现宰相权力的转移。

体现在元嘉仪注中，就是尚书台作为宰相机构，拥有最后的参议权，以形成比较成熟的意见供皇帝决定。与此同时，尚书令的作用在文书式中却仍主要体现在自东汉已形成的"尚书令奏"环节。

这反映出，南北朝尚书令、仆射虽已取得宰相之权，但尚书台（省）作为文书传递机构的性质，仍在相当长一段时期内遗留在南北朝文书式中。基于尚书台为宰相机构的新文书式在南北朝前期并未完全形成。③ 这就使得尚书台在参与全国政

---

① 孔祥军前揭文指出，"谨副言"在出土文献中仅见于此，故引《晋书》卷八七《李玄盛传》"谨副写前章，或希简达"（第 2263 页）以释其义。

② 《汉书》卷七四《魏相传》，第 3135 页。

③ 尚书奏案成为一种普遍应用的奏事文书，出现于南北朝后期。目前可以确知"奏案"作为一种文书形态的最早例证，见于北魏孝文帝太和年间

务处理时，不得不依托旧体制下的文书式。这个旧体制，当然就是三公制。

总之，尚书台并非取代原属三公的接受全国上奏文书之权，而是作为新增环节，拥有了对上奏文书的最终参议权（裁决权）。魏晋南北朝时期，地方政务主要通过司徒府奏报和获得批复仍然是普遍性制度。也就是说，司徒府依然全面参与地方日常政务的处理，其职掌并不只限于铨定人物九品及劝课农桑之事。

关于地方政务主要通过司徒府奏上，还可以北魏后期制度为参证。先来看熙平中（516—518）李怜行毒药一案，《魏书·刑罚志》载：

> 时司州表：
>
> 河东郡民李怜生（坐）行毒药，案以死坐。其母诉称："一身年老，更无期亲，例合上请。"检籍不谬，未及判申，怜母身丧。州断三年服终后乃行决。司徒法曹参军许琰谓州判为允。主簿李玚驳曰："案《法例律》：'诸犯死罪，若祖父母、父母年七十已上，无成人子孙，旁无期亲者，具状上请。流者鞭笞，留养其亲，终则从流。不在原赦之例。'检上请之言，非应府、州所决。毒杀人者斩，妻子流，计其所犯，实重余宪。准之情律，所亏不浅。且怜既怀鸩毒之心，谓不可参邻（怜）人伍。计其母在，犹宜阖门投畀，况今死也，引以三年之礼乎？且给

假殡葬，足示仁宽。今已卒哭，不合更延。可依法（律）处斩，流其妻子。实足诫彼氓庶，肃是刑章。"

尚书萧宝夤奏从场执，诏从之。①

参与此案的李场为司徒府主簿，② 萧宝夤为殿中尚书。③萧宝夤参与其中，源于北魏三公郎曹为殿中尚书所领（参见第五章）。

不过，标点本将"司州表"所包含内容的下限断在"州断三年服终后乃行决"处，④ 或许值得商榷。考虑到北魏奏行文书与表状疏启两类上行文书所对应的文书生成机制并不相同，⑤ 可知州断之后，有司以奏案处理即可，无须司州直接上表。更何况，上表的对象也不应该是司徒府。

因此，依据通常的司法政务运行机制判断，"司州表"实际发生在司徒府将州断驳回之后，目的是重新将州断和司徒府的不同之状（司徒府法曹与主簿意见），以上表的形式，一并奏请皇帝，要求裁决。之后，应该还有肃宗将此案（即司州表）付外商议，以及尚书参议的环节，⑥ 只不过，这些环节在

---

① 《魏书》卷一一一《刑罚志》，第3141—3142页；《宋本册府元龟》卷六一五《刑法部·议谳二》，第1929—1930页。异文以（ ）标识。标下划线者，《宋本册府元龟》无。参见（唐）杜佑《通典》卷一六七《刑法五·杂议下》，第4317页。

② 《魏书》卷五三《李孝伯传》附《李场传》，第1291页。

③ 马磊在译注此案时，亦指出萧宝夤的身份为殿中尚书，见周东平主编《〈魏书·刑罚志〉译注》注释561，第200页。

④ 类似的句读亦见周东平主编《〈魏书·刑罚志〉译注》，第197—200、203—204页。

⑤ 王兴振：《北魏王言制度研究》，第213—252页。

⑥ 参见王兴振对"议"的政务运作和王言生成的讨论，见氏著《北魏王言制度研究》，第252—276页。

参议后殿中尚书的上奏文中很可能被省略了。这导致了史志仅仅记载下"尚书萧宝夤奏从场执，诏从之"的结果，并造成点校者的误读。

据此，司州所断狱案，是上报司徒府审查，而非直接申闻尚书省。除此案外，州郡公文需要经司徒府处理，还可从高阳王元雍开置丞相府时的公文制度变化来说明。

孝昌元年（525）三月，肃宗以"比相府弗开，阴阳未变"为由，命丞相高阳王元雍"开府置佐史"，① 并诏班新制："其州郡先上司徒公文，悉可改上相府施行，符告皆亦如之。"② 此事《魏书·高阳王雍传》载作"罢司徒，以为丞相府"。③ 不过，司徒及其府实际并未被废，此后北魏依然任命司徒，④ 故史载"旧制：有大将军，不置太尉；有丞相，不置司徒。自正光已后，天下多事，勋贤并轨，乃俱置之"。⑤

值得注意的是，元雍擅权，并不始于孝昌元年。正光元年七月，侍中元叉、中侍中刘腾幽灵太后于北宫，杀太傅领太尉、清河王元怿，肃宗亲政。九月，元雍自太师迁任丞相，⑥ 本传称其"总摄内外，与元叉同决庶政"。⑦ 至正光四年九月，又与侍中、太尉、汝南王元悦参决尚书奏事。⑧ 可见，无论元

---

① 《魏书》卷二一上《献文六王传上·高阳王雍传》，第 629—630 页。
② 《魏书》卷九《肃宗纪》，第 285 页。
③ 《魏书》卷二一上《献文六王传上·高阳王雍传》，第 630 页。
④ 自正光三年（522）十二月，以司徒崔光为太保后，直至孝昌三年（527）正月，以司空皇甫度为司徒，其间司徒空缺数年，太尉、司空则频见其人。《魏书》卷九《肃宗纪》，第 279—291 页。
⑤ 《魏书》卷一一三《官氏志》，第 3265 页。
⑥ 《魏书》卷九《肃宗纪》，第 275—276 页。
⑦ 《魏书》卷二一上《献文六王传上·高阳王雍传》，第 629 页。
⑧ 《魏书》卷九《肃宗纪》，第 280—281 页。

雍是以丞相身份总摄内外、同决庶政，还是稍后的参决尚书奏事，州郡公文都依旧上于司徒府，直至孝昌元年（525）颁布新制，命州郡公文"改上相府施行"为止。

换言之，在孝昌元年之前，即便有高于司徒的太师、太尉诸公在，而且司徒也并不执掌朝政大权，但北魏州郡公文皆上于司徒府。同时，下行的符告文书亦经由司徒府颁布。这虽是北魏后期之制度，但由于孝文帝改制吸收了晋至南朝前期的制度，① 因而上述情况，可以反映出它与南朝宋元嘉仪注所见地方政务奏报要经司徒府有着相同的制度渊源。

另外，南北朝其他公府在开置时，也各自有相应职掌。如宋孝武帝时，竟陵王刘诞为司空、南兖州刺史。大明三年（459），建康民陈文绍上书诉冤，曾提到其父陈饶被"司空诞取为府史，恒使入山图画道路，勤剧备至，不敢有辞，不复听归，消息断绝"一事。② 作为掌水土事的司空，③ 舆图正是其职掌所在。

北魏神龟元年（518）冬，司空、尚书令、任城王元澄奏限营造佛寺，称自己"诚忝工务，奉遵成规"，"所以披寻旧旨，研究图格，辄遣府司马陆昶、属崔孝芬"检括都城和郭邑寺舍。④ 可见，处理此事，元澄并非以尚书令，而是以司空派遣司马和府属处理，与营造佛寺属于"工务"有关。

稍后，正光三年（522），寇儁迁司空府功曹参军，转主

---

① 陈寅恪：《隋唐制度渊源略论稿》，第 92 页。
② 《宋书》卷六《孝武帝纪》，大明元年八月甲辰条，卷七九《文五王·竟陵王诞传》，第 130、2223 页。
③ 《宋书》卷三九《百官志上》，第 1323 页。
④ 《魏书》卷一一四《释老志》，第 3306—3307 页。

簿，主持修建永宁寺，"资费巨万，主吏不能欺隐"，也是如此。可见，司空掌水土、舆图及工程，参与地方政务处理，是南北朝通制。只有北魏永安初，寇儁以司空主簿参与司徒杨椿与民争田一案，"华州民史底与司徒杨椿讼田。长史以下，以椿势贵，皆言椿直，欲以田给椿。儁曰：'史底穷民，杨公横夺其地。若欲损不足以给有余，见使雷同，未敢闻命。'遂以地还史底。孝庄帝后知之，嘉儁守正不挠，即拜司马，赐帛百匹。其附椿者，咸谴责焉"。[①] 或许因为杨椿是当事者，所以"领天下州郡名数户口簿籍"的司徒府不便参与，这才由司空府承接此案。

此外，熙平二年（517），由于多有窃冒军功之事，尚书左丞卢同上表奏请改革，有军功者，"请征职白民，具列本州、郡、县、三长之所；其实官正职者，亦列名贯，别录历阶。仰本军印记其上，然后印缝，各上所司，统将、都督并皆印记，然后列上行台。行台关太尉，太尉检练精实，乃始关刺，省重究括，然后奏申。奏出之日，黄素朱印，关付吏部"。[②] 也就是说，勋书要经由本军及统将、都督印记，然后列上行台。再由行台将勋书"关"于太尉。太尉检练精实之后，转将勋书关刺尚书省。最后经过尚书省重新究括之后，奏申皇帝批准。作为尚书省派出机构的行台，不将勋书直接申于尚书省，而经由太尉关刺，这应与太尉掌兵事有关。[③] 这反映

---

① 《周书》卷三七《寇儁传》，第 720 页。
② 《魏书》卷七六《卢同传》，第 1818 页。参见《北史》卷三〇《卢同传》，第 1095 页；《资治通鉴》卷一四八，梁天监十六年（魏熙平二年）二月丁未条，第 4631 页。
③ 《宋书》卷三九《百官志上》，第 1322 页。

出南北朝时期，若置太尉府，地方或征镇的军事政务也应经过太尉府之后，再由尚书省来处理。

当然，南北朝时州郡政务经由三公府奏报处理，并不意味着三公依然是宰相。因为地方政务通过三公府奏报，不再像汉代那样是以府公的名义，[①] 而是以公府长史的名义上奏，并且要经过尚书官员的参议。尚书官员可以参议三公府所奏文书，这与汉代以后尚书品秩不断上升有关。东汉之时，尚书令与三公府长史秩皆千石，但位在公府长史之后。更不用说秩皆六百石的仆射、尚书了。自魏晋以降，官置九品。公府长史虽仍为秩千石，但官阶已降到第六品，且位于同品的尚书丞、郎之后。而尚书令、仆射、尚书已皆升至第三品。[②] 再加上尚书机构位于宫城之中，有"内官"之重，[③] 自然可以参议三公府奏事。与此同时，以司徒为诏事（令书）颁下过程中的受文者，

---

① 参见前揭《孔庙置守庙百石卒史碑》，起首称"司徒臣（吴）雄、司空臣（赵）戒稽首言"云云（《金石萃编》卷八，第138—139页）。

② （唐）杜佑：《通典》卷三六至三七《秩品》"后汉官秩差次"，第987—988页；"魏官置九品"，第991—992页；"晋官品"，第1003—1004页；"宋官品"，第1007—1008页；以及《宋书》卷三九《百官志上》，第1367、1369页。

③ 汉代以后，公府长史皆朝服，进贤两梁冠。东晋以后，公府长史无朝服，但着朱衣而已。宋元徽四年司徒右长史王俭议请恢复旧制，长史备朝服，令史以下，唯着玄服。由于在兼任官是否应依公府玄服之例上有疑问，王俭建议："按《令》称诸有兼官，皆从重官之例。寻内官为重，其署台位者，悉宜着位之服，不在玄服之例。若署诸卿寺位兼府职者，虽三品，而卿寺为卑，则宜依公府玄衣之制。"据此，署尚书台位而兼府职者，由于"内官为重"，故依其尚书官位之服，若署诸卿寺位兼府职者，即便高居三品，由于"卿寺为卑"，也应依公府玄服之例。《宋书》卷一八《礼志五》，第557—559页；杨懿：《"五时朝服"、"绛朝服"与晋宋齐官服制度——〈唐六典〉校勘记补正一则》，《中国典籍与文化》2014年第3期，第152—153页。

这是三公曾为宰相之司的遗意，也是在新旧制度转型期内的一种折中措施。

这样，在尚书机构完全从宫城中走出来，成为完全意义上的外朝宰相职司之前，仍由三公府对地方政务先行汇总之后，再经过尚书台（省）启奏于皇帝进行裁决。南朝宋元嘉仪注所载公文形态，就清楚地表现出其处于魏晋南北朝宰相制度演变转型时期的过渡特征。旧的制度必将在其中完成蜕变，新的制度也必将在其中脱胎而生。

最后尘埃落定，州县政务不再经公府而直接汇总于尚书省，以尚书省为中心的公文制度，直到隋朝才真正形成。由此，长期以来三公府，尤其是司徒府常置不废的制度基础被彻底瓦解，公府及其僚佐也就没有了存在的必要。

隋初置"三公，参议国之大事，依后齐置府僚。无其人则阙。……寻省府及僚佐，置公则坐于尚书都省。朝之众务，总归于台阁"。① 这一记载是可信的。如隋文帝即位，即以上柱国、幽州总管、任国公于翼为太尉。② 当时虽未任命司徒、司空，但确实存在"景命惟新，教府初立"的记载，③ 故有司徒府左长史令狐熙（开皇元年八月，随元谐击吐谷浑于青海）、④

---

① 《隋书》卷二八《百官志下》，第 863—864 页。

② 《隋书》卷一《高祖纪上》，开皇元年（581）二月乙亥条，第 14 页。

③ 王昶《金石萃编》卷五六《令狐熙碑》载："开皇元年，拜司徒左长史，加上仪同大将军，进封河南郡开国公。于时景命惟新，教府初立，从容处物，雅允具瞻。吐谷浑窃据西垂，敢窥王略，朝廷出车薄伐，以公为元帅府长史。"（第 931—932 页）"教府"，即公府。（南朝宋）傅亮《为宋公修张良庙教》，李周瀚注："秦法：诸公、王称教。"《日本足利学校藏宋刊明州本六臣注文选》卷三六，叶 2217，第 555 页。

④ 《隋书》卷五六《令狐熙传》，卷一《高祖纪上》，开皇元年八月甲午条，第 1561、15 页。

司空司马赵明（后迁金州刺史）。① 故于翼太尉府亦应置长史、司马等僚佐。

不过，三公府及其僚佐废省时间，史载不详。开皇二年，于翼为人所告，称其尝与尉迟迥同叛。此事虽因查无实据而作罢，② 但他不久便去世。③ 于翼去世两个月后，颁布的《开皇令》中已无三公府长史、司马等僚属。故推测废三公府及僚佐，正是以于翼去世为契机的。

余论：隋初废三公府与三省制的确立

随着隋文帝开皇二年废三公府及其僚佐，以及次年尚书省在大兴新城中被完全移出宫城，④ "朝之众务，总归于台阁（尚书省）"的局面⑤才真正形成。彻底成为外朝宰相机构之后，尚

---

① 《赵明墓志》，刘文编著《陕西新见隋朝墓志》，三秦出版社，2018，第53—54页。另，隋《□（蔡）俶昂墓志》载，志主开皇十四年（594）"蒙受司徒寺主簿"，然此志颇有难解之处，如称志主为"南阳常山人"，今暂存疑。王其祎、周晓薇编著《隋代墓志铭汇考》第5册，第293—295页。

② 《周书》卷三〇《于翼传》，第572页；《北史》卷二三《于栗䃅传》附《于翼传》，第859页。两书皆载于翼开皇三年卒，今不取。

③ 《隋书》卷一《高祖纪上》，开皇二年五月壬戌条，第17页。

④ 钱国祥：《中国古代汉唐都城形制的演进——由曹魏太极殿谈唐长安城形制的渊源》，《中原文物》2016年第4期，图5《曹魏西晋洛阳宫平面复原图》、图6《东晋南朝建康城平面复原图》，第38—39页；钱国祥：《北魏洛阳宫城的空间格局复原研究——北魏洛阳城遗址复原研究之三》，《华夏考古》2020年第5期，图1《北魏洛阳宫城复原示意图》，第88页；杨鸿勋：《宫殿考古通论》，紫禁城出版社，2001，图317《陕西西安隋大兴宫城、皇城复原平面图》，第365页。

⑤ "归于台阁"一类的评价，早已有之，如陈寿曰："魏世事统台阁，重内轻外，故八座尚书，即古六卿之任也。"对陈寿的看法，祝总斌认为体现

书省突然变得异常繁忙起来。直至隋炀帝即位后，牛弘与刘炫
还专门论及此事。《隋书》载：

> 弘尝从容问炫曰："案《周礼》士多而府史少，今令
> 史百倍于前，判官减则不济，其故何也？"炫对曰："古
> 人委任责成，岁终考其殿最，案不重校，文不繁悉，府史
> 之任，掌要目而已。今之文簿，恒虑覆治，锻炼若其不
> 密，万里追证百年旧案，故谚云'老吏抱案死'。古今不
> 同，若此之相悬也，事繁政弊，职此之由。"弘又问：
> "魏、齐之时，令史从容而已，今则不遑宁舍，其事何
> 由？"炫对曰："齐氏立州不过数十，三府行台，递相统
> 领，文书行下，不过十条。今州三百，其繁一也。往者州
> 唯置纲纪，郡置守丞，县唯令而已。其所具寮，则长官自
> 辟，受诏赴任，每州不过数十。今则不然，大小之官，悉
> 由吏部，纤介之迹，皆属考功，其繁二也。省官不如省
> 事，省事不如清心。官事不省而望从容，其可得乎？"弘
> 甚善其言而不能用。[1]

牛弘所言"令史百倍于前，判官减则不济"，"不遑宁舍"，
充分体现出隋朝尚书省所理政务增加的事实。所以，学者们在
分析隋朝政治体制变化时，也往往会提及牛、刘二人的对话。

了曹操专权之后，全国文书不再通过三公府，而是通过尚书上奏的情况。
但如前述，当时尚书台并未完全取代三公府处理州郡文书的职能，所以
陈寿的评价更多体现了魏晋之际宰相权力的此消彼长。《三国志》卷二
二《魏书·桓二陈徐卫卢传》，第 653 页；祝总斌：《两汉魏晋南北朝宰
相制度研究》，第 129 页。

[1]　《隋书》卷七五《儒林·刘炫传》，第 1930 页。

刘炫的回答从三个方面对这种变化加以说明。第一，公文处理的程序化、法制化进一步加强，建立了严密的审查复核制度。第二，改变了原来州、郡、县递相统领的制度，变三级制为二级制，中央直接统辖州，对地方控制加强。第三，地方官无论大小，任免、考课皆集中在中央。① 不过，在上述三个方面中，究竟哪一个才是造成隋朝尚书省工作的内容、范围和由此带来的工作量，与南北朝相比发生巨大变化的主要因素，需要逐一对刘炫的回答进行分析。

首先来看第一方面。应该说，"古今不同"的回答，就《周礼》所反映的制度和隋制相比较而言，是合适的。但若换个角度来看，这一回答实际上是一种宏大叙事。它忽视了公文处理程序化和法制化加强背后所隐藏的日积月累的处理方式变化，所以并不符合前文的追问。在公文审查和复核制度层面，隋朝与北齐、北周相比，因袭旧制为多，并无重大改变，尚书省工作量并不会因此激增。这也是牛弘在听完之后，紧接着把比较的对象限定在魏齐和隋朝之间的原因。

再来看第三方面。隋初罢地方佐官辟署制，改由中央任免地方佐官，确实是官制的一大变革。对于尚书省而言，由此所增加的政务量也确实不小。需要注意的是，隋朝的这次改制，有其渊源，并非凭空出现。"自魏晋以后，刺史多带将军。开府，则州与府各置僚属。州官理民（别驾、治中以下是），府官理戎（长史、司马等官是）。"② 然而随着时代的发展，府官的优越地位逐渐形成，州官逐渐衰微，甚至成为不理时事

① 吴宗国：《三省制的发展和三省体制的建立》，吴宗国主编《盛唐政治制度研究》，第21—22页。

② （唐）杜佑：《通典》卷三二《职官十四·总论州佐》，第889页。

的"乡官"。以至于隋初在罢郡、以州统县时，便将原来州官的别驾、赞务（即治中）改为府官之长史、司马，同时"别置品官，皆吏部除授"，后来又将诸州司以"从事"为名的佐官改为"参军"。① 所谓"别置品官"，实际上就是以府官系统代替了州官系统。② 这与北周"刺史僚佐州吏则自署，府官则命于朝廷"思路是一致的。故杜佑称："自后魏末北齐以来，州郡僚佐，已多为吏部所授。至隋，一切归在省司。"③ 既然地方佐官任命于吏部的制度，并非创设自隋，那么制度性的"大小之官，悉由吏部，纤介之迹，皆属考功"所造成的尚书省的繁忙，应该从北朝末期就已经开始了。这么看来，造成隋朝尚书省异常繁忙的主要原因，恐怕更多在于疆域的扩大。

最后来看第二方面。实际上刘炫所强调的并非北齐州、郡、县之间的"递相统领"，而是三公府与行台递相统领诸州。这恰好与前述《魏书·卢同传》所载勋书上报等情况相吻合。若从地方行政区划沿革来看，北周的总管府制和北齐的行台制皆为隋朝所继承，④ 那么与之前相比，隋制最明显的改变正是三公府及其僚佐的废置。

---

① 《隋书》卷二八《百官志下》，第 883 页。参见拙文《〈隋书·百官志下〉州官条献疑》，《中国史研究》2025 年第 1 期，第 156—166 页。

② 〔日〕滨口重国：《所谓隋的废止乡官》，刘俊文主编《日本学者研究中国史论著选译》第 4 卷《六朝隋唐》，黄正建等译，中华书局，1992，第 315—333 页。

③ （唐）杜佑：《通典》卷一四《选举二·历代制中》，第 342 页。

④ 周振鹤：《中国地方行政制度史》，上海人民出版社，2019，第 369—373 页。参见拙文《法藏 P.4745 写本所见总管府三官考》，《敦煌吐鲁番研究》第 21 卷，上海古籍出版社，2022，第 101—110 页。

综上所述，如果抛开实际统治区域的扩大和地方佐官中央任免等因素，在政务运行机制层面，隋朝尚书省繁忙的主要原因，就是三公府及其僚佐的废置，使得尚书省一下子要直接面对全国 300 个州。[①] 这是南北朝任何一个政权的尚书省都没有遇到过的局面。

尚书省政务大幅度增加，首先带来了向皇帝奏报的增多。隋文帝虽然勤于听受，但无奈"闻奏过多，乃至营造细小之事，出给轻微之物，一日之内，酬答百司，至乃日旰忘食，夜分未寝，动以文簿，忧劳圣躬"。[②] 这说明此时政务的申报与裁决尚未形成合理的分层负责、各有权限的制度。由此带来的尚书闻奏过多的弊端，成为推动隋朝政务运行机制调整的内在动力。

为了解决这一难题，隋文帝采取的办法是让尚书仆射专掌朝政，但这又加剧了君权与相权之间的紧张，难以行之久远。因此，文帝末年、炀帝初年结束仆射专掌朝政的做法就成为必然。[③]

为了突破此前的政务裁决困境，隋炀帝采取了新的思路。大业二年（606），分遣十使并省州县，至五年，全国由大业初的"州三百"减少到一百九十郡（州），大幅减少了统县政区的数量。大业三年，又分门下省、太仆寺诸局置殿内省，于门下省新置给事郎，以省读奏案。[④] 至此，国家政务以门下省

---

① 刘炫所说的"今州三百"，与大业初年州数相符。岑仲勉：《隋书求是》（初版 1958），中华书局，2004，第 54 页。

② 《隋书》卷六二《柳彧传》，第 1661 页。

③ 吴宗国：《隋唐五代简史》，第 38—39 页。

④ 《隋书》卷三《炀帝纪下》，大业二年正月丁卯条，卷二九《地理志上》，卷二八《百官志下》，第 73、900、884—885 页。

为枢纽的分层决策和分层执行机制得以形成，解决了之前尚书闻奏过多的制度性矛盾。这就标志着尚书、门下、中书三省成为一个按职能和政务处理程序分工的有机整体，三省制基本确立。①

---

① 吴宗国：《三省制的发展和三省体制的建立》，吴宗国主编《盛唐政治制度研究》，第 22 页。

第九章　文书视野下的六部实体化：唐宋时期的奏抄（钞）与省符

关于唐三省制与宋三省制的不同，刘后滨指出，宋神宗在恢复三省制时，依据的其实是唐人"落实到《唐六典》之中的理想化的制度"，并且在这一理想化制度之上，又添加了一重宋代精英建立"在其当时制度的基础上"（如中书门下和使职差遣体制）的理解。所以，这样的重建并不能称为对唐代前期实际运行的三省制的恢复。①

比如，元丰重建尚书省后，省内出现了从"省司"到"省部"的概念转变。转变的背后，是六部实体化和独立化趋势在新的历史条件下得到完成、落实，也是宋人将其理解中的唐代制度付诸实践的结果。因此，与唐代尚书省运转以省司为中心不同，重建之后的宋代尚书省政务运行机制便是以六部为中心（见第六章），相应的公文形态亦随之发生变化，本章主要围绕奏抄（钞）和省符加以论说。

---

① 刘后滨：《"正名"与"正实"——从元丰改制看宋人的三省制理念》，氏著《唐代中书门下体制研究：公文形态、政务运行与制度变迁》（增订版），第 447 页。

一 从百司奏抄到六曹奏钞

既有研究已指出，元丰重建尚书省体制的标志之一，是恢复了唐代尚书省处理政务主体文书——奏钞（唐代文献多作"奏抄"）——的行用，以处理国家政务中的"有法式事"。[①]但宋代奏钞与唐代奏抄形态却有着细微而深刻的不同。

元丰以后北宋奏钞形态，可举两例。其一，元符二年（1099）《宣圣子孙若谷授官录黄》。所谓录黄（中书省得旨文书），[②] 实为奏授告身。移录如下：

> 尚书吏部
>
> 前相州司户参军孔若谷，年三十六，本贯兖州仙源县长府乡阙里，至圣文宣王为户。曾祖自牧，祖道辅，父舜亮。
>
> 前任得用：曾经试中后，有合该收使，举主二人以上，免参选，入判司簿尉。准令，指入一得路分。据本人乞入近地，及乞注澶州清丰县尉。系重法县分选阙，准条：依名次、路分远近，不注曾犯赃罪、私罪情重人。又条：先注曾捕盗被赏，不注年五十已上。勘会：别无捕盗被赏人，愿就合该差注。前任，绍圣二年九月内授，申［甲］头王协。
>
> 无出身。前任三考，合一任三考。

[①] 刘江：《宋朝公文的"检"与"书检"》，《北京大学学报》（哲学社会科学版）2012 年第 2 期，第 135—136 页。

[②] （宋）李焘：《续资治通鉴长编》卷三二三，元丰五年二月癸丑朔条，第 7775 页。

　　右壹人，拟澶州清丰县尉，兼管勾黄河埽岸，填见阙。

令阙

左仆射臣惇

右仆射阙

左丞臣卞

右丞臣履

尚书臣祖洽

侍郎臣铎等言：谨件锺祖猷等十二人，拟官如右，

谨以申

闻，谨奏。

　　　　元符二年七月二十七日　郎中臣胡宗炎上

给事中臣赵挺之读

尚书左仆射兼门下侍郎臣惇省审

侍中阙

闻

　　　　闰九月十一日午时　都事张真卿受

　　　　　　　　右司郎中徐彦孚付吏部

吏部尚书祖洽

侍郎铎告：澶州清丰县尉兼管勾黄河埽岸孔若谷，计

奏，被

〔旨〕如右，符到奉行。

　　　　主事杨仲通

郎中宗炎

　　　　元符二年闰九月十一日下①

---

　①　（明）程敏政编《新安文献志》卷九三《孔右司端木传》后附，何庆善

其二，政和八年（1118）赵德诚奏授告身抄件。据图版及整理者研究，重录如下：

1　□（尚）　书 吏部

2　　　　　武功大夫赵进忠遇

3　　　　　冬祀大礼，乞子德诚使臣，本贯保安 军

4　　　　　人，年贰拾捌。

5　　　右拟补承节郎。

6　□（太）师鲁国公臣京　不书

7　□（起）复太宰臣居中

8　少 宰臣深

9　□（起）复左丞臣黼

10　右 丞阙

11　尚 书臣光疑等言，谨拟

12　如 右，谨以申

13　闻 ，谨奏。

14　　　　　政和八年二月　日员外郎张动上

15　给 事中臣王靓读

等点校，黄山书社，2004，第 2315—2316 页。录文参考《新安文献志》卷九三，叶 1b—2a，中国国家图书馆藏明弘治十年（1497）刊本，善本书号：15394，第 29 册，电子版见国家图书馆"中华古籍资源库"，网址：http：∥read. nlc. cn/allSearch/searchDetail? searchType＝1002&showType＝1&indexName＝data_892&fid＝411999025640，访问时间：2021 年 12 月 24 日。文书格式参照赵德诚奏授告身。

16 ⎡门⎤下侍郎臣薛昂省

17 □（起）复少保太宰⎡兼⎤⎡门⎤⎡下⎤⎡侍⎤⎡郎⎤臣居中⎡审⎤
（后缺）①

　　为了便于比较，再将据唐代开元《公式令》残卷（P. 2819）复原的奏授告身式移录如下：

1　奏授告身式

2　尚书吏部^{余司授官奏}_{者，各载司名。}谨奏：某官名等拟官事。具

3　官姓名。^{某州、某县、}_{本品、若干人。}

4　右一人云云。^{谓若为人举者，注举人具官封姓及所举之状。若}_{选者，皆略注其由历及身才行。即因解更得叙者，}

5　^{亦略述解由}_{及擢用之状。}今拟某官某品，替某甲考满。若

6　因他故解免及元阙者，亦随状言之。

7　左丞相具官封臣名

8　右丞相具官封臣名

<hr />

① 本件文书为黑水城出土《宋西北边境军政文书》（该组文书编号：ИНВ.
No. 211 213）中的一件，整理者拟题《政和八年张动等奏状》，见俄罗
斯科学院东方研究所圣彼得堡分所、中国社会科学院民族研究所和上海
古籍出版社编《俄藏黑水城文献》第 6 册，上海古籍出版社，2000，第
212 页。录文及研究参见孙继民《俄藏黑水城所出〈宋西北边境军政文
书〉整理与研究》，中华书局，2009，第 95—96、295—305 页；刘江
《〈宋西北边境军政文书〉所见荫补拟官文书类型再考释》，《首都师范大
学学报》2015 年第 6 期，收入余蔚等主编《十至十三世纪东亚史的新可
能性——首届中日青年学者辽宋西夏金元史研讨会论文集》，中西书局，
2018，第 134—150 页。括号内文字，系研究者补缀，兹从之。

9　　吏部尚书具官封臣名

10　吏部侍郎具官封臣名

11　吏部侍郎具官封臣名 等言，谨件同甲人姓名等若

12　干人，拟官如右，谨以申闻。谨奏。

13　　　　　　年月日 吏部郎中具官封臣姓名上

14　　　　　　　给事中具官封臣姓名读

15　　　　　　　黄门侍郎具官封臣姓名省

16　　　　　　　侍中具官封臣姓名审

17　闻_{御画}

18　　　　　　　月日都事姓名受

19　　　　　　　左司郎中付吏部

20　吏部尚书具官封名

21　吏部侍郎具官封名

22　吏部侍郎具官封名

23　左丞具官封名_{其武官，则右丞署，若左右丞内一人无，仍见在者通署。}

24　告具官姓名计奏被

25　旨如右，符到奉行。

26　　　　　　　主事姓名

27　吏部侍郎具官封名　　令史姓名

28　　　　　　　书令史姓名

29　　　　　年月日下

30　　　　右奏授告身式。其余司应授官者，准此。①

---

① 〔日〕仁井田陞：《唐令拾遗》，《公式令》复原第 12 条，第 495—496 页；
〔日〕仁井田陞著，池田温编集代表《唐令拾遺補》，東京大学出版会，

367

比较可知，唐代奏抄是以尚书省名义（需经左右仆射、本部尚书、侍郎依次署名）申门下省并上奏皇帝的政务文书，[1]但其发文机构却是据其主判省司而定，故起首为"尚书吏部"，实际指的是吏部司，因此注文特意说明"余司授官奏者，各载司名"，故其抬头可为"尚书司勋"或"尚书司封"。又因为唐前期尚书省作为全国政务的汇总和裁决机关，"凡内外百司所受之事皆印其发日，为之程限"，所以奏抄亦被称作"百司奏抄"。[2]

宋代奏钞虽然同样是以尚书省名义申奏，并由郎官上于门下省及皇帝的上行文书，但起首却是尚书某部。关于这一点，明代《慧因寺志》所载北宋元祐三年（1088）礼部奏钞更能说明问题。[3]周曲洋据文书程序将其复原如下：

〔尚书礼部〕

1997，第715页；刘俊文：《敦煌吐鲁番唐代法制文书考释》，第226—228、231—233页。按，行数据刘著而酌加。第7—8行，左右丞相，即尚书左右仆射，开元初改名。第23行，注文"其武官，则右丞署，若左右丞内一人无，仍见在者通署"，原是制授告身式相应文字的注文，其后的奏授告身式中无其文字，应为承前省略之故。本节仅引奏授告身式，因此据以补入。（唐）李林甫等：《唐六典》卷一《尚书都省》，第7页；刘俊文：《敦煌吐鲁番唐代法制文书考释》，第225页。

[1] 唐初尚书令亦列衔于告身之上，见贞观十五年（641）临川公主制授告身。开元时期，因尚书令久废，故《公式令》制授、奏授告身式均未列尚书令。沈睿文：《中国古代物质文化史·隋唐五代》第八章第三节"唐墓埋葬告身的等级问题"，开明出版社，2015，第281—282页。

[2] （唐）李林甫等：《唐六典》卷一《尚书都省》、卷八《门下省》，第11、244页。

[3] （明）李翥辑《慧因寺志》卷九《谨奏杭州乞将慧因禅院改为十方教院住持事》，清光绪七年（1881）刊本，白化文、张智主编《中国佛寺志丛刊》第56册，广陵书社，2011，第169—173页。

近准都（督）省付下杭州（奉）〔奏〕……乞依兴教寺例，将慧因禅院改作十方教院住持，别无妨碍，伏乞朝廷特降指挥。

本部寻符杭州，钞录兴教寺乞依十方传教住持令文去后，今据本州状，钞录到嘉祐五年八月二十四日宁海军帖，近据僧正永兴等状，伏睹兴教寺奉使帖，请讲经僧梵臻归寺，作十方禅教住持。……今来兴教寺欲乞依本州天竺寺例降敕，永远作传天台教寺十方住持。本州寻勘会，梵臻素有节行，为众所推，遂选请本僧住持。今欲乞将兴教寺依天竺寺例，作十方教寺住持，遂具状奏取敕旨。八月一日，中书札子奉圣旨：依奏。

本部看详：兴教寺元系十方禅寺，后来改作十方教寺。今来杭州所奏慧因院已是十方禅院，乞改为十方教院，依得兴教寺体例。

太中大夫、左仆射臣大防

太中大夫、右仆射臣纯仁

太中大夫、守左丞臣存

太中大夫、守右丞臣宗愈

尚书　阙

朝散郎、试侍郎、充实录修撰臣佃等言：

（右札：依奏。）

谨据如右。谨以申

闻，谨奏。

元祐三年五月　日　承议郎、祠部员外郎臣翟思 未到

朝散郎、守主客郎中兼权臣陈轩 上

　　朝散郎、试给事中臣顾临 读

　　正议大夫、守门下侍郎臣孙固 省

　　太中大夫、尚书左仆射兼门下侍郎臣大防 审

　　侍中 阙

　　御宝〔闻〕①

　　可见，本应由祠部员外郎翟思签署的奏钞，因其未到，便由主客郎中兼权祠部事陈轩署名奏上。该奏钞文书起首原缺，周曲洋据文中"本部寻符杭州""本部看详"等语，拟补"尚书礼部"四字。此说可从。这也与元丰旧制"无条上中书省取旨，有例无条具钞画闻。钞书尚书省与本曹官奏上，付门下省覆讫施行，不由中书"的规定一致。② 由此可知宋代奏钞的发文机关已然不是二十四司（郎官厅），而是六部，故被统称为六曹奏钞。如元祐元年（1086）六月，监察御史孙升等言："六曹奏钞，自来左、右仆射、丞例皆签书。按左、右仆射各兼别省事，及奏钞送门下省，左仆射合亲书审奏，显见重复。"诏："六曹奏钞，左、右丞签书，仆射押检，本省代书，

――――――――――

① 周曲洋：《奏钞复用与北宋元丰改制后的三省政务运作》，《文史》2016年第1期，第195—196页。其中（）内为原文衍误字，〔〕内为补字或改字。文书署位部分行款，本节参考政和八年（1118）尚书吏部奏钞及唐奏授告身式酌改。周曲洋指出，《慧因寺志》奏钞中缺"闻"字，但是多出"御宝"两字，与其他现存奏钞迥异。但南宋赵彦卫《云麓漫钞》在谈及宋代八宝时云"奏钞则用'天下合同之宝'"，似可与《慧因寺》奏钞相印证，或许宋代奏钞在"画闻"的同时还需加盖御宝，因现存文书多为抄件，无法保留此印迹，所以在整理时未校改"御宝"文字。今从之。

② （清）徐松辑《宋会要辑稿》，"三省"，职官一之二九，绍圣三年（1096）五月二日条所载"先帝官制"，第2954页。

送门下省。"①

此外，同样是尚书省公文，唐代以奏抄授官时，不仅在上行环节需要经都省官（仆射）签署，而且在告身下行（付身）环节，即在都省付本司之后，仍需要本司长官、通判官和都省官（左丞或右丞）联署告报授官者"被旨如右"云云。

但元丰以后，北宋奏授告身仅在上行环节需要经都省官（左、右丞以上）签署，至于都省付本司后，只需本部长官、侍郎署位即可，不必再经都省。

南宋初年宰相制度及其名号的改变，使得奏授告身的官员署衔有所变化，② 但其署位与北宋元符、政和奏授告身并无实质不同，只需在上行环节经都省官（参知政事以上）签署，至于下行环节，同样无须由相当于左丞或右丞的参知政事，与尚书、侍郎联署。此类告身见于徐谓礼文书，兹引其转朝散郎告身如下：

---

① （清）徐松辑《宋会要辑稿》，"三省"，职官一之二五，第 2951 页。
② 《宋史》卷一六一《职官志一》载："元丰新官制，废参知政事，置门下、中书二侍郎，尚书左、右丞以代其任。建炎三年，复以门下、中书侍郎为参知政事，而省左、右丞。"（第 3775 页）李心传《建炎以来朝野杂记》甲集卷五《参政分治省事》载："元丰官制，尚书左右丞分治六曹，后以为皆执政官，乃令通治省事。"绍兴七年（1137）三月，诏："尚书省常程事，权令参知政事分治。"至九月张浚罢相后，复诏"三省事令参知政事权轮日当笔，俟除相如故，更不分治常程事"，"自是参知政事复通治省事矣"（徐规点校，中华书局，2000，第 122 页）。"俟除相如故"一句，原在"更不分治常程事"后，依《建炎以来系年要录》卷一一四，绍兴七年九月癸酉条改，第 1911 页。曹家齐据此指出，南宋初省左右丞之后，参知政事通治省事被看作"三省合一"的标志之一，但这一体制直至绍兴七年才最终确立下来。见氏著《南宋"三省合一"补议》，第 51 页。

（前略）

6　左丞相阙

7　右丞相臣侣　免书

8　知枢密院事兼参知政事臣葵

9　参知政事兼同知枢密院事臣铧

10　尚书臣与籆等言：

11　谨拟如右，谨以申

12　闻。谨奏。

13　　淳祐七年三月日　军器监兼臣倪祖常上

14　　　　　　　　郎中阙

15　兼权给事中臣赵希㙟　读

16　参知政事兼同知枢密院事臣陈铧　省

17　知枢密院事兼参知政事臣赵葵　审

18　右丞相臣侣　免书

19　　　　　闻

20　　四月五日午时都事赵焕　受

21　司农少卿兼左司王　　　　付吏部

22　吏部尚书与籆

23　权吏部尚侍郎

24　告：朝散郎、行将作监主簿徐谓礼。计奏，被

25　旨　如右，符到奉行。

（后略）①

---

①　包伟民、郑嘉励编《武义南宋徐谓礼文书》，中华书局，2012，第194—195页。

　　唐宋之间，奏抄（钞）形态的这一改变，应该始于元丰改制时，将尚书左、右丞升为执政官之后。[①] 文书形态的改变进一步反映出，已经成为实体的六部在尚书省内某些政务运行环节上，作为独立机构的性质更加明显。[②]

二　从省符到部符

　　关于唐代省符，第八章已将唐《公式令》所见符式与南朝宋元嘉符仪进行了比较，并指出，与南北朝台符直接以尚书郎曹名义颁下不同，唐代省符需要经过尚书都省检勾（钤印），因此不再以郎曹的名义发出，而是以尚书省的名义行下。同时，与魏晋南北朝的"尚书符""台符"一样，唐代省符也通常以其主判之司为名，径称"尚书某司符"。当然，这

[①]　可对照元丰以后敕授告身在下行环节，在都省付本司之后，始终是由尚书、侍郎与都省宰执官（左右丞或参知政事以上）联署来看。见元祐三年（1088）王伯虎权知饶州敕授告身与淳祐五年（1245）徐谓礼朝奉郎敕授告身。（清）卞永誉纂辑《式古堂书画汇考·书》卷九，谷红岩点校，浙江人民美术出版社，2020，第760—763页；包伟民、郑嘉励编《武义南宋徐谓礼文书》，第189—191页。参见杨芹《宋代制诰文书研究》，上海古籍出版社，2014，第132—143页。

[②]　周曲洋指出，元丰奏钞恢复使用的核心目的，不能仅从平衡中书、门下二省权力的角度去考虑（以奏钞来平衡"中书权重"的做法，只是元丰朝特殊的权力格局下的产物），而应将其置于熙宁以后调整中枢体制将君主从日常细务中解放出来这一意义中看。随着元祐之后三省矛盾的调整缓和，奏钞的这一特性表现得更为明显，并导致其行用重心向处理日常事务过渡。前引政和八年奏钞中蔡京（"太师鲁国公臣京"）与徐谓礼此件奏授告身文书游侣（"右丞相臣侣"，《宋史》卷四一七作"游似"，第12496页）署名后的"免书"，均说明宰相对奏钞的参与越来越少，六部逐渐成为奏钞行用的主要负责部门。见氏著《奏钞复用与北宋元丰改制后的三省政务运作》，《文史》2016年第1期，第206页。

一称呼也有其现实合理性，即唐代尚书省的政务分工，始终着眼于二十四司。

不过，遗憾的是，目前并未见到完整保留的唐代省符。敦煌吐鲁番文书中虽提及唐前期兵部符、户部符，并存有比部符、金部旨符及东都吏部符的残件，但或系头司符，或系研究者据文书形态所拟定之名，故难以径引为证（详后）。目前所能见到的，诸如尚书考功符、祠部符，皆为唐后期材料，见《元子晳遗爱碑》注"大历五年，准尚书考功符建立"，及《曹溪第六祖赐谥大鉴禅师碑》载，宪宗赐谥诏"元和十年十月十三日下，尚书祠部符都府"。①尽管唐后期尚书省符形态是否完全遵从《公式令》的规定，尚无从验证，但两者应有延续关系。

近来，管俊玮从唐人"制敕"与"省符"对举的角度，提出了将"省符"区分为"奉制符"与"诸司符"的观点，并给出了开元以后"诸司符"的复原方案：以"尚书某某司"为发文机构，以区别于以"尚书省"为发文机构的一般符式②。其依据之一是，作者认为符（包括州、县符）的抬头（即发文机构）和所钤官印之间存在一一对应的关系。③ 然而

---

① （宋）王象之编著《舆地纪胜》卷二九《抚州·碑记》，赵一生点校，浙江古籍出版社，2012，第938页；（唐）柳宗元：《柳河东集》卷六，上海古籍出版社，2008，第91页。这些史料说明，唐后期尚书省地位虽然下降，但诸司并未完全丧失对寺监和地方发文（即"尚书符"）指挥政务的权力。参见刘后滨《唐代中书门下体制研究：公文形态、政务运行与制度变迁》（增订版），第215页；王孙盈政《唐、五代时期的尚书省研究》，人民出版社，2024，第313—318页。

② 一般符式，包括奉制符，以及圣历二年（699）备二十四司印之前的诸司符（除吏部司、兵部司外）。

③ 管俊玮：《唐代尚书省"诸司符"初探——以俄藏 Дх02160Vb 文书为线索》，《史林》2021年第3期，第1—10页。

据作者所制表 1 "唐代省符文书汇总表（不包括告身）"，现存唐代省符文书中支持这一区分的确切依据，仅有中晚唐以 "尚书省司门" 为发文机构的《大中九年（855）尚书省司门符》，其余文书或是虽有钤印，却因残缺而无法确知发文机构；或是发文机构存在（即 "尚书省"，与《公式令》一致），但因系州府承省符而连写者，故无法确知其所钤印。因此，上述看法能否成立，值得斟酌。

首先，所谓的 "司门符"，更准确的性质是尚书司门司签发给日本僧人圆珍的过所（以下简称 "圆珍过所"，见图 9-1）。尽管也有学者认为这件过所是司门根据《开元公式令》中 "符式" 制作而成，如果去除后面的勘过部分，就是一道

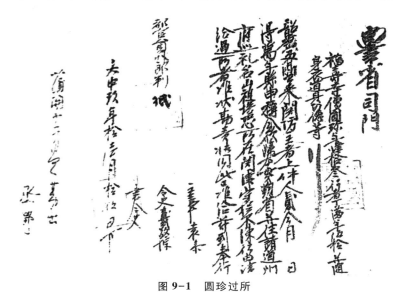

图 9-1　圆珍过所

资料来源：東京国立博物館など編《智証大師 1100 年御遠忌紀念：三井寺秘宝展》，日本経済新聞社，1990，第 93 页，图 68-1。原图呈淡黄色。

由尚书省司门司下行的"省符"，① 但对于涉及公文书形态和性质的判定，应保持更为审慎的态度。

其次，所谓文书抬头和所钤官印之间存在一一对应关系的观点，其实就圆珍过所而言，源于一场误会。圆珍过所上存在4 处钤印（其中 3 处印蜕较为明显，而"关防主"处印蜕甚浅），但印文均不甚清楚。自内藤虎次郎、仁井田陞以来，日本学者认为印文作"尚书省司门之印"，与文书发出机构一致。但唐星已指出，此释文与唐代尚书省诸司印文通例不符，怀疑释文有误，或唐后期制度发生了变化。② 亦有学者径录作"尚书司门之印"。③ 为此，有必要略加说明。

---

① 〔日〕中村裕一：《唐代公文書研究》，第 52—54 页；王蕾：《吐鲁番出土钤"玉门关之印"的过所文书考》，《吐鲁番学研究》2017 年第 2 期，第 78—79 页。

② 〔日〕砺波护：《入唐僧がもたらした公験和過所》，氏编《中国中世の文物》，京都大学人文科学研究所，1993，中文版由龚定国译，《魏晋南北朝隋唐史资料》第 13 辑，1994。此据〔日〕砺波护《隋唐佛教文化》，韩昇等译，上海古籍出版社，2004，第 192—195 页；王蕾《吐鲁番出土钤"玉门关之印"的过所文书考》，《吐鲁番学研究》2017 年第 2 期，第 78—79 页；唐星《释令狐怀寂告身》，《敦煌吐鲁番研究》第 12 卷，第 420 页。

③ 张扶万《唐长安城金石考》（1936 年基本编成，稿本，现藏陕西省政协文史资料办公室）书后所附《唐长安城金石拓影》（陕西省政协文史办整理时易名《张扶万先生事略专卷唐金石照片拓片集》，简称《照拓集》）中收录有此印摹本，但笔者未见，罗宏才称"《照拓集》显示为双行篆书印文'尚书司门之印'。印文结体宽博劲挺，有隶意"。见氏著《陕西考古会史》，陕西师范大学出版总社有限公司，2014，第 338 页；《〈唐长安城金石考〉著述背景与价值意义——基于美术考古学视角的学术观察》，《艺术百家》2018 年第 5 期，第 232—238 页。程义据王仲荦引述而录文作"尚书司门之印"，但后者转录自内藤虎次郎《三井寺藏唐过所考》，因此所指应为"尚书省司门之印"。王仲荦：《试释吐鲁番出土的几件有关过所的唐代文书》，《文物》1975 年第 7 期，第 35—42 页；王仲荦：《隋唐五代史》（上），上海人民出版社，2016，第 450 页；程义：《隋唐官印研究》，硕士学位论文，西北大学，2002，第 8、38 页。

　　将圆珍过所中最为清楚的印蜕放大之后（见图9-2，图中线条及方框系笔者所加），可以看出：（1）印面并非根据字数均分为六格，右侧第二字占据的空间基本上接近另外两个字所占空间之和；（2）篆体"书"字下半部分与"省"字存在相似之处。这是日本学者误释的主要原因。其实，受到隋唐之际蟠条印工艺的影响，"书"字在唐代官印中占据较大空间是比较常见的（见图9-3）。另外，图9-2右侧第二字右下角的残存的笔画（方框内）明显与唐代官印中"省"的字体不符（见图9-4）。总之，可以确认该部分并非"书省"，而是"书"。圆珍过所钤印应是"尚书司门之印"。

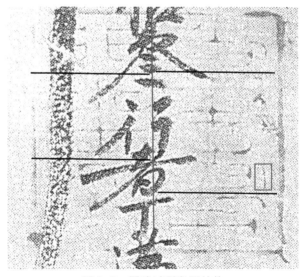

图9-2　圆珍过所印面结构

　　最后，在唐人的观念里，可能并不存在发文机构和钤印绝对对应的情况，否则也不会出现某些机构长期使用废旧官印等

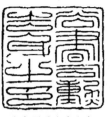

尚书户部之印　　　　　尚书司勋告身之印　　　　东都尚书吏部之印

图 9-3　唐代尚书省诸印

资料来源：户部司印钤于前引敦煌文献 Дх02160Vb 上，此为摹本，引自〔俄〕丘古耶夫斯基《敦煌汉文文书》，王克孝译，上海古籍出版社，2000，第 256 页。司勋告身印钤于 S. 3392《天宝十四载（755）秦元骑都尉告身》及 P. 2547 Pièce1、2 告身残片〔P. 2547 Pièce 编号下共有 10 个残片，其中残片 1、2、7 被视为《开元二十九年张怀钦等告身》，彩图见国际敦煌项目 IDP 网站，录文见唐耕耦等编《敦煌社会经济文献真迹释录》第 4 辑，全国图书馆文献缩微复制中心，1990，第 285—286 页。然而出现在残片 2 上的"开元二十九年"并不能对应于残片 1 上的"燉煌郡"，后者系天宝元年（742）所改郡名，且张怀钦为授官制敕的敕头，未必是此件告身的对象。参见顾成瑞《唐前期军赏机制中"赏功"与"酬勤"的合离——兼探军赏官阶对选官秩序的影响》，叶炜主编《唐研究》第 27 卷，北京大学出版社，2022，第 261—262 页〕等文书之上，此为摹本，引自孙慰祖《隋唐官印体制的形成及主要表现》，《东方艺术》2015 年第 4 期，图 26，第 15 页。东都吏部司印引自郭敬书《灵宝县发现唐"东都尚书吏部之印"》，《文物》1989 年第 7 期，第 95 页。《唐调露二年（680）七月东都尚书吏部符为申州县阙员事》（文书号：2004TBM207：1-3、2004TBM207：1-7+2004TBM207：1-11g）上所钤"东都尚书吏部之印"，与此印印面基本相同。荣新江等主编《新获吐鲁番出土文献》，中华书局，2008，第 81—84 页。另外，比部印见《唐景龙三年（709）八月西州都督府承敕奉行等案卷》〔文书号：Ast. Ⅲ. 4.092，即比部符残片，陈国灿：《斯坦因所获吐鲁番文书研究》（修订本），武汉大学出版社，1997，第 271—273 页〕，祠部印见 P. 3952《请准乾元元年（758）敕假授新度僧道罗法光等度牒状》（见 IDP 网站）等，与上述诸印类似。

图9-4　唐代官印中的"省"字

资料来源：左字见上海博物馆藏"殿中省行从之印"（墨拓），右字见故宫博物院藏"中书省之印"（印蜕）。均载孙慰祖《历代玺印断代标准品图鉴》，吉林美术出版社，2010，第71页。

情况。① 退一步讲，我们同样也没有办法确认，唐人会认为，在尚书省符上钤上尚书省诸司印就破坏了发文机构和钤印———对应的惯例。

更何况，尚书符径称"某司符"系魏晋以后的通行做法，如管氏即指出唐前期尚书省"奉制（敕、旨）符"到了州府一般在事目文书中被记录为"尚书省某司奉制（敕、旨）为某某事"。② 故此，在"省符"之中再进一步细分出"诸司符"的做法，值得进一步思考。

因为在唐《公式令》中，还存在另外一种尚书省文书"牒式"。与"符式"以"尚书省"为发文机构不同，"牒式"以"尚书都省"为发文机构，由左右司郎中一人署位。因此，牒式并非以尚书省的名义，而是以省内机构的名义发出。尽管《公式令》规定"牒式"是以"尚书都省牒省内诸司式"为

---

① 刘后滨、王湛：《唐代于阗文书折冲府官印考释——兼论于阗设置折冲府的时间》，《西域研究》2013年第3期，第23—30页；刘子凡：《唐代使职借印考——以敦煌吐鲁番文书为中心》，《敦煌吐鲁番研究》第16卷，上海古籍出版社，2016，第201—213页。

② S. 2703《唐天宝年代燉煌郡公文事目》，唐耕耦、陆宏基编《敦煌社会经济文献真迹释录》第4辑，第472—474页。

例，但由于牒式适用于"其应受刺之司，于管内行牒皆准此"，因此，尚书省诸司下诸州亦属"于管内行牒"。① 此类文书的完整形态，见诸《新安文献志》所载贞元三年（787）"户部牒"，② 及《入唐求法巡礼行记》中所载元和二年（807）"祠部牒"，③ 皆与唐令"牒式"相符。

既然《公式令》已经规定了尚书省诸司（包括都省左右司）以本司名义所下达的"牒式"，可与省符配合使用，④ 亦可与省符一样，颁降制敕。⑤ 因此，唐代无须以尚书二十四司为发文机构的诸司符。

在明确了唐代省符只存在《公式令》符式的单一形态之后，可进一步观察省符在唐宋之际的变化。然而，遗憾的是，

---

① 刘俊文：《敦煌吐鲁番唐代法制文书考释》，第 222—223 页。参见刘安志《敦煌吐鲁番文书所见唐代"都司"考》，氏著《敦煌吐鲁番文书与唐代西域史研究》，第 154—155 页。

② 顾成瑞：《〈新安文献志〉收录唐户部牒牒考析》，《安徽史学》2015 年第 3 期，第 49—53 页；〔日〕中村裕一：《唐代官文書研究》第四章第三节"唐代の尚书祠部牒"，中文出版社，1991，第 425—431 页；《唐代公文書研究》第十一章"唐代の尚書祠部牒の文書樣式再論"，第 585—614 页。

③ 付春梅、杜立晖：《〈入唐求法巡礼行记〉史料价值的再发现——以唐代"祠部牒"与"板头"的记载为中心》，《唐史论丛》第 29 辑，三秦出版社，2019，第 240—244 页。

④ 顾成瑞前揭文《〈新安文献志〉收录唐户部牒牒考析》认为贞元三年（787）"户部牒"，即户部付身牒牒，其功能与法律效力与此前颁至州府的牒符（省符）相同，但却是作为牒符的补充出现于唐后期。这也可以视作牒与符两种文书配合行用的例子。

⑤ 尚书祠部以牒颁降的敕旨文书，见《不空表制集》卷一所载乾元元年（758）《制许搜寻梵夹祠部告牒》《制许翻译经论祠部告牒》，以及《句容金石记》卷三《敕唐孝子张府君旌表之碣记》碑所载贞元五年尚书礼部牒。详见〔日〕中村裕一《唐代制勅研究》，汲古书院，1991，第 471—475 页。

唐中后期至北宋前期尚书省符形态未详，① 但从此阶段制度沿革情况来看，并参考其他文书形态，如牒式、② 告身式等，省符也应延续唐《公式令》"符式"的基本形态。因此，本节更加关注元丰重建尚书省之后的宋代省符的形态。

不过，北宋后期《公式令》尚书省符式同样未能保留下来。如司马光根据元丰四年（1081）所修《公式令》编纂的《司马氏书仪》仅列举了申状式和牒式两种公文（不含表奏文书）。据牒式适用范围提及"内外官司非相管隶者，相移并用此式。诸司补牒亦同，惟于年月日下书书令史名，辞末云：'故牒。'官虽统摄，而无状例，及县于比州之类，皆曰：'牒上。'于所辖而无符帖例者，则曰'牒某司'，不阙字"，③ 可知当时确有符式，但无法确认其形态。

南宋初年，净明道文献《天枢院都司须知行遣式》《太上净明院补奏职局太玄都省须知》所列符式（〔〕内文字，据后

---

① 唐后期尚书符，已具前文。北宋前期亦有尚书符以赐钱修庙，载（宋）陈公亮、（宋）刘文富篡修《（淳熙）严州图经》卷二"宁顺庙"条："大中祥符初，得旨降付转运使，令守令常加崇奉，如法修葺，庙宇整肃，长吏以时致祭，改封显应正节圣妃，仍从旧称。中书门下所降敕牒绫疏与神，诸颁封诰牒无直庙者，俱留州库。祥符三年六月，尚书礼部符，以杭、越二州到庙祷雨有感，奉敕加封显应正节圣惠妃，子加封崇福承烈广利王，化氏加封保宁协顺夫人，仍降赐钱三千贯修庙。"浙江省地方志编纂委员会编《宋元浙江方志集成》第 12 册，杭州出版社，2009，第 5670—5671 页。

② 北宋前期省司牒式的完整形态见第六章引刘承诏家所得熙宁十年（1077）"户部牒"，基本仍沿袭唐《公式令》"牒式"形态。此外尚书刑部牒，见知桂州余靖贺表所引"准尚书刑部牒，准皇祐六年三月十七日德音，改皇祐六年为至和元年，应四京及诸道府州军监县等见禁罪人，限德音到日，死罪降从流，流罪已下并放"。（宋）余靖：《武溪集》卷一六《贺德音表》，《宋集珍本丛刊》第 3 册，线装书局，2004，第 293 页。

③ （宋）司马光：《司马氏书仪》卷一，中华书局，1985，第 1—4 页。

者补），应即依据北宋后期的符式而制：

　　　　符式
　　某司：某事云云。〔右符〕某处主者云云。符到奉行。
　　　　年月　日符
　　具官衔姓名押。
　　　　〔凡所属用此式，如付社令之类。〕①

　　《天枢院都司须知行遣式》所载符式，②介于牒式与关式之间，均是仿照当时内外官司行用文书而制定。尤其是，该书关于牒式适用性的规定"凡非相统摄，后用此式（诸补牒式准此，改唯'某司'作'某人姓名'，不缺字辞，末云'故牒'）。虽统摄而无申状例，及相等用上。于所辖而无符贴例

---

① （宋）不详撰人：《天枢院都司须知行遣式》，王育成点校，原出《正统道藏·洞玄部·表奏类》，张继禹主编《中华道藏》第 31 册，华夏出版社，2014，第 504—505 页；旧题（晋）许旌阳释《太上净明院补奏职局太玄都省须知》，王育成点校，原出《正统道藏·洞玄部·方法类》，张继禹主编《中华道藏》第 31 册，第 499 页。《太上净明院补奏职局太玄都省须知》虽题许旌阳（逊）释，实则内容多袭《天枢院都司须知行遣式》等书，后者出现于南宋初。郭武：《何真公、周真公与南宋净明道团的演变》，《汉学研究》2001 年第 2 期，收入盖建民主编《了然不惑：四川大学宗教研究所成立四十周年同仁文存》，巴蜀书社，2021，第 127—128 页。参见许蔚：《断裂与建构：净明道的历史与文献》，上海书店出版社，2014，第 39—66 页。该书认为《正统道藏》所保存的净明道文献，主要产生于建炎二、三年间（1128—1129），也有一部分产生于绍兴元年（1131）或之后。
② 潘雨廷认为《天枢院都司须知行遣式》卷内无"灵宝净明"字样，或不限于净明道一派，而是属于正一道，文书格式远承陆修静，而近承杜光庭。此说较为笼统，尤其是"近承杜光庭"等说法无确证，今不从。见氏著《道藏书目提要》，《潘雨廷著作集》第 11 册，上海古籍出版社，2016，第 152 页。

者，则曰'牒某处或某官'，并不空字也"，① 与元丰牒式一脉相承，但文字上更接近于庆元牒式："内外官司非相统摄者，相移则用此式（诸司补牒准此，唯改'牒某司'作'牒某人'，姓名不阙字，辞末云'故牒'，于年月日下，书吏人姓名）。官虽统摄而无申状例，及县于比州之类，皆曰'牒上'。于所辖而无符帖例者，则曰'牒某司或某官'，并不阙字"。② 这也印证了前者的时代性。

然而到了南宋中期，《庆元条法事类·文书式》中的符式，却是州符：

　　　　符

某州

　　　某事云云

某处主者云云。符到奉行。

　　　年月　日下

　　　　吏人姓名

具官 ^{止书差遣。}_{帖式准此。} 书字

　　　州下属县用此式，本判官壹员书字。③

---

① 《天枢院都司须知行遣式》，《中华道藏》第 31 册，第 504 页。其中，"统摄后"当作"统摄者"，"改唯"作"唯改"，"用上"作"用上式"，"符贴"作"符帖"。参见《太上净明院补奏职局太玄都省须知》，《中华道藏》第 31 册，第 499 页。

② （宋）谢深甫等：《庆元条法事类》卷一六《文书门一·文书（敕令式）》，第 349 页。

③ （宋）谢深甫等：《庆元条法事类》卷一六《文书门一·文书（敕令式）》，第 349 页。"壹"字及文书体式参据该点校本之底本。

此符式列于表、奏状、状（申状）、牒、关之后，帖式之前，并与帖一样，变为"州下属县"所用文书，而非如"关"以前诸文书皆标明用于内外官司。

值得注意的是，庆元《文书式》之名已不同于《公式令》。这是因为在《庆元条法事类》中，《文书式》（内容包括平阙式、祖宗名讳、公文书式等）与《文书令》已各自分离，两者内容相加，才基本对应此前的《公式令》。这一变化始于何时，史载不详。但《公式令》之名，至《元祐令》犹存，① 且内容上应延续《元丰令》备载祖宗庙讳。② 《文书令》则见于建中靖国元年（1101）正月刑部状"近睹《文书令》内无札子式"，③ 所指即元符二年（1099）所修敕令格式。不过，名称虽变，但从前述引文中可知，元符修令时，文书式仍载于《文书令》中。换言之，《元符令》仅将《公式令》改名为《文书令》，其他无明显变化。

目前能见到的《文书令》与《文书式》并举的文献是南宋《礼部韵略》附《条式》内引《淳熙重修文书式》（内容为祖宗名讳）及《绍熙重修文书令》（内容为与祖宗名讳相关规定）。④

---

① （宋）李焘：《续资治通鉴长编》卷四六五，元祐六年（1091）闰八月壬午，刑部侍郎彭汝砺状，第 11119 页。

② （清）徐松辑《宋会要辑稿》，"庙讳"，仪制一三之一四至一五，崇宁四年（1105）诏："所有翼祖皇帝庙讳，并依元丰《公式〔令〕》，讳字仍添入《集韵》所载。"（第 2576 页）按，"公"字，整理者校改为"令"，今不从。

③ （清）徐松辑《宋会要辑稿》，"群官仪制"，仪制五之二〇至二一，第2391 页。

④ （宋）不著撰人：《附释文互注礼部韵略》卷末，《四部丛刊续编》第 12册，上海书店，1984，叶 23b—叶 27a、叶 30a—叶 30b。参见（清）徐松辑《宋会要辑稿》，"庙讳"，仪制一三之一七至一八，淳熙十五年（1188）十月，礼部、太常寺言等条，第 2578 页。

两者内容已不同，而且后者与《绍兴文书令》相同。① 考虑到
绍兴令式与政和令式关系密切，② 因此推测《庆元条法事类》
中《文书令》《文书式》的区分，始于政和元年（1111）修纂
的《政和敕令格式》。但如前述，迟至南宋初年净明道所用符
式仍以"某司"为发文机构，因此，北宋末年应尚未出现以
州符作为"符式"代表的做法。

以"某州"为发文机构的符式何时出现于《文书式》中，
仍有待新资料的发现。但可以明确的是，庆元《文书式》中
并不包含南宋晚期编成的《朝野类要》所提及的"部符"。③
尽管类似的文书形态，自元丰改制以后就始终存在，并且仍被
人们冠以"省符"之名。

如哲宗元祐元年（1086）四月，京西路提刑司言："省部
条贯除直下外，有诸司条贯付转运司押牒入递，分送诸州，率
多迟滞。欲乞应颁降新法，以所下转运司印本移送进奏院，坐
省符连牒发送诸州。"从之。④ 南宋绍熙元年（1190），朱熹提
及漳州上供钱物内"一项罢科龙眼荔枝干钱四千贯，系逐年
尚书户部准崇宁、大观上供钱物格符下桩办。又一项名为抱认
建宁府丰国监铸不足铅本钱，其数亦一万六千贯，虽无省符行

---

① （清）徐松辑《宋会要辑稿》，"庙讳"，仪制一三之一八至一九，嘉定
十三年（1220）十月，司农寺丞岳珂奏，第 2578—2579 页。

② 胡兴东：《宋朝立法通考》，中国社会科学出版社，2018，第 262、306、
347—349、540—541、590 页。

③ （宋）赵升编《朝野类要》卷四《文书》，"部符"条，"六部行符，即
省札之义。其末必曰'符到奉行'"（王瑞来点校，中华书局，2007，
第 85 页）。

④ （清）徐松辑《宋会要辑稿》，"进奏院"，职官二之四七，第 3015 页。

下，然逐年登带省司帐状，不可分文违欠”。① 甚至，省符也
见诸庆元《理欠令》中："诸省符立限理纳装笼屋子钱，出限
者，本处估卖财产，纳足日，具元上供年分色额附便纲送纳，
仍申尚书刑部（克纳请给者，准此）。"②

　　虽然"省符"仍存在于南宋奏状和法令之中，但时人已
不甚注意"省（部）符"的区别。如江苏苏州《玄妙观（即
宋天庆观）尚书省札并部符使帖》碑，碑额虽然题作"朝旨
蠲免天庆观道正司科敷度牒省札部符使帖"，但碑上所刻公
文，实为端平元年（1234）四月两通尚书省札（第一截和第
二截），以及平江军府帖（第三截至第四截）、通判厅帖（第
五截）各一通，并不包括部符。③ 据公文提及，天庆观曾"赍
出宸翰、省符"申诉，却被官府"置而不问，视为文具"，以
及虽"已经户部陈乞，得蒙台判符本府关牒通判一体施行，切

---

① （宋）朱熹：《晦庵先生朱文公文集》卷一九《乞蠲减漳州上供经总制额
　　等钱状》，刘永翔、朱幼文校点，朱杰人等主编《朱子全书》（修订本）
　　第 20 册，上海古籍出版社、安徽教育出版社，2010，第 870—871 页。

② （宋）谢深甫等：《庆元条法事类》卷三二《财用门三·理欠令》，第 515 页。

③ 另如北京大学图书馆藏理宗御书赐安国寺"妙智之阁"碑［在浙江海宁，
　　原来分刻作"妙智""之阁"两碑（碑阳），今仅存后者两面拓本，编号：
　　A153565］，碑阴额曰"谢笺省札部符府帖"，但碑上所刻公文，分别是：
　　僧尚珂等谢笺（第一截）、宝祐四年（1256）十月尚书省札（第二截）、
　　宝祐元年十二月尚书礼部告示（第三截），以及宝祐二年三月临安府帖
　　（第四截），也不包括部符。录文见（清）李圭修、许传霈纂，刘蔚仁续
　　修，朱锡恩续纂《民国海宁州志稿》卷一八《宋理宗御书安国寺碑》，
　　《中国地方志集成·浙江府县志辑》第 22 册，上海书店，1993，第 500—
　　501 页。碑额中"部符"，从位置关系上来说，对应的其实是礼部告示。
　　而礼部告示中确实提及，当时亦有礼部下符临安府的情况，并且这一礼部
　　符被临安府使帖转引。据此可知，部符与告示内容几乎完全一致。之所以
　　出现上述碑额载"部符"，而碑中不刻其文书的情况，是因为部符受付对
　　象通常为各级官府，而不像省札那样直接以寺观或僧人为受付对象。

恐本府两通判厅未便遵从省部符命，日后必致科抑"，"谨将元
赐宸翰，并省部符札石刻录白连粘在前，伏望钧慈照累朝圣旨
宸翰指挥，蠲免天庆观道正司科敷科买事理，特赐札下"。其中
的"省部符命""省部符札"包括省札和部符，而后者指的是
"隆兴元年十一月内，准漕台牒备准省符，三省同奉圣旨：除天
庆观道正司系崇奉祖宗香火去处，特与蠲免科敷科买，其余寺
观并不免。已关合属去处讫"中的省符（或作"省部符"）。[①]

与此同时，从《朝野类要》和南宋金石文献将部符与"省
札"并举的做法，以及在南宋初年叶梦得"今四方奏请，事出
有司者，画旨付逐部符下，因人以请者，以札子直付其人，而
逐部兼行，尚书省皆不自行也"的描述中，[②]　不难看出，两宋

---

① 碑今存苏州玄妙观三清殿正面东侧内壁，拓本藏北京大学图书馆，编号：
　A153472。见〔日〕小林隆道《宋代使帖「文書」の樣式と機能—蘇州
　玄妙観「天慶観尚書省箚幷部符使帖」を事例に—》，早稲田大学東洋
　史懇話会編《史滴》第 31 号，2009 年，收入氏著《宋代中国の統治と
　文書》，汲古書院，2013，第 297—338 頁。参见《江苏金石志》（《江苏
　通志稿》）卷一六，《石刻史料新编》第 1 辑第 13 册，新文丰出版公
　司，1977，第 9839—9844 页。

② （宋）叶梦得：《避暑录话》卷一，徐时仪校点，上海古籍出版社，
　2012，第 109 页；方建新：《〈避暑录话〉考略》，《杭州大学学报》（哲
　学社会科学版）1991 年第 3 期，第 61—69 页。绍兴二年（1132），叶梦
　得罢任江东安抚大使兼知建康府后，在宜兴善权洞见到一通唐碑，上刻
　咸通八年（867）昭义节度使李蠙赎寺奏状及中书门下敕牒（参见游自
　勇、冯璇《会昌法难后之寺院重建与规制——以宜兴善权寺为例》，《文
　史》2022 年第 1 期，第 63—82 页）。他在指出唐代敕牒所反映的政务运
　行机制"与今尚书省奏事不同"时，对南宋尚书省文书制度做出了上述
　描述。叶氏"逐部符下（兼行）"的说法，确实凸显了元丰后，尤其是
　三省合一之后，六部作为实体化的政务层级在日常文书运作机制中的作
　用，但也存在问题："尚书省皆不自行"一句过于强调六部对尚书省颁
　降画旨的转发，但"符下""兼行"针对的是部符和省札〔有以部符颁
　降省札者，见江苏丹徒政和七年（1117）《华阳观尚书省札子》，见缪荃

之际由省符向部符转变。①

　　因此，接下来需要确认的是，宋人使用"省（部）符""某司"这样的表述，究竟是受唐人将尚书省符称为诸司符惯例的影响，还是源于公文形态的改变。比如，元丰尚书省重建后，确实存在尚书诸司符。元丰八年（1085）十月，僧惠信经开封府诉僧录司吏受赃违法，却被责杖。"惠信复诉于祠部，祠部符大理寺依法施行。"② 此后，苏轼在《论纲梢欠折利害状》中亦引元祐五年（1090）十一月尚书金部符："省部看详，监粮纲运……若是随船点检得委有税物名件，自合依例饶润收纳。"③

　　与祠部符相关的祠部告示，见于绍兴十四年（1144）法道序本《大宋僧史略》所附《绍兴朝旨改正僧道班列文字一集》。此集中收录法道等札子若干，及绍兴三年祠部告示、十三年再行告示各一道。④ 因再行告示基本上是对绍兴三年指挥

　　　孙《江苏金石志》卷一〇，《石刻史料新编》第 1 辑第 13 册，第 9683
　　　页］，与当时行用的尚书省敕牒无关。因此，叶梦得讨论唐宋制度之别，
　　　并未基于同一类文书形态，忽略了唐宋敕牒的延续性。
① 　平田茂树注意到元丰改制带来的文书形式由"牒"（三司牒）到"符"
　　　（尚书省户部符）的转变，并借助梅原郁的研究，指出元丰官制改革推
　　　进了以三省六部为中心的统属关系，但并非唐代三省的复活。这一改革
　　　的意义在于它成为"皇帝一人支配作为施行机关的尚书省六部的萌芽"。
　　　在此含义上，文书形式向"部符"的转变具有重大意义。但他并未探讨
　　　元丰后尚书省符的形态，而是据《朝野类要》记载而认为元丰以后便是
　　　六部行符。〔日〕平田茂树：《宋代文书制度研究的一个尝试——以
　　　"关"、"牒"、"咨报"为线索》，胡劲茵译，邓小南主编《宋史研究论
　　　文集（2008）》，云南大学出版社，2009，第 28—29 页。
② 　（宋）李焘：《续资治通鉴长编》卷三六〇，第 8630 页。
③ 　李之亮笺注《苏轼文集编年笺注（诗词附）》卷三四，第 4 册，巴蜀书
　　　社，2011，第 348—349 页。
④ 　绍兴十三年告示，校注本原作："行在尚书祠部，绍兴十三年冬，因景灵
　　　宫立班，尔行告示、省符。""尔"，延宝本为"甫"，应是"再"之讹。

的重新申明，故仅录第一次告示：

行在尚书祠部：

准　都省批送临安府僧正慧通无碍大师梵安等状，为整
会　国忌行香僧道立班等事，后〔批〕①送礼部勘当，申
尚书省。捡会：先承批送下江州庐山东林太平兴龙禅
寺住持传西天法特赐宝觉圆通法济大师法道等札子，勘会
上件事理，后批送礼部勘当，申

尚书省。本部寻捡会下项条，并取②到太常寺状，
称：今看详《僧史略》内称，每当　朝集，僧先道后；
并立殿庭，僧东道西；间杂副职。并《太常寺因革礼》：
宣德门肆赦故事，道左僧右。其前件事各有文据该载，并
合遵依。所有僧道，每遇

国忌行香。寻捡照《嘉祐编敕》并绍兴新书条内，
并载僧道寺观，立文为次。今来僧法道理会行香立位，本
寺今勘当，欲比附嘉祐、绍兴条法，以僧在左。更合取自
朝廷指挥。申部，本部今参照：《嘉祐编敕》并载僧
道，其《政和海行》唯称道僧，及有道士序位在僧之上
正条。缘今来绍兴新书内，却依旧法，以僧道立文，并删
去道士序位在僧之上正条不行。本部今勘当，欲依太常寺
勘当到事理施行，更合取自朝廷指挥。已于今年四月四
日，缴连元状并《僧史略》一册，具申都省，未蒙

指挥。今又承批下僧梵安等状整会上件事，具申

---

① "批"字，据后文及再行告示补入。
② "取"，延宝本作"𣃚"，《大正藏》及校注本以为此字是"所"的俗字
"𣃚"，故皆作"所"。此据再行告示改。

都省去后，蒙

朝旨批下，十一月十四日，送礼部，依条施行，须至符下。

《僧史略》：今大宋每当　朝集，僧先道后；并立殿庭，僧东道西；间杂副职。若遇

郊天，道左僧右，未知始起也。

《太常因革礼》：乾德六年，宣德门肆赦故事，道左僧右。

《嘉祐编敕》条内，并该载僧道寺观，立文为次。

《政和海行》条内，[1] 并该载道僧观寺，立文为次。并有正条：诸道士序位在僧之上，女冠在尼之上等。

《绍兴海行》条内，并该载僧道寺观，立文为次。其道士序位在僧之上等前条，已删去不行。

右差亲事官郑彦告示梵安、法道等逐僧知委，已奉朝旨批降，依条改正，以僧在左。并符太常寺、临安府、江州去讫，仍具知委文状连申，不得住滞。

绍兴三年十一月二十一日下。[2]

法道等人申请改正僧道班列，源于对徽宗崇道的否定，具体过程不再展开。[3] 需要指出的是，此事是以祠部告示的形式

---

① 本条与上条原连在一起，此据上下文分段。

② （宋）赞宁撰，富世平校注《大宋僧史略校注》卷末《绍兴朝旨改正僧道班列文字一集》，中华书局，2015，第234—240页；《大宋僧史略》，日本延宝八年（1680）刻本，《续修四库全书》第1286册，第700—704页。校注本以《大正新修大藏经》本为底本进行整理，因此未保留文书格式。本节据延宝本所保留的平阙格式录文，但文字间或有异，恕不具录。

③ 参见王杨梅《南宋初期复定僧道班位考论》，《史学月刊》2025年第4期，第132—136页。

颁布，并且称已"符太常寺、临安府、江州去讫"，显见是与省符配合行用。

南宋告示与省符配合使用时，两者内容基本相同，唯结语有别。除前引"妙智之阁"碑外，亦见杭州《慈云寺碑》所刻公文。[①] 此碑分两截，上截所刻景定四年（1263）礼部告示，起首为："行在尚书礼部（草书，字径一寸，'部'字长及三寸）。"末云："呈奉判：'备僧司所申下，仍示。'本部除已符临安府仰照省符内所判事理施行外，须至指挥（以上正书，字径四分）。""右出给告示付慈云院住持僧崇宁，仰收执照应。""景定四年拾月^{尚书礼部之印}日（以上两行正书，字径一寸）。""官（大三寸，正书）"，此字下有押字"﹩"。

而下截所刻临安府使帖中转引的礼部符，文字同于告示，唯符末作"本部除已出给告示，付慈云院住持僧崇宁仰收执照应外，符府仰照省符内所判事理施行"，不同于前。《慈云寺碑》及拓本虽未见存世，但文书形态与江苏苏州玄妙观所存《天庆观甲乙部符公据》碑所载咸淳六年（1270）两通礼部符和一通礼部告示（见图9-5）一致。[②]

---

① （清）倪涛：《武林石刻记》不分卷，《石刻史料新编》第2辑第9册，新文丰出版公司，1979，第6882—6883页；（清）阮元编《两浙金石志》卷一三《宋城东慈云院部据府帖碑》，《续修四库全书》第911册，第112—113页。《慈云寺碑》告示用作公据，故碑额称为"部据"，倪涛前揭书释作"记号"，应误。

② 三通文书皆钤"尚书礼部之印"，参见图9-6。〔日〕小林隆道：《蘇州玄妙観元碑〈天慶観甲乙部符公拠〉考——宋元交代を兼ねる時代の宋代「文書」》，《東洋学報》第92巻第1号，2010年，收入氏著《宋代中国の統治と文書》，第339—368页。该文中文版《苏州玄妙观元碑〈天庆观甲乙部符公据〉考——兼论宋元交替时期的宋代"文书"》，刊邓小南等主编《宋史研究论文集（2010）》，湖北人民出版社，2011，第

图 9-5　宋代尚书礼部告示（局部）

资料来源：《天庆观甲乙部符公据》第三截，尚书礼部告示。图片系作者于 2024 年 5 月拍摄，因碑外有保护罩，文书中段照片有明显反光，故仅截取首尾部分。与《慈云寺碑》告示不同的是，此碑"咸淳陆年肆月日"后无"官"字，故押字在月日之下。类似的情况亦见"妙智之阁"碑阴告示，（清）李圭修、许传霈纂，刘蔚仁续修，朱锡恩续纂《民国海宁州志稿》卷一八《宋理宗御书安国寺碑》，《中国地方志集成·浙江府县志辑》第 22 册，第 501 页。

以此而论，《大宋僧史略》所附南宋初年告示及其所提及的省符发文机构，应皆是"行在尚书祠部"。但就此事处理程序而言，尚书省（都省）批状皆以"礼部"为文，要求由其

88—112 页。《天庆观甲乙部符公据》是小林氏 2008 年赴玄妙观考察《朝旨蠲免天庆观道正司科敷度牒省札部使帖》时意外发现的，他还指出，该碑除了被清人顾沄《苏州元（玄）妙观志》著录为"已佚"外，未见他书记载，但其真实性毋庸置疑，且应该是在 20 世纪 60 年代以后被重新发现而嵌入三清殿正面东侧外壁。

勘当申省。故其中"本部"指的是礼部，而非祠部。

另外，法道等收到的两道告示虽然是以祠部的名义发出，但到了南宋中后期，类似的告示已经被人视作六部告示，而非郎官厅告示。比如宋孝宗在为岳飞恢复名位时，亦要求将岳家在江州的旧田宅等资财拨还本家。为此，行在尚书司封及户部分别发文施行。值得注意的是，户部公文为《户部复田宅符》，而司封告示则被岳珂径称作《吏部复田宅告示》。[①]

至于省符形态，由于北宋后期规定符式的官方《令》《式》未被保留下来，只能据现存史料加以探讨。《正统道藏·洞玄部·纪传类》所收录的《梅仙观记》专门记载了该观所保留的《宋敕诰》，[②] 其中包含尚书礼部符两道，一为礼部符本身，一为洪州牒内转引者。相关内容如下：

---

① （宋）岳珂编《鄂国金佗续编》卷一三《天定别录卷之一》，隆兴元年（1163）六月《吏部复田宅告示》、八月《户部复田宅符》，王曾瑜校注《鄂国金佗粹编续编校注》，中华书局，2018，第1440—1444页。据岳珂序，《天定别录》编于绍定元年（1228），见前书，第1426页。

② 该部分包含六件文书：元丰五年（1082）七月尚书省敕牒一道，八月十二日尚书礼部符一道，洪州帖二道（一道时间未详，在元丰五年八月二十三日或以后，性质应为帖；一道为十月十九日帖丰城知县）及敕授告身二道［元丰五年九月寿春真人告身，绍兴二年（1132）闰四月十八日寿春吏隐真人告身，均仅录告词部分。其中，寿春真人告词与尚书省敕牒内所奉敕文字相同］。其中，元丰五年告词亦见（宋）不著编者编，司义祖整理《宋大诏令集》卷一三六《梅福封寿春真人敕》，中华书局，2009，第481页。《梅仙观记》最初编成于南宋咸淳二年（1266），但在收入《道藏》前，应经过后人修订。《梅仙观记》校注本，见邱园莉《梅福信仰文献整理与研究》，硕士学位论文，江西师范大学，2014，第8—31页。参见旧题（宋）杨智远编《梅仙观记》，郝文华点校，《中华道藏》第48册，第142—150页；李俊清《〈梅仙观记〉考辨》，《世界宗教研究》1997年第4期，第100—106页。

尚书礼部

勘会，近据尚书省送下录黄："镇南军丰城县梅仙观汉朝梅福，

敕特封寿春真人，其敕牒令本观收掌，及差官往彼，精虔祭告，及造牌额安挂。"已符本处具已施行及收管

敕牒文状申省去讫，今来多日，未见回申，须议催促。镇南军主者详前去今来符内事理，疾速回申，不管准前稽迟。符到奉行。元丰五年八月十二日。

洪州

元丰五年八月二十三日，准本年七月二十九日太常寺牒：准尚书礼部符："准元丰五年七月十八日尚书省送下画黄：中书省奏：尚书省送到祠部奏，据太常寺状，准送下镇南军奏状：'据丰城县申，勘到宣风南岐里梅仙坛观，委是国家逐年祭醮，每遇水旱，人民祈祷，皆有感应，委是诣实。州司检会：昨据寿圣梅仙观道士杨智远状，本观元系汉朝梅福遗迹之所，古坛、丹井、庵基见存；观宇乃是汉代兴建，名垂典祀，乞奏闻，赐"真君"名号。州司所据前项申述，切以福之伟节忠论，布在史策，可考而知。晚避逆莽，弃妻子，去九江，全性吴市门，世传以为仙。今遗迹具存，观宇严饰，水旱疾疬，有祷辄应。伏望特赐宠号，以称远民祈报之意。'会到本州自来只称号'梅真人'，当寺参详，汉朝梅福真人加封，申候指挥。本部今据太常寺状，伏候敕旨。今月十四日，奉圣旨如前，应有合行事件，检会旧例行施行。奉敕如右，牒到奉行。前批已降敕命封号讫，七月十八日未时，

付礼部，依圣旨指挥施行，仍关合属去处。太常寺主者详画黄指挥，应有合行事件，疾速施行，符到奉行。"牒到，请详前项尚书礼部符内圣旨指挥施行者。

此次加封，源于梅仙观道士杨智远（此人被附会作《梅仙观记》的作者）的申请，最终获得圣旨批复是在元丰五年（1082）七月十四日，距离新官制推行尚不足 3 个月。此前，申请经过丰城县（治今江西宜春丰城南）、镇南军（洪州军号，州治今江西南昌）、太常寺和尚书祠部的逐级审核，并最终经由中书省奏请皇帝获得批复（中书省画黄①）。根据这一批复，尚书省制为加封敕牒（七月十八日前颁下），并指示尚书礼部"依圣旨指挥施行，仍关合属去处"。据此，礼部下符太常寺、太常寺牒洪州依次施行（洪州施行所批处分，未见载）。

然而，配合此次加封而颁降的敕授告身直到当年九月才制作完成。此前，尚书礼部又根据尚书省所送下中书省录黄②，

---

① 元丰之后，中书省画黄指"大事奏禀得旨者"。《宋史》卷一六一《职官志一》，第 3783 页。不仅此次画黄文字成为尚书省敕牒的内容（即元丰五年七月尚书省敕牒），而且其中的敕文又成为敕授告身的告词（即元丰五年九月寿春真人告身）。可见，加封真人需要敕授告身，系大事，故为画黄。

② 相较于画黄，录黄即"小事拟进得旨者"，《宋史》卷一六一《职官志一》，第 3783 页。有关因加封而指挥"其敕牒令本观收掌，及差官往彼，精虔祭告，及造牌额安挂"，系小事，故为录黄。以北宋前期制度为例，康定二年（1041）加封广州南海广利王为洪圣广利王，及皇祐五年（1053）复增崇"以'昭顺'之号"时，"及令本处，限敕命到，差官精虔致祭"或"仍令本州差官往彼严洁致祭，及仰制造牌额安挂"之指挥，均是随中书敕牒一同颁降。元丰二年敕牒加封丹州宜川咸宁郡王庙神浑瑊为忠武王时，类似的圣旨指挥是以中书札子形式单独颁降，刻于敕牒碑侧。〔日〕小林隆道：《宋代的赐额敕牒与刻石》拓片 1《南海神庙康定牒》、拓片 2《南海神庙中书门下牒并奏状》，郑振满主编《碑

"符本处具已施行及收管敕牒文状申省"（此为第二道礼部符，但未被《梅仙观记》记载，仅在第三道符中被提及）。但上述两次下符均未得到及时回复，因此，八月十二日礼部不得不第三次下符镇南军，要求其"详前去今来符内事理，疾速回申，不管准前稽迟"。

实际上，洪州于八月二十三日才收到转发尚书礼部符（第一道符）的太常牒。直到十月十九日，洪州才制造完成相关牌额，并差人交付本观并祭告，同时下帖丰城县知县张某，要求其按照礼部符（第二道符）内指挥施行，并在完成后"具事状申州"。可见，礼部此前要求的"疾速回申"，直到两个多月后，应该还没有得到回应。

值得注意的是，此次加封申请，虽然事先由祠部司审核，但最终的加封敕命却是由尚书省敕牒及敕授告身施行，并始终由尚书礼部符配合处理相关事宜。① 可见，省、部在其中发挥

铭研究》第 2 辑，社会科学文献出版社，2014，第 100 页，亦见氏著《宋代中国の统治と文书》，第 194—195 页；（清）王昶《金石萃编》卷一三八《浑王庙牒》，第 2534—2536 页。需要说明的是，笔者在北京大学图书馆见到了加封忠武王的中书敕牒碑拓片（编号：A152015），但并未查到碑侧所刻中书札子的拓片。不过类似的札子，可见熙宁八年（1075）封颜文姜为顺德夫人时，与敕授告身、敕牒一同刻石的"淄州札子"所备载的中书札子。拓片见《北京图书馆藏中国历代石刻拓本汇编》第 39 册，第 92—93 页。

① 元丰八年（1085），司马光除门下侍郎，准例陈乞于父母墓侧创置僧寺一所，以"余庆禅院"为额，每年兴龙节得度行者一名。当年八月，尚书省颁下赐额敕牒。元祐元年（1086），司马光去世后，其子司马康以父亲曾任左仆射，准例合再请坟寺一所并度行者，但因其去世，未曾申陈，故提出每年暂于余庆禅院度行者两名，"候将来别乞得寺额，即行拨放"。奉圣旨特依，礼部下符陕州（保平军）、保平军牒司马康，依次施行。敕牒及保平军牒分别刻于司马光茔祠《敕赐余庆禅院》碑正背面。值得注意的是，保平军牒文中转引礼部符作"准尚书礼部天字号符"

的关键作用，是元丰改制之初，就已经确定的政务运行机制。

　　与之类似，元丰七年（1084）重修邹国公庙时，据兖州所得京东路转运司牒内所引尚书工部符提及，是源于经"都省送下"的"朝奉郎权发遣兖州事李樨奏"。随后，"本部符京东转运司勘会"确认，并奏请依"转运司勘会到事理施行"。在获"圣旨'依'"和都省批"付工部施行"后，"祠部关"工部下符（以上据"修庙敕"）。李樨奏及相应尚书礼部符，详见"修庙敕"前太常寺牒内所引公文，称："符寺主者勘会，修庙已关工部施行外，所有冕服，仍具合服名件制度一面回报本处，不管住滞，符到奉行。"可见，修庙事务虽由祠部关工部，但都省批送所得上奏的受文机构，及指挥太常寺勘会孟庙神像冕服制度的发文机构，均是礼部。①

　　此后，崇宁二年（1103），因西京白马寺、太原方山昭化禅院等四座寺院的前代高僧加赐师号，徽宗降旨四寺"今后每遇圣节各许进奉功德疏"，并可各得回赐度牒两道或一道。尚书礼部下符河南府、太原府等州府处理，内亦有"前批：合入《祠部格》。捌月肆日午时，付礼部施行，仍关合属去处"。②

　　　云云。带有编号的省符，目前仅见于此。此碑拓片及录文，见杨明珠编著《司马光茔祠碑志：图录与校释》，文物出版社，2004，卷首图版第31—32页，正文第23—25页。不过，南宋时，类似的事件是由尚书省札配合敕牒行下的。见隆兴元年（1163）《宋苍山资福寺敕牒碑》，（清）阮元：《两浙金石志》卷九，《续修四库全书》第911册，第15—16页。

①　见山东邹城《孟子庙牒》，《北京图书馆藏中国历代石刻拓本汇编》第40册，第3页。录文参见刘培桂编著《孟子林庙历代石刻集》，齐鲁书社，2005，第6—7页。

②　分见北京大学图书馆藏拓片《白马寺牒》（编号：A152495）及山西寿阳《昭化寺帖》。前碑以《宋西京留府白马寺帖》为题著录于（清）吴式芬《金石汇目分编》卷九之三，《石刻史料新编》第1辑第28册，第21019

也就是说，虽然回赐度牒涉及的具体规定，需要编入《祠部格》，但相关政务仍是交付礼部施行。以上省符，皆显示出以六部为中心的政务运行机制。

稍显遗憾的是，上述省符皆未保留署位部分。[1] 幸运的是，朱熹在《社仓事目（敕命并跋语附）》中，以"敕命"名目完整保留了转发"三省同奉圣旨"敕命的淳熙八年（1181）尚书户部符，起首为"行在尚书户部"，符末年月日后具署位如下：

1 淳熙八年十二月　　　　日下

2　　书令史郭鑪　令史顿坁　主事全安仁

3　将作少监兼权户部郎中兼权　　　　押

4　新　　除　　郎　　官　　　　未上

5　郎　　　　　　　　中[2]

此外，前引《天庆观甲乙部符公据》碑第一、二截所刻两通咸淳六年（1270）尚书礼部符，则更完整地保留了文书原貌，内容及署位基本相同，唯受符机构分别为两浙转运司

───────────

页。笔者据拓片录文。后碑载《北京图书馆藏中国历代石刻拓本汇编》，第 41 册，第 95 页，录文见（清）陆耀遹《金石续编》卷一七，上海古籍出版社，2020，第 1521—1524 页。

[1]　《报恩光孝禅寺赐田免税公据碑》第二截所刻户部符，同样未包括年月及署位部分。（清）陆心源：《吴兴金石记》卷九，《续修四库全书》第 911 册，第 536—538 页。

[2]　（宋）朱熹：《晦庵先生朱文公文集》卷九九，曾抗美、徐德明校点，朱杰人等主编《朱子全书》（修订本）第 25 册，第 4603 页。点校本在"书令史"前有缺字符，据其底本删。行数号系笔者所加。参见〔日〕小林隆道《宋代「備准」文書と情報伝達 — 朱熹『紹熙州県釈奠儀図』「文公潭州牒州学備准指揮」の分析から—》，《九州大学東洋史論集》第 37 号，2009 年，收入氏著《宋代中国の統治と文書》，第 72 页。

（见图9-6）和平江府。兹据小林隆道的释文移录如下：

19	咸淳六年□月　日下		
20	书令史张　安行	令史许　宗	主事徐
21	行尚书户部员外郎兼庄文府教授兼郎官　押①		

　　遗憾的是，由于郎官押署并不具姓，加之南宋末年史料缺佚严重，因此暂未知在此件礼部符署名的户部员外郎兼庄文府教授的姓名，及其所兼郎官的具体职衔。但如前所述，礼部在隆兴元年（1163）之后，常置郎官一人，通行四司事（见表6-1）。故知此人应是以礼部郎官兼行祠部事，这与两件文书开头的合同半印"祠部道释案元字贰肆号合同印官押"，以及末尾的"背向合同印式"——"祠部道释案元字式拾肆□□□号合同印官押"相符。②

　　可以明确的是，淳熙八年（1181）户部符中，押字的"将作少监兼权户部郎中兼权"应该是赵师罤，此人淳熙七年底至九年正月任"将作少监兼户部、金部郎"，以父伯骕

---

① 此据尚书礼部符两浙转运司而录，已据原碑校正，押字符以"押"代替。〔日〕小林隆道：《蘇州玄妙観元碑〈天慶観甲乙部符公拠〉考——宋元交代を兼ねる時代の宋代「文書」》，《東洋学報》第92巻第1号，2010年，第109页；《宋代中国の統治と文書》，第365页。

② 合同印式及半印文字，均据原碑校正。小林隆道指出，两件部符特殊之处有二：第一，合同印未见于他符；第二，部符是用于官司之间的文书，本不应由天庆观收掌。这应该是在易代之后，辗转归该观所有，并与元世祖至元十六年（1279）管领江南道教所公据一起被刻于石碑。见氏著《蘇州玄妙観元碑〈天慶観甲乙部符公拠〉考——宋元交代を兼ねる時代の宋代「文書」》，《東洋学報》第92巻第1号，2010年，第91、98—99页；《宋代中国の統治と文書》，第343、350—351页。

图 9-6　宋代尚书礼部符及钤印

资料来源：《天庆观甲乙部符公据》第一截，尚书礼部符两浙
转运司。图片系笔者于 2024 年 5 月拍摄。

丧免官，[①] 与文书系衔相符。不过，若赵氏是同时兼权户部郎
和金部郎，则意味着淳熙八年户部符是经由金部郎官署行。但
这与金部郎官职掌不符，而且未上的新除郎官，也与是年
"十二月旦"金部员外郎施温舒撰写《户部郎官厅壁记》的情
况不相符。[②] 施氏淳熙七年正月知蕲州时，以"铸钱增羡迁
官"，[③] 故不应迟至次年底还未上任。所以，赵师嚣应该是以
将作少监的身份先后兼任户部、金部郎。而他在兼权户部郎
中时所兼权的职务，应该是仓部郎官，因此才在前件户部符上押
署。[④] 至于新除仓部郎官，暂时失考。

① （宋）叶适：《兵部尚书徽猷阁学士赵公（师嚣）墓志铭》，《全宋文》
第 287 册，第 8 页；（宋）周必大：《和州防御使赠少师赵公伯骕神道
碑》，《全宋文》第 233 册，第 46 页；李之亮：《宋代京朝官通考》，《宋
代职官通考》第 4 册，第 1944—1945、1999 页。
② （宋）潜说友纂《（咸淳）临安志》卷五，浙江省地方志编纂委员会编
《宋元浙江方志集成》第 1 册，第 330 页；李之亮：《宋代京朝官通考》，
《宋代职官通考》第 4 册，第 1998—1999 页。
③ 李之亮：《宋代郡守通考——两淮守臣考》，《宋代职官通考》第 18 册，
第 1786—1787 页。
④ 淳熙八年十二月间，赵师嚣尚在户部郎中任上，至次年正月父丧后免官，
则其兼金部郎为时甚短，且应是施温舒的继任者。

　　前引户部、礼部符显示，元丰重建尚书省以后，直至南宋末年，尚书省符与唐制一样，仍由郎官署位。如元丰六年（1083），朝廷以"尚书六曹，如吏部左右选、户部左右曹，事务皆为繁剧，郎官自早至晚书押不绝，无暇省览事务，致差失稽违"为由，规定"两员郎官处分〔，分〕案治事，所行符亦许员外郎签押"。①　绍圣三年（1096），三省又言："户部右曹所领职事，系属旧司农寺，本曹郎官两员主行。昨自元丰七年间准朝旨郎官分治，因此遂各分定诸路。缘近时申请举行，事既不相照，又难以逐一关会，不免其间或有异同。兼郎官一员在假，则兼领者不能尽知首尾。况今来复法之初，诸路申请甚多，须至一体行遣。"诏"本曹申请文字，郎官两员通书，其符下诸路文字，依旧分押，余依旧条"。②　说明迟至绍圣时，宋代省符与唐代一样，仅以郎官（郎中或员外郎）一人署位即可。不过，淳熙八年省符署位已稍不同于前代，署位郎官不仅限于一员。这应是北宋末年出现的变化。③

　　综上可知，元丰之后省符的发文机构已经不是尚书省，而是"某司"。这与元丰之后，宋人一度沿唐制将省符称为诸司

---

①　（宋）李焘：《续资治通鉴长编》卷三三九，元丰六年九月辛酉条，第8169页。〔〕内补字，据（清）徐松辑《宋会要辑稿》，"吏部"，职官八之五，"户部"，食货五六之二三，第3233、7295页。

②　（清）徐松辑《宋会要辑稿》，"户部"，食货五六之三〇至三一，第7300页。

③　伪齐阜昌六年（1135）八月，因皇帝敕祭浑忠武王，尚书礼部符"丹州主者，仰恭依前项圣旨指挥排办行礼施行"。符末署位由两位员外郎押字。这一文书形态应承自北宋后期省符。见北京大学图书馆藏拓片《敕祭浑忠武王文并尚书礼部牒》，编号：A16746。录文载余正东纂修，黎锦熙校订《民国宜川县志》卷二〇《宗教祠祀志》，《中国地方志集成·陕西府县志辑》第46册，凤凰出版社，2007，第421—422页。该志虽然正确指出礼部文书的性质，但符末署位仅录"员外郎"三字。

符是一致的。不过，诸司符（子司符）在进入南宋不久之后，[1] 就已不见于史籍。虽然不能排除这是由史料缺失造成的结果，但也不能忽略另一个可能：在南宋省部关系的调整中，人们不断主张应发挥六部的作用，[2] 因此在时人看来，省符的主体应是尚书六部，所以径称之为部符。这也就意味着，此时省符发文机构"某司"已实质性变为"某部"，并由承担相应政务的郎官厅诸郎中押署。考虑到淳熙八年户部符的署位，这一变化可能发生在孝宗朝。[3]

不仅如此，与唐代承制敕省符往往是省司直接将制敕以符下达不同，北宋后期以降，尚书省符在三省同奉圣旨或敕命之外，往往还以尚书省批的形式加上都省指挥后，并根据其指挥交付六部施行。这些均说明，省符虽然仍仅由郎官署位，但此时尚书省内部运作的核心是都省与六部，而非郎官厅（省司），且都省指挥独立于部符之外。

---

[1] 南宋初，尚有尚书金部符下太府寺、打套局和杂卖场等机构处理货物的估价、出卖事务。其中，交由太府寺办理时，需"请寺丞一员覆估讫，径申金部提振郎中厅审验了当"。（清）徐松辑《宋会要辑稿》，"编估局"，职官二七之七〇，绍兴九年（1139）六月二十一日诏，第3747页。

[2] 绍熙三年（1192），谢源明言："乾道九年诏旨：'六部应承三省、密院批送勘当文字，并令本部郎官、长贰按法裁决可否，申上朝廷施行。'即不得持两端。如或事有疑难，及生创无条例者，令长贰据所见申明将上取旨。乞明诏六曹遵守。"从之。《宋史》卷一六三《职官志三》，第3835页。另参魏了翁端平元年（1234）《应诏封事》，首条建议即"复三省旧典，以重六卿"，《全宋文》第309册，第117—119页，以及第六章所引文天祥《己未上皇帝书》"清中书之务"的建议。

[3] 与之类似，六部符早在金代一省确立后就已存在。田晓雷：《金朝吏部研究》，博士学位论文，吉林大学，2018，第117—118页。但目前无法判断南宋部符和金朝部符变化的时间先后关系，也不清楚两者形态是否存在相互影响。

比如，前引《慈云寺碑》下截所刻临安府使帖还提及，在收到礼部符（"符府仰照省符内所判事理施行"）后，府帖称："府司具呈，本辖官拟：'欲照部符行。'奉台判：'行。'府司已帖僧司照应外，须至给帖者。"① 可见，对于尚书礼部自视为省符的文书（更准确地说，礼部是将所奉都省判视作"省符"，因此又以"部符"转发"省符"），却被临安府官员直接视作部符。此正本节所谓"从省符到部符"之意。

唐宋时期符式在《公式令》《文书式》中呈现方式的变化，诸如排列顺序的改变，以及省符被州符取代，能够折射出唐宋尚书省在国家政务运行机制中的职能与地位的变迁，尤其是元丰以降，相较于牒式、帖式，符式在尚书省公文体系中地位下降的现实。比如，前引元祐元年司马康为其家坟寺申请遇圣节度行者一事，是以尚书礼部符陕州的形式颁降敕命，与敕牒配合行下。然而两年之后，范纯仁以"旨授尚书右仆射"为由，援例提出同样申请时，尚书礼部是以牒的方式颁降诏旨的，② 亦能看出牒式对符式的取代。

更加值得注意的是六部所用牒、帖式和公据署位方式的变

---

① （清）倪涛：《武林石刻记》不分卷，《石刻史料新编》第 2 辑第 9 册，第 6883 页。"妙智之阁"碑阴临安府使帖也有相同表述，（清）李圭修、许传霈纂，刘蔚仁续修，朱锡恩续纂《民国海宁州志稿》卷一八《宋理宗御书安国寺碑》，《中国地方志集成·浙江府县志辑》第 22 册，第 501 页。

② （宋）陈贻范编（原题：不著撰人编）《范文正公遗迹》，北京图书馆藏明刻《范文正公集》附，《四库全书存目丛书》史部第 82 册，第 261 页；《范仲淹全集》附录四《历代制敕公文》、附录五《历代祠庙记》，李勇先等点校，中华书局，2020，第 948—949、963 页；王瑞来：《〈范仲淹集〉版本问题考辨》，氏著《天地间气：范仲淹研究》，山西教育出版社，2015，第 175 页。另，尚书礼部牒后有范纯粹元祐四年所撰记，但点校本《范仲淹全集》将礼部牒与范纯粹记割裂收录。

化。由于前件礼部牒系由地方转致褒贤院（范氏寺），故未保留牒末署位。但考虑到《司马氏书仪》牒式中"列位"用语，[①] 并参考庆元元年（1195）实录院牒泰州文末署位，[②] 应是部内全体官员依次署位。

部帖署位也是如此。乾道二年（1166），台州天台县桐柏崇道观以建徽宗皇帝本命宝殿为由，援例乞免本观物力科敷。七月廿一日，户部除以符下台州施行外，仍以帖付桐柏崇道观"仰详此照会"。此件帖文起首为"行在尚书户部"，钤"尚书户部左曹之印"（详后，见图 9-8），帖末署位：秘书省秘书郎兼权沈（押）、员外郎韩（差）、侍郎曾（押）、侍郎方（押）、尚书（缺）。[③] 类似的帖文还见于杭州慧因寺《宋高丽寺蠲免札付碑》下截所刻淳熙元年（1174）尚书礼部帖，但其上印文已不清，帖末以"官"代替署位。[④]

---

①　与其他文书以"具位"或"具官封"表示文末官员署押不同，牒末年月后以"列位（三司首判之官一人押，枢密院则都承旨押）"的方式表示。（宋）司马光：《司马氏书仪》卷一，第 1—7 页。

②　（宋）王明清撰，中华书局上海编辑所编辑《挥麈录》卷首《实录院牒》，中华书局，1961，第 20—22 页。

③　押署的分别是"秘书省秘书郎兼权"户部沈洵（史未载其兼户部郎官，但乾道二年四月他在迁任秘书郎前，曾任太府寺丞，与户部关系密切），户部员外郎、主管左曹韩彦直，侍郎曾怀和方滋（方滋乾道二年七月二十五日罢，与户部帖时间相符）。李之亮：《宋代京朝官通考》，《宋代职官通考》第 6 册，第 2889 页；第 7 册，第 3453 页；第 4 册，第 1940、1895 页。2025 年 1 月，承蒙李雪梅教授赐示，此碑今存天台县鸣鹤观，但碑阴所刻户部帖已经被人为凿铲毁坏殆尽，而碑阳所刻乾道五年五月赐白云庵（在崇道观西）额为白云寿昌观敕牒和拨赐常住香火田产（租税依崇道观例施行）省札，及六年十一月改赐田产省札，保存较为完整。

④　（清）阮元编《两浙金石志》卷九《宋桐柏崇道观尚书省帖》《宋高丽寺蠲免札付碑》，《续修四库全书》第 911 册，第 19、27 页。

与之类似的，还有淳祐七年（1247）五月仁济庙加封公据。此次加封涉及仁济神（李靖）及其夫人和三子，由湖州安吉知县"申部伏乞指挥施行"，经本部送太常寺勘当后，奏请施行，"奉圣旨：依"。文末结语为"本部除已具申朝廷命词给诰外，寻呈奉判照已降指挥给"公据付仁济庙收执。公据起首为"行在尚书礼部"，署位者依次为尚书礼部员外郎兼卢（押）、祠部郎中（缺）及侍郎刘（押）、尚书赵（督府参赞），[1] 但月日处钤印为"尚书祠部之印"。[2]

综上可知，相较于南宋部符仍沿旧制仅由郎官具衔署押，六部其他牒、帖和公据等公文，已经改为由尚书以下部内官员依次具衔押字的署位方式，[3] 更鲜明地体现出六部实体化的特征。而不晚于元代，部符署位方式（见图9-7）也最终向牒、

---

① 署押的"尚书礼部员外郎兼卢"不详，同时期有卢壮父（夫），淳祐四年（1244）正月除著作郎，同年知瑞州，至七年任满，或即入为礼部员外郎兼祠部，又至九年，以太常少卿兼权直学士院。"侍郎刘"失考，而未见当时任职侍郎的徐鹿卿署位，尚书即祠部尚书、督视行府（即督视江淮等处军马府，亦称枢密行府，此时任职者即枢密使兼参知政事、知建康府赵葵）参赞军事赵希至（暨），此人淳祐七年四月兼任督府参赞，至六月九日已经到建康行府任职，不再担任礼部尚书。李之亮：《宋代京朝官通考》，《宋代职官通考》第 6 册，第 2976、3144 页；第 4 册，第 2095—2096、2053 页；李之亮：《宋代郡守通考——两江守臣考》，《宋代职官通考》第 19 册，第 2507、2005 页；《宋史》卷四三《理宗纪三》，淳祐七年四月甲辰条，第 837 页。

② （清）陆心源：《吴兴金石记》卷一二《仁济庙加封敕牒碑》（额题"加封公据"），《续修四库全书》第 911 册，第 573—576 页。

③ 自唐代以后，相较于符，牒、帖均属于体式简便、运行灵活的公文，文末往往由一个官员署位即可。参见卢向前《牒式及其处理程式的探讨——唐公文书研究》，氏著《唐代政治经济史综论——甘露之变研究及其他》，第 307—363 页；雷闻《唐代帖文的形态与运作》，《中国史研究》2010 年第 3 期，收入氏著《官文书与唐代政务运行研究》，第 64—95 页。

帖文书趋同。①

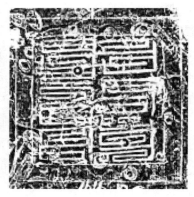

图 9-7　元代中书礼部符署位及钤印

说明：钤印为"中书礼部之印"（八思巴字篆体）。

资料来源：底图据项泽仁《蒙元符文考述》，《档案学通讯》2022 年第 1 期，图 1 "《大元加谥晋世子申生恭愍碑》碑阳拓片上截符文"，第 70 页。

余论：六部的实体化及六部印的出现

　　结合本章所论，唐宋之际尚书六部由虚转实的关节点，是元丰改制。这不仅体现在奏钞和省符形态的改变上，也体现在六部印的出现上。

　　如前所述，唐代尚书机构仅置尚书省印（都省印）及二

---

① 项泽仁：《蒙元符文考述——以〈述善集〉与石刻史料为中心》，《档案学通讯》2022 年第 1 期，第 67—74 页。不过，该文指出由于目前未见金代部符存世，元代部符具体承自何朝，仍有待进一步研究，同时认为相较于南宋礼部符，两者的差别在于元代增添了起首语"皇帝圣旨里"。后一看法并不准确。

十四司之印，并无六部印。这是因为尚书省内部运作的中心是省、司两级，而非六部。但元丰改制后，宋代尚书省便在之前的诸司印（郎官厅印）中，分化出六部印，见图9-8。[①]

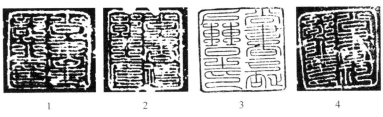

1　　　　　　　　2　　　　　　　　3　　　　　　　　4

图9-8　宋代六部印及郎官厅印

资料来源：1"尚书吏部之印"、2"尚书礼部之印"均引自浙江杭州《宋忠祐庙敕封告据碑》，该碑上截为德祐元年（1275）尚书礼部公据，下截为同年庙神岳飞封忠文昭烈王敕授告身，《北京图书馆藏中国历代石刻拓本汇编》第44册，第147页。录文见（清）阮元编《两浙金石志》卷一三，《续修四库全书》第911册，第119—120页。3"尚书户部左曹之印"印钤于前件《宋桐柏崇道观尚书省帖》，但《两浙金石志》并未载印文。此印摹本见黄瑞《台州金石录》，但印文被黄氏释作"尚书长户转之印"，又被《台州府志》释作"尚书长户曹之印"，皆误。钱大昕将印文释作"尚书户部右曹之印"，并指出，此帖应是户部左曹所掌，而"篆文却是'右曹'字，因此推测可能是摹刻者之讹"。考虑到篆体"左"字中"工"均在"𢀖"右侧，而"右"字中"口"通常在"𠂇"左侧，故将印文径释如前。这也与前述"员外郎韩"主管左曹的记载相符。（清）黄瑞辑《台州金石录》卷六，《石刻史料新编》第1辑第15册，第11048页；喻长林等编纂《台州府志》（点校本）卷八七，第7册，楼波点校，上海古籍出版社，2015，第3831页；（清）钱大昕：《潜研堂金石文跋尾》卷一六《行在尚书户部帖》，祝竹点校，陈文和主编《嘉定钱大昕全集》（增订本）第6册，第370页。4"尚书祠部之印"，见北京大学图书馆藏《仁济庙牒（封号公据）》拓片，编号：A153517。

---

① 王丽：《宋代元丰官制改革后吏部研究——以法令和文书为中心》，第129页。

不过，除户部左右曹等印外，元丰以后的宋代六部及郎官厅印，基本沿用唐及北宋前期尚书诸司印文，两者之间差别不大。这一点，既不同于金元时期随着六部之下分司的消失而不存在的诸司印，又不同于明清六部清吏司印文皆带所属六部之名，与部印截然有别（参见第六章所引民国初年收缴销毁的清末诸部印信）。因此，当时部印与郎官厅印记之间的区别，还有待进一步研究。

可以确认的是，南宋以降，尚书省郎官虽大量省并，但诸郎官厅印记始终俱存。① 以前引淳祐七年（1247）仁济庙加封礼部公据为例，钤印为"尚书祠部之印"，与发文机构不同。笔者曾怀疑清人对印文释读有误，遂请徐聪在安吉寻访，被告知庙、碑今俱不存，后来，不仅通过拓本确认了印文释录的准确性（见图9-8），而且还注意到，元丰改制后，祠部度牒起首改为"尚书礼部"，但迟至南宋初期，仍延续此前由祠部用印的做法。② 换言之，作为郎官厅印，祠部印的使用延续到了南宋晚期。

保留郎官厅印记，反映了元丰以后尚书省诸司职能的恢复。不但如此，尚书省符也一度沿唐制称诸司符。不过，目前尚不能明确南宋郎官厅印（如祠部印）的行用范围，但类似

---

① 王丽：《宋代元丰官制改革后吏部研究——以法令和文书为中心》，第129页。南宋后期以"行在尚书考功"为发文机构的公文，见《琅溪金氏族谱》所收咸淳四年（1268）《宋给千一府君（金革）进士年甲公据》，年月日处有"印"字，但不详其印文，文书署位亦失载。阿风、张国旺：《明隆庆本休宁〈琅溪金氏族谱〉所收宋元明公文书考析》，《中国社会科学院历史研究所学刊》第9集，商务印书馆，2015，第425页。

② 拙文《宋代度牒、紫衣和师号牒形态研究——从〈通玄观志〉所载南宋"敕牒"谈起》，《文献》2024年第2期，第31页。

的神祠改庙额公据，也有不钤祠部印而钤礼部印者，如前引
《宋忠祐庙敕封告据碑》所刻公据。此外，现有资料也表明，
南宋中晚期告示通常以"部"的名义发布（前述岳珂将南宋
早期司封告示径称作吏部告示，也正在这一时期），并且钤印
多为部印。① 这些例子说明，就行用范围而言，部印可能更具
广泛性。

　　另外，元丰以后省符虽然仍依唐制称诸司符，但尚书省看
详的主体已由"省司"转换为"省部"。② 因此，虽然元丰后
存在以尚书省诸司名义单独参与的政务活动，但其已非尚书省
政务运行机制的主体机构。

　　进而，南宋人虽然仍沿用"省符"之名，但随着建炎改
制，尚书省（左右司）成为"三省"宰执的下属，而"尚书
六曹"则成为"三省"政令的具体执行机构，因而通常由州

----

① 除前引"妙智之阁"碑、《慈云寺碑》、《天庆观甲乙部符公据》碑外，
　　南宋告示碑还有今存江苏苏州光福寺的《上方教院免差役公据》（拓本
　　今藏北京大学图书馆，凡两件，编号 A153463 者，系缪荃孙旧藏；编号
　　A251842 者，系顾湘舟、张仁蠡旧藏，题作《光福寺祈请道场免役公
　　据》）碑上截所刻绍定四年（1231）礼部告示，原即浙江乌程《报国寺
　　告示碑》所刻绍定六年礼部告示、上海安亭菩提寺《唐兴殿记》碑阴所
　　刻宝祐（1253—1258）后礼部告示。以上三碑录文见《江苏金石志》卷
　　一六，《石刻史料新编》第 1 辑第 13 册，第 9835 页；（清）陆心源《吴
　　兴金石记》卷一〇《报国寺告示碑》，《续修四库全书》第 911 册，第
　　558—559 页；《嘉定安亭菩提寺宋礼部告示》，潘明权等编《上海佛教碑
　　刻资料集》，复旦大学出版社，2014，第 90—91 页。据此，现存南宋后
　　期告示均以"行在尚书礼部"名义颁降，钤"尚书礼部之印"（绍定告示
　　以"印"字代替），但押字者仅一人，且无署衔，因此无法确认其身份。
② 北宋前期，文献中常见"省司看详"，既可用于三司，亦可用于尚书省。
　　如治平四年（1067）六月，刑言部："省司看详立法之意（引者按：指
　　治平三年四月五日诏书），盖为上件指定州县居民自来习惯为盗，以至
　　结集徒党，杀害官吏，遂立重法。"（清）徐松辑《宋会要辑稿》，"捕
　　贼"，兵一一之二七，第 8831 页。

府、寺监承受的"省符"，遂以"部符"为名，是六部降付敕旨、单独或承都省批状而指挥公事之文书，同时其功能也被其他六部公文，如部牒、部帖或部据等所分担，重要性逐步下降。因此，《司马氏书仪》摘引元丰《公式令》便以"牒式"作为内外官司行用公文的代表，而无须备录其他文书式。降至南宋，庆元《文书式》在延续元丰旧制以牒、帖为内外官司公文之外，更是以"州符"取代"部符"作为"符式"代表。

附录一　唐胡演墓志及相关问题考释

胡演墓志出土地不详，2009 年征集入藏西安大唐西市博物馆。墓志正书，志文 35 行，满行 36 字。[①] 志主两《唐书》未予立传，其事迹散见于新旧《唐书·长孙顺德传》和《资治通鉴》。

故本文首先对胡演墓志所涉及问题（志主生平、家世等）进行考释，其次利用墓志对初唐法律史相关问题的囚帐管理归属问题进行讨论。此问题涉及本书制度篇所讨论的北朝隋唐之际尚书省体制演变，故将其纳入附录，以申说前论。

一　胡演墓志考释

胡演，字子忠，安定郡（治今甘肃泾川北）人，卒于贞观二十年（646），享年 81 岁，故当生于北周武帝天和元年（566）。据《元和姓纂》，胡姓为帝舜之胄虞阏父之后。阏父之嗣受封于陈，故子孙以其谥号"胡公"之"胡"为姓。周

---

① 墓志图版及录文，见《唐故银青光禄大夫汴州刺史胡使君墓志铭》，胡戟等主编《大唐西市博物馆藏墓志》，北京大学出版社，2012，第 76—78 页。

初，陈国与杞、宋两国，作为虞、夏、殷之后，备位三恪。①所以志文有"昔虞帝丕城五运，载阐灵源；陈侯允膺三恪，肇分昌绪"之语。安定为胡姓郡望，其始被追述为西汉的胡建。此后，东汉时有胡广（字伯始），位至太尉，西晋时有胡奋（字玄威），官至左仆射，② 故志文有"伯始道叶台仪，宣绩于卯金之世；玄威位隆端揆，腾芬于典午之朝"之句。

安定胡氏在北朝亦为大族，尤其是在北魏后期及东魏、北齐之世，成为显赫的外戚权贵。如胡奋裔孙胡国珍，北魏司空，其女为宣武帝皇后（灵太后），生孝明帝。国珍兄胡真，生胡宁、胡盛。盛之女为孝明帝皇后；宁之女为清河王元亶妃，生东魏孝静帝。真之曾孙胡延，其女为北齐武成帝皇后，生后主。后主皇后即延子胡长仁之女。③ 不过，安定胡氏与东魏、北齐皇室更加密切的关系，似乎并没有给仍然留居关中的胡演一家带来什么帮助。从墓志中可以看到，胡演曾祖胡安寿未曾仕宦；祖父胡湛，曾任雍州（治今陕西西安西北）户曹从事、东园令；父亲胡恭，历任纳言下士、蒲州蒲阪县（治今山西永济蒲州镇）丞、虞乡县（治今山西永济东北古城村）

---

① （唐）林宝：《元和姓纂》卷三，岑仲勉校记，中华书局，1994，第 279 页。参见《左传·襄公二十五年》："昔虞阏父为周陶正，以服事我先王。我先王赖其利器用也，与其神明之后也，庸以元女大姬配胡公，而封诸陈，以备三恪。"

② （唐）林宝：《元和姓纂》卷三，第 279 页。《后汉书》卷四四《胡广传》载，胡广为南郡华容（治今湖北洪湖周家咀关西）人，与《元和姓纂》不同，第 1504 页。胡奋事迹见《晋书》卷五七，第 1556—1557 页。

③ （唐）林宝：《元和姓纂》卷三，第 279—280 页。参见《北史》卷一三、一四《后妃传》之《宣武灵皇后胡氏》《孝明皇后胡氏》《武成皇后胡氏》《后主皇后胡氏》，第 503—506、522—524 页；卷八〇《外戚传》之《胡国珍》《胡宁》《胡长仁》，第 2687—2691、2693—2695 页。

令，都不过是中低级官吏。

安定作为胡氏最重要的郡望，在进入隋唐之后，逐渐衰微，成为旧望。① 与之相反，在《元和姓纂》中记载的唐代胡氏新望就达到了七个：弋阳定城（治今河南潢川）有刑部郎中胡元礼；申州义阳（治今河南信阳）有凤阁侍郎胡元范；洛阳（治今河南洛阳）有秘书少监胡皓；鄠县（属雍州京兆郡，治今西安鄠邑）有刑部侍郎胡演；乐陵（治今山东乐陵西北）有兵部员外胡曼倩、大理少卿胡珣；② 恒山（治今河北正定）有代州总管、定襄郡王胡大恩（赐姓李氏）；河东（治今山西永济蒲州镇）有胡瑜及其兄弟，开元中并举进士。③ 胡演一支是其中鄠县胡氏的代表。

从墓志所书的"安定"到《元和姓纂》所载的"鄠县"，反映了从唐初到中晚唐胡演一支随时代变迁而发生的郡望变化。这种变迁应当与其家族成员的仕宦经历有关，也从一个具体而微的层面印证了唐太宗"欲崇重今朝冠冕"的说法，④ 确实代表了唐代士族的一般共同心理。不过，由于缺乏进一步的墓志或传记资料，有关胡演家族更详细的情况难以考知。

---

① 《元和姓纂》卷三载，胡氏旧望有二：安定之下有唐绵州万安县令胡文同，新蔡之下"今无闻"。此外又载河南胡氏，系北魏皇族纥骨氏所改，第279—280、283页。
② 韩愈元和十四年（819）所作胡珣神道碑载，"胡姓本出安定，后徙清河（治今河北清河西北），于今为宗城（治今河北威县东南），属贝州"。与胡演类似，胡珣亦是自安定胡氏分出者，但同作于元和年间的《元和姓纂》与胡珣神道碑对其家族居住地的记载却不一致，反映了同一家族对郡望的不同记忆。不过，该问题超出了本文的主旨，兹从略。马其昶校注《韩昌黎文集校注》卷七（原集卷三〇）《唐故中散大夫少府监胡良公（珣）墓神道碑》，马茂元整理，上海古籍出版社，1986，第467页。
③ （唐）林宝：《元和姓纂》卷三，第280—283页。
④ 《旧唐书》卷六五《高士廉传》，第2444页。

关于胡演的家人，墓志仅载其长子胡树礼，时官朝散大夫、行始平县（治今陕西兴平）令。乾封元年（666），卢照邻在蜀地为益州都督府长史胡树礼撰画赞，[①] 其人与胡演之子胡树礼年代相近，当是同一人。文中提及胡树礼"为亡女宇文氏敬造像等"而作的画赞文。由此可知树礼之女夫家为宇文氏。同时，卢照邻还为树礼作《相乐夫人檀龛赞（并序）》："相乐夫人韦氏者，益州都督长史胡公之继亲也。"[②] 由此知，韦氏是胡演继室，故为树礼继母。至于胡演原配，则不得而知。

墓志称胡演"出入两朝，循环五纪"，以一纪 12 年计，可知他约于开皇六年（586）入仕。关于胡演的出身，墓志只言及他在隋开皇年间调补门下省录事（从八品上阶），[③] 迁冀州（治今河北冀州）录事参军。不过，铭文称其"韫匮标价，杨庭策名"，[④] 若非虚美之词，则胡演应该是经过策试，及第之后才被授予官职。至于具体的科目名则无可考。大业二年（606），胡演出任泾州（后改安定郡）鹑觚县（治今甘肃灵台县）令，不久即迁任京兆郡武功县（治今陕西武功西北武功镇）令。由于隋朝改州为郡是在大业三年四月，[⑤] 则胡演迁任

① 祝尚书笺注《卢照邻集笺注》（增订本）卷七《益州长史胡树礼为亡女造画赞》，上海古籍出版社，2011，第 427 页。
② 祝尚书笺注《卢照邻集笺注》（增订本）卷七，第 422 页。"相乐"，或作"相里"。
③ 《隋书》卷二八《百官志下》，第 878 页。
④ 类似的表述，见（唐）徐坚等《初学记》卷二〇《荐举》引梁《仪贤堂监策秀才连句诗》，"雄州试异等，扬庭乃专对"（第 478 页），及《魏书》卷八四《儒林传序》载，世宗时"州举茂异，郡贡孝廉，对扬王庭，每年逾众"（第 1990 页）。
⑤ 《隋书》卷三《炀帝纪上》，第 75 页。

武功县令必然在此之后。其后，他又转任北地郡（治今甘肃宁县）丞。这时已是大业末年，胡演也已 50 岁出头。40 岁为县令，50 岁为郡丞，可以说，如果不出意外，胡演将与其父祖一样，终老于郡县任上。然而，即将到来的隋唐鼎革，给胡演带来了新的际遇。

据墓志载，义宁（617—618）初，身为北地郡丞的胡演率郡归顺李渊，被任命为本郡太守，授左光禄大夫，封归义县公。胡演归唐之事，正史无闻。据《资治通鉴》载，大业十三年（617）九月甲子，渡过黄河的李渊进驻长春宫（在今陕西大荔朝邑镇西北），派兵略定京兆诸县。乙亥，命李建成、李世民分率诸军屯于汉长安故城（在今西安市西北），围住长安。同日，延安（治今陕西延安东）、上郡（治今陕西绥德县）、雕阴（治今陕西绥德）皆请降于李渊。至十一月丙辰，李建成等攻克长安。壬戌，李渊扶立代王杨侑即皇帝位，改元义宁，而自为大丞相，控制朝政。乙丑，榆林（治今内蒙古鄂尔多斯市准格尔旗东北十二连城）、灵武（治今宁夏吴忠北）、平凉（治今宁夏固原）、安定诸郡也遣使请降。①

大业末年的关中，朔方（治今内蒙古鄂尔多斯市乌审旗南白城子）、延安、雕阴和弘化（治今甘肃庆阳），曾为梁师都控制，与梁师都相呼应的郭子和占据榆林，起兵金城（治

---

① 《资治通鉴》卷一八四，第 5756—5765 页。该书又于是年十二月乙未书平凉留守张隆来降，于义宁二年（唐武德元年）三月癸酉，书李渊妻兄窦抗率灵武、盐川（治今陕西定边）等数郡来降，于七月乙卯，又书榆林贼帅郭子和遣使来降，以为灵州（即隋灵武郡）总管。由此可知，代王即位之时，真正被长安朝廷控制的，大概只有安定、北地这样的近郡而已。分见《资治通鉴》卷一八四、一八五，第 5767、5785、5801 页。

今甘肃兰州）的薛举则据有天水（治今甘肃天水）等郡。①

在这样的情势下，胡演能率郡归降，其所衍生的政治意义不言而喻。李渊自然投桃报李地授予他归义县公，散职阶进至正二品。②此即墓志铭所谓"擢迹危邦，攀鳞有圣"。胡演之所以能够保有北地郡，并以郡丞的身份率郡归顺，应该与其为相邻的安定郡人，且大业年间长期在安定、京兆和北地为官的经历有关。

起初，建都天水的薛举本欲趁机夺取长安，派其子薛仁果（一作杲）东征，却被割据在扶风汧源县（治今陕西千阳县西北）的唐弼阻挡。闻知李渊攻克长安，十二月癸未，薛仁果进围扶风（治今宝鸡凤翔区），癸巳，便被李世民击败。③在此一战中，西南与扶风接壤的北地郡自然成了前线。据墓志载，胡演不仅倾尽私粮以供军需，而且亲率骑兵奔赴一线，参与作战，因而受到朝廷嘉奖。

义宁二年（618）五月，李渊即位，改元武德，即改郡为州，以太守为刺史。北地郡即改为宁州，胡演遂改官"使持节宁州诸军事、宁州刺史，兼折威军将"。不过，此时的宁州，不能等同于大业年间的北地郡。据史志载，义宁元年，北地郡领定安、罗川、襄乐、彭原、新平、三水六县。二年，分

① 《资治通鉴》卷一八三，义宁元年（617）二月壬午条、三月丁卯条后，卷一八四，义宁元年七月丙辰条后，第5718、5724、5746页。
② 《隋书》卷二八《百官志下》载大业散职，左光禄大夫为正二品（第885页）。关中群盗中势力最强的孙华主动归顺李渊后，即被授予左光禄大夫、武乡县公，领冯翊（治今陕西大荔）太守。胡演归顺后所获政治待遇，与孙华相当。《资治通鉴》卷一八四，义宁元年八月壬寅条，第5750页。
③ 《资治通鉴》卷一八四，第5766—5767页。

定安置归义县，并以新平、三水二县置新平郡，即后之豳州（又改邠州，治今陕西彬州）。武德元年（618）北地郡改称宁州后不久，当年又以彭原县置彭州（治今庆阳西峰区北彭原镇），故宁州仅领定安、归义、罗川、襄乐四县，① 面积大幅减少。其中，分定安县置归义县，应该与胡演受封为归义县公直接相关。将北地一郡分置三州，与隋末及武德初年的战争形势有关。如史所载，当时"群盗初附，权置州郡，倍于开皇、大业之间，贞观元年，悉令并省"。②

嗣后，胡演被召入京师，拜为大理少卿。对于入京原因，墓志并未细言，应与胡演在抗击薛举、薛仁果时再立新功有关。武德元年六月癸未，薛举寇泾州，李渊命李世民率八总管兵迎敌。薛举进逼至宁州高墌城（今陕西长武北5里浅水村），游兵也出现在豳、岐境内。唐军轻敌，于七月壬子兵败豳州浅水原（今陕西长武北浅水村一带）。李世民引军返回长安，高墌陷落。于是，薛举便命薛仁果进围宁州，却被胡演击退。③ 此役应该是胡演得以入朝为大理少卿的转折点，故铭文有"分符效职，锡瑞贻庆。功留帝念，望重天朝。入居九列"之言。

胡演此后的历官比较简单，可概述如下：武德年间，他自大理少卿出为安州（治今湖北安陆）大都督府司马，然而并未赴任，便检校司农少卿，又转吏部侍郎。其任吏部侍郎的时

---

① 《旧唐书》卷三八《地理志一》，"宁州"条，其下又载，贞观元年彭州废，所辖县仍归宁州。贞观十七年（643），废归义县，第1406页。贞观十七年，胡演已致仕在家。而从志题未载爵位来看，归义县公亦已随县废而止。

② 《旧唐书》卷三八《地理志一》，第1384页。

③ 《资治通鉴》卷一八五至一八六，第5795、5800—5801页。

间当在武德七年三月前。^① 不久，又除雍州别驾。贞观元年
（627），胡演拜太中大夫（正四品）、行大理少卿。^② 同年，迁
任刑部侍郎。贞观二年，他因公事免官。旋又获起用，授员外
散骑侍郎（从五品下）、守凤州（治今陕西凤县东北凤州镇）
刺史。在凤州任上，胡演丁忧去职。服丧结束后，69 岁的胡
演于贞观八年又被任命为申州（治今河南信阳）刺史。在官
三年，贞观十年迁汴州（治今河南开封）刺史。在官两任，
至贞观十五年，他多次请求，获准致仕。同时，散阶加至银青
光禄大夫（从三品），官禄、会赐一同京官。

　　贞观二十年七月，81 岁的胡演病卒于长安怀德里的宅第，
同年十一月，葬于长安县同乐乡仁智里的细柳原（今陕西西
安长安区西 30 里府君庙附近）。

　　前文提到，改元武德同时，李渊改郡为州，以太守为刺
史。所以，胡演从北地郡太守转为宁州刺史，应该说是名异实
同。不过，除了担任本州刺史之外，胡演还兼折威军将。折威
军见载于《通典》：

　　　　（武德）二年七月，高祖以天下未定，事资武力，将

---

① 　此据前引《旧唐书·高祖纪》，武德七年三月戊寅条。（宋）王溥《唐会
　　要》卷五八《尚书省诸司中》载，武德七年二月己卯吏部侍郎，与此略有
　　歧异（第 1179 页）。
② 　胡演在大理少卿任上，参与长孙顺德监奴受人馈绢案的处理，《资治通
　　鉴》将此事系于贞观元年正月己亥制"自今中书、门下及三品以上入阁
　　议事，皆命谏官随之"后，是把太宗命长孙无忌等议定律令、大理少卿
　　戴胄犯颜执法、太宗诘责德彝不举贤等事合在一处记载，并不能径以此
　　认为胡演于是年正月便在大理少卿任上。《旧唐书》卷五八《长孙顺德
　　传》，第 2308 页；《新唐书》卷一〇五《长孙无忌传》附《长孙顺德
　　传》，第 4023—4024 页；《资治通鉴》卷一九二，第 6032 页。

举关中之众，以临四方，乃置十二军，分关中诸府以隶焉
［以万年道为参旗军，长安道为鼓旗军，富平道为玄戈
军，醴泉道为丹（井）钺军，同州道为羽林军，华州道
为骑官军，宁州道为折威军，岐州道为平道军，豳州道为
招摇军，〔西〕麟州道为苑游军，泾州道为天纪军，宜州
道为天节军］。每军将一人，副一人，取威名素重者为之，
督耕战之备。自是士马强劲，无敌于天下。五年省。①

　　针对建国之初州县成倍增加的现实，李渊为集中军事力
量，应对统一战争，在关中地区建立起包括折威军在内的十二
军，统辖各道军府，进行耕战。唐长孺《唐书兵志笺正》对
十二军的设置情况，已有辨正，并据《旧唐书·郑元璹传》
"义师至河东，元璹以郡来降，征拜太常卿。及定京城，以本
官兼参旗将军"，② 指出参旗等军号并非迟至武德二年七月始
有。同时，又认为若军号置"在定京城之初，则亦太速"。③
　　据胡演经历可知，在武德改元之初改郡为州的同时，宁州
已设置折威军，并由本州刺史兼军将。这印证了前书十二军号
置于武德二年之前的看法。不过，对于军号置于定京城之初则
太速的看法，可略加补缺。《资治通鉴》于义宁二年二月己卯
载："唐王遣太常卿郑元璹将兵出商洛，徇南阳。"④ 此事与郑

---

① （唐）杜佑：《通典》卷二八《职官一〇·将军总叙》，第 782 页。"井"
　　"西"，据《通典》本卷校勘记补，第 793 页。参见郭声波《中国行政区
　　划通史·唐代卷》（第 2 版），复旦大学出版社，2020，第 69 页。
② 《旧唐书》卷六二《郑善果传》附《郑元璹传》，第 2379 页。文中"参
　　旗将军"当作"参旗军将"。
③ 唐长孺：《唐书兵志笺正》卷一，中华书局，2011，第 5—10 页。
④ 《资治通鉴》卷一八五，第 5774 页。

元璹以太常卿兼参旗军将有关。这时距克定京城不过四个月，离大唐开国还有三个月。因此，推测参旗军设于定京城之初，恐并不为太速。考虑到李渊自太原起兵便直奔长安，在控制长安之后，以长安为基础逐步向周边扩张势力。所以，十二军的设置可能并非同步进行，而是在条件成熟的地区逐步推进的。攻下长安之后，随即置参旗军，是在条件比较成熟的京兆郡改造军事指挥体系。而在距离稍远的北地郡，则要在行政区划调整之后，以宁州和豳州为基础分别置军，折威军因此设立。至于豳州道招摇军是否也同时设置，则限于资料，难以断言。

二　唐代囚帐管理及其制度渊源

唐代的囚帐是记录京师及诸州禁囚所犯刑名，及囚禁或案发时间等信息的汇总帐。其中，京师囚帐，由刑部司每月奏闻皇帝；而诸州囚帐，附朝集使每年申刑部奏闻。[1] 可见，管理囚帐应是尚书刑部司职掌，但《唐会要》载：

> （贞观）三年三月五日，大理少卿胡演进每月囚帐。上览焉，问曰："其间罪亦有情或可矜，何容皆以律断？"对曰："原情宥过，非臣下所敢。"……上曰："古者断

---

[1] 雷闻：《唐开元狱官令复原研究》，复原唐令第 3 条："诸在京诸司见禁囚，每月二十五日已前，本司录其所犯及禁时日月，以报刑部（来月一日以闻）。"复原唐令第 50 条："诸盗发及徒以上囚，断决讫，各依本犯，具发处日月，年别总作一帐，附朝集使申刑部。"《天一阁藏明钞本天圣令校证（附唐令复原研究）》，第 610、632 页。

狱，必讯于三槐、九棘之官，今三公九卿，即其职也。自今天下大辟罪，皆令中书、门下四品已上及尚书议之。"至三月十七日，大理引囚过次，到岐州刺史郑善果。上谓胡演曰："郑善果等官位不卑，纵令犯罪，不可与诸囚同列。自今三品已上犯罪，不须将身过朝堂，听进止。"①

此事又见于《资治通鉴》贞观二年（628）三月壬子条：

> 大理少卿胡演进每月囚帐；上命自今大辟皆令中书、门下四品已上（胡注：自二省长贰而下至谏议大夫也）及尚书议之，庶无冤滥。既而引囚，至岐州刺史郑善果，上谓胡演曰："善果虽复有罪，官品不卑，岂可使与诸囚为伍。自今三品已上犯罪，不须引过，听于朝堂俟进止。"②

贞观二年三月戊申朔，五日壬子，故《唐会要》"三年"当是"二年"之误。所谓"每月囚帐"，可参见《唐六典》所引开元《狱官令》："凡在京诸司见禁囚，每月二十五日已前，本司录其所犯及禁时日月以报刑部（来月一日以闻）。"③新出明抄本北宋天圣《狱官令》中亦有与之相关的宋令，整

① （宋）王溥：《唐会要》卷四〇《君上慎恤》，第839—840页。
② 《资治通鉴》卷一九二，第6048页。（唐）杜佑：《通典》卷一七〇《刑法八·宽恕》载此事时间，作"（贞观）二年三月"（第4411—4412页）。《新唐书》卷二《太宗纪》亦载，贞观二年三月壬子，命中书、门下五品以上及尚书议决死罪，第29页。关于"中书、门下四品已上"及"中书、门下五品以上"的歧异，详后讨论。
③ （唐）李林甫等：《唐六典》卷六《尚书刑部》，第192页。

理者在复原唐令时已参照《唐六典》进行了复原（详前）。

然而对比《唐会要》、《资治通鉴》与《唐六典》所引《狱官令》，文本区别明显：首先，《开元令》规定了在京诸司将见禁囚所犯及禁时日月报刑部，而后由刑部奏闻，而在《唐会要》等的记载中，每月囚帐是由大理少卿胡演进呈，即由大理寺负责奏闻；其次，《开元令》中的"一日以闻"，在《唐会要》等的记载中则迟至五日始进囚帐。

为什么会存在这样的差别？可能源于不同时期的唐代制度存在差异。《唐会要》载，贞观十一年（637）正月敕："在京禁囚，每月奏。自立春至秋分，不得奏决死刑。"① 据此，虽然在贞观二年就已经有每月囚帐的说法，但是直到贞观十一年正月，唐太宗才以敕的形式确定：在京禁囚囚帐，由刑部每月一奏。而《贞观令》的修成颁布也恰好在贞观十一年正月，② 以常理推之，前引贞观十一年敕大概要在《永徽令》中才进入《狱官令》成为新令条文，并为开元《狱官令》所继承。

由于贞观二年时仍在沿用《武德令》，那么《唐会要》诸书与《唐六典》的差别，是否就体现为武德、贞观《狱官令》与开元《狱官令》在具体条文上的制度差异呢？即每月囚帐由刑部来月一日奏闻是《开元令》的规定，在《武德令》《贞观令》中尚无相应令文，而在现实的政务运行中由大理寺负

---

① （宋）王溥：《唐会要》卷四一《杂记》，第 872 页。类似的记载亦见于《旧唐书》卷五〇《刑法志》，"太宗又制在京见禁囚，刑部每月一奏，从立春至秋分，不得奏决死刑"（第 2138 页）。《新唐书》卷五六《刑法志》载作"京师之囚，刑部月一奏"（第 1410 页）。

② 《旧唐书》卷三《太宗纪下》，贞观十一年正月庚子条，第 46 页；《资治通鉴》卷一九四，第 6126 页。

责奏闻，时间也并未固定在每月一日。

除此之外，也可从以下两个角度进行分析：其一，贞观二年三月一日有日食，[①] 而三月三日上巳节，依唐令，官员可休假一日，所以才出现了是月五日始进囚帐的情况，这一情况属于特例；其二，考虑到唐代官府政务文书的处理皆立有程限，"小事五日（谓不须检覆者），中事十日（谓须检覆前案及有所勘问者），大事二十日（谓计算大簿帐及须谘询者）"，[②] 所以"一日以闻"与"五日始进囚帐"并不矛盾，也就是说，令文侧重的是刑部囚帐的上奏之日，而史书记载的是囚帐呈至皇帝之日，两者不矛盾，属于通例。不过，究竟如何，仍有待于新材料的验证。

目前所知，囚帐最早见于北齐之制。《隋书·百官志》载北齐都官尚书所统三公曹"掌五时读时令，诸曹囚帐，断罪，赦日建金鸡等事"。本书曾从北齐三公曹掌五时读时令、诸曹囚帐、断罪等入手，认为隋唐尚书刑部司的职掌应该是继承北齐三公曹而来（见第五章）。不过，就囚帐管理而言，当时只是考虑到前引贞观十一年敕及开元《狱官令》的规定与北齐制度之间应该存在因袭关系，并未真正探讨处在制度转型期的隋朝和唐初的囚帐制度，其中的原因就在于《唐会要》等书言之凿凿地称"大理少卿胡演进每月囚帐"。

若此，则唐初囚帐管理出现了如下情况：《武德令》《贞观令》并无相应令文规定由刑部负责，而在现实中囚帐由大理寺负责奏闻，时间也并未固定在每月一日。唐初制度与现实

---

① 《旧唐书》卷二《太宗纪上》，第33页。

② （唐）李林甫等：《唐六典》卷二《尚书吏部》、卷一《尚书都省》，第35、11页。

之间的这种矛盾，如果真的存在，可能是沿袭隋初《开皇令》与隋朝实际政务运行旧制的结果，因为据史载，武德年间"撰定律令，大略以开皇为准"。① 另外，北齐诸曹囚帐由尚书三公曹负责，而隋唐之初则由大理寺实际负责，那么就囚帐管理制度一端而言，第五章隋唐尚书刑部司的职掌应该是继承北齐三公曹而来的观点就存在问题。

胡演墓志的发现，恰恰解决了这个问题。据此，胡演贞观元年任大理少卿，同年迁任刑部侍郎，至贞观二年因公务错失被免官。因此，贞观二年三月，胡演应当官任刑部侍郎，而非《唐会要》等书所载的大理少卿。虽然墓志的记载并非一点问题没有，② 但是就贞观二年三月胡演时任刑部侍郎一职而言，应当是准确的。所以，隋唐之初每月囚帐应该是由刑部司负责，而不是大理寺。这是对北齐制度的因袭。

不过，这又引出了一个新问题。既然《隋书·百官志》载北齐三公曹掌诸曹囚帐，其依据当是北齐《河清令》，那么为何在北齐已经入令的规定，却在隋唐之际的《开皇令》至《贞观令》中没有相应条文，而要到贞观十一年正月才以敕的形式加以规定，并在此后重新进入令文？

这应该与北朝末期至隋唐之际政务运行机制的转变，以及律令体系的调整有关。受《麟趾格》篇目影响，《河清令》以

---

① 《旧唐书》卷五〇《刑法志》，第 2134 页。
② 刑部侍郎复置于贞观二年正月十日（见第六章），而墓志称胡演贞观元年即已转任刑部侍郎。或许传统史籍以任命六司侍郎的诏书颁下之日为准，而在此之前还应有讨论复置和确定人选的时间，应在贞观元年底，墓志据此而言，故有此不同。总之，应该可以凭借胡演墓志确定，尚书六司侍郎复置之后的首任刑部侍郎正是胡演。并且，他以新职参与了此后的进每月囚帐及引囚过次。

尚书省二十八曹为篇名。① 这种以尚书省机构为篇名的北齐令篇目体系，在中古时期的律令体系中可谓独树一帜，截然不同于之前或之后的令文篇目体系。既然以机构来划分令文，推测当是以机构职掌为依据，将令文分门别类地加以条理。所以，关于囚帐管理的令文，自然应在《三公曹》篇中。

此后，随着隋唐三省制的确立和定型，新令不再以尚书机构作为篇名，恢复了以事务为类别的篇目体系。这一改变导致原来在《河清令·三公曹》篇的囚帐管理规定，暂未能被新令所继承。虽然令文没有规定，但是在现实政务运行中，囚帐管理职能依然由因袭北齐三公曹职掌而来的刑部司负责。

关于律令体系调整的滞后，还可以唐《狱官令》"诸赦日，武库令设金鸡及鼓于宫城门外之右，勒集囚徒于阙前，挝鼓千声讫，宣制放。其赦书颁诸州，用绢写行下"为参照。② 相应的令条在北齐已出现，《隋书·刑法志》载北齐"赦日，则武库令设金鸡及鼓于闾阖门外之右。勒集囚徒于阙前，挝鼓千声，脱枷锁焉"，③ 此条也应是《河清令·三公曹》篇之一

---

① 《唐六典》卷六《尚书刑部》刑部郎中员外郎条，"北齐令赵郡王叡等撰《令》五十卷，取尚书二十八曹为其篇名，又撰《权令》二卷，两《令》并行"（第 184 页）。

② 雷闻：《唐开元狱官令复原研究》，复原唐令第 55 条，《天一阁藏明钞本天圣令校证（附唐令复原研究）》，第 634 页。

③ 《隋书》卷二五《刑法志》，第 782 页。（唐）封演撰，赵贞信校注《封氏闻见记校注》卷四《金鸡》载："国有大赦，则命卫尉树金鸡于阙下，武库令掌其事。……《隋书·百官志》云：'北齐尚书省有三公曹，赦则掌建金鸡。'盖自隋朝废此官，而卫尉掌之。"（中华书局，2008，第29 页）封氏称隋废三公郎曹而改由卫尉寺武库令掌建金鸡，实则是失察。北齐三公郎掌"赦日建金鸡"，与"赦日，武库令设金鸡"并见于令文，并不矛盾。

条。无论从文字内容还是句子结构来看，《河清令》此条当为唐令所本。然而《旧唐书·刑法志》载：

> 太宗又制在京见禁囚，刑部每月一奏，从立春至秋分，不得奏决死刑。其大祭祀及致斋、朔望、上下弦、二十四气、雨未晴、夜未明、断屠日月及假日，并不得奏决死刑。其有赦之日，武库令设金鸡及鼓于宫城门外之右，勒集囚徒于阙前，挝鼓千声讫，宣诏而释之。其赦书颁诸州，用绢写行下。①

这一段在贞观律令颁布之后的文字，除了首句我们可以明确为敕文新制外，其后的文字应当是贞观《狱官令》的新内容。② 其中赦日设金鸡之条，原本在《河清令》中已经比较成形，可是为何直到《贞观令》中才以新制的形式进入《狱官令》？其原因自然也与前述囚帐管理令条的变化一致。原来在《北齐令·三公曹》篇中的这一规定，在隋唐之初的律令体系变动中，既不能入《职员令》中作为新的刑部司的职掌，又尚未能进入原来以事务为篇名的《狱官令》中。于是就出现了现实政务中仍然因袭旧制运行，而在新令中尚未有明文规定的局面。这也反映了在隋唐之际制度变革的转型期内，作为成文法典的律令格式所固有的滞后一面。经历了开皇至贞观几次三番的调整变动，新的律令体系在贞观、永徽律令中才成熟和稳定下来。有关囚帐管理和赦日设金鸡两条规定重新入令的情

---

① 《旧唐书》卷五〇《刑法志》，第 2138—2139 页。
② 仁井田陞即将此节文字的部分内容复原为贞观《狱官令》的条文，见氏著《唐令拾遗》，《狱官令》九甲条，第 697 页。

况，正是隋唐之际制度转型期具体而微的例证。

最后还需要补充说明的是，上述分析的基础是，《河清令》与隋唐令篇目体系存在转型和调整关系。这基于《唐六典》的记载，也符合学界主流意见。但与学界通说不同，楼劲力主《河清令》不可能如《唐六典》所载是以尚书诸曹分篇，理由如下：（1）《河清令》不可能远取曹魏《尚书官令》《州郡令》以官司为目的体例，而抛弃西晋《泰始令》至北魏太和、正始《令》皆以事类分篇的传统；（2）《河清律》既已舍弃《麟趾格》以尚书诸曹分篇的做法，《河清令》再取其所弃，会破坏北魏律令的既定关系，给立法过程带来不必要的困难，且意味着立法技术和制度发展形态的倒退，令人难以置信。

为解释《唐六典》错误记载的成因，他又提出如下主张：以尚书诸曹为篇名，并非《河清令》，而是《权令》的结构。《唐六典》的记载，或系该书编纂者误将其所见到的《权令》增订本（即《旧唐书·经籍志》所载"《北齐令》八卷"，因该书为部门敕例集，故以官司为目，且数量可随时而增）的篇目结构，套用在了当时已佚失不见的《河清令》之中。故"取尚书二十八曹为其篇名"本应在"《权令》二卷"一句之后。当然，这也可能是该书在传抄刊刻时产生的错误。①

尽管作者还辟专节列出《河清令》不以尚书诸曹分篇的证据，但其中并无直接证据可证明其观点，反而存在如下扞格之处。其一，既然《麟趾格》和《河清律》体系可以颠倒反

---

① 楼劲：《魏晋南北朝隋唐立法与法律体系》，第 315—337、369—370、373 页。

复，为何《正始令》和《河清令》之间不能出现结构的反动？其二，为何同为北齐令，《河清令》和《权令》体系却并不一致？

笔者认为，楼劲将北齐《令》与《权令》体系区分开来的看法，其实着眼于解释唐代律令格式体系如何形成。他认为唐朝继承了北周法典体系创新的成果，对北齐律令并行辅以《权格》《权令》的格局加以完善，从而将魏晋南北朝时期的敕例集改造为格、式这两种辅助律令的新法典形式。

不过，以敕例为中心来梳理魏晋南北朝隋唐的立法与法律体系的叙事模式，能否解释《河清令》篇目的异动，以及今本《唐六典》此处记载的"失实"问题，有待进一步研究。笔者同样认为，在利用《唐六典》之前，需要对其文本的形成过程进行分析（见第三章），但就本书对北齐河清官制与北魏官制演变的分析（见第五章），以及本节对魏齐、隋唐之际囚帐管理和赦日设金鸡规定重新入令的讨论来看，在有足够证据之前，不能轻易否定《唐六典》对《河清令》篇目结构的记载。

余论：初唐参与死刑覆议的两省官员

胡演墓志虽然是征集品，但墓志所述志主经历和《资治通鉴》所载史实若合符节，故可确认其真实性。借助墓志，我们可以确认贞观元年参与进囚帐的胡演是刑部侍郎，而非《唐会要》等书所记载的大理少卿。这为本书进一步讨论唐初囚帐管理归属权及其制度渊源提供了可能，因此可为制度篇所讨论的隋唐之际制度转型问题，提供一个具体而微的例证。

接下来要讨论的初唐死刑覆议官员范围问题，与胡演墓志没有直接关系，但却是由前引贞观二年胡演进每月囚帐之事所引起的，故附于文末。

据前引《资治通鉴》，在看过囚帐之后，唐太宗担忧其中不免"有情或可矜"者，故与侍臣论及讯狱制度，曰：

> 自今大辟皆令中书、门下四品已上（胡注：自二省长贰而下至谏议大夫也）及尚书议之，庶无冤滥。

这里的中书、门下自然是两省的连称。太宗命三省官员同议死刑，使无冤滥，这正体现了唐前期三省作为宰相机构所拥有的议政权。但是对于参加覆议的两省官员的范围，唐代文献记载有着明显冲突，再加上《资治通鉴》胡三省注的疏失，有必要略加讨论。

首先，"中书、门下四品已上"，新旧《唐书》、《册府元龟》皆作"中书、门下五品已（以）上"，[①]《贞观政要》、《唐会要》和《资治通鉴》作"四品已上"。[②]面对这样明显的文本歧异，司马光等编修者却在没有任何考异的情况下，径自采用与《贞观政要》《唐会要》等成书年代较早史籍一致的记载，恐怕自有其道理。因此，对于上述唐代文献中存在的"四品""五品"的抵牾之处，本节倾向认同《资治通鉴》等

---

① 《旧唐书》卷五〇《刑法志》，第2139页；《新唐书·太宗纪》，已见前引；《宋本册府元龟》卷一五一《帝王部·慎罚》，第270页。

② （唐）吴兢：《贞观政要》卷八《刑法》，上海师范大学古籍整理组校点，上海古籍出版社，1984，第239页。该书"尚书"下有"九卿"，他书均无。《唐会要》卷四〇、《资治通鉴》卷一九二，皆见前引。

书的记载（原因详后）。

接下来看胡注。胡氏谓"中书、门下四品已上"为"自二省长贰而下至谏议大夫也"，这个说法首先就与《唐六典》的记载不符。据《唐六典》，门下省置谏议大夫四人，正五品上，[①] 并非四品之官，亦未左右分置。实际上，胡三省此注是其采用《新唐书·百官志》记载的官品，[②] 并且未加详细考证的结果，犯了以唐后期之制注前期史文的错误：德宗贞元四年（788），分置左、右谏议大夫，至武宗会昌二年（842），由五品升入四品。[③]

另外，对贞观初年制度的注释，也不能对反映开元之制的《唐六典》采取拿来主义。《唐六典》记载的两省四品以上官，除了侍中、中书令、两省侍郎之外，确实还有左右散骑常侍（从三品）。[④] 但该书明确记载，"武德初，散骑常侍加官。贞观初置散骑常侍二员，隶门下省"。高宗朝始分左右置，各隶门下省（左省）和中书省（右省）。[⑤] 这一记载与《唐会要》《旧唐书》一致，即在贞观之前，散骑常侍已见于《武德令》，为从三品散官（即"加官"）。《贞观令》省去散阶中的诸散骑官，代之以诸大夫。到了贞观十七年，初置从三品职事官散

---

① （唐）李林甫等：《唐六典》卷八《门下省》谏议大夫条，第 246 页。
② 据《新唐书》卷四七《百官志二》，中书、门下省四品以上，包括中书令、侍中（正二品），中书、门下侍郎（正三品），左、右散骑常侍（正三品下），左、右谏议大夫（正四品下）（第 1205—1206、1210—1212 页）。这正同于胡三省注的内容。然而《新唐书》反映的是唐后期之制，且对于前后期制度沿革并未详及，故胡氏因之而误。
③ 《旧唐书》卷四三《职官志二》谏议大夫条，第 1844—1845 页。
④ （唐）李林甫等：《唐六典》卷八《门下省》、卷九《中书省》，第 240—246、272—277 页。
⑤ （唐）李林甫等：《唐六典》卷八《门下省》左散骑常侍条，第 246 页。

骑常侍，隶门下省。① 因而在贞观二年时，两省官中并无散骑常侍。这样，太宗所指的"中书、门下四品已上"，实际只包括胡氏所谓的"两省长贰"而已。

如刘后滨所论，随着中书门下体制的建立和完善，唐朝中后期产生了新的官僚等级。一般而言，以中书、门下、御史台五品以上官，尚书省四品以上官和其他诸司三品以上官同为一个等级，在朝位、颁赐、仪仗等方面享有相当的待遇。这与唐代中后期中书、门下两省逐渐形成与中书舍人、给事中（正五品）为实际长官，以及尚书省形成"以丞郎（正四品）为贵"的局面有关。② 基于此，可以推测，新旧《唐书》、《册府元龟》所载"中书、门下五品已（以）上"覆议死刑的记载，其所本之史源，是上述制度形成后，在唐后期或唐以后被史家误改的结果。

明乎此，可知太宗所命共议死刑之官，"中书、门下四品已上及尚书"，正是两省长贰及尚书省诸司长官以上，③ 包括宰相与八座之官。这是太宗心目中当朝的"三槐、九棘（三公

---

① （宋）王溥：《唐会要》卷五四《省号上·左右散骑常侍》，第 1096 页；《旧唐书》卷四二《职官志一》、卷四三《职官志二》，"左散骑常侍"条，第 1784、1785、1844 页。据此，《唐六典》"贞观初置"是据职事官而言。然而宋人误将"贞观初置"理解为"贞观元年置"，故称"隋废散骑常侍。贞观元年复置，十七年为职事官"。《新唐书》卷四七《百官志二》，第 1206 页。

② （唐）李肇：《唐国史补》卷下，上海古籍出版社，1979，第 50 页。详见刘后滨《唐代中书门下体制研究：公文形态、政务运行与制度变迁》（增订版），第 248—250、225—238 页。

③ 雷闻：《唐开元狱官令复原研究》，复原唐令第 28 条，"诸公坐相连，应合得罪者，诸司尚书并同长官。以外皆为佐职"，《天一阁藏明钞本天圣令校证（附复原研究）》，第 621 页。

九卿）之官”，而不应该包括谏议大夫及给事中、中书舍人。

初唐这种以“中书、门下四品已上及尚书”覆议死刑的制度，是唐太宗慎刑思想的反映，也是基于唐前期三省制前提的制度构建。基于此前提形成的死刑覆议制度，自然会随唐代制度的演变而发展，至开元年间即演变为死刑皆由中书门下详覆的制度。当然，这又是另一个问题，不在本文主旨讨论范围之内，兹从略。①

---

① 参见拙著《唐代司法政务运行机制及演变研究》，第 203—204 页。

附录二　明清刑部称“比部”考

　　《寄簃文存》是沈家本（1840—1913）重要学术著作之一，内容涵盖其主持清末变法修律过程中的奏议，以及民国以后对一些重大法律问题的持续思考。其中《比部考》一文，是唯一一篇以“考”为名的文章。该文考证涉及比部沿革、职掌（参见表 2-1、表 2-4、表 5-1）和“比”字的音义训诂。文章不过 700 字（不含标点），篇幅不长，但却源于一个有意思的话题，即原来是刑部子司的比部，何以在明清时期成为刑部的别称？

　　诚然，此问题比较细微，并不涉及中国近代法制转型等重大问题，却也是沈家本数年思考的总结。而探讨明清时期刑部称“比部”的成因，亦可作为本书以刑部为中心考察中国古代司法政务运行机制及六部体制演变的一个微观视角。故撰成此文，冀续沈氏之貂。

一　明清人视野下的刑部称“比部”现象

　　《比部考》最初刊于北京法学会主办的《法学会杂志》（复刊）第 2 卷第 7—8 号合刊（1914 年 12 月 15 日），① 是沈

———————

　　①　上海图书馆编《中国近代期刊篇目汇录》第 2 卷下册，上海人民出版社，

家本的遗作之一。该组文章题作《寄簃文存三编》，后经整理，与《寄簃文存》（8 卷，光绪丁未冬仲刊，1907）、《寄簃文存二编》（上下卷，辛亥冬季刊，1911 年末或 1912 年初）汇为一编，仍题作"《寄簃文存》八卷"，收入《沈寄簃先生遗书》甲编（于 1928—1929 年刊行）。[①] 由此可知，《比部考》撰写不早于 1912 年，内容节引如下：

> 比部官名，始于曹魏，所掌何事，史弗能详。《唐六典》……叙沿革甚详，亦不及魏氏所掌之事。玩其语意，谓后周计部中大夫盖其任，龙朔改为司计大夫，是所掌者仍司计之事，而非刑事。……《周官》司会隶于大宰，故后周计部亦隶天官府也。惟《宋书·百官志》言三公、比部主法制，《隋志》言北齐比部掌诏书、律令、勾检等事。第宋之刑狱，领于都官，北齐断罪，掌于三公，似法制非专属刑狱之法制，律令亦但为司（勾）检之一端，当是立法之事，而非司法之事。周时司寇掌刑，而刑典建自大宰，古时司法、立法殆亦未尝混合为一欤。唐比部掌

　　1982，第 3326—3327 页。参见陈柳裕《法制冰人——沈家本传》第二十一章"北京法学会和法学会杂志"，浙江人民出版社，2006，第259—264 页。

① 《寄簃文存三编》之名，应由沈家本自定。在刊出前，已见王式通撰于1914 年 4 月 21 日前的《吴兴沈公子惇墓志铭》（徐世红主编《沈家本全集》第 8 卷《附录》，中国政法大学出版社，2010，第 979 页），属于尚未成书中的一种。相较于《寄簃文存》《寄簃文存二编》收文分别为 45篇（撰于 1903—1907 年）和 38 篇（撰于 1908—1911 年）来看，《寄簃三编》仅收文 6 篇，反映出该编确实尚在撰写过程中，只是因作者去世而中辍。李贵连：《〈寄簃文存〉版本漫谈》，北京大学法律系编《改革与法制建设——北京大学九十周年校庆法学论文集》，光明日报出版社，1989，第 265—275 页。

勾会之事，官既隶于刑部，而所掌非刑，宋代承之。

　　寻绎"比"字之义，《小司徒》"三年大比"，校比也；《王制》"必察小大之比"，比例也。二义本相引伸，而相承又各为一义。比部如以刑法得名，当为比例之"比"；如以勾会得名，当为校比之"比"。《韵会·四支》："比，相次也。又比部，官名。"《四纸》："比，校也，唐比部官名。"凡比较者，必相次而始见。《大司马》注："比，校次之也。"校、次二义本属相生，是旧说比部乃三年大比之"比"，而非小大比之"比"，与唐、宋职掌其义正合。《正字通》谓："比部，官名，取校勘、亭平之义，即今刑部。"其说不知何本？校勘与亭平各为一义，不可强合。校勘尚是校比之意，亭平诂"比"字，如何可通？望文生义，不足为据。后人称刑部为比部，殆因其尝主法制及勾检、律令，遂袭其名。稽诸旧说，初不如是。①

　　对于明清刑部称"比部"的问题，《比部考》并非沈家本最初的思考。在刊于宣统元年（1909）仲秋的《历代刑官考》中，② 沈家本就对此问题做过论述，③ 其成为后来《比部考》的基础。

---

①　《寄簃文存》卷四《比部考》，徐世红主编《沈家本全集》第4卷，第692—693页。

②　此据沈家本自叙。该书另有吴廷燮叙，作于宣统元年七月。徐世红主编《沈家本全集》第4卷，第562、561页。

③　《历代刑官考》卷下，徐世红主编《沈家本全集》第4卷，第586页。在此段文字前，沈家本还言及以都官为刑官之称的原因，并对《唐六典》所述制度渊源有所质疑。关于此，参见本书第三章。

不过，沈家本并非注意到明清时期刑部称"比部"现象的第一人。例如黄一正于万历年间编印的《事物绀珠》中，汇集了当时所能见到的"刑部称谓"：

> 秋官、司寇、司法、司败、司臬、肤使、比部、司宪、法室、法曹、决曹、墨曹、后曹、贼曹、宪部、都官、比曹、门曹、长流白云（已上通称刑部）。大司寇、秋卿、士师、司刑太常伯（已上称尚书）。小司寇、佐宪、参典、贰宪、司刑少常伯（已上称侍郎）。宪部郎、定科郎、小秋（三称郎中）。秋官上士（员外）。主宪（主事）、主法（主事）。①

可见，"比部"只是刑部官众多别称之一，但却成为时人用以指代刑部或刑部官员的最常见称谓之一。这一义项，被明末学者张自烈收入《正字通》中："比部，官名，取校勘亭平之义，即今刑部。旧注沿《正韵》，比部之'比'，音'皮'，误。"② 稍后，清初学者顾炎武也针对上述现象专门写过一则札记：

> 《周礼·小司徒》："及三年则大比，大比则受邦国之比要。"注："大比，谓使天下更简阅民数及其财物也。"

---

① （明）黄一正：《事物绀珠》卷八《称谓部上·刑部称谓类》，《四库全书存目丛书》子部第 200 册，齐鲁书社，1995，第 685 页。参见（清）梁章钜《称谓录》卷一六《刑部（附刑部各司古称）》，冯惠民等点校，中华书局，2018，第 250—253 页。

② （明）张自烈编，（清）廖文英补《正字通》辰集下，《四库全书存目丛书》经部第 197 册，齐鲁书社，1997，第 712 页。

郑司农云:"五家为比,故以比为名。今时八月案比是
也。"《庄子》云:"礼法度数,刑名比详。"唐时刑部有
刑、比(原注:音毗)、都官、司门四曹。《通典》:"比
部郎中,龙朔二年改为司计大夫,咸亨元年复旧。天宝十
一载又改比部为司计,至德初复旧。"……《山堂考索》:
"会计逋欠,每三月一比,谓之比部。"故昔人有刑罚与
赋敛相为表里之说。今四曹改为十三司,而财计之不关刑
部久矣,乃犹称郎官为比部,何邪?①

《日知录》对后世学者影响深远,② 沈家本也曾评说:"其
学通贯古今,尤喜谈世事,正不当仅以考订精详相许也。然执
论或失之拘迂,或邻于拗僻。诋之者至谓亭林用世,是安石复
生,则过矣。"③ 既然以"正不当仅以考订精详相许"称之,
则沈家本对《日知录》亦较为熟悉,故不应不知顾炎武的
《比部》札记。沈家本在前文中虽未提及《日知录》,但从其
所考来看,引用资料多与顾炎武所引不同,或即有意为之。
顾炎武指出明代以后,刑部四曹体制被改造成为十三司体
制是比部作为刑部别称出现的重要节点。这是正确的,也反映
出明清之际学者的思考。但将比部之"比"训为"大比""案
比"之"比",则是受唐宋尚书省制度的影响,将比部视为财

① (明)顾炎武著,(清)黄汝成集释《日知录集释》(校注本)卷二四
《比部》,乐保群校注,浙江古籍出版社,2013,第 1404 页。《日知录》
八卷本初刻于康熙九年(1670),后辑为 30 卷。今本 32 卷,刻于康熙三
十四年。
② 赵俪生:《顾炎武〈日知录〉研究——为纪念顾炎武诞生 350 周年而
作》,《兰州大学学报》1964 年第 1 期,第 21—42 页。
③ 沈家本:《借书记》,徐世红主编《沈家本全集》第 6 卷,第 814 页。

务审计部门，① 因而有明代以后"财计之不关刑部久矣，乃犹称郎官为比部，何邪"的疑问。

对此，沈家本在《比部考》中进一步明确指出："旧说比部乃三年大比之'比'，而非大小比之'比'，与唐、宋职掌其义正合。……后人称刑部为比部，殆因其尝主法制及勾检、律令，遂袭其名。稽诸旧说，初不如是。"虽然其中旧说指《韵会》《正字通》等书，但亦可视为对顾炎武及其所引《山堂考索》的回应。

二　明代以"比部"指代刑部文例的初步统计

如顾氏所述，刑部四曹在明代的消失，是以"比部"指代刑部文例形成的制度基础。但身处当时语境之中的顾炎武、沈家本，在追溯其成因时，都未试图揭示这一现象出现的具体时间。故本节首先尝试解答此问题。

以"比部"指代刑部，流行于明清精英群体之中。嘉靖二十六年（1547），王宗沐、吴维岳等人倡立刑部诗社。一时之间，王世贞、李攀龙等纷纷加入其中。但后来王、李二人又别立诗古文社（一说并无立社之事，而有唱和酬答等社事活

---

①　唐宋情况也有所不同。唐代尚书比部是财务勾检系统的中央领导机构，宋初中央财务勾检由三司勾院、磨勘理欠司负责，尚书省比部司无所掌，郎中、员外郎仅为京朝官迁转官阶。元丰五年（1082）后，比部司职掌得以恢复，但至哲宗元祐元年（1086），便因事简，"省比部郎官一员"。南宋初年，随着尚书省分工体系的重心向案一科倾斜（见第六章），郎官合并的现象进一步发展，至孝宗朝，都官兼比部、司门之事，共置郎中一员。《宋史》卷一六三《职官志三》，第3860—3861页。参见王永兴《唐勾检制研究》，第66—81页；张希清等《宋朝典制》，吉林文史出版社，1997，第49—50页。

动），主要成员还有徐中行、梁有誉、宗臣、谢榛、吴国伦等五人，并称"嘉靖七子"或"后七子"（别于"前七子"）。①他们彼此之间，便以"比部"相称。如嘉靖三十年（1551，辛亥）正月，李攀龙、谢榛夜集于王世贞（元美）宅，送刑部郎中吴维岳（峻伯）、徐文通（汝思）、袁福徵（履善）离京察刑。王世贞《送比部吴峻伯江西抚刑序》称："惟辛亥嘉靖春正月，天子询于秋官之长，下诸道使十有五人，洗冤滞、悯蠢愚、辨疑似，以闻上。"李攀龙、谢榛亦分别有诗《集元美宅，送汝思、吴峻伯、袁履善三比部》《初春夜集王元美宅，饯别吴峻伯、徐汝思、袁履善三比部出使，得杯字》以纪之。②

清代仍沿此风，《清稗类钞》载：

> 钱塘张惕斋太守兴仁，款［颖］慧媚学，道光辛丑（1841）成进士，入词垣，改刑部，擢御史，出典广东乡试。……惕斋于散馆前，在正阳门关帝庙求签，有云："常把他人比自己，管须日后胜今朝。"以为可留馆也。及改刑部主事，始悟"常把他人"，盖庶常（即庶吉士）属他人；刑为比部，属诸己也。编检七品，而主事则六品，"胜今朝"亦验矣。③

---

① （清）钱大昕：《潜研堂文集》卷一六《嘉靖七子考》，陈文和等点校，陈文和主编《嘉定钱大昕全集》（增订本）第 9 册，第 257—258 页；刘廷乾：《王世贞与后七子群体》，见氏著《江苏明代作家研究》，东南大学出版社，2010，第 201—203 页；李玉栓：《明后七子结社考辨》，黄霖主编《中国文学研究》第 20 辑，复旦大学出版社，2012，第 94—104 页。

② 周颖：《王世贞年谱长编》，上海三联书店，2016，第 114 页。

③ 徐珂编撰《清稗类钞》第 10 册《迷信类·张惕斋求签》，中华书局，2003，第 4667 页。

值得注意的是，作为流行于精英群体的"话语"，士大夫官僚在使用上述表达时，有着明确的边界意识，并未在语言的"边界"寻求超越，因而相关文例几乎从未超出"文学"之外。此处"文学"，取"文章博学"之义，① 故其所指不限于集部文献，② 也包括下文提到的被归入史部的刑法类著作。

这种边界感，突出地体现在以"比部"指代刑部文例中，并不见于《明史》纪传部分，《明实录》中亦仅一例，见郑世威小传曰："福建长乐人，中嘉靖己丑（1529）进士，从比部出佥江右。贵溪、分宜（即夏言、严嵩）后先当路，不为屈，转湖广参藩。投劾归，教授生徒，躬耕自给。嵩败，起南京右通政，擢左副都御史，改今官（指刑部右侍郎）。以谏采珠不报乞骸。林居郡邑，监司不识其面，布衣芒跷，三十年如一日。"③ 或是删改未净之遗存。

---

① （晋）何晏集解，（宋）邢昺疏《论语注疏》卷一一《先进篇》，北京大学出版社，2000，第 160 页。

② 狭义的文学，如朝廷所颁任命文书——诰命中，也会出现以"比部"指代刑部的文例。万历十六年（1588），授河南府知府王见宾（曾任南阳府推官及刑部主事、员外郎、郎中）中宪大夫诰命，有"出为理官，入为比部，中外皆称其廉平"之语。（明）冯琦：《冯用韫先生北海集》卷三一《诰敕·河南开封府知府王见宾》，沈乃文主编《明别集丛刊》第 4 辑第 58 册，黄山书社，2015，第 591 页。参见（明）刘训《明中宪大夫都察院右佥都御史巡抚延绥奉旨加级起用晴宇王公（王见宾）墓志铭》，韩明祥编著《济南历代墓志铭》，黄河出版社，2002，第 229—236 页。

③ 《明神宗实录》卷一五一，万历十二年七月戊寅条，第 2795—2796 页。参见张岱《郑世威传》："郑世威，福建长乐人，嘉靖八年进士。……授户部郎。丁艰，改刑部，出为广西按察司佥事，寻改广东。丁内艰，复除江西。"（明）张岱：《石匮书》卷一五六，栾保群校点，故宫出版社，2017，第 2327—2328 页。

另如前述，明人也常将秋官、司寇用作刑部代称，① 但与比部相较，前两者皆非始于明朝，且明人在使用这两个代称时，界限意识亦较后者为弱。换言之，作为刑部代称的"秋官、司寇"与"比部"在使用中的差异，恰可视为明代文学中古典与今典的不同。

没有出现在《明史》纪传部分的上述文例，却以"今典"的形式出现在同书《艺文志》中：史部刑法类，著录有陈璋《比部招拟（议）》二卷；集部别集类，著录有梁有誉《比部集》八卷。② 以此两书为代表，可先将搜集到的明代以"比部"为名的著作 17 种，按类别分列为表附-1 和表附-2。

表附-1、表附-2 中，"比部"均是指代刑部的文例，且全部集中在嘉靖以后。虽然这并不能说明该文例最早出现的时代，但也可以在一定程度上反映出其流行于嘉靖以后的明朝中后期。这既与明朝前期仍存在刑部四曹或四科（详下节）相符，也与据万历年间编成的《国朝献征录》所统计的"比部"文例的流行时间相吻合（见表附-5）。③

表附-1、表附-2 中标明时间的文例最早者，是刊于嘉靖

① 秋官（非指钦天监秋官正者）见《明太祖实录》卷一二七，洪武十二年（1379）十一月戊午，吕宗艺为刑部尚书告词，第 2027 页；及《明英宗实录》卷一四一，正统十一年（1446）五月甲戌，国子监祭酒李时勉上疏（参见表附-3），第 2785 页；司寇则见《明史》卷九四《刑法志二》、卷一九二《安磐传》，第 2324、5092 页。

② 《明史》卷九七《艺文志二》、卷九九《艺文志四》，第 2399、2482 页。

③ （明）焦竑《国朝献征录》刻于万历四十四年（1616），共 120 卷，收录了洪武至万历朝 3500 余人的传记等资料，深受明清学者重视。该书将所收资料按传主身份、职位分类，便于查检。加之，此书电子版较易获得（国学导航，网址：http://www.guoxue123.com/shibu/0201/01gcxzl/index.htm，访问时间：2020 年 1 月 7 日），故笔者据此进行了初步统计。

表附-1 明代以"比部"为名的刑法类著作

序号	著/辑者	著作名称	卷/册数	刊/钞本	纂集时间	内容	作序者	作序时间	著/辑者任官
1	陈璋	《比部招议》	二卷/三册	刊本	详下	著者手裁（详后）	刑部尚书聂贤	嘉靖十三年（1534）	正德六年（1511），授刑部河南清吏司主事，累迁刑部左侍郎
2	佚名	《比部招议》	一册	钞本	不详	天顺、正德年间刑部同案、取招、议奏及奉旨处理之刑案	无	无	不详
3	唐龙	《比部招拟类钞》	不分卷，六册	钞本	嘉靖十五年（1536）	分类辑抄嘉靖年间刑部招取同招议拟上奏之刑案	不详	不详	时任刑部尚书
4	龚大器	《新刊比部招拟》	五卷/两册	刊本	万历五年（1577）	分类辑抄刑部判判例	不详	不详	嘉靖三十八年，授刑部主事，累迁浙江温处道副巡使，河南左布政使

资料来源：（清）范邦甸等《天一阁书目》（因系阮元主持编印，故亦称《阮目》（阮目），刊于嘉庆十三年，1808）卷二之二《史部二·政书类》，江曦等点校，上海古籍出版社，2019；罗振常著，周子美编《天一阁藏书经见录》卷上，华中师范大学出版社，1986；陈绍编撰《陈省斋年谱》，陈建敏校刊，乐清文物馆铅印本，2000；陈绍《天一阁居杂文》，线装书局，2014；张伟仁主编《中国法制史书目》第 2 册，"中研院"历史语言研究所，1976；赵万里编《北京大学图书馆藏李氏书目》中册，北京大学图书馆铅印本，1956，第 19 页；〔日〕高桥芳郎《宋至清代身分法研究》，李冰逆译，上海古籍出版社，2015，第 179 页；《明史》卷二〇三《唐龙传》，卷一一二《七卿年表二》，第 5327—5328、3456—3457 页；（明）袁中道《珂雪斋前集》卷一六《龚春所公（大器）传》，钱伯城点校，《珂雪斋集》，上海古籍出版社，1989，第 697—699 页。

表附-2　明代以"比部"为名的别集类著作

序号	作者	别集名	卷数	作者生卒/中试年	任职刑部情况	作序/编辑时间
1	詹瀚	《詹比部集》	不详	弘治元年至嘉靖三十一年（1488—1552）	刑部主事、郎中、侍郎	嘉靖中期
2	梁有誉	《兰汀存稿》（《梁比部集》）	八卷	正德十四年至嘉靖三十三年（1519—1554）	授刑部主事	嘉靖四十四年
3	华云	《华比部集》	一卷	弘治元年至嘉靖三十九年（1488—1560）	南京刑部郎中	嘉靖四十五年
4	郁兰	《郁比部稿》	不详	嘉靖十三年进士	南京刑部主事	不详
5	石英中	《石比部集》	八卷	正德四年至嘉靖八年（1509—1529）	刑部主事	万历六年（1578）
6	李荫	《李比部集》	九卷	嘉靖四十三年举人	刑部广东清吏司主事	万历三十五年
7	彭辂	《冲溪先生集》（《彭比部集》）	八卷	正德十年至约万历二十年（1515—1592?）	南京刑部主事	万历三十八年/万历三十九年
8	张敬	《张比部集》	不详	隆庆元年（1567）举人	刑部江西司郎中	不详
9	唐邦佐	《唐比部集》	三卷	隆庆二年进士	刑部主事	不详
10	管志道	《管比部奏议》	不详	嘉靖十五年至万历三十六年（1536—1608）	南京刑部郎中、刑部郎中	不详

续表

序号	作者	别集名	卷数	作者生卒/中试年	任职刑部情况	作序/编辑时间
11	郑履淳	《郑比部集》	不详	嘉靖十七年至万历十五年(1538—1587)	南京刑部郎中	不详
12	万国钦	《万比部集》(《万二愚先生遗集》)	不详	万历十一年进士	南京刑部郎中	不详
13	申继揆	《申比部诗集》(《遽园集》)	六卷，今存一卷	万历十八年至康熙十三年(1590—1674)	刑部郎中	顺治十七年(1660)

资料来源：（明）赵锐《通议大夫刑部左侍郎燕峰管公墓志铭》，（明）焦竑《国朝献征录》卷四六，《续修四库全书》第527册，第434页；《明世宗实录》卷三四六，嘉靖二十八年三月癸巳条，伟文图书出版社有限公司，1976，第6275页；（明）梁有贞《梁比部集》，（明）李广场汇编《盛明百家诗》，沈乃文主编《明别集丛刊》第5辑第97册，黄山书社，2015，第299页；辛平《无锡艺文志长编》第10册，中华书局，2001，点校，上海古籍出版社，2015，第155—156页；（清）沈翼机等《（清雍正朝）浙江通志》（标点本）第10册，中华书局，2001，第5380页；民国浙江省通志馆《重修浙江通志稿》（标点本）第8册《著述考艺文考》，方志出版社，2010，第4899页；戎默整理《石英中集》"整理说明"，复旦大学出版社，2015，第99—100页；（明）李晓彭《内乡李氏与明代中原文学创作》，《殷都学刊》2017年第2期，第1—丛书补编》第14册，齐鲁书社，2001，第74—131页；《彭比部集》（版心题《彭比部集》），《四库全书存目丛书》集部第116册，齐鲁书社，1997，第1—279页；吴格整理《翁方纲纂四库提要稿》，上海科学技术文献出版社，2005，第909页；徐泳《山东通志艺文志订补》第6册，集部第1册，山东人民出版社，2016，第225页；（清）陶元藻辑《全浙诗话》（外一种）卷三三，第4册，蒋寅点校，浙江古籍出版社，2017，第827页；（清）朱彝尊编《明诗综》卷五六，第三三，第1113页；（明）祁承㸁《澹生堂藏书目》，郑诚整理，上海古籍出版社，2015，第627页；陈国庆、刘莹《中国学术思想编年·明清卷》，陕西师范大学出版

社，2006，第251页；（明）顾宪成《泾皋藏稿》卷一九《郑大夫平泉（履准）公传》，沈乃文主编《明别集丛刊》第4辑第24册，黄山书社，2015，第734—735页；江西省社会科学院情报资料研究所编《江西地方文献索引》（下），1985年铅印本，第548页；徐忠民《西山文化通览》，江西人民出版社，2017，第228—229页；柯愈春《清人诗文集总目提要》（上），北京古籍出版社，2001，第10页。此外，《儋生堂藏书目》史部载有徐大化"卷一册"（第322页），此人天启初任用刑部员外郎，见《明史》卷三〇六《阉党传》，第7865页。

十三年（1534）或稍后的陈璋《比部招议》。此书被《明史·艺文志》误录作《比部招拟》，① 或许源于"招拟"（问拟招罪或成招拟罪）是明清司法政务运行中的成语，② 颇为常见，如见于表附-1而未被《艺文志》收录的唐龙、龚大器所分别编纂的《比部招拟类钞》、③《新刊招拟指南七卷首一卷新刊比部招拟五卷》（此为两书合刊，故表附-1仅节录相关书名）。④

《明史·艺文志》所著录的《比部招议》，除了构成本节主旨讨论的起点之外，也与沈家本具有一定的关系。

---

① 万历《温州府志》卷一七《艺文四·书目》著录有陈璋《比部招议》（从隆庆《乐清县志》起，本传及书目所载书名，即分作《比部招拟》《比部招议》），孙诒让编《温州经籍志》时，却径从《明史·艺文志》《千顷堂书目》改"议"为"拟"。(清) 鲍作雨、张振夔总修《道光乐清县志》卷八《人物上》、卷一一《艺文上》，陈纬校注，线装书局，2009，第510、512、722页；(清) 孙诒让：《温州经籍志》卷一三《史部·政书类·法令》，潘猛补校补，上海社会科学院出版社，2005，第550页。按，陈璋，竹冈人（属玉环乡，其地原属乐清，今属温州，成化中割属新置之太平县，即今台州温岭市），生于乐清邑下宅第，故称乐清籍。其后，《太平县志》《玉环厅志》亦为陈璋立传，入祀乡贤祠。参见陈纬《陈省斋年谱》，第2—4页。

② 《诸司职掌》，第278页；(清) 孙承泽纂《天府广记》卷二，北京古籍出版社，1982，第24页。

③ 该书在张伟仁主编《中国法制史书目》（第2册，第812页）、骆兆平《天一阁流散书寻踪》（氏著《天一阁杂识》，上海古籍出版社，2016，第242页）中，均被著录为《比部招拟类钞》。但在骆兆平《天一阁明抄本闻见录》（氏著《新编天一阁书目》，中华书局，1996，第291页）中却被误录为《比部招议类抄》。

④ 据高桥芳郎的引述，龚大器《招拟指南》卷首"招拟或问"，是在所编《比部招拟》基础上，以问答的形式，对律文做出解释（如"律称'以'者"与"真犯"的区别）。而《比部招拟》则是分类辑录刑案，起首录案犯刑名、人数、户籍类型，后面分"状招"和"议得"两部分，概述案情及拟罪判词，体例应同于唐龙《比部招拟类钞》。见氏著《宋至清代身分法研究》，第179—181页。

在中国政法大学法律古籍整理研究所、中国社会科学院法学研究所法制史研究室整理的《沈家本全集》中收录有《比部招议》一书。该书原为沈家本旧藏稿本，内容是明英宗天顺元年至武宗正德七年（1457—1512）刑部问案、取招、议奏及奉旨处理之记录。其中包括于谦谋为不轨事、张伟剿贼不力纵放殃民事、拿获反贼赵镪事、刘瑾任意欺罔专权纳贿事、起解叛逆贼寇何锦事等五案。①

不过，该稿本并非沈氏著作，而系其据陈毅（字士可，湖北黄陂人）旧藏本借抄。② 1935 年，上海大东书局曾将此书整理出版，并交由清末民初的著名法学家董康（字授经）鉴定。③原书为明抄本，抄录者及抄录年份不详，今藏台北傅斯年图书馆，原为北平人文社会科学研究所的图书之一，④ 钤"授经楼

---

① 徐世红主编《沈家本全集》第 2 卷，第 295—332 页。参见该书第 1 卷卷首《整理者名录》，第 2 页。

② 《中国学报》第 6 期，1913 年 4 月，《比部招议·于谦招》后郑沉识语。

③ 董康鉴定《比部招议》，上海大东书局，1935，今藏中国国家图书馆，索书号：4839。此书点校本以《董康鉴定〈比部招议〉》为题收入华友根编《董康法学文选》，法律出版社，2015，第 311—342 页。董康认为，《比部招议》所录各疏源自明代秋审题疏中的单疏（区别于汇疏，如氏著《秋审制度》第 1 编所录《会审重囚疏》等题疏，见何勤华等编《董康法学文集》，中国政法大学出版社，2005，第 381—388 页），但在鉴定时未涉及此本《比部招议》编撰者的问题，也未说明其鉴定底本的来历。张凡虽早已指出沈藏抄本与董康鉴定本为不同抄本的关系，但其误以为此书作者为陈璋。见氏著《明代会审研究》，硕士学位论文，中国政法大学，2008，第 27—28 页；《〈比部招议〉中所见的明代会审——明代诏狱程序及特点》，杜睿哲主编《西北法律文化资源》第 2 辑，中国政法大学出版社，2019，第 250—252 页。

④ 张伟仁主编《中国法制史书目》第 2 册，第 812 页。该书未著录陈璋《比部招议》，所著录的辑者不详的《比部招议》，系傅斯年图书馆所存自北平人文社会科学研究所接收的图书。见该书第 1 册凡例，第 23 页。

藏书印"等。①

这部抄录者不详的《比部招议》，与天一阁旧藏"比部招议一册（钞本）○天顺间纂"为同一书。之所以编者指为天顺年间所纂，应是其据该书所载最早的于谦案时间而著录。这与编者同样据明抄本《天圣令》首篇《官品令》将其著录为"官品令三十卷"的方式是一致的。②

同时，天一阁另藏有一部同名书："比部招议二卷○明少司寇陈省斋撰。古渝聂贤序。"③ 陈省斋即陈璋。该书后来从天一阁流散出去，罗振常在上海书坊见过此书，并予以著录，较之《阮目》稍加详细："《比部招议》二卷，后有嘉靖甲午（十三年，1534）刑部尚书古渝聂贤序：'今少司寇省斋陈公手裁也，公筮仕官刑曹九载，所判悉成帙。'凡二卷，黑口本，皮纸印，三册。"④ 此后，该书入藏南浔蒋氏传书堂（后改名密韵楼）。蒋汝藻延请王国维编成《传书堂藏书志》，亦著录该书。⑤

然而，由于明代存在多部《比部招议（拟）》，后人不免将其混为一谈。如屠隆《白榆集》文集卷二有《比部招议

---

① 据"台湾书目整合查询系统（SMRT）"检索。
② （清）范邦甸等：《天一阁书目》卷二之二《史部二》"政书类""职官类"，第215、204页；戴建国：《天一阁藏明抄本〈官品令〉考》，《历史研究》1999年第3期，第71—86页。
③ （清）范邦甸等：《天一阁书目》卷二之二《史部二·政书类》，第216页。
④ 罗振常：《天一阁藏书经见录》卷上，第136页。
⑤ 王国维：《传书堂藏书志》上册，王亮整理，上海古籍出版社，2014，第438页。蒋氏藏书于20世纪20年代后又流散数处，参见王亮《南林蒋氏传书堂考略》，王绍仁主编《江南藏书史话》，上海古籍出版社，2009，第726—740页。

序》，序中提及："予往为理官，业见《比部招议》一书，朝
夕手之不置，蕲〔祈〕仰见古明刑弼教之遗著之行事。已由
选部迁棘寺，犹不释卷也。乃今奉天子玺书，使视江南，而予
之忧益深矣。"潘猛补认为屠氏所序者即陈璋（乐清人，属温
州）之书，并将该序补录入孙氏《温州经籍志》中。徐美洁
将该文系于万历八年（1580），屠隆在清浦知县任上，并认为
是为某书肆新印陈璋《比部招议》而作。[①] 然而问题有二：第
一，从作序者曾任"理官""选部""棘寺"，并"奉天子玺
书，使视江南"来看，与屠隆经历（万历五年进士。授颍上
知县，调青浦。入为礼部主事，被劾削籍）不符，颇疑为误
收入《白榆集》之文。第二，从"仰见古明刑弼教之遗"来
看，将此序的对象与陈璋前书联系起来，也还有待进一步
验证。

此外，天一阁旧藏的两部同名著作，也常被人误认为一
书。道光二十七年（1847），刘喜海编《天一阁见存书目》
（简称《刘目》）时，已仅存天顺间所纂《比部招议》，并且
指明其为"二卷，明陈省斋撰"。[②] 可见，在编定《刘目》时，
陈璋《比部招议》已散出，故编者误将两种《比部招议》著
录在一起。

这一看法影响较大，[③] 但张伯元已谨慎地指出，从有关书

---

① （清）孙诒让：《温州经籍志》卷一三《史部·政书类·法令》，第551
　　页；徐美洁：《屠隆年谱（1543—1605）》，上海人民出版社，2015，第
　　114、7—10页。
② 骆兆平：《天一阁明抄本闻见录》，《新编天一阁书目》，第291页。
③ 陈纬：《〈比部招议〉琐考》，《陈省斋年谱》附录，第41—50页；《读
　　〈比部招议〉琐言》，《石塘山居杂文》，第298—304页；（清）孙诒让：
　　《温州经籍志》卷一三《史部·政书类·法令》，第550页。

目著录上看，台北所藏明抄本《比部招议》（即佚名天顺间所纂）与原天一阁藏明刻本《比部招议》二卷三册（即陈璋所著）不同，或许是同一书名的两种书。① 不过，他将《比部招议》均视为刑部问案卷宗，却是据佚名所纂同名书等而言，是否与陈璋书相符，仍有待说明。

关于陈璋及其著述，《国朝列卿纪·陈璋传》载："（刘）瑾诛，应诏起用，辛未（正德六年，1511），授刑部主事。时司寇藁城张公子麟精法律，属多难之，璋曰：'士而不读书，谓之废学；官而不读书，谓之旷工。况生死人乎！'乃研求法意，至忘寝食。律有疑难，亲为注解，遂以法家名。历员外郎、郎中。丙子（十一年），审录天下狱囚，司寇张公廉其能者，具名疏上，领命审录八闽，所活不下百余人，有《恤刑录》行于世。……己丑（嘉靖八年，1529），以疾乞归。……癸巳（十二年），起为刑部左侍郎。时司寇聂公贤虚心以受，事无大小，必同心后行。且日以律法与诸属讲明，每曰：'法官非公明仁恕，则轻重之间，鲜有得其当者。'故一时诸属，多以刑名著闻。聂公仍摭其旧稿，寿诸梓，名曰《比部招议》。凡入仕者，咸贾之，以资吏治。"② 其中所载刊行《比部招议》之事，与罗振常所引聂贤序节文一致。据此，聂贤序本《比部招议》刊行于嘉靖十三年或稍后，内容为陈璋旧稿，经其手裁，故不应包括其任职刑部之前的于谦等案。

潘猛补认为陈璋《比部招议》由聂贤"于嘉靖癸巳十二

---

① 张伯元：《古代判例考略》，氏著《律注文献丛考》，社会科学文献出版社，2016，第31—32页。

② （明）雷礼编《国朝列卿纪》卷五九《刑部左右侍郎行实》，万历刻本，《四库全书存目丛书》史部第93册，第651—652页。

年刻行于世"，① 当据前述传记或李廷相所撰墓志笼统而言。②
但实际上，此书在刊刻之前已行于世。据墓志载，王旒嘉靖二
年（1523）进士及第后，"试政都察院，除授行人司行人。……
行人三年，人悉望其有科道之选，乃止升本司司副。……司副
二年，稍迁刑部福建司署员外郎。乃取《比部招议》、《条例
全文》及《王端（恭）毅驳稿》三书，③ 时时抱而读之。及
临事，犹问之吏人"。④王旒翻看的《比部招议》，应即陈璋所
撰，时间约为嘉靖七年，在陈璋再次入职刑部和聂贤付梓之
前，推测当系稿本或抄本。

　　此本既系陈璋所裁定旧稿，应是他正德年间任职刑部时，

---

① （清）孙诒让：《温州经籍志》卷一三《史部·政书类·法令》，第550页。

② （清）李登云等修，陈坤等纂《光绪乐清县志》卷二下《邑里三·冢
墓》，李廷相（1485—1544，字梦弼）撰《陈璋墓志铭》："明年（嘉靖
十二年），升刑部左侍郎。有谏官冯恩者，以言获罪，狱既成矣，公莅
任……走白政府，为具奏，冯得生全。司寇聂公凤重公，至是信服，因
梓其《比部》、《恤刑》之录，以为法家式。"《中国地方志集成·浙江
府县志辑》第61册，第141页。不过，《光绪乐清县志》将墓志作者误
题作与之同名，且有同年之谊的王廷相（1474—1544，字子衡，前七子
之一）。参见陈纬《陈璋年谱》，《石塘山居杂文》，第296页。

③ 《条例全文》是成化、弘治年间条例奏本的汇编，见张伯元《钞本〈条
例全文〉遗存考》，华东政法学院科研处编《市场经济与法制建设》，法
律出版社，1997，第319—333页。王端毅，即王恕（字宗贯），他虽于
景泰年间（1450—1457）任职大理寺左评事，但所留著述中，未有以
《驳稿》为名者。黄宗羲：《明儒学案》卷九《三原学案·端毅王石渠先
生恕》，第158—160页。此处《王端毅驳稿》，实为刊于弘治五年
（1492）的《王恭毅公驳稿》，作者王槩，字同节，正统七年（1442）进
士，官大理寺卿、刑部尚书。该书首列参驳文书式9条，其后为王槩任
职大理寺卿时的奏驳公牍。点校本见陈宇赫《明代大理寺研究》附录
二，第341—442页。

④ （明）李开先：《李中麓闲居集》卷七《中顺大夫彰德府知府王公（旒）
合葬墓志铭》（撰于嘉靖二十一年），卜键笺校《李开先全集》（修订
本），上海古籍出版社，2014，第660页。

针对"律有疑难"所做的注解，故能为入仕者所重，"以资吏治"。但此事因人而异，如王旒虽然读了《比部招议》等书，"及临事，犹问之吏人。或告之云：'招欲情节联比，而重在议头，且于外省文移，繁简迥别，虽府推知县入部者，犹必习而后知，矧公以行人司进者乎？但聚旧案卷四五宗，逐一详观，有龃龉处，更请之老司长，无不了了者。'不旬日，刑名虽未过人，有及人者矣。寻升河南司郎中"。^① 据此可反推，单纯读条例、驳案等书，并不能真正掌握刑部问案技能，需要与旧案卷宗搭配才行。这意味着陈璋《比部招议》也属于此类著作，而与前述龚大器《招拟指南》"在所编《比部招拟》基础上，以问答的形式，对律文做出解释"的体例不同。

幸运的是，万历年间，王樵、王肯堂父子在对《大明律附例》"犯罪自首"条"若自首不实及不尽者，以不实不尽之罪罪之。至死者，听减一等（自首赃数不尽者，止计不尽之数科之）"进行笺释时，曾引"《比部招议》云：'强盗首赃不尽者，旧皆以不尽之罪罪之，至死者，减一等。今改正：止拟不应从重。盖强盗以得财坐罪，与计赃定罪者不同。如劫人银十两，止将一两出首，即一两亦合坐死，不谓之自首不尽。若三次打劫，隐下二次，止将一次出首，则谓之不尽也。首次数不尽者，与首财数不尽者不同，不可不知。'"^②

---

① （明）李开先：《李中麓闲居集》卷七《中顺大夫彰德府知府王公（旒）合葬墓志铭》，卜键笺校《李开先全集》（修订本），第 660 页。

② （明）王樵私笺，王肯堂集释《大明律附例笺释》卷一《名例律》，叶 60a，万历四十年（1612）序刊本，东京大学东洋文化研究所汉籍善本全文影像资料库，网址：http：//shanben. ioc. u-tokyo. ac. jp/main_p. php? nu = B3800900&order = rn_no&no = 00597&im = 0030031&pg = 130，访问时间：2020 年 9 月 21 日。

此段内容，亦为薛允升《唐明律合编》所引，但他却未提及《比部招议》之名，仅注明引自《大明律附例笺释》。[①]造成薛氏疏失的原因，可能在于清人重刻《大明律附例笺释》时，已脱去"比部"二字，仅作"《招议》云"。[②]

虽然王氏父子仅保留了《比部招议》的吉光片羽，但已可以看出，该书与前述天顺间所纂《比部招议》的内容判然有别，而与陈璋"律有疑难，亲为注解"相符。由此可知，作为律学著作的陈璋《比部招议》与作为问案卷宗的佚名《比部招议》确实为两书。

最后，据前引王旒墓志，在付梓之前，陈璋之书便以稿本或抄本形式在刑部官员之中流传。因此可知，《比部招议》的书名，或许在正德年间作者任职刑部期间便已出现。这与前述佚名《比部招议》抄本可能出现的最早时间大体一致，均从侧面说明"比部"指代刑部文例的出现肯定要早于嘉靖时期。但这一结论需要得到进一步的证明。

三　以"比部"指代刑部文例的出现及成因分析

利用鼎秀古籍全文检索平台（不含《明实录》）进行检索后，将搜集到的出现于嘉靖朝之前的文例，按照撰写时间早晚制成表附-3、表附-4。

---

① （清）薛允升：《唐明律合编》卷一九《贼盗》，"强盗"条，怀效锋、李鸣点校，法律出版社，1999，第532页。
② （明）王肯堂原释，（清）顾鼎重编《王仪部先生笺释》卷一，康熙三十年（1691）刻本，杨一凡编《中国律学文献》第2辑第3册，黑龙江人民出版社，2005，第183—184页。

表附-3 明代嘉靖之前"比部"指代刑部文例

序号	作者	文章名	撰写时间	引文	任职刑部者	任职时间	任职	来源
1	程通	《春日闻唐比部将至荆州》	永乐初	如题	唐某	永乐初	无	《贞白遗稿》卷五
2	杨守陈	《祭李祭酒适稿后》	景泰三年(1452)或稍后	继明刑于比部，复载笔于词垣	李时勉	约永乐九年至十六年(1411—1418)	主事	《杨文懿公文集》卷六
3	张瑄	《题许白云先生文集后》	成化元年(1465)	后官比部，命膳史沈纯者录出	张瑄	正统七年(1442)后	主事、郎中	《许白云先生文集》卷末
4	史鉴	《先考友桂府君行状》	成化三年	尚书比部谢郎中巡抚东南，尝召同利病，先君条对甚悉	谢某	宣德中	不详	《西村集》卷八
5	朱应登	《太华寺赠张比部元电三首》	正德十一年(1516)	如题	张元电	正德五年至十一年	主事、郎中	《凌溪先生集》卷五
6	杨廉甫	《新修六合县记》	正德十一年	五阅月而告成，适诏进主留都比部事	万廷程	正德十一年	不详（主事）	《嘉靖六合县志》卷七
7	郑善夫	《白湖送陈比部》	正德十一年	如题	陈璋	见表附-1	见表附-1	《少谷集》卷七

续表

序号	作者	文章名	撰写时间	引文	任职刑部者	任职时间	任职	来源
8	郑善夫	《南山赠林迁于比部》	正德十二年（1517）	如题	林廷乔	正德十二年	湖广司主事、员外郎	《少谷集》卷五
9	郑善夫	《方处士墓志铭》	正德十三年	著贤声于吾邑、沙二邑，征为比部郎	方豪	正德十三年至十四年，嘉靖元年至二年（1522—1523）	主事、员外郎	《少谷集》卷二二
10	刘储秀	《华岩川歌送比部张大微谢病归》	正德十三年	如题	张治道	正德十二年至十三年	主事	《刘西陂集》卷二
11	郑善夫	《大〔天〕末忆方思道》	正德十五年	远怜方比部，经岁断来书	方豪	见前	见前	《少谷集》卷五
12	刘储秀	《赠胡比部豪溪省觐二首》	正德十五年	如题	胡侍	正德十三年至嘉靖元年	云南司主事、署广东司员外郎	《刘西陂集》卷二

表附-4　明初作为刑部子部的"比部"文例

序号	作者	文章名	撰写时间	引文	任职者	任职时间	来源
1	宋濂	《莆田林氏重建先祠记》	洪武五年（1372）六月后*	讳迁府君九世孙比部主事衡	林衡（士衡）	洪武初年	《宋学士文集》卷二三《翰苑续集》卷四
2	宋濂	《故陈母林夫人墓志铭（有序）》	洪武七年	莆田林夫人既殁，其子熙因比部主事林士衡持状来征文			
3	宋濂	《赠林经历赴武昌都卫任序》	洪武九年前**	莆有林君士衡，由进士起家，署为比部主事，迁武昌都卫经历			《宋学士文集》卷三五《翰苑别集》卷五
4	朱元璋	《故更因名第四十三》	洪武十九年	刑部比部主事吏员王进，阮贞等	王进，阮贞	洪武中	《大诰续编》
5	夏原吉等	—	永乐十六年（1418）	（洪武）九年，以事降为刑部比部郎中，又降员外郎	吕宗艺	洪武九年	《明太祖实录》洪武十二年
6	刘熙修	—	弘治元年（1488）	举俊秀，任比部主事	李从善	洪武五年	《弘治衡山县志》卷四

注：＊宋濂提及，林氏重建先祠，始于元至正十八年（1358）十二月，终于洪武三年十一月，并称林衡"字士衡"，通经而有文，第1010页。《八闽通志》载林衡撰文时间。《翰苑续集》卷四《莆田林氏重建先祠记》"四年吴伯宗下进士，刑部主事，终应天府尹"。（明）黄仲昭修纂，福建省地方志编纂委员会旧志整理组整理《八闽通志》下册卷五四《选举·科第·兴化府》，福建人民出版社，2006，第366页。据此，《先祠记》撰写不可能早于林氏中进士之前。考虑到明初六部体制的变化（见第七章），故知该文应撰于洪武五年六月之后。

**林氏赴任，在洪武八年十月癸丑改武昌都卫为湖广都指挥使司之前。《明太祖实录》卷一〇一，第1712页。

另检得1例，（明）邓元锡《皇明书》卷一九《名臣上》："户（部）尚书人郁新，以比部郎，超授户侍，考满，擢尚书。"《四库全书存目丛书》史部第29册，第245—246页。据解缙《解文毅公集》卷一四《资善大夫户部尚书郁郁公（新）神道碑"："洪武戊辰岁（二十一年，1388）……凤阳郁公于许众中，姿貌魁伟，音吐洪畅，威仪整齐……上果赐名新，即命户部度支主事。……未几，公升北平部郎中。先是，户部其属有四，是岁分为十二，故有是命，进阶嘉议大夫，户部右侍郎。"前文"比部"是户部北平部之讹。郁新未尝为刑部官，故未列入本表中。沈乃正主编《明别集丛刊》第1辑第28册，黄山书社，2013，第213页。

表附-3"比部"文例之中，最早者为程通《春日闻唐比部将至荆州》。"唐比部"，或即唐求（"每忆唐求思渺然，别离何似路三千"），事迹不详。此诗应撰于永乐元年（1403）春，但其来源颇可疑。

程通，字彦亨，绩溪人。洪武二十三年（1390）应举，对策称旨，授辽王府纪善。靖难之役起，从辽王泛海归京师，上封事数千言，陈御备策，进左长史。成祖即位后，从辽王徙荆州。以所上封事语多指斥，械至京师，死于狱中。家属戍边。文稿百余卷，悉毁于官。多年之后，程氏后人才着手搜集程通遗稿及事迹，至嘉靖中，才将搜寻到的遗稿等付梓，题作《贞白遗稿》。① 然因历时久远，遗稿所载传记往往得于传闻，不免有失实之处。②

不仅如此，程通诗文中也存在不少可疑之处。如《蜀川陈氏宗谱序》载"洪武庚辰岁仲春月，谨奉令旨俾予还乡展省丘陇，将行，南郡诸缙绅大夫追饯于西门之沙市"，并记载了"由武昌而下，经赤壁之胜"而还家的路线。③ 其中庚辰为建文二年（1400），称洪武者，系永乐初追改。但当时辽王身在南京，尚未至荆州，故程通归家必不可能自武昌而下。此文必为伪作。

程通诗作中，《荆州登楼》（其一）"倚城高阁映湖天，此日登临一卷帘。翘首忽生千里思，慈颜一别又三年"，及《春

---

① （明）程敏政：《长史公传》，（明）程定：《辽府左长史彦亨公行状》，《贞白遗稿》卷八，《景印文渊阁四库全书》第 1235 册，第 789—792 页；《明史》卷一四三《程通传》，第 4056 页。

② （清）潘柽章：《国史考异》卷五，中华书局，1985，第 124—125 页。

③ 《贞白遗稿》卷二，第 740 页。

日闻唐比部将至荆州》（其二）"几载相逢见面难，只凭尺素报平安。江陵不日君须到，春月春花好共看"，[①] 无论是诗意还是遣词，都与"前七子"之一的边贡《五月五日以扇奉寄二亲侑以小诗二首》（其二）"薰风帘幕燕翻翻，庭际榴花火欲然。睡起忽生千里思，慈颜一别又三年"，及《柬马公顺同年》"三载风尘一见难，每将书札报平安。梁园幸是同官地，春月春花却自看"高度相似。[②] 考虑到"明初诗传者多失真"的特点，[③] 颇疑《春日闻唐比部将至荆州》等是伪作或误收他人之作。

加之，永乐元年（1403）刑部虽已不再分四曹，但在所属清吏司下仍设有宪、比、司门、都官四科（详后），故此时应不会以"比部"指称刑部。所以，收录于杨守陈《杨文懿公文集》（弘治十二年刻本，1499）中的《祭李祭酒先生文》，就成为目前所检索文献中存在"比部"指代刑部文例的最早出处。

顾炎武、沈家本均指出，明代刑部体制的转变，是产生以"比部"称刑部现象的原因。但对这一体制转变与将刑部称为"比部"文例出现的关系，仍有待进一步研究。

据第七章所论，明代刑部始见于洪武元年（1368）八月奏定六部官制。此后，朱元璋逐渐仿照唐代尚书省六部二十四司体制，在六部之下各置子部（属部），改变了金元六部之下

---

① 《贞白遗稿》卷六、卷五，第781、772页。
② （明）边贡：《华泉集》卷七，《景印文渊阁四库全书》第1264册，第156、142页。
③ （清）朱彝尊：《静志居诗话》卷六，黄君坦校点，人民文学出版社，2006，第146页。

无专曹，而"以令史分头掌之"的科—曹案分工机制。以刑部为例，其下分总部（后改名宪部）、都官部、比部、司门部。洪武二十三年（1390），为进一步强化中央对地方财赋、司法的管理，户、刑二部从四子部体制转变为以省分司的十二子部，后改称十二清吏司。各司之下则设宪、比、司门、都官四科，分掌律令事类。

至宣德十年（1435）定制，随着省制的调整，刑部定制为浙江等十三清吏司，[①]"各掌其分省，及兼领所分京府、直隶之刑名"。司一级机构政务分工的细化，也使得宪、比、司门、都官四科逐渐失去意义。因此，宣德十年以后，刑部职掌"止分司管理，不列四科矣"。[②]不过，因刑部清吏司之下分为四科载于洪武二十六年颁行的《诸司职掌》，而成为编修《大明会典》的基础，[③]所以刑部四科虽然消失于宣德末年，[④]但

---

① 嘉靖朝刑部尚书林俊提及永乐时刑部定为十三司后，"析府部，诸司兼理之，循宪、比、都官之任，而司门属之司马（即兵部）"。但司门分属兵部的说法仅见于此，暂存疑。（明）林俊：《刑部陕西司题名记》，《见素续集》卷九，第530—531页。

② 《明史》卷七二《职官志一》，第1755页；（明）陶尚德等：《南京刑部志》卷二《司刑篇》，第149页。取消司下分科，虽仅见于嘉靖三十四年（1555）成书的《南京刑部志》，但与撰写于嘉靖初的《科续题名记》不载四科相符："刑〔部〕惟长自择主事之负文章、习典故、端慎者为之。或二人，或三人，迁则代，谓之本科。长贰恃若肘臂，正若副腹心焉。"（明）林俊：《科续题名记》，《见素续集》卷九，第531页；《明史》卷一一二《七卿年表二》，第3449—3550页。

③ 鞠明库：《〈诸司职掌〉与明代会典的纂修》，《史学史研究》2006年第2期，第53—57页；柏桦、李倩：《论明代〈诸司职掌〉》，《西南大学学报》（社会科学版）2014年第4期，第153—160页。

④ 与刑部取消清吏司下分科不同，户部清吏司下一直沿袭分科体制，直至清代户部诸清吏司"书吏尚区为四科，曰民科、曰支科、曰金科、曰仓科，分案管理"，但刑部书吏则未言分科。因此，清代学者锡珍详载吏部等五部清吏司下所设房、科，却唯独未载刑部官制，可能并非疏失，而

其影响直至嘉靖中仍存在。如天一阁旧藏明钞本《刑部纂集事例》一卷,"前有目录分四科:宪科、比科、司门科、都官科","编纂弘治至嘉靖新增事例"。①

与此同时,消失在洪武末年的刑部四曹,对南京刑部建筑空间的影响却长期存在。如永乐末刑部置贵州清吏司,便"割总部旧址之前,建贵州司署"。② 而随着正统六年(1441),北京新刑部的落成,并去"行在"之名,③ 原来刑部四曹或清吏司四科的印记在建筑空间中也彻底消失。此时,距离以"比部"称刑部现象首次出现在史籍之中,仅有十余年的时间。结合明代刑部的上述变化,推测刑部称"比部"文例在英宗正统之后产生,应可成立。

对于刑部称"比部"文例的产生,前文主要围绕机构变化予以解读。但还需注意,制度变迁虽然是上述现象出现的必

是反映出六部内部政务运行机制的差异。(清)纪昀:《历代职官表》卷六、卷一三,第 129、261 页;邓之诚:《桑园读书记》,《皇朝掌故备要》叙录,辽宁教育出版社,1998,第 29 页。按,锡珍《皇朝掌故备要》系稿本,原题作《国朝典故志要》,旧藏邓氏五石斋,今藏南京大学图书馆。李轶伦:《南京大学图书馆藏古籍善本书志七种》,程焕文等主编《2016 年中文古籍整理与版本目录学国际学术研讨会论文集》,广西师范大学出版社,2018,第 530—533 页。

① 罗振常:《天一阁藏书经见录》卷上,第 137 页;王国维:《传书堂藏书志》上册,第 436 页。

② (明)陶尚德等:《南京刑部志》卷四《明刑篇》,(明)刘隅:《贵州清吏司题名记》(撰于嘉靖十四年,1535),第 754—755 页。

③ (明)彭韶《刑部广东清吏司题名记》:"永乐间,安南内属,置交趾司,又拆云南、四川之交为贵州,置贵州司……当是时,官置在金陵,而北京设行部……无常员。至十九年辛丑,北京告成,乃置曹司,一依金陵旧制。后加以行在,又废交趾,而云南自为司。方定都之初,百务草创,率皆权寓莅事。今城隍庙西惜薪司,俗呼则刑部是也。正统辛酉(六年),改建于此,始去行在,正陆曹之名。而金陵谓之南京,官联如故。"(明)郑岳:《莆阳文献》卷一二,第 193—194 页。

要基础，但却并非充要条件和直接因素。

比如，在同样是不存在刑部四司的金元时期，并没有产生以"比部"称刑部的现象（但存在以"祠部"称礼部的现象，见第七章）。金元时期文献中所见"比部"有 2 例，见元好问《龙虎卫上将军术虎公（筂寿）神道碑》载，筂寿"大父查剌，明威将军、比部详稳官"。整理者指出，详稳官见《金史·百官志三》，为诸部族之官，"比部"疑是"北部"之误。[①]此外，唐元《书胡氏家训卷末》载："延祐丁巳（1317），余始识相之胡君于中表黄氏家……后六年为至治壬戌（1322）之春，俾其子泰初出示先大父知丞与比部公家训书。"[②] 从时间上看，胡氏先祖"知丞公""比部公"，应是其在南宋所任知县丞、比部郎中员外郎之职。故 2 例皆可排除。

因此，有必要将视野从机构本身扩展出去。不仅要揭示上述文例产生的时间，更要揭示其流行的原因。

以表附-3 为例，在武宗之前的文例，仅有 3 例。其余 8 例，均出现在正德后期。这与前文据《国朝献征录》所做的初步统计所揭示的以"比部"称刑部的现象的流行时间是相衔接的。值得注意的是，郑善夫《白湖送陈比部》诗的对象，恰好就是以《比部招议》而被《明史·艺文志》所著录的陈璋（见表附-1）。同样被提及的还有张治道——刘储秀《华岩川歌送比部张太微谢病归》："较艺南宫连得第，青丝走马杏

---

① （金）元好问著，周烈孙、王斌校注《元遗山文集校补》卷二七，巴蜀书社，2013，第 960、965 页。

② （元）唐元：《筂轩文稿》，（元）唐元、（明）唐桂芳、（明）唐文凤：《唐氏三先生集》卷一一，明正德本，《北京图书馆古籍珍本丛刊》第 115 册，第 566 页。

园中。赤舄飞凫花县里,昨者重迁西省郎。"诗中"西省郎"即"西翰林",① 亦见诸与刘储秀相唱和的胡侍笔下:

> 刑曹多文士,故称"西翰林"。前辈不暇论,正德间,若亳州薛蕙君采、仪真蒋山卿子云、马平戴钦时亮、关西刘储秀士奇、张治道时济、王诇舜夫、昆山周凤鸣于岐、开化方豪思道、都下萧海于委、无锡顾可适与行、绵州高第公次、会稽沈弘道伯充、鄞县叶应骢肃卿、莆田王凤灵应时,并文藻瑰奇,蜚华艺苑,济济多贤,尚难悉举。余时联镳接武,咸获交承。离析忽三十年,丧亡略尽。言念畴昔。不胜邻笛之悲。②

其中所提到的人名,不少见于表附-3、表附-5。未被胡侍提及的,还有郑善夫与何景明(仲默):"武宗时,銮舆频出,百司无事。余(张治道)与西陂同在比部,而信阳何仲

---

①　西省郎,晋以后为中书通事郎、中书侍郎之别称。至明清,"西省"亦为内阁中书科之别称,而刑部还有"西曹(台)""外翰林"之誉,明末陆启浤撰《客燕杂记》载"嘉靖中,李攀龙、王世贞俱官西曹,相聚论诗,建白云楼榜诸君诗。人目刑部为外翰林,亦称西台"。龚延明:《中国历代职官别名大辞典》,第 286 页;陈仲安、王素:《汉唐职官制度研究》,第 48 页;(清)梁章钜:《称谓录》卷一二《内阁(附中书科)》、卷一六《刑部(附刑部各司古称)》,第 194、251 页。

②　(明)胡侍:《真珠船》卷八《西翰林》,中华书局,1985,第 86 页。(明)林俊《刑部陕西司题名记》亦称"既专官以各程其职……而又相资仕学部,称小翰林"(《景印文渊阁四库全书》第 1257 册,第 531 页)。按五行之说,西属金,主兵刑,故刑部、兵部皆有"西曹"等别称。至明代,大理官亦得沿用之,王世懋序欧大任《西署集》云:"廷尉署与比部鳞比而西,故皆得称西署。"(清)范邦甸等:《天一阁书目》卷四之二《集部二·别集类》,第 409 页;(清)梁章钜:《称谓录》卷一六《兵部》,第 248 页。

默先生与西陂为诗友。"① 郑、何二人虽未尝任职刑部，但与李梦阳、徐祯卿等人一起，在明朝中期掀起了一场"倡言文必秦汉，诗必盛唐"的文学复古运动，以改变当时盛行的"台阁体"和"理气诗"文风。这就是所谓的"前七子"或"弘治十才子"。② 陈璋、张治道、刘储秀等人因与之理念相近，亦被视为广义的"七子派"诗人。

清人曾称："考七子之派，肇自正德，而衰于万历之季，横踞海内百有余年。其中一二主盟者虽为天下所攻击，体无完肤，而其集终不可磨灭。非惟天姿绝异，笼罩诸家，亦由其学问淹通，足以济其桀骜。固根柢深固，虽败而不至亡也。"③值得注意的是，前后"七子"活跃的正德至万历时期，正与刑部称"比部"现象的最初流行期重合。

此阶段的刑部官员，之所以汲汲于标榜自身，与当时文坛风气转变有关。如嘉靖二十九年（1550）宗臣成进士第后，先为刑部主事，后调考功。"故事，吏部郎自相贵，绝不复通他曹郎。而君日夜与其旧曹李于鳞（攀龙）、徐子与（中行）、梁公实（有誉）及不佞世贞游，益相切劚，为古文辞。考功署中，自公令外多不复酬往。"然而到了隆庆年间，文风为之一转，"士大夫缓带而谈艺，竞为复古之词，以相矜尚。一时

---

① （明）张治道：《刘西陂集序》，（明）刘储秀：《刘西陂集》卷首，《四库未收书辑刊》第 5 辑第 18 册，北京出版社，2000，第 651 页。
② 《明史》卷二八六《文苑二·李梦阳传》，第 7348 页。
③ （清）纪昀：《四库全书总目提要》卷一七二《少室山房类稿》，魏小虎编撰《四库全书总目汇订》第 9 册，第 5652 页。参见薛泉《七子派考略》，氏著《滇南掇帚集》，武汉大学出版社，2015，第 141—151 页；黄卓越《明永乐至嘉靖初诗文观研究》，北京师范大学出版社，2001，第 97—98 页。

学士，翕然宗之，而西曹之人，十居其九，流连光景，鼓吹骚雅，诸曹郎望之若仙，故当时西曹视他曹特易"。①

由此不难推知，与"前七子"诸人交相唱和的张治道、刘储秀之辈，以及曾羽翼"后七子"派的以王宗沐、吴维岳为首的刑部诗社派，是将业已存在的以"比部"称刑部文例扩大化的主要推动者。

在文学复古思想的影响之下，他们除了借用魏晋南北朝之际一度"主法制"的"比部"作为自己的身份标识外，还有意曲解"西省郎"这一向与刑部无涉的词臣别称，加诸己身，以适应明代刑部独立于其余五部之外、在宫城以西的现实。②这样也有助于凸显他们不同于其他文坛流派的自我意识，并借此达到疏离政治的目的。③

---

① （明）焦竑：《国朝献征录》卷九〇，（明）王世贞：《福建按察司提学副使宗君臣墓志铭》，《续修四库全书》第 530 册，第 156—157 页；（明）袁宏道：《送京兆诸君升刑部员外郎序》，钱伯城笺校《袁宏道集笺校》卷一八，上海古籍出版社，2008，第 708 页。参见吴艳红等《明朝法律》，南京出版社，2016，第 94—95 页。

② 明初，移三法司于皇城西北玄武湖与钟山之间。正统之后，考虑到北京的地理空间，改在皇城西南（巽位）选址，即今民族文化宫附近置三法司，但仍位于"五府各部"（千步廊两侧）的西北。故曰："国家设刑部、都察院、大理寺以掌天下之刑狱，其事权、品秩视五府各部，谓之三法司，其官署之建设必在西北。于南在钟山之阴，于北在国之巽隅。截然一区，不与诸官寺齿，谓之西衙门。"（明）洪朝选《归田稿》卷二《宜山何公（宽）应廷尉召北上序》（隆庆五年，1571），《洪芳洲先生文集》，李玉昆点校，商务印书馆，2018，第 102 页。参见王越《明代北京城市形态与功能演变》，华南理工大学出版社，2016，第 152—153、155 页。

③ 张德建：《明代嘉靖间刑部的文学活动》，《中国文化研究》2011 年第 4 期，第 40—50 页。

余论：作为"今典"的"比部"

据《事物绀珠》《称谓录》等类书所记载，明清时期精英群体以前代官称作为自己所任官职的别称，并不仅限于刑部官员，"比部"也只是刑部众多别称中的一个，但却在机缘巧合之下，成为当时刑部官员使用频率最高的身份标识之一，因而得以进入字书，并为顾炎武、沈家本等著名学者所关注。这说明，以"比部"称刑部现象的背后，有其特殊之处。

张凡引《明史·职官志》载刑部"傅律例而比议其罪之轻重以请"来解释"比部"之职，以及用以称刑部的原因，[1]与本文视角不同。《明史》文本出于清人之手，虽不能直接据以推定以"比部"来解释刑部之职，但这一表述确实与沈家本所指出的"断罪无正条，用比附加减之律，定于明"的律学思想和实践活动相符。[2]

明初面对律无正条的情况，受宋《庆元条法事类·断狱令》"比附定刑虑不中者，奏裁"规定的影响，修律时改变了唐律之文，将比附加减定拟的做法正式入律。清律继承了此条律文，[3]因而《明史》描述刑部职掌的文字与建文朝所改刑部比议司之名是吻合的。这样看来，张凡的解释也有助于理解以"比部"指代刑部文例出现的知识背景。与之类似的，还有明

---

① 张凡：《明代会审研究》，第27页。
② 沈家本：《明律目笺》卷一，徐世红主编《沈家本全集》第4卷，第460、465—466页。
③ 陈新宇等：《中国近代法律史讲义》第三章（陈新宇执笔），九州出版社，2016，第156—167页。

人描述刑部官员职能时所使用的"法比"一词。如目前所知最早使用以"比部"指代刑部文例的杨守陈，就称赞在刑部任职的陆昶"仁恕明敏，以文学饰法比"。另如表附-5例1"初官比部，即思明法以达于政"中"比部"，文集本就作"法比"。①

因此综合上述知识背景，以及本文所论，可将明代以"比部"称刑部现象出现与流行的原因概述如下。

首先，这一现象源于制度溯源时的信息不对称，顾炎武因而产生"财计之不关刑部久矣，乃犹称郎官为比部"的疑问。正如沈家本所言，上述现象的产生，与刑部官员受明初确定的"断罪无正条，用比附加减之律"的律学思想和实践活动的影响，从而加重其对刘宋比部"主法制"、北齐比部"掌诏书、律令、勾检等事"的历史记忆有关。正统以后，作为刑部下属机构的"比部（科）"之名彻底消失于北京新部之中，更为以"比部"称刑部现象的出现提供了必要的制度前提。

其次，制度变迁并非上述现象产生和流行的充要条件。正德、嘉靖之际，与前后"七子"相继以诗文相友，主张文学复古的张治道、刘储秀、王宗沐、吴维岳等一大批刑部官员的文学实践，才是造成以"比部"指称刑部文例迅速在明清精英群体中扩散开去的深层次原因。同时，在使用这一"今典"式表达时，他们也有着明确的边界意识，绝少在官方话语背景下的文本中使用上述文例，而是将其限定在诗文、墓志、私撰传记等"文学"文体中。

---

① （明）杨守陈：《杨文懿公文集》卷二六《明亚中大夫福建右参政陆公（昶）墓志铭》，沈乃文主编《明别集丛刊》第1辑第49册，第497页；周道振辑校《文征明集》卷三〇《明故嘉议大夫河南布政司右参政吴公（愈）墓志铭》，上海古籍出版社，1987，第694页。

表附-5 《国朝献征录》所见"比部"文例

序号	志/传主	卒年	引文	任职刑部者	任职时间	志/传作者	撰写时间	来源
1	吴愈	嘉靖五年（1526）	戊戌（成化十四年，1478），授南京刑部广东司主事……初官比部，即思明法以达于政	吴愈	成化十四年至十五年，二十年至弘治三年（1490）	文征明	嘉靖七年	卷九二
2	左恩忠	嘉靖十五年	己卯（正德十四年），余比部亦遭病归	张治道	正德十四年	张治道	嘉靖二十二年	卷二六
3	魏棨	嘉靖十八年或十九年	历官南京行人司副，[刑部]员外郎，郎中……其在比部，吏事精核，众所难决者必咨于公	魏棨	正德五年至八年	张时彻	嘉靖二十六年	卷九〇
4	闾（阎）溥	嘉靖二十六年	乙酉（嘉靖四年）授刑部河南司主事……其在比部，研精律例，鞫讯不苟，原情附律，不苟不纵，人称平焉	闾（阎）溥	嘉靖四年至十年	许宗鲁	嘉靖二十六年	卷八四
5	詹瀚	嘉靖三十一年（1552）	登丁丑（正德十二年，1517）进士，官比部……升四川司郎中……升刑部右侍郎，寻转左	詹瀚	正德十二年，嘉靖三年，嘉靖二十七年	赵锭	嘉靖三十一年	卷四六

续表

序号	志/传主	卒年	引文	任职刑部者	任职时间	志/传作者	撰写时间	来源
6	梁有誉	嘉靖三十三年	庚戌（嘉靖二十九年），成进士……后期，乃授比部郎	梁有誉	嘉靖三十年至三十二年	欧大任	嘉靖三十五年	卷四七
7	钱洋	嘉靖三十四年	召入刑部主事，历员外郎、郎中……在比部尤称职办	钱洋	嘉靖二十年后	文征明	嘉靖三十六年	卷八六
8	张逊业	嘉靖三十八年	而丞尚宝矣，又以比部郎从有功（逊业字）饮，燕中甚欢	王世贞	嘉靖二十七年至二十九年	王世贞	嘉靖三十八年	卷七二
9	周文兴	嘉靖三十九年	服阕，起授比部主事	周文兴	正德十年	赵锤	嘉靖三十九年	卷七六
10	黄懋官	嘉靖三十九年	坐音陈鹏举等凡四人，听理比部	—	—	李维桢	嘉靖三十九年	卷三二
11	宗臣	嘉靖三十九年	嘉靖庚申（三十九年）之二月，宗君子相卒于闽，其遗言曰："死，葬我金陵。"而是时大公为南比部郎也，则以槥之金陵栖焉	宗臣	嘉靖三十六年至三十九年	王世贞	嘉靖四十年后	卷九〇
12	王凤灵	嘉靖四十一年（1562）	丁丑（正德十二年，1517），凤灵始举进士，授刑部郎，……其起家比部郎，年甫弱冠	王凤灵	正德十二年至嘉靖初	乔世宁	嘉靖四十一年	卷九四

续表

序号	志/传主	卒年	引文	任职刑部者	任职时间	志/传作者	撰写时间	来源
13	陶大年	嘉靖四十四年后	子一，即比部君允光，南京刑部山东清吏司郎中	陶允光	嘉靖四十年后	陈所蕴	嘉靖四十年后	卷八六
14	丘秉文	隆庆四年（1570）	迁为比部主事……长兴徐中行以同赋名比部，时与秉文为同舍郎，以文章最至	丘秉文、徐中行	嘉靖三十二年至三十三年	撰人不详	隆庆四年	卷七一
15	诸大绶	万历元年（1573）	十岁（嘉靖十一年），善属文。比部郎八山钱公……见而奇之	钱楩	嘉靖十一年至二十三年	张元忭	万历元年	卷六六
16	王守仁	嘉靖七年	是岁（正德五年），先生升南比部主事，寻改吏部验封司	王守仁	弘治十三年至十五年、正德五年至六年	耿定向	万历十二年	卷九
17	王懋德	万历十二年	举隆庆戊辰（二年）进士，由南京比部郎出为金华守	王懋德	隆庆中	王世懋	万历十二年	卷九〇
18	黄姬水	万历二年	至曾祖眪，用经术举进士，官比部郎有声	黄眪	弘治中	冯时可	万历十三年	卷一一五
19	吴嘉会	万历十六年（1588）	明年（嘉靖十四年，1535）成进士，授行人司行人。当选合省，以年不及格，由司副转比部郎	吴嘉会	嘉靖十七年至二十年	王家屏	万历十六年	卷四一

续表

序号	志/传主	卒年	引文	任职刑部者	任职时间	志/传作者	撰写时间	来源
20	汇治	万历二十年	丁未（嘉靖二十六年），登二甲进士，授刑部主事……会东粤缺督学使，廷议谓非比部不可，于是先生领玺书行	汇治	嘉靖二十六年至三十三年	颜备	万历二十年	卷五三
21	王爱	隆庆五年（1571）	秀水比部王先生……癸亥（嘉靖四十二年），擢刑部山西司主事……有二儒相衰公庀哗饮禁中，逮治比部，先生执法不少贷	王爱	嘉靖四十二年	陈于陛	万历二十一年	卷四七
22	郑世威	万历十三年	乙未（嘉靖十四年），复除比部……郎比部时，瀌陕以西司狱	郑世威	嘉靖十四年至十六年，隆庆二年至三年	叶向高	万历二十一年	卷四七
23	舒化	万历十四年	（子）休震，今为南比部郎	舒休震	万历中	邹德溥	万历二十四年后	卷五
24	张梦鲤	万历二十五年（1597）	始入守大理卿，宣言：廷尉与比部，衙史台共执法耳	一	万历九年至十年	冯琦	万历二十五年	卷六八
25	朱鸿谟	万历二十六年	公逮卒，至朱能为敛。大司马岳峰萧公及符卿益轩蒋公，比部静所刘公酿金，始得具棺敛	刘一相	万历二十六年	邹元标	万历二十六年	卷四七

续表

序号	志/传主	卒年	引文	任职刑部者	任职时间	志/传作者	撰写时间	来源
26	江东之	万历二十七年	同年舒比部殁死，余一子，公人室抱其子归	舒邦儒	万历八年后	邹元标	万历三十七年后	卷六三
27	朱赓	万历三十六年	州守公三子伯应，官比部郎。……忽捕医进士，得王经部士燮，于比部玉立夙与劳同书	朱伯应/于玉立	万历二年/万历三十一年	邹元标	万历三十七年后	卷一七
28	张尧年	万历三十七年	曾祖父曰瞽，正德辛未（六年，1511）进士，历官刑部员外郎。……越二世至比部公始显，而比部次子连，正德辛巳（十六年）进士	张瞽	正德六年后	孙矿	万历三十七年后	卷九九
29	曹泰	成化二十三年	有仆窃其金为平康之游，则橐枵然矣。公怒甚，往讼于比部郎	—	景泰中	冯时可	万历中	卷八四
附1	张宪	正德六年(1511)	壬辰（成化八年，1472），登进士第，观政刑部，即留意法比，部长贰资之	张宪	成化八年后	费宏	正德六年	卷五二
附2	谢士元	弘治七年(1494)	遂以知建昌……比部一再矶	—	宣德中	罗玘	弘治七年	卷六〇

参考文献

一　传世文献

《史记》，中华书局，2017。

《汉书》，中华书局，1962。

《后汉书》，中华书局，1965。

（清）王先谦撰，（清）黄山等校补《续汉志集解》，《续修四
库全书》第 273 册，上海古籍出版社，2002。

《三国志》，中华书局，1982。

《晋书》，中华书局，1974。

《宋书》，中华书局，1974。

《宋书》，中华书局，2018。

《百衲本宋书》，国家图书馆出版社，2019。

《南齐书》，中华书局，2017。

《梁书》，中华书局，2020。

《陈书》，中华书局，2021。

《魏书》，中华书局，2017。

《北齐书》，中华书局，2024。

《周书》，中华书局，2022。

《南史》，中华书局，2023。

《北史》，中华书局，1974。

《隋书》，中华书局，2019。

《旧唐书》，中华书局，1975。

《新唐书》，中华书局，1975。

《旧五代史》，中华书局，2016。

《宋史》，中华书局，1977。

《辽史》，中华书局，2017。

《金史》，中华书局，2020。

《元史》，中华书局，1976。

《明史》，中华书局，1974。

《清史稿》，中华书局，1977。

《明实录》，上海书店，1982。

《二十五史补编》，开明书店，1937。

《二十五史三编》，岳麓书社，1994。

《二十五别史》，齐鲁书社，2000。

《资治通鉴》，中华书局，1976。

（汉）荀悦、（晋）袁宏：《两汉纪》，张烈点校，中华书局，2017。

（宋）李焘：《续资治通鉴长编》，中华书局，2004。

（宋）李心传编撰《建炎以来系年要录》，辛更儒点校，上海古籍出版社，2018。

（明）谈迁：《国榷》，张宗祥校点，中华书局，2005。

（唐）许嵩：《建康实录》，孟昭庚等点校，上海古籍出版社，1987。

（明）张岱：《石匮书》，栾保群校点，故宫出版社，2017。

（明）不著撰者：《天潢玉牒》，《四库全书存目丛书》史部第

19 册，齐鲁书社，1996。

（明）邓元锡：《皇明书》，《四库全书存目丛书》史部第 29 册，齐鲁书社，1996。

（唐）吴兢：《贞观政要》，上海师范大学古籍整理组校点，上海古籍出版社，1984。

（宋）王林：《燕翼诒谋录》，诚刚点校，中华书局，1981。

（明）王世贞：《弇山堂别集》，魏连科点校，中华书局，1985。

（明）许相卿：《革朝志》，《四库全书存目丛书》史部第 47 册，齐鲁书社，1996。

（明）郑晓：《吾学编》，《续修四库全书》第 424—425 册，上海古籍出版社，2002。

（明）郑晓：《今言》，李致忠点校，中华书局，1984。

（宋）不著编者编《宋大诏令集》，司义祖整理，中华书局，2009。

（宋）司马光：《司马光奏议》，王根林点校，山西人民出版社，1986。

（宋）赵汝愚编《宋朝诸臣奏议》，北京大学中国中古史研究中心校点整理，上海古籍出版社，1999。

（宋）岳珂编，王曾瑜校注《鄂国金佗稡编续编校注》，中华书局，2018。

（明）郑岳纂《莆阳文献》，吴伯雄点校，广陵书社，2016。

（明）雷礼编《国朝列卿纪》，《四库全书存目丛书》史部第 92—94 册，齐鲁书社，1996。

（明）焦竑：《国朝献征录》，《续修四库全书》第 525—531 册，上海古籍出版社，2002。

（清）黄宗羲：《明儒学案》，沈芝盈点校，中华书局，1985。

（清）刘黻廷等纂修《余姚开原刘氏宗谱五编》，《中华族谱集成·刘氏谱卷》第 5 册，巴蜀书社，1995。

（高丽）一然：《三国遗事》，孙文范等校勘，吉林文史出版社，2003。

（朝）郑麟趾等著，孙晓主编《高丽史》（标点校勘本），西南师范大学出版社、人民出版社，2014。

（宋）王象之编《舆地纪胜》，赵一生点校，浙江古籍出版社，2012。

（宋）潜说友纂《（咸淳）临安志》，浙江省地方志编纂委员会编《宋元浙江方志集成》第 1 册，杭州出版社，2009。

（宋）陈公亮、（宋）刘文富纂修《（淳熙）严州图经》，浙江省地方志编纂委员会编《宋元浙江方志集成》第 12 册，杭州出版社，2009。

（元）熊梦祥著，北京图书馆善本组辑《析津志辑佚》，北京古籍出版社，1983。

（清）孙承泽纂《天府广记》，北京古籍出版社，1982。

（清）李圭修、许傅霈纂，刘蔚仁续修，朱锡恩续纂《民国海宁州志稿》，《中国地方志集成·浙江府县志辑》第 22 册，上海书店，1993。

（清）鲍作雨、张振夔总修《道光乐清县志》，陈纬校注，线装书局，2009。

（清）李登云、钱宝镕修，陈坤等纂《光绪乐清县志》，《中国地方志集成·浙江府县志辑》第 61 册，上海书店，1993。

（清）谢应起等修，刘占卿等纂《（光绪朝）宜阳县志》，《中国方志丛书·华北地方》第 117 号，成文出版社，1968。

余正东纂修《民国宜川县志》，黎锦熙校订，《中国地方志集成·陕西府县志辑》第 46 册，凤凰出版社，2007。

喻长林等编纂《台州府志》（点校本），胡正武等点校，上海
　　古籍出版社，2015。

（明）黄仲昭修纂《八闽通志》，福建省地方志编纂委员会旧
　　志整理组、福建省图特藏部整理，福建人民出版社，2006。

（清）沈翼机等：《（清雍正朝）浙江通志》（标点本）第10
　　册，中华书局，2001。

民国浙江省通志馆编《重修浙江通志稿》（标点本），方志出
　　版社，2010。

（明）李鼐辑《慧因寺志》，白化文、张智主编《中国佛寺志
　　丛刊》第56册，广陵书社，2011。

（清）纪昀等：《历代职官表》，上海古籍出版社，1989。

（清）孙星衍等辑《汉官六种》，周天游点校，中华书局，1990。

（清）周广业：《季汉官爵考》，《续修四库全书》第747册，
　　上海古籍出版社，2002。

（唐）李林甫等：《唐六典》，陈仲夫点校，中华书局，1992。

（唐）李隆基撰，李林甫注《大唐六典》，〔日〕广池千九郎
　　校注，〔日〕内田智雄补订，三秦出版社据横山印刷株式
　　会社1973年版影印，1991。

（明）王逢年：《南京吏部志》，《金陵全书》第15—17册乙编
　　史料类，南京出版社，2015。

（明）陶尚德等：《南京刑部志》，《金陵全书》第18册乙编史
　　料类，南京出版社，2015。

（唐）杜佑：《通典》，王文锦等点校，中华书局，1988。

（唐）杜佑：《北宋版通典》，上海人民出版社，2008（电子版
　　见日本宫内厅书陵部收藏汉籍集览，网址：http：∥db.
　　sido. keio. ac. jp/kanseki/T_bib_frame. php？id＝006766，访

问时间：2024 年 4 月 13 日）。

（宋）王溥：《唐会要》，上海古籍出版社，2006。

（清）孙楷：《秦会要》，杨善群校补，上海古籍出版社，2004。

（清）杨晨：《三国会要》，中华书局，1956。

（清）徐松辑《宋会要辑稿》，刘琳等校点，上海古籍出版社，2014。

（宋）李心传：《建炎以来朝野杂记》，徐规点校，中华书局，2000。

（元）马端临：《文献通考》，中华书局，1986。

《元典章》，陈高华等点校，中华书局、天津古籍出版社，2011。

（唐）薛嵩等：《大唐开元礼》，周佳、祖慧点校，《总制之属》第 1 册，《中华礼藏·礼制卷》，浙江大学出版社，2016。

（宋）司马光：《司马氏书仪》，中华书局，1985。

（唐）长孙无忌等：《唐律疏议》，刘俊文点校，中华书局，1983。

（明）王樵私笺，王肯堂集释《大明律附例笺释》，万历三十年（1602）序刊本，东京大学东洋文化研究所汉籍善本全文影像资料库，网址：http：//shanben. ioc. u-tokyo. ac. jp/main_ p. php？ nu = B3800900&order = rn_ no&no = 00597，访问时间：2020 年 9 月 21 日。

（明）王肯堂原释，（清）顾鼎重编《王仪部先生笺释》，康熙三十年（1691）刻本，杨一凡主编《中国律学文献》第 2 辑第 3—5 册，黑龙江人民出版社，2005。

（明）不著编者编《比部招议》，《中国学报》第 6—8 期，1913 年 4—6 月。

董康鉴定《比部招议》，上海大东书局，1935。

（清）薛允升：《唐明律合编》，怀效锋、李鸣点校，法律出版社，1999。

杨一凡、田涛主编《中国珍稀法律典籍续编》，黑龙江人民出版社，2002。

天一阁博物馆、中国社会科学院历史研究所天圣令整理课题组校订《天一阁藏明钞本天圣令校证（附唐令复原研究）》，中华书局，2006。

上海商务印书馆编译所编纂《大清新法令（1901—1911）》第2卷《光绪新法令·官制、任用、外交》，荆月新、林乾点校，商务印书馆，2011。

（宋）王尧臣等撰，四库馆臣辑《崇文总目》，《景印文渊阁四库全书》第674册，台湾商务印书馆，1986。

（宋）王尧臣等编次，（清）钱东垣等辑释《崇文总目（附补遗）》，中华书局，1985。

（明）祁承爜：《澹生堂藏书目》，郑诚整理，上海古籍出版社，2015。

（清）纪昀纂，魏小虎编撰《四库全书总目汇订》，上海古籍出版社，2012。

（清）翁方纲：《翁方纲纂四库提要稿》，吴格整理，上海科学技术文献出版社，2005。

（清）范邦甸等：《天一阁书目》，江曦、李婧点校，上海古籍出版社，2019。

（清）孙诒让：《温州经籍志》，潘猛补校补，上海社会科学院出版社，2005。

（清）潘柽章：《国史考异》，中华书局，1985。

（清）王鸣盛：《十七史商榷》，黄曙辉点校，上海古籍出版社，2013。

（清）卞永誉纂辑《式古堂书画汇考》，谷红岩点校，浙江人民美术出版社，2020。

（宋）赵升编《朝野类要》，王瑞来点校，中华书局，2007。

（明）顾炎武著，（清）黄汝成集释，乐保群校注《日知录集释》（校注本），浙江古籍出版社，2013。

（唐）封演撰，赵贞信校注《封氏闻见记校注》，中华书局，2008。

（宋）庞元英著，中华书局上海编辑所编辑《文昌杂录》，中华书局，1958。

（宋）叶梦得撰，（宋）宇文绍奕考异《石林燕语》，侯忠义点校，中华书局，1984。

（宋）叶梦得：《避暑录话》，徐时仪校点，上海古籍出版社，2012。

（明）胡侍：《真珠船》，中华书局，1985。

（清）李慈铭著，由云龙辑《越缦堂读书记》，上海书店出版社，2000。

（唐）欧阳询：《艺文类聚》，汪绍楹校，上海古籍出版社，2015。

（唐）虞世南：《北堂书钞》，（清）孔广陶校注，《续修四库全书》第1212—1213册，上海古籍出版社，2002。

（唐）徐坚等：《初学记》，中华书局，2004。

（唐）林宝：《元和姓纂》，岑仲勉校记，中华书局，1994。

（宋）李昉等：《太平御览》，中华书局据1935年商务印书馆影宋版缩印，1960。

（宋）李昉等：《太平御览》，《景印文渊阁四库全书》第893—901册，台湾商务印书馆，1986。

（宋）王钦若等：《册府元龟》，明崇祯十五年黄国琦刻本，中华书局，1960。

（宋）王钦若等：《宋本册府元龟》，中华书局，1989。

（宋）孙逢吉：《职官分纪》，四库本，中华书局，1988。

（宋）祝穆、（元）富大用：《新编古今事文类聚》，元刻本，
　　书目文献出版社，1991。

（元）祝渊：《古今事文类聚遗集》，《景印文渊阁四库全书》
　　第 929 册，台湾商务印书馆，1986。

（宋）潘自牧、（宋）宋慈：《记纂渊海》，《景印文渊阁四库
　　全书》第 930—932 册，台湾商务印书馆，1986。

（宋）林駉：《古今源流至论》，《景印文渊阁四库全书》第 942
　　册，台湾商务印书馆，1986。

（宋）王应麟：《玉海》，清光绪九年浙江书局本，广陵书社，
　　2016。

（宋）叶黉辑《圣宋名贤四六丛珠》，明嘉靖十一年王宠家抄
　　本，《续修四库全书》第 1213—1214 册，上海古籍出版社，
　　2002。

《永乐大典》，中华书局，1986。

（明）黄一正：《事物绀珠》，《四库全书存目丛书》子部第
　　200 册，齐鲁书社，1995。

（清）张英等：《御定渊鉴类函》，《景印文渊阁四库全书》第
　　982—993 册，台湾商务印书馆，1986。

（清）梁章钜：《称谓录》，冯惠民等点校，中华书局，2018。

徐珂编撰《清稗类钞》，中华书局，2003。

（南朝宋）刘义庆撰，（南朝梁）刘孝标注，朱铸禹汇校集注
　　《世说新语汇校集注》，上海古籍出版社，2002。

（唐）李肇：《唐国史补》，上海古籍出版社，1979。

（宋）陆游：《家世旧闻》，孔凡礼点校，中华书局，1993。

（宋）王明清撰，中华书局上海编辑所编辑《挥麈录》，中华书局，1961。

《黄帝龙首经》，（清）孙星衍校，《续修四库全书》第 1054 册，上海古籍出版社，2002。

（唐）释道宣：《大唐内典录》，〔日〕高楠顺次郎、渡边海旭编《大正新修大藏经》第 55 册，佛陀教育基金会，1990。

（宋）赞宁撰，富世平校注《大宋僧史略校注》，中华书局，2015。

（宋）赞宁：《大宋僧史略》，日本延宝八年刻本，《续修四库全书》第 1286 册，上海古籍出版社，2002。

旧题（晋）许旌阳释，王育成点校《太上净明院补奏职局太玄都省须知》，张继禹主编《中华道藏》第 31 册，华夏出版社，2014。

（宋）不详撰人：《天枢院都司须知行遣式》，王育成点校，《中华道藏》第 31 册，华夏出版社，2014。

旧题（宋）杨智远编《梅仙观记》，郝文华点校，《中华道藏》第 48 册，华夏出版社，2014。

（南朝梁）江淹著，丁福林、杨胜朋校注《江文通集校注》，上海古籍出版社，2017。

（唐）卢照邻撰，祝尚书笺注《卢照邻集笺注》（增订本），上海古籍出版社，2011。

（唐）韩愈撰，马其昶校注《韩昌黎文集校注》，马茂元整理，上海古籍出版社，1986。

（唐）柳宗元：《柳河东集》，上海古籍出版社，2008。

（宋）余靖：《武溪集》，《宋集珍本丛刊》第 3 册，线装书局，2004。

《范仲淹全集》，李勇先等点校，中华书局，2020。

（宋）陈贻范编（原题：不著撰人编）《范文正公遗迹》，北
　　京图书馆藏明刻《范文正公集》附，《四库全书存目丛书》
　　史部第82册，齐鲁书社，1996。

《曾巩集》，陈杏珍、晁继周点校，中华书局，2013。

（宋）苏轼著，李之亮笺注《苏轼文集编年笺注（诗词附）》，
　　巴蜀书社，2011。

（宋）汪藻：《浮溪集》，中华书局，1985。

（宋）朱熹：《晦庵先生朱文公文集》，刘永翔等校点，朱杰人
　　等主编《朱子全书》（修订本）第20—25册，上海古籍出
　　版社、安徽教育出版社，2010。

（宋）韩元吉：《南涧甲乙稿》，刘云军点校，中国社会科学出
　　版社，2022。

《洪咨夔集》，侯体健点校，浙江古籍出版社，2015。

（金）李俊民：《庄靖先生遗集》，山右历史文化研究院编《山
　　右丛书·初编》第7册，上海古籍出版社，2014。

（金）元好问著，周烈孙、王斌校注《元遗山文集校补》，巴
　　蜀书社，2013。

（元）王恽：《秋涧先生大全集》，明弘治刊本，杨讷编《元史
　　研究资料汇编》第19—23册，中华书局，2014。

（元）王恽：《中堂事记》，顾宏义、李文整理标校《金元日记
　　丛编》，上海书店出版社，2013。

（元）王结：《文忠集》，《景印文渊阁四库全书》第1206册，
　　台湾商务印书馆，1986。

（元）唐元：《筠轩文稿》，（元）唐元、（明）唐桂芳、（明）

唐文凤：《唐氏三先生集》，明正德本，《北京图书馆古籍珍本丛刊》第 115 册，北京图书馆出版社，2000。

（元）杨崇喜编，焦进文、杨富学校注《元代西夏遗民文献〈述善集〉校注》，甘肃人民出版社，2001。

（明）陶安：《陶学士先生文集》，明弘治刻本，《北京图书馆古籍珍本丛刊》第 97 册，北京图书馆出版社，2000。

《宋濂全集》（新编本），蒋金德等点校，浙江古籍出版社，2014。

（明）程通：《贞白遗稿》，《景印文渊阁四库全书》第 1235 册，台湾商务印书馆，1986。

（明）解缙：《解文毅公集》，沈乃文编《明别集丛刊》第 1 辑第 28 册，黄山书社，2013。

（明）杨守陈：《杨文懿公文集》，沈乃文主编《明别集丛刊》第 1 辑第 49 册，黄山书社，2013。

（明）林俊：《见素续集》，《景印文渊阁四库全书》第 1257 册，台湾商务印书馆，1986。

（明）边贡：《华泉集》，《景印文渊阁四库全书》第 1264 册，台湾商务印书馆，1986。

《文征明集》，周道振辑校，上海古籍出版社，1987。

（明）刘储秀：《刘西陂集》，《四库未收书辑刊》第 5 辑第 18 册，北京出版社，2000。

《李开先全集》（修订本），卜键笺校，上海古籍出版社，2014。

《石英中集》，戎默整理，复旦大学出版社，2015。

（明）洪朝选著《洪芳洲先生文集》，李玉昆点校，商务印书馆，2018。

（明）彭辂：《冲溪先生集》，《四库全书存目丛书》集部第 116 册，齐鲁书社，1997。

（明）梁有誉：《兰汀存稿》，《明代论著丛刊》，伟文图书出版社有限公司，1976。

（明）李荫：《比部集》，《六李集》，《四库全书存目丛书补编》第 14 册，齐鲁书社，2001。

（明）顾宪成：《泾皋藏稿》，沈乃文主编《明别集丛刊》第 4 辑第 24 册，黄山书社，2015。

（明）冯琦：《冯用韫先生北海集》，沈乃文主编《明别集丛刊》第 4 辑第 58 册，黄山书社，2015。

（明）华云：《华比部集》，（明）俞宪编《盛明百家诗》，沈乃文主编《明别集丛刊》第 5 辑第 97 册，黄山书社，2015。

（明）袁中道：《珂雪斋集》，钱伯城点校，上海古籍出版社，1989。

钱伯城笺校《袁宏道集笺校》，上海古籍出版社，2008。

（清）钱大昕撰，陈文和主编《嘉定钱大昕全集》（增订本），凤凰出版社，2016。

《洪颐煊集》，胡正武、徐三见点校，上海古籍出版社，2018。

（梁）萧统选编，（唐）吕延济等注《日本足利学校藏宋刊明州本六臣注文选》，人民文学出版社，2014。

（唐）许敬宗编，罗国威整理《日藏弘仁本文馆词林校证》，中华书局，2001。

（宋）李昉等编《文苑英华》，中华书局，1966。

曾枣庄、刘琳主编《全宋文》，上海辞书出版社、安徽教育出版社，2006。

（元）苏天爵编《元文类》，张金铣校点，安徽大学出版社，2020。

（明）程敏政编《新安文献志》，何庆善、于石点校，黄山书社, 2004。

（明）程敏政编《新安文献志》，中国国家图书馆藏明弘治十年（1497）刊本，善本书号：15394，电子版见国家图书馆"中华古籍资源库"，网址：http：//read. nlc. cn/allSearch/searchDetail? searchType = 1002&showType = 1&indexName = data_ 892&fid = 411999025640。

（清）徐乾学等编注《御选古文渊鉴》，《景印文渊阁四库全书》第 1417—1418 册，台湾商务印书馆，1986。

（清）朱彝尊编《明诗综》，上海古籍出版社，1993。

（清）朱彝尊：《静志居诗话》，黄君坦校点，人民文学出版社，2006。

（清）陶元藻辑《全浙诗话（外一种）》，蒋寅点校，浙江古籍出版社，2017。

（晋）何晏集解，（宋）邢昺疏《论语注疏》，北京大学出版社，2000。

（明）张自烈编，（清）廖文英补《正字通》，《四库全书存目丛书》经部第 197—198 册，齐鲁书社，1997。

（宋）不著撰人：《附释文互注礼部韵略》，《四部丛刊续编》第 12 册，上海书店，1984。

黑板胜美编《令集解》（新订增补国史大系普及版），吉川弘文馆，1985。

二　拓本与金石、新出文献

北京大学图书馆藏石刻拓本：

《宋神宗封浑忠武王敕》（编号：A152015）

《白马寺牒》（编号：A152495）

《上方教院免差役公据》（编号：A153463）

《玄妙观尚书省札并部符使帖》（编号：A153472）

《仁济庙牒》（编号：A153517）

《理宗御书"之阁"二大字》（编号：A153565）

《中书礼部符文》（编号：A161312）

《敕祭浑忠武王文并尚书礼部牒》（编号：A16746）

《光福寺祈请道场免役公据》（编号：A251842）

中国国家图书馆藏石刻拓本：

《孔颜孟三氏免粮碑》，编号：各地1369，"中华古籍资源库"，
　　网址：http：//read. nlc. cn/OutOpenBook/OpenObjectPic？a
　　id＝418&bid＝32679. 0&lid＝gd1369&did＝％E5％90％84％
　　E5％9C％B01369，访问时间：2024 年 4 月 13 日。

（宋）洪适：《隶释 隶续》，中华书局，1985。

（清）王昶：《金石萃编》，上海古籍出版社，2020。

（清）陆耀通：《金石续编》，上海古籍出版社，2020。

（清）冯云鹏、（清）冯云鹓同辑《金石索》，电子科技大学
　　出版社，2017。

（清）叶昌炽撰，柯昌泗评《语石 语石异同评》（考古学专刊
　　丙种第 4 号），陈公柔、张明善点校，中华书局，1994。

（清）阮元编《两浙金石志》，《续修四库全书》第 910—911
　　册，上海古籍出版社，2002。

（清）陆心源编《吴兴金石记》，《续修四库全书》第 911 册，
　　上海古籍出版社，2002。

缪荃孙：《江苏金石志》，《石刻史料新编》第 1 辑第 13 册，
　　新文丰出版公司，1977。

（清）黄瑞辑《台州金石录》，《石刻史料新编》第 1 辑 15 册，

新文丰出版公司，1977。

（清）吴式芬：《金石汇目分编》，《石刻史料新编》第 1 辑第27—28 册，新文丰出版公司，1977。

（清）倪涛：《武林石刻记》，《石刻史料新编》第 2 辑第 9 册，新文丰出版公司，1979。

（清）史澄：《番禺金石志》，《石刻史料新编》第 3 辑第 21 册，新文丰出版公司，1986。

（清）吴汝纶：《深州金石记》，《石刻史料新编》第 3 辑第 24 册，新文丰出版公司，1986。

（明）姜允清：《威县碑刻志》，《石刻史料新编》第 3 辑第 25 册，新文丰出版公司，1986。

北京图书馆金石组编《北京图书馆藏中国历代石刻拓本汇编》，中州古籍出版社，1997。

向南：《辽代石刻文编》，河北教育出版社，1995。

韩明祥编著《济南历代墓志铭》，黄河出版社，2002。

杨明珠编著《司马光茔祠碑志：图录与校释》，文物出版社，2004。

刘培桂编著《孟子林庙历代石刻集》，齐鲁书社，2005。

王其祎、周晓薇编著《隋代墓志铭汇考》，线装书局，2007。

毛远明校注《汉魏六朝碑刻校注》，线装书局，2008。

胡戟、荣新江主编《大唐西市博物馆藏墓志》，北京大学出版社，2012。

王新英辑校《全金石刻文辑校》，吉林文史出版社，2012。

潘明权、柴志光编《上海佛教碑刻资料集》，复旦大学出版社，2014。

罗新、叶炜：《新出魏晋南北朝墓志疏证》（修订本），中华书局，2016。

刘文编著《陕西新见隋朝墓志》，三秦出版社，2018。

赵超：《汉魏南北朝墓志汇编》（修订本），中华书局，2021。

国家档案局明清档案馆编《戊戌变法档案史料》，中华书局，1958。

故宫博物院明清档案部编《清末筹备立宪档案史料》，中华书局，1979。

睡虎地秦墓竹简整理小组编《睡虎地秦墓竹简》，文物出版社，1990。

郴州市博物馆编《郴州西晋简牍选粹》，上海辞书出版社，2022。

唐耕耦、陆宏基编《敦煌社会经济文献真迹释录》第4辑，全国图书馆文献缩微复制中心，1990。

刘俊文：《敦煌吐鲁番唐代法制文书考释》，中华书局，1989。

陈国灿：《斯坦因所获吐鲁番文书研究》（修订本），武汉大学出版社，1997。

唐长孺主编《吐鲁番出土文书》（图录本）第1册，文物出版社，1992。

〔俄〕丘古耶夫斯基：《敦煌汉文文书》，王克孝译，上海古籍出版社，2000。

俄罗斯科学院东方研究所圣彼得堡分所、中国社会科学院民族研究所和上海古籍出版社编《俄藏黑水城文献》第6册，上海古籍出版社，2000。

沙知、吴芳思编《斯坦因第三次中亚考古所获汉文文献（非佛经部分）》，上海辞书出版社，2005。

荣新江等主编《新获吐鲁番出土文献》，中华书局，2008。

包伟民、郑嘉励编《武义南宋徐谓礼文书》，中华书局，2012。

三　著作

蔡崇榜：《宋代修史制度研究》，文津出版社，1991。

岑仲勉：《隋书求是》，中华书局，2004。

陈国庆、刘莹：《中国学术思想编年·明清卷》，陕西师范大学出版社，2006。

陈侃理主编《重写秦汉史：出土文献的视野》，上海古籍出版社，2023。

陈琳国：《魏晋南北朝政治制度研究》，文津出版社，1994。

陈灵海：《唐代刑部研究》，法律出版社，2010。

陈柳裕：《法制冰人——沈家本传》，浙江人民出版社，2006。

陈爽：《出土墓志所见中古谱牒研究》，学林出版社，2015。

陈纬编撰《陈省斋年谱》，陈建敏校刊，乐清文物馆铅印本，2000。

陈纬：《石塘山居杂文》，线装书局，2014。

陈新宇等：《中国近代法律史讲义》，九州出版社，2016。

陈寅恪：《隋唐制度渊源略论稿》，生活·读书·新知三联书店，2001。

陈宇赫：《明代大理寺研究》，中华书局，2013。

陈垣：《二十史朔闰表》，中华书局，1999。

陈仲安、王素：《汉唐职官制度研究》（增订本），中西书局，2018。

程妮娜：《金代政治制度研究》，吉林大学出版社，1999。

〔日〕大庭脩：《汉简研究》，徐世虹译，广西师范大学出版社，2001。

戴建国：《宋代刑法史研究》，上海人民出版社，2008。

《道藏书目提要》,《潘雨廷著作集》第 11 册,上海古籍出版社,2016。

〔美〕德怀特·沃尔多:《行政国家:美国公共行政的政治理论研究》,颜昌武译,中央编译出版社,2017。

邓之诚:《桑园读书记》,辽宁教育出版社,1998。

〔日〕东京国立博物馆等编《智证大师 1100 年御远忌纪念:三井寺秘宝展》,日本经济新闻社,1990。

范子烨编《中古作家年谱汇考辑要》,世界图书出版公司,2014。

方宝璋:《宋代财经监督研究》,中国审计出版社,2001。

方诚峰:《北宋晚期的政治体制与政治文化》(第 2 版),北京大学出版社,2023。

方志远:《明代国家权力结构及运行机制》,科学出版社,2008。

〔日〕冨谷至:《木简竹简述说的古代中国——书写材料的文化史》(增补新版),刘恒武译,中西书局,2021。

冯时:《中国古代物质文化史·天文历法》,开明出版社,2013。

〔日〕高桥芳郎:《宋至清代身分法研究》,李冰逆译,上海古籍出版社,2015。

〔日〕冈田英弘:《从蒙古到大清:游牧帝国的崛起与承续》,陈心慧、罗盛吉译,台湾商务印书馆,2016。

〔日〕宫崎市定:《九品官人法研究:科举前史》,韩昇、刘建英译,生活·读书·新知三联书店,2020。

〔日〕工藤元男:《睡虎地秦简所见秦代国家与社会》,〔日〕广濑熏雄、曹峰译,上海古籍出版社,2018。

龚延明:《宋史职官志补正》(第 3 版),浙江古籍出版社,2022。

龚延明:《中国历代职官别名大辞典》,上海辞书出版社,2006。

龚延明:《简明中国历代职官别名辞典》,上海辞书出版社,2016。

龚延明编著《宋代官制辞典》（增补本），中华书局，2018。

勾利军：《唐代东都分司官研究》，上海古籍出版社，2007。

郭声波：《中国行政区划通史·唐代卷》（第2版），复旦大学出版社，2020。

何九盈等主编《辞源》，商务印书馆，2015。

何勤华、魏琼编《董康法学文集》，中国政法大学出版社，2005。

胡宝华：《唐代监察制度研究》，商务印书馆，2005。

中国历史大辞典·魏晋南北朝史卷编纂委员会编《中国历史大辞典·魏晋南北朝史卷》，上海辞书出版社，2000。

胡兴东：《宋朝立法通考》，中国社会科学出版社，2018。

华友根编《董康法学文选》，法律出版社，2015。

黄惠贤：《中国政治制度通史》（修订版，白钢主编）第4卷《魏晋南北朝》，社会科学文献出版社，2011。

黄云眉：《明史考证》第1册，中华书局，1979。

黄卓越：《明永乐至嘉靖初诗文观研究》，北京师范大学出版社，2001。

《姜亮夫全集》第2册《楚辞通故》第2辑，云南人民出版社，2002。

江西省社会科学院情报资料研究所编《江西地方文献索引》，1985年铅印本。

〔日〕金子修一：《古代中国与皇帝祭祀》，肖圣中等译，复旦大学出版社，2019。

鞠方安：《中国近代中央官制改革研究》，商务印书馆，2014。

柯愈春：《清人诗文集总目提要》，北京古籍出版社，2001。

雷闻：《官文书与唐代政务运行研究》，上海古籍出版社，2023。

黎虎：《汉唐外交制度史》（增订本），中国社会科学出版社，
　　2019。

李浩：《天子文书·政令·信息沟通：以两汉魏晋南北朝为中
　　心》，复旦大学出版社，2014。

李锦绣：《唐代财政史稿》，社会科学文献出版社，2007。

李全德：《唐宋变革期枢密院研究》，国家图书馆出版社，2009。

李全德：《信息与权力——宋代的文书行政》，社会科学文献
　　出版社，2022。

李伟国：《宋代财政和文献考论》，上海古籍出版社，2007。

李贞德：《公主之死——你所不知道的中国法律史》，商务印
　　书馆，2017。

李治安：《元代行省制度》，中华书局，2011。

李之亮：《宋代京朝官通考》《宋代郡守通考》，《宋代职官通
　　考》第 1—8、15—24 册，巴蜀书社，2020。

〔日〕砺波护：《隋唐佛教文化》，韩昇、刘建英译，上海古籍
　　出版社，2004。

林鹄：《辽史百官志考订》，中华书局，2015。

刘后滨：《唐代中书门下体制研究：公文形态、政务运行与制
　　度变迁》（增订版），中国人民大学出版社，2022。

刘龙心：《学术与制度：学科体制与现代中国史学的建立》，
　　新星出版社，2007。

刘啸：《隋代三省制及相关问题研究》，中华书局，2021。

刘廷乾：《江苏明代作家研究》，东南大学出版社，2010。

楼劲：《魏晋南北朝隋唐立法与法律体系：敕例、法典与唐法
　　系源流》，中国社会科学出版社，2014。

陆侃如：《中古文学系年》上册，袁世硕、张可礼主编《陆侃

如冯沅君合集》第 10 卷，安徽教育出版社，2011。

罗冬阳：《明太祖礼法之治研究》，高等教育出版社，1998。

罗宏才：《陕西考古会史》，陕西师范大学出版总社有限公司，2014。

罗永生：《三省制新探——以隋和唐前期门下省职掌与地位为中心》，中华书局，2005。

罗振常著，周子美编《天一阁藏书经见录》，华中师范大学出版社，1986。

骆兆平：《新编天一阁书目》，中华书局，1996。

骆兆平：《天一阁杂识》，上海古籍出版社，2016。

马积高：《赋史》，上海古籍出版社，1987。

马楠：《唐宋官私目录研究》，中西书局，2020。

孟宪实：《汉唐文化与高昌历史》，齐鲁书社，2004。

苗书梅：《南宋全史》第 3 卷《典章制度卷上》，上海古籍出版社，2016。

闵庚尧：《中国古代公文简史》，档案出版社，1988。

潘星辉：《明代文官铨选制度研究》，北京大学出版社，2005。

《潘雨廷著作集》第 11 册《道藏书目提要》，上海古籍出版社，2016。

乔伟：《中国法制通史》第 3 卷《魏晋南北朝》，中国法制出版社，2021。

〔日〕仁井田陞：《唐令拾遗》，栗劲等编译，长春出版社，1989。

任士英：《唐代玄宗肃宗之际的中枢政局》，重庆出版社，2024。

上海图书馆编《中国近代期刊篇目汇录》，上海人民出版社，1982。

沈睿文：《中国古代物质文化史·隋唐五代》，开明出版社，

2015。

孙继民：《俄藏黑水城所出〈宋西北边境军政文书〉整理与研究》，中华书局，2009。

孙慰祖：《历代玺印断代标准品图鉴》，吉林美术出版社，2010。

孙希国：《〈宣和奉使高丽图经〉整理与研究》，黑龙江人民出版社，2019。

唐长孺：《魏晋南北朝史论丛》，中华书局，2011。

唐长孺：《唐书兵志笺正（外二种）》，中华书局，2011。

田志光：《北宋宰辅政务决策与运作研究》，人民出版社，2013。

〔日〕窪添庆文：《魏晋南北朝官僚制研究》，赵立新等译，复旦大学出版社，2017。

汪桂海：《汉代官文书制度》，广西教育出版社，1999。

汪征鲁：《魏晋南北朝选官体制研究》，福建人民出版社，1995。

王崇武：《明本纪校注·奉天靖难记注·明靖难史事考证稿合集》，台联国风出版社，1975。

王国维：《王国维手定观堂集林》，黄爱梅点校，浙江教育出版社，2014。

王国维：《传书堂藏书志》，王亮整理，上海古籍出版社，2014。

王谨：《魏晋南北朝州制度研究》，天津古籍出版社，2012。

王铭：《文种钩沉》，中国档案出版社，2007。

王双怀、贾云主编《二十五史干支通检》，三秦出版社，2011。

王素：《三省制略论》（增订本），中西书局，2021。

王素：《高昌史稿·统治编》，文物出版社，1998。

王孙盈政：《唐、五代时期的尚书省研究》，人民出版社，2024。

王天有：《明代国家机构研究》，故宫出版社，2014。

王兴振：《北魏王言制度研究》，甘肃人民美术出版社，2018。

王永兴：《唐勾检制研究》，上海古籍出版社，1991。

王越：《明代北京城市形态与功能演变》，华南理工大学出版社，2016。

王仲荦：《北周六典》，中华书局，1979。

王仲荦：《宋书校勘记长编》，中华书局，2009。

王仲荦：《隋唐五代史》，上海人民出版社，2016。

吴艳红、姜永琳：《明朝法律》，南京出版社，2016。

吴宗国主编《中国古代官僚政治制度研究》，北京大学出版社，2004。

吴宗国：《隋唐五代简史》，福建人民出版社，2006。

吴宗国：《中古社会变迁与隋唐史研究》，中华书局，2019。

吴宗国主编《盛唐政治制度研究》，中国人民大学出版社，2019。

〔日〕西嶋定生：《中国经济史研究》，冯佐哲等合译，农业出版社，1984。

肖立军：《明代省镇营兵制与地方秩序》，天津古籍出版社，2010。

辛干：《无锡艺文志长编》，李广扬点校，上海古籍出版社，2015。

新疆维吾尔自治区博物馆编《新疆出土文物》，文物出版社，1975。

熊伟：《秦汉监察制度史研究》，天津人民出版社，2011。

熊伟：《魏晋隋唐政治制度史研究——以监察制与府兵制为中心》，郑州大学出版社，2015。

徐美洁：《屠隆年谱（1543—1605）》，上海人民出版社，2015。

徐泳：《山东通志艺文志订补》，山东人民出版社，2016。

徐世红主编《沈家本全集》，中国政法大学出版社，2010。

徐忠民：《西山文化通览》，江西人民出版社，2017。

许同莘：《公牍学史》，档案出版社，1989。

许蔚：《断裂与建构：净明道的历史与文献》，上海书店出版社，
    2014。

续修四库全书总目提要编撰委员会编《续修四库全书总目提
    要·子部》，上海古籍出版社，2015。

阎步克：《品位与职位——秦汉魏晋南北朝官阶制度研究》，中
    华书局，2002。

《严耕望史学论文选集》，中华书局，2006。

《严耕望史学论文集》，上海古籍出版社，2009。

严耀中：《二重奏——北魏前期政治制度》，中西书局，2019。

闫宁：《古代礼学礼制文献研究丛稿》，商务印书馆，2018。

杨鸿年：《汉魏制度丛考》（第 2 版），武汉大学出版社，2005。

杨鸿勋：《宫殿考古通论》，紫禁城出版社，2001。

杨芹：《宋代制诰文书研究》，上海古籍出版社，2014。

杨宽：《战国史料编年辑证》，上海人民出版社，2016。

叶炜：《南北朝隋唐官吏分途研究》，北京大学出版社，2009。

俞鹿年：《中国官制大辞典》，黑龙江人民出版社，1992。

俞鹿年：《北魏职官制度考》，社会科学文献出版社，2008。

张帆：《元代宰相制度研究》，北京大学出版社，1997。

张金龙：《北魏政治与制度论稿》，甘肃教育出版社，2003。

张金龙：《北魏政治史》第 8 册，甘肃教育出版社，2008。

张金龙：《治乱兴亡——军权与南朝政权演进》，商务印书馆，
    2016。

张金龙：《唐前"兵部"尚书研究》，中华书局，2018。

张金龙：《魏晋南北朝禁卫武官制度研究》（修订本），中国社
    会科学出版社，2020。

张荣林：《明代文官选任之研究》，登文书局，1983。

张伟仁主编《中国法制史书目》，"中央研究院"历史语言研究所，1976。

张希清等：《宋朝典制》，吉林文史出版社，1997。

张锡瑛：《中国古代玺印》，地质出版社，1995。

张雨：《唐代司法政务运行机制及演变研究》，上海古籍出版社，2020。

张元济：《百衲本二十四史校勘记·宋书校勘记》，王绍增等整理，商务印书馆，2001。

张亦冰：《北宋三司财务行政体制研究》，社会科学文献出版社，2023。

照那斯图、薛磊：《元国书官印汇释》，辽宁民族出版社，2011。

赵万里编《北京大学图书馆藏李氏书目》，北京大学图书馆铅印本，1956。

郑钦仁：《北魏官僚机构研究》，稻禾出版社，1995。

〔日〕纸屋正和：《汉代郡县制的展开》，朱海滨译，复旦大学出版社，2016。

周东平主编《〈魏书·刑罚志〉译注》，人民出版社，2023。

周晓陆、路东之编《秦封泥集》，三秦出版社，2000。

周一良：《魏晋南北朝史札记》（补订本），中华书局，2015。

周颖：《王世贞年谱长编》，上海三联书店，2016。

周振鹤：《中国地方行政制度史》，上海人民出版社，2019。

诸葛忆兵：《宋代宰辅制度研究》，北方文艺出版社，2019。

祝总斌：《材不材斋史学丛稿》，中华书局，2009。

祝总斌：《两汉魏晋南北朝宰相制度研究》，北京大学出版社，2017。

阪仓笃秀：《明王朝中央統治機構の研究》，汲古書院，2000。

仁井田昇著，池田温編集代表《唐令拾遺補》，東京大出版
　　会，1997。

小林隆道：《宋代中国の統治と文書》，汲古書院，2013。

中村圭爾：《魏晋南北朝における公文書と文書行政の研究》
　　（研究成果報告書），株式會社共榮印刷所，2001。

中村裕一：《唐代制勅研究》，汲古書院，1991。

中村裕一：《唐代官文書研究》，中文出版社，1991。

中村裕一：《唐代公文书研究》，汲古書院，1996。

四　已刊论文

安忠义：《汉简中的官文书补考》，西北师范大学文学院历史
　　系等编《简牍学研究》第 4 辑，甘肃人民出版社，2004。

〔日〕滨口重国：《所谓隋的废止乡官》，刘俊文主编《日本学
　　者研究中国史论著选译》第 4 卷《六朝隋唐》，黄正建等
　　译，中华书局，1992。

柏桦、李倩：《论明代〈诸司职掌〉》，《西南大学学报》（社
　　会科学版）2014 年第 4 期。

曹家齐：《南宋"三省合一"补议》，龚延明主编《宋学研
　　究》第 1 辑，浙江大学出版社，2017。

曹家齐：《南宋"三省合一"体制下尚书省"批状"之行
　　用》，《学术研究》2020 年第 11 期。

陈灵海：《刑部渊源考》，《浙江学刊》2005 年第 4 期。

陈明光：《论曹魏财政管理的专职化演变》，《厦门大学学报》
　　（哲学社会科学版）2005 年第 2 期。

陈明光：《从唐朝后期的"省司钱物"到五代的"系省钱

物"——五代财政管理体制演变探微》，氏著《寸薪集：陈明光中国古代史论集》，厦门大学出版社，2017。

陈启云：《两晋三省制度之渊源、特色及演变》，氏著《汉晋六朝文化、社会、制度——中华中古前期史研究》，新文丰出版公司，1997。

陈苏镇：《读〈两汉魏晋南北朝宰相制度研究〉》，《北京大学学报》（哲学社会科学版）1991 年第 3 期。

陈苏镇：《魏晋洛阳宫主要行政机构的分布》，氏著《从未央宫到洛阳宫：两汉魏晋宫禁制度考论》，生活·读书·新知三联书店，2022。

陈恬仪：《论南北朝的"谢启"：以赐物谢启为观察中心》，周勋初：《文心雕龙解析》，凤凰出版社，2015。

陈仲安：《汉唐间中央行政监察权力的分合》，《魏晋南北朝隋唐史资料》第 11 期，武汉大学出版社，1991。

戴建国：《天一阁藏明抄本〈官品令〉考》，《历史研究》1999 年第 3 期。

戴卫红：《从湖南省郴州苏仙桥遗址 J10 出土的晋简看西晋上计制度》，《中国社会科学院历史研究所学刊》第 8 集，商务印书馆，2013。

党宝海：《赵良弼家族与元代赞皇县学》，《中国古代法律文献研究》第 17 辑，中西书局，2023。

邓小南：《走向"活"的制度史——以宋代官僚政治制度史研究为例的点滴思考》，包伟民主编《宋代制度史研究百年（1900—2000）》，商务印书馆，2004。

杜志强：《西晋名士刘宝生平发微》，《中国典籍与文化》2015 年第 2 期。

方建新:《〈避暑录话〉考略》,《杭州大学学报》(哲学社会科学版) 1991 年第 3 期。

方韬:《杜预年谱》,上海交通大学经学文献研究中心编《经学文献研究集刊》 第 16 辑,上海书店出版社,2016。

冯婧:《魏晋南北朝律博士考》,《中国古代法律文献研究》第 7 辑,社会科学文献出版社,2013。

付春梅、杜立晖:《〈入唐求法巡礼行记〉史料价值的再发现——以唐代"祠部牒"与"板头"的记载为中心》,《唐史论丛》第 29 辑,三秦出版社,2019。

甘肃省文物考古研究所:《甘肃玉门金鸡梁十六国墓葬发掘简报》,《文物》2011 年第 2 期。

〔日〕宫崎市定:《从洪武到永乐——明朝初期政权的性质》,〔日〕宫崎市定:《宫崎市定亚洲史论考》下卷《近世编》,张学锋、马云超等译,上海古籍出版社,2017。

龚延明:《高丽国初与唐宋官制之比较——关于唐宋官制对高丽官制影响研究之一》,杭州大学韩国研究所编《韩国研究》第 1 辑,杭州大学出版社,1994。

龚延明:《唐宋官制对高丽前期王朝官制之影响——以中枢机构为中心之比较研究》,《中国史研究》1999 年第 3 期。

古丽巍:《北宋元丰改制"重塑"尚书省的过程》,《中国史研究》2015 年第 2 期。

顾成瑞:《〈新安文献志〉收录唐户部蠲牒考析》,《安徽史学》2015 年第 3 期。

顾成瑞:《宋代义门优免制度的实践——以〈余姚开元刘氏家谱〉所收宋公文书考析为中心》,《文史》2022 年第 1 期。

顾成瑞:《唐前期军赏机制中"赏功"与"酬勤"的合离——

兼探军赏官阶对选官秩序的影响》，叶炜主编《唐研究》第 27 卷，北京大学出版社，2022。

顾吉辰：《〈隋书·刑法志〉考异》，《历史文献研究》北京新 3 辑，北京燕山出版社，1992。

顾江龙：《晋武帝"罢五等之制"解》，《魏晋南北朝隋唐史资料》第 35 辑，上海古籍出版社，2017。

管俊玮：《唐代尚书省"诸司符"初探——以俄藏 Дx02160Vb 文书为线索》，《史林》2021 年第 3 期。

郭嘉辉：《元明易代与天下重塑——洪武宾礼的出现及其意义》，《台湾东亚文明研究学刊》第 17 卷第 1 期，2020 年。

郭敬书：《灵宝县发现唐"东都尚书吏部之印"》，《文物》1989 年第 7 期。

何兹全：《魏晋的中军》，氏著《读史集》，上海人民出版社，1982。

胡鸿：《尚书侍郎复置与梁代政治文化》，《北大史学》第 25 辑，社会科学文献出版社，2023。

湖南省文物考古研究所、郴州市文物处：《湖南郴州苏仙桥遗址发掘简报》（领队、执笔：张春龙），《湖南考古辑刊》第 8 集，岳麓书社，2009。

黄阿明：《明初中书省四部考论》，《史林》2019 年第 5 期。

黄光辉：《元丰改制后北宋省部寺监关系考论》，《历史研究》2023 年第 6 期。

黄桢：《〈宋书〉"百官志"、"礼志"的编纂及特质——从中古正史相关志书的演变说起》，《首都师范大学学报》（社会科学版）2018 年第 6 期。

侯旭东：《"制度"如何成为了"制度史"》，《中国社会科学评价》2019 年第 1 期。

侯杨方:《清代十八省的形成》,《中国历史地理论丛》2010 年第 3 辑。

金菊园:《万历刻本〈记纂渊海·郡县部〉初探》,《历史地理》第 30 辑,上海人民出版社,2014。

金少英:《秦官考——〈秦会要订补·职官编〉补正》,田澍、李建国主编《西北师范大学文史学者论文选萃·历史学卷》,甘肃人民出版社,2012。

江小涛:《〈宋会要·职官类·中书门下门〉的复原与校勘》,《隋唐辽宋金元史论丛》第 5 辑,上海古籍出版社,2015。

鞠明库:《〈诸司职掌〉与明代会典的纂修》,《史学史研究》2006 年第 2 期。

孔祥军:《西晋上计簿书复原与相关历史研究——以湖南郴州苏仙桥出土晋简为中心》,《中华历史与传统文化研究论丛》第 1 辑,中国社会科学出版社,2015。

赖瑞和:《唐"望秩"类官员与唐文官类型》,荣新江主编《唐研究》第 16 卷,北京大学出版社,2010。

李柏杨:《以曹名为号:汉唐间尚书制度演进过程之一面》,肖永明等主编《岳麓史学——湖南大学岳麓书院本科生优秀论文集》第 2 辑,湖南大学出版社,2020。

李贵连:《〈寄簃文存〉版本漫谈》,北京大学法律系编《改革与法制建设——北京大学九十周年校庆法学论文集》,光明日报出版社,1989。

李涵:《试论宋朝的检正与都司——从宰相属官的变化看相权的扩大》,氏著《宋辽金元史论》,四川人民出版社,2022。

李锦绣:《唐后期的官制:行政模式与行政手段的变革》,黄正建主编《中晚唐社会与政治研究》，中国社会科学出版社，2006。

李俊清：《〈梅仙观记〉考辨》，《世界宗教研究》1997 年第4 期。

李淋栋：《光宅改易官名的知识背景及历史影响——以六部尚书改用〈周礼〉六官命名为中心》，包伟民、刘后滨主编《唐宋历史评论》第13 辑，社会科学文献出版社，2024。

李文杰：《总理衙门的奏折流转及其权力运作》，《中华文史论丛》2019 年第2 期。

李细珠：《晚清地方督抚权力问题再研究——兼论清末"内外皆轻"权力格局的形成》，《清史研究》2012 年第3 期。

李新峰：《明代大都督府略论》，朱诚如、王天有主编《明清论丛》第2 辑，紫禁城出版社，2001。

李新峰：《论元明之间的变革》，《古代文明》2010 年第4 期。

李新峰：《明朝建国前的"应天府"与"建康"》，《明史研究》第11 辑，黄山书社，2010。

李晓峰、杨冬梅：《元末北方红巾军政权遗存的官印》，《收藏家》2003 年第7 期。

李轶伦：《南京大学图书馆藏古籍善本书志七种》，程焕文等主编《2016 年中文古籍整理与版本目录学国际学术研讨会论文集》，广西师范大学出版社，2018。

李玉栓：《明后七子结社考辨》，黄霖主编《中国文学研究》第20 辑，复旦大学出版社，2012。

林乾：《〈清会典〉的历次纂修与清朝行政法制》，《西南师范大学学报》（人文社会科学版）2005 年第2 期。

刘安志：《敦煌吐鲁番文书所见唐代"都司"考》，《敦煌吐鲁番文书与唐代西域史研究》，商务印书馆，2011。

刘波：《朝鲜王朝初期的中枢机构改制》，《古代文明》2016年第 1 期。

刘后滨、王湛：《唐代于阗文书折冲府官印考释——兼论于阗设置折冲府的时间》，《西域研究》2013 年第 3 期。

刘后滨：《宦途八俊：中晚唐精英的仕宦认同及其制度路径》，《北京大学学报》（哲学社会科学版）2019 年第 6 期。

刘江：《宋朝公文的"检"与"书检"》，《北京大学学报》（哲学社会科学版）2012 年第 2 期。

刘江：《〈宋西北边境军政文书〉所见荫补拟官文书类型再考释》，余蔚等主编《十至十三世纪东亚史的新可能性——首届中日青年学者辽宋西夏金元史研讨会论文集》，中西书局，2018。

刘伟杰：《孔府藏〈洪武二年行中书省札付碑〉考释》，《中国区域文化研究》第 5 辑，中国社会科学出版社，2022。

刘子凡：《唐代使职借印考——以敦煌吐鲁番文书为中心》，《敦煌吐鲁番研究》第 16 卷，上海古籍出版社，2016。

刘志伟：《桓灵时代与边让事迹考论》，氏著《汉魏六朝文史论衡》，上海古籍出版社，2012。

楼劲：《魏晋至隋唐的官府部门之学》，《隋唐辽宋金元史论丛》第 7 辑，上海古籍出版社，2017。

楼劲：《从"以官存司"到"以司存官"——〈百官志〉体例与汉唐行政体制变迁研究》，《历史研究》2021 年第 1 期。

卢向前：《牒式及其处理程式的探讨——唐公式文研究》，氏著《唐代政治经济史综论——甘露之变研究及其他》，商务印书馆，2012。

罗宏才：《大夏石马的若干问题》，氏著《西部美术考古史》，
　　上海大学出版社，2015。

罗宏才：《〈唐长安城金石考〉著述背景与价值意义——基于美
　　术考古学视角的学术观察》，《艺术百家》2018 年第 5 期。

马子木：《清初部院司官体制考——兼谈作为过程的"清承明
　　制"》，《古代文明》2019 年第 1 期。

孟彦弘：《秦汉法典体系的演变》，《历史研究》2005 年第 3 期。

牟发松：《北魏末以降的大行台与权臣专政》，刘心长、马忠
　　理主编《邺城暨北朝史研究》，河北人民出版社，1991。

牟发松：《南、北朝在制度文化上的相互影响略论》，氏著《汉
　　唐历史变迁中的社会与国家》，上海人民出版社，2011。

牟发松：《从南北朝到隋唐——唐代的南朝化倾向再论》，《南
　　京晓庄学院学报》2007 年第 4 期。

穆舜英：《新疆出土文物中关于我国古代兄弟民族的历史文
　　化》，《新疆历史论文集》，新疆人民出版社，1977。

倪玉平：《权力的扩张及其分配：晚清中央与地方关系再思
　　考》，《清史研究》2023 年第 5 期。

聂溦萌：《礼的运作：魏晋南北朝的仪注文书与礼典编纂》，
　　《北京大学学报》（哲学社会科学版）2023 年第 4 期。

聂溦萌：《汉至六朝尚书"奏"的演变：从〈汉书·霍光传〉
　　废昌邑王记载说起》，《文史哲》2024 年第 2 期。

宁祥华：《金代石刻文献职官词语例释》，《绵阳师范学院学
　　报》2021 年第 1 期。

彭慧萍：《存世书画作品所钤宋代"尚书省印"考》，《文物》
　　2008 年第 11 期。

彭慧萍：《两宋"尚书省印"之研究回顾暨五项商榷》，《故宫博物院院刊》2009 年第 1 期。

〔日〕平田茂树：《宋代文书制度研究的一个尝试——以"关"、"牒"、"咨报"为线索》，胡劲茵译，邓小南主编《宋史研究论文集（2008）》，云南大学出版社，2009。

钱国祥：《中国古代汉唐都城形制的演进——由曹魏太极殿谈唐长安城形制的渊源》，《中原文物》2016 年第 4 期。

钱国祥：《北魏洛阳宫城的空间格局复原研究——北魏洛阳城遗址复原研究之三》，《华夏考古》2020 年第 5 期。

邱靖嘉：《"元谋叛辽十弟兄"与金初皇位继承——兼论勃极烈辅政群体之构成》，《学术研究》2021 年第 4 期。

裘锡圭：《嗇夫初探》，氏著《古代文史研究新探》，江苏古籍出版社，1992。

瞿林东：《论唐初史家群体及其正史撰述》，《瞿林东文集》第 7 卷《唐代史学论稿》（增订本），北京师范大学出版社，2017。

任剑涛：《国家建构、国家建设与行政国家》，《暨南学报》（哲学社会科学版）2019 年第 7 期。

〔美〕斯蒂芬·海沃德著，朱华辉编译《进步主义与行政国家的兴起：美国今日政府的违宪本质》，孔元主编《重启大国竞争——法意看世界（2018）》，当代世界出版社，2020。

沈乃文：《〈事文类聚〉的成书与版本》，《文献》2004 年第 3 期。

石冬梅：《西魏北周六官制度新探》，《西南大学学报》（人文社会科学版）2007 年第 1 期。

石冬梅：《北魏太和新官制并未模仿南朝》，《天府新论》2007

年第 3 期。

石冬梅：《论西魏尚书省的改革》，《许昌学院学报》2008 年第 1 期。

石冬梅：《北周六官源流考》，《保定学院学报》2008 年第 1 期。

史卫：《隋唐财政制度之北周渊源略论》，《唐都学刊》2007 年第 5 期。

苏晋仁：《论沈约〈宋书〉八志》，白化文等编《周绍良先生欣开九秩庆寿文集》，中华书局，1997。

孙国栋：《晚唐中央政府组织的变迁》，氏著《唐宋史论丛》，上海古籍出版社，2010。

孙久龙、王成名：《金朝礼部宗教管理方式刍议》，《史学集刊》2019 年第 2 期。

孙慰祖：《隋唐官印体制的形成及主要表现》，《东方艺术》2015 年第 4 期。

孙梓辛：《汉代诏书简长度及形制补议》，《简帛》第 25 辑，上海古籍出版社，2022。

孙正军：《也说〈隋书〉所记梁代印绶冠服制度的史源问题》，《中华文史论丛》2011 年第 1 期。

孙正军：《汉代九卿制度的形成》，《历史研究》2019 年第 5 期。

陶莉：《金谷山寺敕牒碑》，氏著《岱庙碑刻研究》，齐鲁书社，2015。

唐星：《释令狐怀寂告身》，《敦煌吐鲁番研究》第 12 卷，上海古籍出版社，2011。

唐雯：《唐职员令复原与研究——以北宋前期文献中新见佚文为中心》，氏著《晏殊〈类要〉研究》，上海古籍出版社，2012。

唐长孺：《吐鲁番文书中所见高昌郡县行政制度》，氏著《山居存稿》，中华书局，2011。

汪华龙：《石尠墓志所见西晋政局与门第》，《澎湃新闻·上海书评》，网址：https://www.thepaper.cn/newsDetail_forward_8365404，访问时间：2020 年 7 月 22 日。

汪圣铎：《〈宋史〉标点本举正》，《古籍整理与研究》第 4 期，中华书局，1989。

王彬：《长沙走马楼吴简"许迪割米案"相关文书的集成研究：三国时期基层司法制度管窥之一》，向群、万毅编《姜伯勤教授八秩华诞颂寿史学论文集》，广东人民出版社，2019。

王冠：《西汉三公曹"主断狱事"探微》，《中国古代法律文献研究》第 12 辑，社会科学文献出版社，2018。

王家范：《仁政的理想与哀歌》，氏著《百年颠沛与千年往复》，上海人民出版社，2018。

王铿：《山简乡品考——以〈北堂书钞〉版本异文为线索》，《中国史研究》2005 年第 3 期。

王蕾：《吐鲁番出土钤"玉门关之印"的过所文书考》，《吐鲁番学研究》2017 年第 2 期。

王亮：《南林蒋氏传书堂考略》，王绍仁主编《江南藏书史话》，上海古籍出版社，2009。

王去非：《"版授"和有关出土物》，《考古与文物》1982 年第 2 期。

王锐：《辛亥革命前后章太炎对道法政论之阐释》，《华中师范大学学报》（人文社会科学版）2018 年第 1 期。

王锐：《从巩固国权到联省自治——章太炎政治主张的转变及

其内在逻辑》，《杭州师范大学学报》（社会科学版）2022
年第 4 期。

王瑞来：《〈范仲淹集〉版本问题考辨》，氏著《天地间气：范
仲淹研究》，山西教育出版社，2015。

王素：《高昌王令形制综论》，《西域研究》2019 年第 1 期。

王卫峰：《两晋时期尚书符中的权变规律探析》，《研究生法
学》2020 年第 2 期。

王杨梅：《南宋初期复定僧道班位考论》，《史学月刊》2025
年第 4 期。

王育成：《武昌南齐刘觊地券刻符初释》，《江汉考古》1991
年第 2 期。

王玉来：《故宫博物院藏西晋石尠、石定墓志的出土时地与流
传》，《中国国家博物馆馆刊》2015 年第 10 期。

魏斌：《汉晋上计簿的文书形态——木牍和简册》，《中国中古
史研究》第 8 卷，中西书局，2020。

乌云高娃：《13 世纪高丽武人政权与国王权力》，刘迎胜、姚
大力主编《清华元史》第 5 辑，商务印书馆，2020。

吴丽娱：《论唐代财政三司的形成发展及其与中央集权制的关
系》，《中华文史论丛》1986 年第 1 期。

吴自力：《斯人独憔悴：王安石门人陆佃述评》，范立舟、曹
家齐主编《张其凡教授荣开六秩纪念文集》，上海人民出
版社，2009。

萧少秋：《明初行省制度考略》，《历史教学》1984 年第 12 期。

〔日〕小林隆道：《苏州玄妙观元碑〈天庆观甲乙部符公据〉
考——兼论宋元交替时期的宋代"文书"》，邓小南等主
编《宋史研究论文集（2010）》，湖北人民出版社，2011。

〔日〕小林隆道：《宋代的赐额敕牒与刻石》，郑振满主编《碑铭研究》第 2 辑，社会科学文献出版社，2014。

项泽仁：《蒙元符文考述——以〈述善集〉与石刻史料为中心》，《档案学通讯》2022 年第 1 期。

徐冲：《〈续汉书·百官志〉与汉晋间的官制撰述——以"郡太守"条的辨证为中心》，《中华文史论丛》2013 年第 4 期。

徐复观：《汉代一人专制政治下的官制演变》，氏著《两汉思想史》第 1 卷，九州出版社，2014。

薛泉：《七子派考略》，氏著《溟南散帚集》，武汉大学出版社，2015。

姚乐：《略说〈宋书〉八志的编修与得失》，《澎湃新闻·上海书评》，网址：https：//www.thepaper.cn/newsDetail_forward_2327854，访问时间：2018 年 8 月 14 日。

杨华：《论〈开元礼〉对郑玄和王肃礼学的择从》，罗家祥主编《华中国学》第 1 卷，华中科技大学出版社，2013。

杨懿：《"五时朝服"、"绛朝服"与晋宋齐官服制度——〈唐六典〉校勘记补正一则》，《中国典籍与文化》2014 年第 3 期。

游自勇、冯璇：《会昌法难后之寺院重建与规制——以宜兴善权寺为例》，《文史》2022 年第 1 期。

尹航：《宋代中枢体制中的宰属——以中书检正官为起点》，《传统文化研究》2023 年第 4 期。

曾美芳：《从四子部到四科：明初户部组织调整及其影响》，《明史研究》第 14 辑，黄山书社，2014。

赵晶：《唐宋令篇目研究》，《中国古代法律文献研究》第 6 辑，社会科学文献出版社，2013。

赵俪生：《顾炎武〈日知录〉研究——为纪念顾炎武诞生 350 周年而作》，《兰州大学学报》1964 年第 1 期。

赵立新：《〈南齐书·百官志·序〉所见中古职官文献与官制史的意义》，《台大历史学报》第 62 期，2018 年。

赵毅、罗冬阳：《朱元璋废丞相述论》，赵毅：《明清史抉微》，吉林人民出版社，2008。

张伯元：《钞本〈条例全文〉遗存考》，华东政法学院科研处编《市场经济与法制建设》，法律出版社，1997。

张伯元：《古代判例考略》，氏著《律注文献丛考》，社会科学文献出版社，2016。

张春海：《从三公曹到刑部：论隋唐刑部的形成》，《南京大学法律评论》2016 年春季卷，法律出版社，2016。

张春海：《论高丽对唐司法制度的“变异”——以刑部为中心的探讨》，《南京大学学报》（哲学·人文科学·社会科学）2016 年第 4 期。

张春海：《“天下观”的移转与秦隋间“都官”的变迁》，《史林》2018 年第 4 期。

张达志：《隋尚书省六部侍郎考索》，西安碑林博物馆编《碑林集刊》（13），陕西人民美术出版社，2008。

张德芳：《悬泉汉简中的“传信简”考述》，中国文物研究所编《出土文献研究》第 7 辑，上海古籍出版社，2005。

张德建：《明代嘉靖间刑部的文学活动》，《中国文化研究》2011 年第 4 期。

张帆：《金元六部及相关问题》，《国学研究》第 6 卷，北京大学出版社，1999。

张凡：《〈比部招议〉中所见的明代会审——明代诏狱程序及特

点》，杜睿哲主编《西北法律文化资源》第 2 辑（2018），中国政法大学出版社，2019。

张固也：《论〈新唐书·艺文志〉的史料来源》，氏著《古典目录学研究》，华中师范大学出版社，2014。

张鹤泉：《两晋南朝迎气祭祀礼考》，《南京晓庄学院学报》2017 年第 2 期。

张军：《曹魏时期司马氏霸府的形成与机构设置考论》，《兰州大学学报》2004 年第 4 期。

张军：《晋元帝军府机构设置特点考论》，《史学月刊》2005 年第 7 期。

张俊民：《悬泉汉简所见人名综述（二）——以少数民族人名为中心的考察》，氏著《简牍学论稿——聚沙篇》，甘肃教育出版社，2014。

张俊毅：《北魏"费羊皮卖女案"的法律适用与刑罚选取问题》，《中国古代法律文献研究》第 19 辑，中西书局，2024。

张良：《明兴甲辰纪元考实》，《历史研究》2023 年第 1 期。

张荣强：《简纸更替与中国古代基层统治重心的上移》，《中国社会科学》2019 年第 9 期。

张闻天：《关于生产关系的两重性问题》，《经济研究》1979 年第 10 期。

张晓彭：《内乡李氏与明代中原文学创作》，《殷都学刊》2017 年第 2 期。

张欣：《〈汉旧仪〉大鸿胪、郡国二千石调百石条考辨》，《中国史研究》2019 年第 1 期。

张旭华：《再论梁官品不分正、从、上、下——阎步克〈品位与职位〉读后》，氏著《魏晋南北朝官制论集》，大象出版社，2011。

张雨：《〈切韵〉成书缘起与长安论韵时间再探》，《唐史论丛》第 26 辑，三秦出版社，2018。

张雨：《唐宋间"子司"词义转换与中古行政体制转型》，《中华文史论丛》2019 年第 3 期。

张雨：《法藏 P.4745V〈观心论〉写本残卷录校及研究》，《法音》2022 年第 6 期。

张雨：《法藏 P.4745 写本所见总管府三官考》，《敦煌吐鲁番研究》第 21 卷，上海古籍出版社，2022。

张雨：《〈唐六典〉职官沿革注校勘举隅——兼论中古官制知识的传播与承继》，《齐鲁学刊》2023 年第 5 期。

张雨：《金元时期省部关系的文书学考察——以中古敕牒形态演变为中心》，《中国古代法律文献研究》第 17 辑，中西书局，2023 。

张雨：《宋代度牒、紫衣和师号牒形态研究——从〈通玄观志〉所载南宋"敕牒"谈起》，《文献》2024 年第 2 期。

张雨：《法藏敦煌文献 P.4745 考——以〈唐年代未详（贞观或永徽）吏部格或式断片〉为中心》，《写本学研究》第 4 辑，上海古籍出版社，2024。

张雨：《〈隋书·百官志下〉州官条献疑》，《中国史研究》2025 年第 1 期。

张泽咸：《汉魏六朝时期的吏部运作述略》，《文史》2007 年第 1 辑，中华书局，2007。

章太炎：《非黄》，上海人民出版社编《章太炎全集·太炎文录初编》，徐复点校，上海人民出版社，2014。

周道济：《汉代宰相机关》，《秦汉史及中古史前期研究论集》，大陆杂志史学丛书第 1 辑第 4 册，大陆杂志社，1960。

周立志：《宋金交聘的新文献〈使金复命表〉研究》，《北方文物》2013 年第 1 期。

周立志：《论宋金交聘的运作流程——以宋之才〈使金贺生辰还复命表〉为中心的考察》，《东北史地》2015 年第 2 期。

周曲洋：《奏钞复用与北宋元丰改制后的三省政务运作》，《文史》2016 年第 1 期。

周伟洲：《〈周书·王士良传〉补正》，殷宪主编《北朝史研究：中国魏晋南北朝史国际学术研讨会论文集》，商务印书馆，2004。

周文俊：《信物、凭证与文书：试释两晋南朝的朝廷授官用"板"》，《中国文化》2020 年第 1 期。

周艳涛：《〈汉语大词典〉释义商榷四则》，张显成、胡波主编《简帛语言文字研究》第 8 辑，巴蜀书社，2016。

周一良：《从〈礼仪志〉考察官制》，氏著《魏晋南北朝史论集》，北京大学出版社，2010。

周兆望：《北魏"三都大官"若干问题考辨》，文史哲编辑部编《门阀、庄园与政治：中古社会变迁研究》，商务印书馆，2011。

〔日〕中村圭尔：《东晋南朝的门下、尚书与诏、奏》，陈力译，《南京晓庄学院学报》2018 年第 1 期。

朱绍侯：《浅议司隶校尉在东汉的特殊地位——司隶校尉研究之三》，《朱绍侯文集》，河南大学出版社，2005。

祝总斌：《两汉、魏晋南北朝的门下机构》，钱伟长主编《王宽诚教育基金会学术讲座汇编》第 1 集，王宽诚教育基金会，1989。

邹水杰：《秦代都官制度研究》，陈松长等：《秦代官制考论》，中西书局，2018。

祖慧：《宋代中央官府胥吏的职责》，杭州大学历史系宋史研究室编《徐规教授从事教学科研工作五十周年纪念文集》，杭州大学出版社，1995。

大庭脩：《魏晋南北朝告身杂考——木から紙へ—》，《史林》第 106 卷第 5 号，1964 年。

山根幸夫：《明太祖政権の確立期について—制度史的側面よりみた-》，《史論》第 13 号，東京女子大学学会史学研究室，1965。

中村圭爾：《講演記録・魏晋南北朝における公文書行政》，《六朝學術學會報》第 10 集，2009 年。

五　未刊论文及学位论文

刘后滨：《北宋政务运行中的三省制理念》，中国人民大学历史学院等联合主办《实践中的唐宋思想、礼仪与制度国际学术研讨会暨中国唐史学会理事会论文集（第 1—4 场）》，2010。

张建利：《唐代尚书左右丞相初探》，硕士学位论文，北京大学,1992。

林煌达：《南宋吏制研究》，博士学位论文，中正大学，2001。

程义：《隋唐官印研究》，硕士学位论文，西北大学，2002。

王建峰：《唐代刑部尚书研究》，博士学位论文，山东大学，2007。

张凡：《明代会审研究》，硕士学位论文，中国政法大学，2008。

彭丽华：《唐代营缮事务管理体制研究》，博士学位论文，中国人民大学，2010。

王策：《金鸡梁所出木牍、封检及相关问题研究》，博士学位
　　论文，兰州大学，2011。

意如：《唐代"台省"概念考释》，硕士学位论文，中国人民
　　大学，2011。

邱园莉：《梅福信仰文献整理与研究》，硕士学位论文，江西
　　师范大学，2014。

王丽：《宋代元丰官制改革后吏部研究——以法令和文书为中
　　心》，博士学位论文，河南大学，2014。

孙久龙：《金代礼部研究》，博士学位论文，吉林大学，2016。

田晓雷：《金朝吏部研究》，博士学位论文，吉林大学，2018。

邹虎：《元代碑刻文献整理及文字词汇研究》，博士学位论文，
　　华东师范大学，2018。

刘建超：《明代御制学规碑整理与研究》，硕士学位论文，中
　　国政法大学，2019。

雷云雯：《〈宋官制正误沿革职官记〉辑佚与研究》，硕士学位
　　论文，中国政法大学，2023。

后　记

我对尚书省和六部的发展史感兴趣，始于大四侥幸保研之后。应该是 2006 年春季学期，当时跟着 2005 级研究生一起上刘后滨师开的制度史课时，我与赵璐璐师姐合作梳理过汉晋时期的尚书制度，并在课上做了汇报。至今我还保留着当时打印的墨色不佳的两张纸质稿"尚书机构向政务机构的转变"，署名是师姐和我。不过，究竟哪一部分是我承担的，早已记不得了。从内容上看，全文是对祝总斌先生大著的综述，还谈不上研究心得。

此后，在研究生课堂上，我被孟宪实老师追问：为何唐代尚书省是以二十四司为中心运转，"司"的独立性从何而来？虽然孟老师的原话和提问的背景已记不清楚了，但可以肯定的是，我没有回答上来。大概当时只能以沉默来应付吧。

再后来，博士论文中首先被写出来的是刑部四司体制溯源部分，应该与上述兴趣和困惑有直接关系。虽然曾利用电子数据库做过一些有关三省六部的检索，但当时到底做了什么，记录早已不见，脑海中也好像完全没了印象。2013 年，我到北京联合大学应用文理学院工作后，承担"中国古代政治制度史"等课程，得以继续思考这些问题。

真正开始想要将上述讨论扩充成书，始于 2018 年我承担北京市属高校高水平教师队伍建设项目"中国古代尚书省及六部政务运行机制演变"后，并在郑庆寰兄的帮助下，签订了出版合同。书名拟作《合千司之离散，俨星罗于一宇：中国古代尚书省及六部政务运行机制研究》，是从北宋周邦彦《汴都赋》中取词。当时，庆寰兄就提示题目过于冗长，最终改作今名。

合同虽然签订，但之后因工作调动，项目即告终止。幸运的是，在李雪梅教授的督促和鼓励之下，几位同仁共同申报的中国政法大学第六批青年教师学术创新团队项目"新制度史与古文书学创新团队"（19CXTD10）成功获批。"中国古代六部体制及其政务运行研究"作为团队的研究方向之一，由我负责。

于是，在将博士论文的主体部分定稿交给出版社后，我就着手修改从博士论文中剔除的部分以及撰写于读博期间但未曾纳入答辩稿的部分，即本书第一章至第五章、第八章。后来，又利用2019年秋季学期后的寒假撰写出两篇会议论文初稿（其中一篇是附录第二篇文章，另一篇关于金元敕牒的论文，原本作为第九章收入本书。但因该文与本书主旨不符，2022年中将其剔除并补入新章）。没想到的是，那个寒假意外地变成了一个超长假期。在笨拙地完成线上工作后，我从2020年6月中旬起，尝试将新旧稿汇成初稿，并撰写出第六、七章（此两章原为一章，2024年初为减少冗长脚注导致正文过长，故将其拆分）。

上述工作的完成，离不开父母的全力支持。他们照顾孩子，给了我时间。尽管疫情造成工作时间的碎片化，但也让我愉快地成为端端口中的"大象"（一次游戏带来的短时代称），并从他身上弥补了此前没能直接参与到的果果成长中一些具有特殊意义阶段的遗憾，比如尿不湿的"退却"。如果我没有记错的话，端端是在 2020 年高考第一天（7 月 7 日），结束了两个月零五天的过渡期，第一次自己坐在便盆上拉出臭臭，从而告别了尿不湿。

也是在这一年的 7 月 21 日，在利用客厅书架上的书做材料，和果果、端端玩建筑工程师的游戏时，我无意中翻出一本深绿色封面的笔记本，不是上学期间用作读书笔记的那种小黑本，而是完全忘掉的一本笔记。翻开一看，个人资料页上分别写着硕博时期的宿舍号，里面空白页居多，有文字的部分还不到全本的五分之一。内容虽少，但笔迹尚算工整，应该是当年听课和聊天之后特意留下的备忘录，其中有一些趣事。于是趁着他俩玩的间隙，又仔细翻了翻。这才"重新"发现一则写于 2010 年 5 月 11 日的札记，正是之前不知丢到哪里去的记录。这个意外的发现，立即引发了我开始写后记的冲动。不过，因札记增补文字太长，定稿之前，我又接受老师的建议，将这些文字放在制度篇的末尾作为附论。

最后，感谢老师和耐冬师兄拨冗为本书撰序。此外，李琰、金珍、王安宇、刘自稳、张仁善、陈新宇、古丽巍、陈佳臻、张闶、胡田甜等师友，以及相关期刊的审稿专家们和责任编辑汪延平、梅怡萍老师，先后为本书撰写、修改提供帮助，或给予建议和鼓励，谨此一并致谢。

2020 年 7 月 24 日初草于天通苑北

2024 年 5 月 6 日、2025 年 4 月 10 日修改于西三旗西

图书在版编目（CIP）数据

分职文昌：中国古代尚书省及六部体制研究 / 张雨
著 . --北京：社会科学文献出版社，2025.7. --（大
有）. --ISBN 978-7-5228-5195-2

Ⅰ. D691.42

中国国家版本馆 CIP 数据核字第 202565LE29 号

大有

分职文昌：中国古代尚书省及六部体制研究

著　　者／张　雨

出　版　人／冀祥德
组稿编辑／郑庆寰
责任编辑／汪延平
文稿编辑／梅怡萍
责任印制／岳　阳

出　　　版／社会科学文献出版社·历史学分社（010）59367256
　　　　　　地址：北京市北三环中路甲 29 号院华龙大厦　邮编：100029
　　　　　　网址：www.ssap.com.cn
发　　　行／社会科学文献出版社（010）59367028
印　　　装／北京联兴盛业印刷股份有限公司

规　　　格／开本：889mm×1194mm　1/32
　　　　　　印张：17　字数：395 千字
版　　　次／2025 年 7 月第 1 版　2025 年 7 月第 1 次印刷
书　　　号／ISBN 978-7-5228-5195-2
定　　　价／98.00 元

读者服务电话：4008918866